okmhc 정신건강지침서 2편

이상심리 미술치료 지침서

옥 금 자 지음

圖書出版 하나醫學社

서 문

이 책은 "학교미술심리상담사"훈련과 "정신건강상담사"훈련을 위해 2009년부터 제공되었던 교재내용과 "청소년임상미술치료방법론"의 30%에 해당하는 제2부의 "아동청소년기 정신병리에 대한 임상미술치료 지침"가운데 일부분을 합한 내용으로 엮어졌다. 이상심리에 대한 부분은 매우 방대하고 이미 정신과영역에서 많은 책들이 나오고 있어서 이 책을 펴내야 할지 갈등했지만 2013년에 DSM-5 개정판이 소개되면서 기존 책(청소년임상미술치료방법론)의 DSM-IV 진단기준을 개정된 기준으로 수정해야 한다는 책임성과 함께 시작하게 되었다. 이 과정에서 "청소년임상미술치료방법론"의 일부가 이 책에 포함되면서 기존의 "청소년임상미술치료방법론"의 재판을 중지하고 대신 임상방법부분을 보완하여 "okmhc정신건강지침서 1편"이라는 내용으로 출판하기로 계획했고, 이 책은 "okmhc정신건강지침서 2편"으로, 그리고 발달장애관련 내용을 "okmhc정신건강지침서 3편"으로 출판하기로 했다. 발달장애관련 내용은 2009년에 쓰기 시작한 내용이며 이 역시 이미 일부가 정신건강 상담사 교육생들의 교재로 제공되었었다. 그 당시 박사학위논문을 준비하느라 지친상태였으므로 잠시 중단되었던 것이 지금까지 미뤄지고 우선 필요한 내용들을 다루느라 마무리하지 못하고 있었지만 이 또한 이제 완성되어 교정을 기다리고 있는 중이다.

이 책의 시작은 미술치료사들의 이상심리에 대한 기초이해와 이상심리를 발견하게 하는 그림표현의 특성이해로부터 시작하고 있으며 이상심리의 구체적인 내용은 제2부에서 다루고 있다. 제2부에서 소개하고 있는 몇몇 유형의 이상심리는 미술치료사들이 흔히 접할 수 있는 우울장애로부터 불안장애, 강박장애, 외상후스트레스장애, 해리장애, 신체증상 및 관련장애, 정신분열스펙트럼장애, 섭식장애, 성격장애 등이다. 각각의 장은 이상심리의 역동적 원인이해를 포함함으로써 드러난 현상 이면에 있는 인간의 마음을 이해하는 척도를 보다 깊이 할 필요가 있음을 안내하고자 했다. 각 이상심리의 미술치료중재는 치료사의 다양한 측면에서 이해를 돕고자 필요한 지침들을 다루고, 장애유형별 표현이미지의 특성을 청소년임상미술치료방법론의 제2부 내용중 일부를 옮겨와 이 책에 포함시켰다. 대부분의 많은 미술치료사들은 장애진단을 받은 대상보다는 경계에 있거나 또는 예방차원의 서비스를 필요로 하는 대상을 주로 만나고 있지만, 임상대상을 만나다보면 부분적으로 의문을 갖게 하는 심리반응을 발견하게 된다. 특히 아동청소년을 만나는 치료사들의 경우 중재과정에서 부딪히게 되는 의문을 발달적 측면에서 어떻게 이해해야할지 갈등할 수 있다. 이에 대한 이해를 위해서는 “발달적 접근과 특성별 지침서-아동청소년의 정신건강중재를 위한(2014)”와 함께 이 책을 사용하면 발달맥락에서 역동적 이해와 함께 접근방법을 구체화할 수 있는 방향을 찾는데 유용하리라 본다.

인간은 누구나 살아가면서 흔들리는 마음의 통증을 경험하며 다양한 모습으로 극복과 좌절을 반복하면서 오늘을 채워가고 있다. 그동안 만나온 수많은 사람들에서 겉으로 보이는 모습은 평온해도 내면에서는 온갖 생각과 갈등 속에서 고통스러워하고 예측하지못한 쏟아지는 폭우에 대처하듯 의연하게 자기를 지켜가는 모습 또한 볼 수 있었다. 그럴 때마다 나는 인간이 가진 무한한 가능성과 능력에 감동하고 그들의 회복을 기도로 전하곤 한다. 그러한 마음과 함께 인간의 가능성을 믿고 그들의 정신건강을 위해 오늘도 기도로 만나는 치료사들에게 이 책이 다소라도 도움 되길 바라며 글을 마무리하려고 한다.

나에게 끝없는 가르침을 전해주는 임상에서 만난 인연들의 소망을 기도하면서, 수현선생님이 채워갈 보금자리를 위해서도 박수를 보내고, 늘 가까이에서 힘이 되어주는 은경선생님과 연아와 현미에게도 감사의 마음 전한다. 기쁨도 아픔도 함께 나눠주며 손을 잡는 박명주선생님의 가정에도, 이안호선생님의 작은 쉼터(Lighthouse Counseling Center/Korea-이얀 미술심리치료연구소)와 최선영 선생님의 마음 뜰(Lighthouse Counseling Center/Korea-선영 미술심리치료연구소)에도 사랑의 향기로 가득 채워지기를 기대하며, 여기에 담지 못한 귀한 인연들을 위해서도 감사의 기도마음 전한다. 무엇보다 미국에서 투병하고 있는 나의 친구 계순이의 치료가 무사히 끝나고 회복되기를 기도한다. 나의 가족으로 마음에 담은 지민이의 예쁜 울타리가 더욱 빛나고 성숙하게 채워지길 더불어 기도한다. 지금까지 견뎌왔듯 보현이의 상처도 하루속히 아물고 안정된 일상으로 회복되길 기도한다.

사랑하는 막내딸 혜천이의 대학생활도 후회 없이 즐길 수 있기를 바라고, 현준이의 바램도, 좋은 선생님으로 자리매김해가는 혜원이도, 혜진이의 건강과 새로운 계획도, 현성이의 계속 성장해가는 연구활동과 주현이와의 예쁜 시작도 특히 나의 가족으로 함께 하게된 주현의 소망이 온전히 기쁨과 평안으로 채워지고 성숙되기를 기도하는 마음도 여기에 담아본다. 오랜 후원자이자 내 삶의 울타리가 되어준 김춘남님의 건강한 나날도 올해는 모두가 이뤄지기를 소망해 본다.

마지막으로 정신적 심리적 어려움으로 고통받는 이들과 그들을 위해 노력하는 모든 분들을 위해서도 기도한다.

오무근사장님의 변함없으신 배려에 감사드리고 늘 건강하시고 평안하시기를 또한 기도하고 책을 낼 때마다 한결같은 마음으로 도움주신 소정영 전무님과 하나의학사의 모든 선생님들께도 감사하며 마친다.

2015년 여름초입에

옥금자

차 례

•제1부•

이상심리와 발달적 표현이미지

이 책의 시작은 전반적인 아동청소년 이상심리에 대한 기초이해를 근거로 증상의 유형과 발달적 특성에 따른 미술표현의 이해에 초점을 둠으로써, 아동청소년을 만나는 미술치료사들이 중재과정에서 드러나는 다양한 표현이미지를 어떻게 이해하고 도와야 할지에 집중하였다.

제1장

이상심리의 기초이해

인간의 발달에서 가장 독특하고 창의적인 가능성의 시기라고 볼 수 있는 아동청소년기는 잠재된 능력과 욕구를 어떻게 표출해내느냐에 따라 건강의 척도가 달리 평가된다. 어떠한 사유 또는 환경적 문제로 인해 자신의 잠재력을 발휘하지 못하고 고통을 받고 있거나 또는 발달적 특성과 관련하여 다양한 어려움을 나타내는 아동청소년을 어떻게 이해해야할 지에 대해서는, "학교미술치료지침서 4편(2014)-발달적 접근과 특성별 지침서"에서 이론과 사례를 통해 발달적 과제와 관련한 역동과 중재지침을 다루었다. 여기에서는 이상심리의 발생요인 및 징후와 원인 그리고 진행과정에 대해서만 다루려고 한다.

1. 이상심리의 발생요인

개인의 삶에서 이상심리가 나타나는 것에 대해 유전적인 요인으로 보아야할지 환경적 요인으로 이해해야 할지에 대한 논의가 계속되어 왔다. 개인에 따라서는 유전성향을 가지고 있을 수 있으며 환경의 영향으로 증상이 나타날 수도 있지만 드러난 문제가 물리적 환경에 의한다 해도 많은 경우는 유전성향과 환경이 서로 영향을 미친다고 볼 수 있다. 심리사회적 요소 및 사회문화적 상황과 스트레스에 대한 반응의 강도나 영향의 수준 또한 개인마다 다르므로 한 가지 요인으로 이상심리를 설명해낼 수 없다. 그러한 맥락에서 이상심리의 원인은 복합적인 요인에 의한다고 볼 수 있다. 예를 들면 병리를 일으키는 이상심리의 소인이란 개인의 저항력, 반응, 이완경향 등 병리를 일으킬 수 있는 소질을 말하며 내적요인에 해당하는 개념을 의미한다. 이상심리의 소인에는 유전, 체질, 나이, 성별, 인종과 관련하여 연구되어왔으나 단편적으로 설명해낼 수 없으며 다양한 심리사회적환경과 신체적 소인과 유발인자 등의 원인이 겹쳐서 나타난다고 볼 수 있다. 그러므로 개인의 특수상황에 따라 이해되어야 하며 기질적, 심리적, 사회문화적 측면 또한 고려되어야 하며 다양한 가족문제도 정신병리와 밀접한 관계가 있다.

따라서 여기에서는 복합적인 요인을 고려하고 생태 체계적 관점의 환경맥락에서 아동청소년의 이상심리이해를 돕고자 한다.

유전적	• 유전적 소인은 개인의 체질을 결정함으로써 환경과의 상호작용양상을 결정한다. • 병이 유전되기보다는 그 병에 걸릴 소질이 유전될 가능성이 높다. • 유전경향성은 질병마다 다르다. • 대표적인 유전경향 질병에는 헌팅턴(Huntington)병, 기분장애, 파킨슨(Parison)병, 지적장애, 그리고 지능과 성격 및 기질이 해당된다.
체질적	• 유전, 산전 영양상태, 산전 외상, 감염, 소아시기질병 등의 영향에 의해 결정된다. • 출산전후의 영향은 사회적 대인관계에 의한 학습의 영향을 받고 다소 변화가능하다. • 비만체형은 적응적 성격과 기분장애와 관련이 있을 수 있다는 보고가 있다. • 근육체형은 투사적 성격과 반사회적 인격 장애와 관련이 있을 수 있다는 임상적보고가 있다. • 빈약한 체질은 내향적 성향과 정신분열증과 관련이 있을 수 있다는 보고가 있다.
연령별	• 정신과적 병리는 유형별로 특정나이와 관련이 있다. • 사춘기, 갱년기, 노년기는 정신과적 병리가 나타날 수 있는 위기의 시기이다.
성별	• 성별에 따라 이상심리의 빈도차가 있다. • 남자는 알코올, 외상성 정신병, 간질 및 동맥경화증과 관련된 뇌증후군, 진행성마비 등이 많다. • 여자는 기분장애, 편집장애, 신체화와 관련된 정신병리가 많다. • 정신분열증은 남녀 비슷하다.
인종적	• 흑인, 소수민족, 이민자 등에서는 폭력, 편집증, 약물남용, 우울과 관련된 병리가 더 많다. • 단순한 인종적 경향보다는 환경적인 문제를 고려해야 한다.

기질적	• 뇌에 영향을 미치는 모든 병리는 뇌증후군을 야기할 수 있다. • 외상, 감염, 독성물질은 뇌증후군을 일으킨다. • 내분비장애는 외모를 변형시키므로 신체상의 정신기능 및 인격에 영향을 미친다. • 알코올은 인격 장애와 정신질환의 표현이며, 비타민부족을 야기하여 이차적인 병리를 야기할 수 있다. • 산소결핍, 일산화탄소 중독, 경련, 심장발작 등은 뇌기능에 산소공급을 방해하므로 행동장애를 일으킬 수 있다. • 영양부족은 발육장애, 정신지체, 다양한 뇌증후군을 일으킨다. • 수면장애는 불쾌감, 주의력감퇴, 분노, 혼동, 신체생리기능장애, 착각, 환각, 시간관념장애 등 인격의 기능장애를 일으킬 수 있다. • 애정과 감각의 박탈은 영구적인 손상을 초래하며 자폐증과 정신병적 상태를 초래한다.
심리적	• 개인의 본능적 욕구충동과 관련된 감정들이 병리를 일으킬 수 있다. • 본능적 충동은 대인관계와 사회적 관계를 통해 다양한 형태의 감정반응을 만들어 낸다. • 불안, 우울, 미움, 슬픔, 상실, 시기와 질투, 고독감, 수치와 죄책감 등의 부정적 감정은 적응을 방해하고 병리적 행동과 정신 병리의 원인이 된다.
사회적	• 기분장애는 북 유럽인에 많이 있다. • 알코올 습관성중독은 아일랜드인에 흔히 많으며 유태인에는 적다. • 환경적 사회적 스트레스는 일중독, 성공 후의 우울감, 성공공포, 가치관 혼돈 등의 적응장애를 일으킬 수 있다. • 정신분열증은 사회경제적으로 하류계층에서 더 많다. • 강박증은 사회경제적으로 상류계층에서 더 많다. • 오이디푸스콤플렉스는 사회경제적으로 중류계층에서 더 많다. • 도시화에 따라 정신병리가 증가한다는 연구결과도 있다. • 가족관계 특성과 양육태도 및 문제는 그들이 속한 사회와 문화적 특성과 관련이 있다. • 현대사회의 변화는 정서변화와 적응을 요구하므로 그에 따른 정서 및 행동문제의 위험성이 높아졌다.
가족력	• 가족의 질병, 장애, 사망, 이혼, 별거 등의 가족위기문제와 부모부재 및 사랑의 결핍은 자녀의 이상심리와 밀접한 관계가 있다. • 의존, 과잉보호, 편애, 무관심, 거부, 위협, 폭력, 학대 등의 양육방식과 양가적 태도는 가족의 이상심리를 증가시킨다. • 아동학대는 성장 후 이상심리를 일으키기 쉽다. • 가족 내의 성적문제는 심각한 병리적요소이다. • 결혼에 적응하지 못하고 이혼한 사람에게서 이상심리의 빈도가 높다. • 배우자갈등 및 고부간의 갈등도 이상심리의 유발요인이 된다.

2. 이상심리 증상의 발생과정

이상심리의 원인이 유전성이든 환경의 영향이든 증상을 악화시키고 발병하게 하는 주요조건은 스트레스와 밀접하다는 것을 우리는 이미 이해하였다. 스트레스가 축적되어 과부화되면 개인의 내적·외적체계가 위협을 받게 되고 결국은 붕괴되어 앞에서 이야기한 병리적 행동을 드러내는 모든 요인이 된다. 개인은 스트레스를 받게 됨으로써 정신적, 감정적, 신체적 반응을 나타내게 되고 그에 대한 대처를 위해 방어기제를 동원하게 되며, 이 방어기제는 스트레스를 극복하기위해 사용되는 과정에서 일차적사고과정과 이차적사고과정의 발달과 적응과정을 거치게 된다(민성길 외, 1995, pp.96-98). 이때 적절하게 적응되지 못하고 지나치게 크거나 누적되어 스트레스를 감당하지 못하게 되면 압도되고 무력감과 공황상태에 빠지게 되며 나아가서는 신경증 및 신체화장애가 나타날 수 있으며, 더욱 심각한 경우에는 약물남용 등의 중독문제에 빠지거나 인격 장애 등 정신병적 장애가 나타날 수 있다(아동청소년 치료의 평가기법과 임상준비를 위한 학교미술치료 지침서, 2013, 제16장 참조; 표현예술치료로 만나는 정신건강 이야기, 2009, 제11장 참조).

- 개체는 신경계를 각성시켜 근육계, 심혈관계, 내분비계를 활성화시키므로 혈중증가가 일어나고 비 특이성 정신생리변화가 나타난다.
- 심리적으로는 인지와 감정의 작용이 활성화되어 고도의 합성적 행동이 일어나게 되며 스트레스상황에서 공포와 불안을 느끼게 된다.
- 스트레스가 반복되면 불안이 학습되고 일반화되게 된다.
- 스트레스에 대한 감정은 유전성이나 체질적으로 또는 위험성 있는 개인에게 감정을 통제하지 못하고 와해시키므로 자기조절 불능의 위험에 빠지게 되며 이 과정이 이상심리의 발생과정이다.

3. 이상심리 증상과 징후

이상심리란 어떠한 이유로 인해 정신적인 어려움을 겪고 있는 상태에서 나타나는 비정상적인 행동, 사고, 의식 등의 태도를 말한다. 증상이란 일반적으로 특정 소인을 가진 사람이 삶에서 심리사회적스트레스나 생물학적 요인에 의해 유발 인자가 반응했을 때 대처방법과 방어기제를 사용하여 조절하거나 극복하게 된다. 그러나 개인의 삶에서 그것을 감당할 수 없을 정도로 심각하거나 누적되어 감당할 정도의 적용범위를 넘어서게 되면 통제하지 못하고 그대로 감정반응이 표현되며 행동이 나타나는데 이것을 증상이라고 한다. 이때의 적응방식이나 방어기제가 어느 수준이고 얼마나 원시적이냐에 따라 신경증적증상과 정신병적 증상으로 분류되고 진단내려지게 된다.

아동청소년의 발달과 정신건강을 돕는 미술치료사들이 이상심리 증상과 징후에 대해 이해해야 하는 이유는, 성장과 예방적 접근을 위해 일차적인 지식이며 빠르고 적절한 치료를 위해 도움자로서의 지름길이라고 생각하기 때문이다. 증상을 이야기한다는 것은 매우 방대하고 기본적인 신경과학에 대한 지식이 필요하고 심리학과 사회학 및 인류학에 대한 이해가 요구된다. 미술치료사들의 역할과 자격조건에서 그러한 지식을 포함하고 있어야 정신적 어려움을 가진 이들을 도울 수 있다는 맥락에서, 여기에서는 증상에 대한 최소한의 기초지식을 돕고자 표로 제시하였다.

표정과 태도	• 의사소통의 한 수단이므로 증상으로도 나타날 수 있다. • 힘없고 무표정한 태도는 우울을 의심해볼 수 있다. • 방어적이고 거부적인 태도, 괴상한 자세, 무의미한 웃음, 찌푸린 얼굴표정 등은 정신분열에서 흔히 발견될 수 있는 모습이다. • 바보스러운 태도는 정신이 지체된 경우에서 흔히 발견된다. • 무례한 태도는 성격장애에서 흔히 발견될 수 있다. • 과장되고 유혹적이고 의존적인 태도는 연극성 성격장애에서 흔히 발견될 수 있다.
특정 행동	• 행동의 감퇴는 우울의 전형적인 현상이며, 때로는 정신분열과 자폐증 및 기괴한 망상과 관련될 수 있다. • 반복적인 상동행동은 자폐증, 강박장애, 정신분열증에서 흔히 발견될 수 있는 증상이다. • 자동행동은 분노를 억압하고 복종을 가장한 표현으로 나타날 수 있으며, 어린 아동의 경우 발달미숙과 관련한다. • 매너리즘, 음송증, 보속증, 강직증 등은 정신분열에서 특징적으로 나타나는 증상이다. • 집요한 질문이나 음식에 대한 거절은 적대감과 증오 또는 공포의 표현과 관련되며 상대방의 불안을 자극하려는 목적이 포함되어있을 수 있다. • 강박적인 행동은 심각한 불안과 관련하여 강박사고와 결부되어 나타날 수 있다. • 충동적인 행동은 정신지체에 의한 발달장애, 중독과 같은 뇌기능의 장애, 초자아 결핍, 통제에 대한 학습부족 등으로 인한 문제와 관련한다. • 과잉행동은 과대망상과 사고비약이 있을 수 있으며 감정은 고도화된 경우가 많고, 경조증과 조증상태일 경우에 흔히 있는 증상이다.

	• 행동이 외부자극에 무관하게 격정적이고 증가된 모습은 조증상태와 관련될 수 있다. • 자살은 사랑의 결핍, 무능감, 거부감, 상대의 죄책감을 불러 일으키기 위한 수단, 죽은 이와의 상상적 재결합 욕구, 재 탄생의 목적 등으로 나타날 수 있고, 알코올중독과 정신분열증 및 우울증 상태와 관련이 있으며, 자살은 응급상황으로 관리되어야 한다.
지각 장애	• 인지장애는 기질적인 뇌장애와 관련되며, 특수한 형태로 병식이 없거나, 자기신체부분에 대한 부정, 촉각으로 사물이나 사람인식이 안되거나, 얼굴인지를 못하는 인지장애가 있다. • 감각자극을 잘못 해석하여 지각하는 착각은 강력한 감정, 욕구, 충동 등과 관련하며, 특수한 형태로는 거시증, 미시증, 공감각(Synesthesia) 등이 있다. • 외부자극이 없는데도 있는 것처럼 지각하는 환각은 현실에서 용납할 수 없는 무의식의 욕구가 외부로 투사되어 마치 자신의 욕구가 아닌 것처럼 위장되어 외부에서 지각되는 것이다. • 환시, 환청, 환촉, 환취, 환미, 운동환각, 신체환각 등은 정신분열에서 흔히 나타나는 현상이며 정동장애 또는 중독과 관련한다.
사고 진행의 장애	• 사고의 시작과 진행이 느리고 낮은 목소리는 우울증에서 흔히 있는 현상이다. • 불필요한 많은 묘사를 거친 후에야 말하고자 하는 목적에 도달하는 현상은 정신분열증, 기질성 정신장애, 지적장애 등에서 흔하다. • 지리멸렬한 사고의 진행현상은 정신분열증에서 발견될 수 있는 전형적인 예이다. • 연상의 차단은 정신분열에서 흔히 볼 수 있는 현상이다. • 자기만 아는 독특한 말을 조합하거나 창조하는 것은 정신분열증에서 흔한 현상이다.
감정 장애	• 고양된 기분은 조증의 일반적인 특성이며 불안정한 기분과도 관련한다. • 우울은 슬픈 느낌의 정동으로 가장 흔한 증상이며 우울증의 특성으로서 애도의 과정이 장기화될 때 나타난다. • 다른 형태로서 우울은 정신신체증상, 청소년비행, 알코올 및 약물남용, 일중독, 성적문란 등으로 나타나며 이를 가면우울이라고 한다. • 심한 불안은 특정 신체증상, 공황, 광장공포, 피해망상, 환각, 인격의 붕괴 등과 관련한 문제를 동반한다. • 양가감정과 부적절한 정동은 정신분열에서 흔한 증상이다.
의식 장애	• 의식의 혼란은 의식장애의 가장 약한 증상으로 뇌실질의 기능장애를 수반하며 약물중독, 간질발작, 심인성으로 인한 히스테리성 경련발작과 해리에서 나타날 수 있는 증상이다. • 심한 의식의 혼탁은 뇌조직의 광범위한 기능장애가 있을 경우에 나타나는 증상이다. • 기억을 잘 못하는 몽롱한 상태는 몽유증과 야경증의 특수한 상태와 관련하며, 해리나 간질의 복합부분발작이나 정신운동발작에서도 나타날 수 있는 증상이다. • 섬망은 급성 뇌증후군의 일반적인 증상이다. • 혼미와 혼수는 심각한 긴장상태에서 흔히 나타날 수 있는 증상이다.
지남력장애	• 기억, 주의, 지각에 장애가 있을 때 나타난다. • 뇌증후군, 심한 정신장애, 격심한 감정 상태에서 흔히 나타날 수 있다.
기억장애	• 기억항진은 조증, 편집증, 긴장증에서 흔히 보이는 증상이다. • 기질성건망증은 알코올중독, 두부손상에서 흔히 나타날 수 있다. • 심인성건망증은 히스테리성 해리, 둔주(fugue)에서 나타나는 전형적인 증상이다. • 노인 또는 치매현상에서 흔한 기억의 착오증상으로는 작화증이 있다. • 기시현상과 미시현상은 고통감에 대한 방어로 흔히 나타나는 증상이다.

4. 이상심리와 정신장애의 진단체계

이상심리에 대한 진단은 현 상태 이전의 상태와 유사한 다른 상태에 관해 또는 앞으로 일어날 것에 관해 취해야할 대처에 대한 의미를 전달해주며, 진단체계와 진단명은 정신과영역의 모든 치료진들과의 의사소통 수단이며 가설의 전체를 포함한다. 아동청소년을 만나는 치료사들은 그 가설을 수용하고 신체적, 상황적, 사회적, 감정적, 심리적 이상 등 모두를 포함한 가설설정의 전체로서 임상대상을 이해해야 한다. 따라서 여기에서는 그러한 맥락에서 이상심리에 대한 진단체계를 이해하는데 초점을 두고자 한다.

진단과 병적행동

이상심리와 진단을 어떻게 이해할 것인가에 대해서는 병적행동이라고 말하는 증상의 발현양상과 개인이 호소하는 내적상태의 혼란이 중요시되는 것 같다. 증상을 지각하고 평가하고 그 증상에 대한 대처를 하거나 하지 않는데 있어서는 모든 사람들이 각기 다양한 양태를 보이는데 이 모든 것을 병적행동이라고 말할 수 있다. 기질적인 요소가 전혀 보이지 않았어도 개인에 따라서는 신체적 정신적 증상을 나타낼 수 있으므로 진단을 내리기 위해서는 개인이 호소하는 특정내용에 의한 현상학적 근거를 설정하는 것이 도움 된다.

진단을 위한 증상적용

지금까지 증상은 단순히 사회적응을 초래하는 경우를 말하는 것이 아니라, 개인에게 고통을 주고 통증을 초래하는 것과 이전까지는 가능했던 기능에 손상을 초래하는 것으로 분류되어 왔다. 면역결핍성 바이러스에 의한 치매와 같은 원인이 있는 질병과 헌팅톤씨 무도병과 같은 구조적 병변이 알려진 경우와 같거나 또는 결정적인 증거는 없지만 원인을 가정할 수 있는 해리성 둔주와 같은 예외의 경우도 있다. 그러나 대부분의 이상심리에 대한 진단분류는 드러나는 증상에 의해 내려지는 것이 대부분이다. 동시에 함께 나타나는 경향이 있는 증상들은 정신질환의 증후군을 형성하며, 건강한 사람에게 특정상황이나 특정 발병시점으로부터 나타나는 질병과 학습장애 및 성격장애와 같은 평생에 걸쳐 나타나는 것은 구별할 필요가 있다.

이상심리에 근거하여 내려지는 또 하나의 구분은 정신병과 신경증이다. 이에 대한 내용은 학교미술치료지침서 4편(발달적 접근과 특성별 지침서-미술치료사의 아동청소년 정신건강 중재를 위한, 2013)에서 아동청소년의 정신건강과 관련된 기타 개념정의에 제시하였듯이 정신병은 현재 정신질환과 혼용하여 사용하고 있다. 정신장애(Mental Disability)는 정신병과 정신질환의 개념을 포괄하는 용어로서 질병자체의 진행 외에도 질병으로 인한 기능의 파손까지를 포함하며, 정신지체(부정적인 인식때문에 2007년 1월부터 지적장애로 용어가 변경되었음)와 정신질환으로 구성된다. 정신질환은 명확한 원인과 진행 및 예후가 분명하나, 지적장애(Intellectual Developmental Disorder)는 출생 시부터 또는 어려서부터 나타난 지적능력의 결손을 의미한다. 정신질환은 과거에는 건강했으나 후에 병이 나타난 것을 의미하며 질병의 개념을 강화시킨 용어로서, 생물학적 또는 심리적 병변으로 인해 정신기능의 제 영역이라고 볼 수 있는 지능, 지각, 사고, 기억, 의식, 정동, 성격, 정신운동 등에서 병리학적인 현상이 진행되는 것을 말하며, 이는 정신병적이고 신경증적인 모두를 포함한다. 정신병은 이해하기 어렵고 쉽게 공감이 가지 않으며 자아기능의 퇴행이 심하고 현실검증능력이 거의 없는 특성적 징후를 가진 경우를 말한다.

정신병과 유사개념들로서 정신병적, 정신신경증, 신경증 등의 용어를 사용하고 있어서 이에 대한 개념을 구별할 필요가 있다. 본래 정신병이란 망상, 환각, 착란, 기억장애, 퇴행행동이 있으며 사회적·개인적 기능장애가 심하여 사회로부터 철회된 상태 또는 가정생활이나 직장생활을 수행하지 못하는 상태로 간주되었다. 현재 임상에서는 정신병적(psychotic)이란 용어로 흔히 사용하며, 이러한 개념은 엄격한 의미가 있다기보다는 사회적 기능과 자아기능의 심한 손상이란 뜻으로 사용된다. 정신신경증(psychoneurosis)은 정신병적인 정도보다 비교적 더 흔하고 증상을 이해할만하며 공감할 수 있는 증후를 나타내는 것을 말한다. 신경증은 불안의 증상을 중심으로 기질적 병변 없이 외적인 요인 또는 심인성 요인에 의해 신경증적 정신기제들이 작용하여 발생하는 것이 특징이다. 그 정신기제에 따라 강박증, 공포증, 성기능장애 등이 결과로 나타나며, 신경증의 증상과 징후는 매우 다양하고 광범위하다. 신경증의 증상은 현실검증력이 손상되지는 않았지만, 일상에 지장을 초래할 만큼 불안정한 정서와 생활태도를 보이므로 개인은 스스로 고통스럽고 그 괴로움으로부터 벗어나려고 한다. 신경증에서는 정신병에서 보이는 괴이한 증상은 나타내지 않으나 정상의 상태와 정신병적 상태의 중간에 해당한다고 볼 수 있다(발달적 접근과 특성별 치침서-미술치료사의 아동청소년 정신건강 중재를 위한, 2013, P.27-29참조).

정신장애의 진단범주

정신과적 진단은 대부분 계층적 접근방식을 사용하여 내려진다. 현재 여러 분류체계가 사용되고 있으며 최근 DSM-IV에서 DSM-5로 개정되면서 바뀐 첫 번째 변화의 특징은, DSM-IV까지는 개정판 숫자를 로마자(I, II, III, IV)로 표기해왔으나 DSM-5부터는 아라비아 숫자로 표기되었다. 앞으로 DSM-5는 급속하게 이루어지고 있는 임상연구의 진전에 따라 향후 개정이 DSM-5.0 DSM-5.1 등으로 계속될 것으로 정신관련 전문가들은 보고 있다. 두 번째 변화는 DSM-5에서는 DSM-IV에서 사용되어 왔던 다축체계의 축을 구분하는 의미가 별로 없다고 판단하여 축 3에 기재되었던 상태 중 일부는 DSM-5에서 독립된 진단으로 구분하고 다축체계는 폐기되었다. 세 번째는 이전까지는 범주적 개념이 지배적이었던 반면에 차원적 접근이 더 유용한 장애나 특징에 대해서는 차원적 개념을 도입하려는 시도와 노력이 많았다(예;~Spectrum, ~related 형식으로 재정비되어 Autism Spectrum Disorder, Obsessive-Compulsive and Related Disorder 등으로 바뀜). 마지막으로 진단 기준에 정도의 엄격성을 측정하도록 한 장애들도 있는데 예를 들면 알코올사용 장애의 경우 11개의 진단준거 중에서 2-3개가 충족되면 "보통", 4개 이상 충족되면 "심함"으로 측정하도록 하였다.

개정된 DSM-5(APA, 2013)의 장애분류내용

장애범주 및 변화의 특성	개념 및 증상	변화된 장애의 하위유형
우울장애(Depressive Disorders); 기분장애 범주에 포함되었으나, DSM-5에서는 별도의 장애로 분리시키고, 2개의 장애가 명시적으로 추가됨	우울과 슬픈 정서를 주된 증상으로 하는 다양한 장애	주요우울장애(Major Depressive Disorder) 지속성 우울장애(Persistent Depressive Disorder);기분부전장애 월경전기불쾌장애(Premenstrual Dysphoric Disorder) 파괴적 기분조절곤란장애(Dysruptive Mood Regulation Disorder)
양극성 및 관련 장애(Bipolar and Related Disorders); 기분장애 범주에 포함되었으나, DSM-5에서는 별도의 장애로 분리시킴. 기분장애 범주를 삭제하고, 양극성 및 관련 장애 그리고 우울장애로 분리함.	감정의 변화가 매우 심하여 기분이 고양된 상태와 침체된 상태가 주기적으로 나타나는 장애 양극성 장애	1) 양극성장애 I형(Bipolar IDisorder) : 조증 우세 2) 양극성장애 II형(Bipolar II Disorder) : 우울과 경조증 순환감정장애(Cyclothymic Disorder)
불안장애(Anxiety Disorders); 강박장애, 외상후 스트레스장애 범주를 별도로 신설하여 분리시키고, 아동기 장애(2개) 및 광장공포증이 추가됨.	불안과 공포를 주된 증상으로 하는 장애	분리불안장애(Separation Anxiety Disorder) 선택적 무언증(Selective Mutism) 특정공포증(Specific Phobia) 사회불안장애(Social Anxiety Disorder);사회공포증 공황장애(Panic Disorder) 광장공포증(Agoraphobia) 범불안장애(Generalized Anxiety Disorder)
강박 및 관련 장애 **(Obsessive-Compulsive and Related Disorders);** 불안장애에서 별도로 독립시켜, 강박 스펙트럼장애를 한 영역으로 묶고, 충동-통제장애 및 신체형장애에서 이관하여 일부 장애를 신설함.	강박적인 집착과 반복적인 행동을 특징적으로 나타내는 장애	강박장애(Obsessive-Compulsive Disorder) 신체변형장애(Body Dysmorphic Disorder) 저장장애(Hoarding Disorder) 모발뽑기장애(Trichotillomania,Hair-Pulling Disorder);발모광 피부벗기기장애(Excoriation, Skin-Picking Disorder);박피증
외상 및 스트레스 관련 장애(Trauma and Stress-related Disorders); 불안장애에서 별도로 독립시키고, 스트레스관련 장애를 한 영역으로 묶음.	충격적인 외상사건이나 스트레스 사건을 경험한 후 부적응 증상을 나타내는 다양한 장애들	반응성 애착장애(Reactive Attachment Disorder) 탈 억제 사회 관여장애(Disinhibited Social Engagement Disorder) 외상 후 스트레스장애(Posttraumatic Stress Disorder) 급성 스트레스장애(Acute Stress Disorder) 적응장애(Adjustment Disorder)

(계속)

장애범주 및 변화의 특성	개념 및 증상	변화된 장애의 하위유형
해리장애(Dissociative Disorders); 해리성 둔주(Fugue)의 범주를 삭제하고, 기억상실증에 통합함.	의식, 기억, 자기정체감 및 환경지각 등이 평소와 달리 급격하게 변화하는 장애	외상 후 스트레스장애(Posttraumatic Stress Disorder) 급성 스트레스장애(Acute Stress Disorder) 적응장애(Adjustment Disorder) 해리성 정체감장애(Dissociative Identity Disorder) 해리성 기억상실증(Dissociative Amnesia) 이인증/비현실감 장애(Depersonalization/Derealization Disorder)
성격장애(Personality Disorders); 특별한 변화없음.	사고, 감정, 행동이 부 적응적이어서 사회적 기대에 어긋난 이상행동을 지속적으로 나타내는 장애	군집 A 성격장애; 편집성(Paranoid), 분열성(Schizoid), 분열형(Schizotypal) 군집 B 성격장애; 반사회성(Antisocial),경계선(Borderline),연극성(Histrionic), 자기애성(Narcissistic) 군집 C 성격장애, 회피성(Avoidant),의존성(Dependent),강박성(Obsessive-Compulsive)
신체증상 및 관련장애(Somatic Symptoms and Related Disorders); 상위범주 및 하위유형 명칭의 상당한 변경이 있고, 신체변형장애 이동, 통증장애 삭제, 허위성장애를 추가함.	원인이 불분명한 신체증상을 호소하고, 건강에 대한 과도한 염려를 나타내는 장애	신체증상장애(Somatic Symptom Disorder);신체화장애 질병불안장애(Illness Anxiety Disorder);건강염려증 전환장애(Conversion Disorder);Functional Neurological Symptom Disorder 허위성장애(Factitious Disorder)
급식 및 섭식장애(Feeding and Eating Disorders); 아동기와 성인기 장애를 통합하고, 거식증과 폭식증을 세분화함.	개인의 건강과 심리사회적 기능을 손상시키는 부적응적인 섭식행동이 나타내는 장애	신경성 거식증(Anorexia Nervosa) 신경성 폭식증(Bulimia Nervosa) 이식증(Pica) 반추장애(Rumination Disorder) 회피적/제한적 음식섭취장애(Avoidant/Restrictive Food Intake Disorder) 과잉섭취장애(Binge-Eating Disorder)

(계속)

장애범주 및 변화의 특성	개념 및 증상	변화된 장애의 하위유형
정신분열 스펙트럼 및 기타 정신증적 장애; DSM-IV와 크게 다르지 않으나 분열형 성격장애를 스펙트럼장애로 포함시킨 점이 차이	정신분열증을 비롯하여 그와 유사한 증상을 나타내는 심각한 정신장애	분열형 성격장애(Schizotypal Personality Disorder) 망상장애(Delusional Disorder) 단기정신증적 장애(Brief Psychotic Disorder) 정신분열형 장애(Schizophreniform Disorder) 정신분열증(Schizophrenia) 분열정동장애(Schizoaffective Disorder): 긴장성 강직증
파괴적, 충동통제장애 및 품행장애 (Disruptive, Impulse-Control, and Conduct Disorders); 상위범주의 통합 발모증은 강박스펙트럼장애로 이동, 병적 도박은 중독 장애로 이동	정서와 행동에 대한 자기통제의 문제를 나타내는 다양한 장애	적대적 반항장애(Oppositional Defiant Disorder) 간헐적 폭발성장애(Intermittent Explosive Disorder) 품행장애(Conduct Disorder) 반사회적 성격장애(Antisocial Personality Disorder) 방화증(Pyromania) 도벽증(Kleptomania)
배설장애(Elimination Disorders); 아동기 장애에서 분리시킴	아동기나 청소년기에 흔히 진단되는 장애로 대소변을 가릴 충분한 나이가 되었음에도 이를 가리지 못하거나 적절하지 못한 장소에 배설하는 것	유뇨증(Enuresis) 유분증(Encopresis)
신경발달장애(neurodevelopmental Disorders); DSM-IV에서, "유아기 및 아동기에 흔히 처음으로 진단되는 장애" 범주의 변화	중추신경계(뇌)의 발달 지연 또는 뇌손상과 관련된 것으로 알려진 정신장애	지적 장애(Intellectual Disability, Intellectual Developmental Disorder); 경도, 중도, 중등도 지적 장애 의사소통장애(Communication Disorders) 자폐스펙트럼장애(Autism Spectrum Disorders) 주의력결핍과잉행동장애(ADHD) 특수 학습장애(Specific Learning Disorder);읽기장애, 쓰기장애, 산수장애 운동장애(Motor Disorders) ;발달성 운동조정장애, 정형적 동작장애, 틱장애

(계속)

장애범주 및 변화의 특성	개념 및 증상	변화된 장애의 하위유형
수면-각성장애(Sleep-Awake Disorders); 수면장애의 변화	수면의 양적 또는 질적인 문제로 인한 수면-각성에 대한 불만과 불평을 나타내는 다양한 장애	불면장애(Insomnia Disorder) 과다수면장애(Hypersomnolence Disorder) 수면발작(Narcolepsy);기면증 호흡관련 수면장애(Breathing-Related Sleep Disorders) 방해성 수면무호흡증(Obstructive Sleep Apnea Hypopnea) 중추성 수면무호흡증(Central Sleep Apnea) 수면관련 저호흡증(Sleep-Related Hypoventilation) 일주기 리듬 수면-각성장애(Circadian Rhythm Sleep-Awake Disorders) 수면곤란장애(Parasomnias) 비REM 수면-각성장애; 몽유병, 수면중보행장애 악몽장애(Nightmare Disorder) 초조성 다리 증후군(Restless Legs Syndrome) 물질/약물 유도성 수면 장애
물질-관련 및 중독 장애(Substance-Related and Addictive Disorders); 물질관련 장애의 변화	알코올, 담배, 약물 등의 중독성 물질을 사용하거나 중독성 행위에 몰두함으로써 나타나는 다양한 부적응적 증상	물질-관련장애(Substance-Related Disorder) 1) 물질 사용 장애(Substance Use Disorder) 2) 물질 유도성 장애(Substance-Induced Disorder): 물질 중독, 물질 금단, 물질/약물 유도성 정신장애 비물질 관련 장애-도박장애(Gambling Disorder)
성기능장애(Sexual Dysfunctions); 성 장애 및 성정체감장애가 성기능, 성도착, 성불편증으로 세분화되었음.	원활한 성행위를 저해하는 다양한 성기능장애	사정지연장애(Delayed Ejaculation) 발기장애(Erectile Disorder) 남성 성욕감퇴장애(Male Hypoactive Sexual Desire Disorder) 조기사정장애(Premature Ejaculation) 여성 절정감장애(Female Orgasm Disorder) 여성 성적 관심/흥분장애(Female Sexual Interest/Arousal Disorder) 성교통증장애(Genito-Pelvic Pain/Penetration Disorder)

(계속)

장애범주 및 변화의 특성	개념 및 증상	변화된 장애의 하위유형
성도착장애(Paraphilic Disorders)	비정상적인 성행위 대상이나 성행위 방식으로 해소하는 장애	관음장애(Voyeuristic Disorder) 노출장애(Exhibitionistic Disorder) 마찰음란장애(Frotteuristic Disorder) 성적피학장애(Sexual Masochism Disorder) 성적가학장애(Sexual Sadism Disorder) 아동성애장애(Pedophilic Disorder) 성애물장애(Fetishistic Disorder) 의상전환장애(Transvestic Disorder)
성불편증(Gender Dysphoria)	자신에게 주어진 생물학적 성과 자신이 경험하고 표현하는 성 행동 간의 현저한 괴리로 인해서 심한 고통과 사회적 적응 곤란을 나타내는 경우	아동의 성불편증 청소년과 성인의 성불편증
신경인지장애(Neurocognitive Disorders): 섬망, 치매, 기억상실장애 및 기타인지장애의 변화	뇌의 손상으로 인해 의식, 기억, 언어, 판단 등의 인지적 기능에 심각한 결손이 나타나는 경우. 알츠하이머 질환, 뇌혈관 질환, 충격에 의한 뇌 손상, HIV 감염, 파킨슨 질환 등에 의해 유발될 수 있음. 물질 사용, 신체적 질병과 같은 다양한 원인에 의해서 유발될 수 있음.	주요 신경인지장애(Major –Neurocognitive Disorders) 경도 신경인지장애(Minor –Neurocognitive Disorders) 섬망(Delirium)
기타 정신장애: 위의 범주에 해당되지 않는 경우	위의 장애범주에 해당은 안되지만, 개인에게 현저한 고통과 더불어 사회적, 직업적 기능의 저하를 초래하는 심리적 문제	기타 신체질환으로 인한 정신장애 및 구체화된 정신장애 등

진단과정

임상에서 진단의 과정은 일반적으로 세 단계를 제시하고 있다. 1단계에서는 증상이 있는지 없는지 확인하고 주증상과 부증상 그리고 심한 정도를 평가한다. 2단계에서는 기질성장애나 알코올 또는 약물과 관련된 문제가 없는지 그리고 성격장애가 있는지 스트레스로 인한 장애는 없는지 평가하는 단계이다. 기질성 장애나 알코올 또는 약물 관련한 문제는 우선 기질성 증상을 확인하는 것으로부터 병력과 신체검사와 임상병리검사를 통해 평가한다. 성격장애는 증상이 심하지 않더라도 청소년기에 나타나 변화 없이 꾸준히 나타나는지 평가되어야 하며, 스트레스로 인한 장애는 주로 어떠한 스트레스요인으로 인한 직접적인 반응인지 아닌지 평가함으로써 장애를 가려낼 수 있다. 3단계는 앞에서 평가된 장애를 제외한 다른 장애들은 주된 증상이 무엇이냐에 따라 감별진단을 하며, 대부분의 정신과적 진단은 이단계에서 대부분 결정할 수 있으며 신경증적 장애와 경한 우울증이 가장 흔히 진단되는 내용이다.

이러한 진단 기준과 관련하여 아동청소년의 진단에서 유의해야할 점은 청소년기의 발달적 특성과 관련하여 호소하는 내용이 심각한 성인 병리로의 진행이라는 단편적인 평가보다는 학교생활과 가정환경 및 대인관계 등의 생활상에서 겪는 문제이거나 발달적 특성과 관련된 문제가 많으므로 생태체계 접근의 맥락에서 평가되어야 한다.

현 상태검사의 진단적용

진단분류를 위해 적용하고 있는 현 상태검사(Wing, 1974)는 현상학에 근거하며 임상적 면담을 지침으로 현재의 정신상태를 평가하는 것을 목적으로 하며, 현재의 컨디션과 주관적 상태를 질문하여 이를 증상차원으로 기록한다. 아동청소년 평가에서는 부모면담을 통한 병력조사가 진단과 치료에 필수적인 접근이며, 핵심적인 기술은 청소년이 자기언어로 자신에게 현재 중요하다고 생각하는 것을 이야기하게 하는 것이다. 기록내용은 일반적인 개인 신상과 친인척 및 이웃에 대한 자료, 현재의 주된 문제, 가족력, 개인력 등에 대해 파악해야 하며 이것에 대한 구체적인 내용은 "미술치료 평가기법의 이론과 실제(2005), 제2장"의 정신의학적 면담방법과 "청소년임상미술치료방법론(2005), 제3장 및 부록의 면담지"를 참조하기 바란다.

정신상태 검사의 기본내용은 외모와 전반적인 태도와 행동을 관찰한다. 면담에서 말이 너무 많은지 언어의 속도와 화제의 적절성 등의 사고 진행에 대해 관찰한다. 사고의 내용은 적절한지, 지각의 장애는 없는지, 감정반응은 어떠한지, 지적능력 수준은 어떠한지, 의식장애는 없는지, 자신의 병에 대한 인식이 있는지, 협조정도와 위기상태 또는 범죄와의 관련성 등에 대해 조사하고 기술한다.

제2장

미술을 통한 자아손상과 이상심리 이해 및 진단

앞의 제1장에서는 의료적 관점에서 이상심리의 발생요인 및 과정과 진단체계와 증상의 유형을 이해하는데 초점을 두어, 아동청소년 및 학교미술치료사들이 아동청소년의 정신적 어려움을 어떻게 이해해야 하는지에 초점을 두었다. 반면에 이 장에서는 미술표현에서 발견할 수 있는 발달과정과 그림에서 노출되는 병리와 자아손상의 과정에 대해 다룰 것이다.

1. 미술표현에 영향을 미치는 아동청소년의 발달적 징후와 이미지

지역사회와 학교에서 아동청소년을 만나는 치료사들은, 그들이 계속 성장하는 과정 중에 있다는 사실을 잘 알고 있고 성장과정마다 다른 미술표현의 발달이 있다는 것 또한 알고 있다("청소년임상미술심리치료방법론, 2005" 제2장, "미술치료의 발달적 심리학적 매체선택과 적용, 2013" 제1장 참조). 이러한 발달단계들은 자연스럽게 계속 앞으로 진행해 가기도 하고 뒤로 퇴행하기도 하면서 확장되고 축소되기도 하지만 일정기간이 지나면서 나름대로의 개인적 흐름을 따르면서 발달해간다. 그러한 발달단계들은 보편성의 규칙을 가지면서 개인마다 유사성과 다소의 차이점을 보이며 발달해간다. 발달

맥락에서 보면 본질적으로는 아동청소년을 만나는 미술치료사가 보편성의 발달을 거치는 대상을 만나고 그들의 정신건강 예방과 신체건강의 완화와 치유를 돕는 일이 일차적일 수 있다. 그러나 임상에서의 많은 경우는 발달이 지연되거나 왜곡된 미술표현을 보이거나 어떠한 장애징후를 보이는 아동청소년이 우선 대상일 것이다. 따라서 미술치료사는 미술표현발달의 보편성과 왜곡성에 대한 이해와 인간의 전체성 맥락에서 보다 심도 깊은 이해를 할 필요가 있다.

때로는 예방차원에서 접근된 일반적인 발달을 거치는 아동청소년의 그림에서도 단계마다에 성장만이 있는 것이 아니라 퇴행의 요소가 엇갈리듯 겹쳐지는 경우를 흔히 볼 수 있다. 그러므로 우리는 이 아이들의 그림표현을 통해 혼란을 느끼기도 하고 잘 못해석하여 왜곡시키는 경우도 흔히 있다. 우리로 하여금 그러한 혼란을 야기하는 표현에 함축된 내용은 잠재된 문제를 드러내는 것이기도 하고, 이제야 그것을 드러내어 도움을 요청하는 것일 수도 있으며, 내면의 필요에 의해 쉼으로 나타나는 것일 수도 있다. 또는 "지금-여기"에서의 환경을 보여주는 것이기보다는 유전적으로 가지고 온 대물림의 현상일 수도 기질성일 수도 있을 것이다. 이러한 다양한 표현들 속에서 우리가 할 수 있는 일은 보편성의 일반적이고 정상적인 발달을 이해하는 것으로부터 시작되어야 하며, 개인의 환경과 상황에 따른 이해가 포함되어야 한다. 따라서 정상적인 발달단계별 특성적 표현에 대한 이해는 이미 소개된 문헌("청소년임상미술심리치료방법론, 2005" 제2장, "미술치료의 발달적 심리학적 매체선택과 적용, 2013" 제1장 참조)을 참조하길 바라며, 여기에서는 다만 미술표현의 발달과정에서 지연과 퇴행현상으로 노출되는 징후와 자아손상의 과정에 초점을 두려고 한다.

발달적 욕구와 관련된 이미지 표현들

미술치료사들은 우리가 만나는 아동청소년이 그려낸 그림이 의식에서 실재적으로 보여지는 것을 그대로 복사해낸 것이 아니라 내적으로 표상화된 것을 표현한 것이라는 사실을 이해하고 있다. 그러나 그림을 그린 대상이 어릴수록 그들에게 그림은 자신의 내면세계에 대해 표현한 것인지 또는 그 표현된 실재대상에 대해서 구체화하지 않아도 이미 그 이미지에는 자신의 인지된 요소나 정서적인 경험에 의해 투사되고 섞여있다.

하나의 어떤 사물을 동일한 거리에서 똑같은 것으로 보고 있어도 그것에 대해 개인이 바라 본 것은 자신의 관심에 따라 다르고 그 관심의 수준은 개인의 경험에 영향을 받는다는 것이다. 따라서 어느 누구에게 그림을 그리도록 해도 그 사람은 자신에게 중요한 것을 먼저 그리게 되어있다. 경험된 기억 모두를 그리는 것이 아니라 그 순간에 기억된 일부를 그리게 되며, 느낌에 영향을 받는 생각들을 그린다.

그러므로 아이들은 보여진 것에 대해 그리기도 하지만 정서적으로 느껴진 것에 대한 정신적 실체를 그리게 되므로 어떠한 모형을 보고 그림을 그린다해도 결과적으로는 자신이 보고 그 순간을 기억하고 느낀 것으로 표현하게 되어 있다. 초기청소년기 발달에 있는 초등학교 3학년 여아가 그린 가족화를 예로 들어보자("미술치료평가방법의 이론과 실제, 2005" 그림 110 참조). 그 아이는 그림을 그리는 과정에서 엄마를 그릴 여백이 없다며 안 그리면 안 되겠느냐고 반복적으로 질문을 했으므로 하고 싶은대로 할 수 있다고 나는 답했지만 결국 그 아이는 어머니를 검사지 뒷면에 그려내고서야 안심을 하는 듯했다. 그림을 확인해본 독자는 이해할 수 있겠지만 분명히 그 그림에는 충분한 여백이 있었기에 그 아이가 말한 "공간이 부족해서"라는 표현 뒤에는 다른 의미가 숨겨져 있다는 것을 이해했을 것이다. 거기에는 시각적으로 보이는 실재의 공간보다는 그 아이가 느끼는 정서적 실제를 그렸기 때문이다.

이러한 맥락에서 보면 아동청소년이 그려낸 모든 그림은 그의 발달에서 이해할 수 있는 인지와 정서와 발달적 성숙도를 측정할 수 있는 중요한 증거 틀이다. 발달의 결과를 알려주는 그림표현의 결과적 지식은 아동청소년기의 발달적 특성 뿐만이 아니라 일반적인 발달과정이 어긋나고 진행되지 못한 미숙함을 어떻게 찾아내는지를 알려주는 필수적인 자료라고 말하는데 전혀 부족함이 없다.

미술표현의 발달지연 및 퇴행현상

아동청소년의 작품에서 그들이 일상에서 어떻게 기능하고 성장해가고 있는지에 대해 이해하기 위해서는 우선 발달적 특성("청소년임상미술치료방법론 2005" 제1장, "미술치료사의 아동청소년 정신건강을 위한 발달적 접근과 특성별 지침서, 2014" 참조)을 이해하고 일반적이고 정상적인 미술표현의 발달("청소년임상미술심리치료방법론, 2005" 제

2장, "미술치료의 발달적 심리학적 매체선택과 적용, 2013" 제1장 참조)을 근거로 이해해야 할 것이다. 그 이유는 미술표현의 퇴행현상과 병리에 대한 암시를 구분해 내는 것은 반드시 발달적 보편성이라는 일반적이고 정상적인 준거 안에서만이 의미가 있기 때문이다.

하나의 예로 2세경에 부모가 이혼하고 7세에 양육자인 어머니가 재혼한 환경에 있는 15세 청소년의 그림(그림 2-1)에서 몇 가지 관점의 퇴행현상을 살펴보기로 하자. 이 청소년이 그린 그림을 정상적인 발달적 표현과 인지능력을 기준으로 보면 매우 이해되지 않는 표현이다. 신체가 분리되고 투명성의 현상을 나타내고 있을 뿐 아니라 공간사용에 있어서도 균형적이지 못하다. 이러한 경우 우리는 "퇴행"이라는 진단을 내리기 전에 즉시 그 퇴행의 요인이 무엇인지 탐색하고자 할 것이므로, 개인의 인지능력과 일상의 적응과 기능에 일차적인 평가기준을 둘 것이며 주요체계와 환경평가를 통해 청소년의 호소를 이해하려 할 것이다.

[그림 2-1] 15세 청소년이 그린 자화상; 이쁜 ○○의 마음

다른 예로 치료초기의 "그림 2-2"와 6개월 이상 치료가 진행된 상황에서 그려낸 "그림 2-3"을 보면서 우리는 이 청소년이 이미 가지고 있었을 거라고 예측되는 표현적 성취와 능력의 수준면에서 극적인 퇴행을 보인다고 평가할 것이다. 이 청소년의 그림에서 내가 우선 초점을 두고 본 것은 사고의 과정이었다. 늘 그러한 것은 아니지만 우선 나는 정서적으로 불안정한 이 청소년의 현재상황이 이 그림과 어떻게 관련지어졌을 지에 대해 탐색하고자 했기 때문에 이 청소년의 유아적인 미숙성으로의 회기본능이라는 퇴행을 이해해야 했고 또한 치료의 의미로서 이 과정이 필요했기 때문이다. 표현의 구성과 내용에서 드러난 사고의 과정이 퇴행의 증거이자 동시에 청소년의 현실적 어려움이라고 보기 때문이다. 그러나 이러한 나의 접근이 모든 대상에게서 늘 같을 수 없으며 바람직한 것도 아닐 수 있다는 사실을 잘 알고 있으며 그래서 다양한 측면에서 퇴행의 형태를 찾고자 한다.

[그림 2-2] 치료초기의 표현 "큰 배를 끌고 있는 작은 예인선"

[그림 2-3] 퇴행상태의 6개월 후 그림 "무엇을 어떻게 해야 할지 모르겠는 지금"

[그림 2-4] 이가 없는 입으로 표현된 초기구강기로의 퇴행이미지 "엄마를 향한 외침"

[그림 2-5] 날카로운 이를 크게 드러낸 구강학대적 단계로의 퇴행이미지 "다 먹어치워 버릴거야"

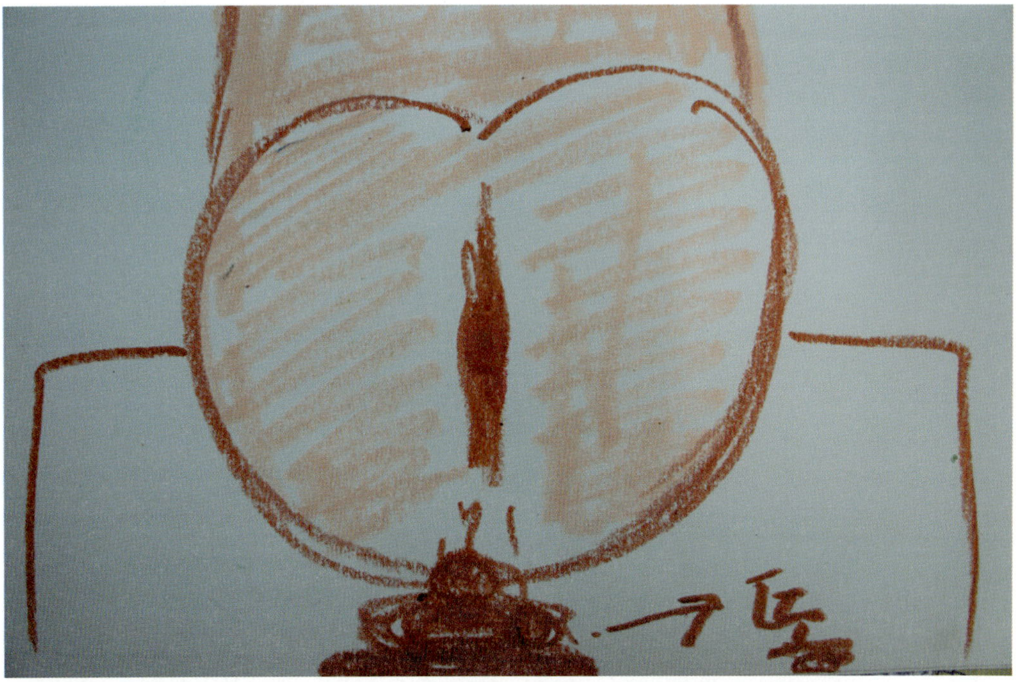

[그림 2-6] 항문기단계의 퇴행이미지 "똥을 싸고 있는 아이"

[그림 2-7] 남근기퇴행 이미지 "오줌 싸고 있는 아이"

[그림 2-8] 잠복기퇴행 이미지 "일곱 난장이와 잠자는 공주"

[그림 2-9] 100년 전 나는 목욕탕에서 목욕을 하고 있다

그림 표현에서 퇴행의 요소를 찾는 방법은 수평형과 수직형("미술치료 평가방법의 이론과 실제, 2005" 그림 71, 그림 72 참조)의 그림에서도 찾을 수 있으며, 입과 심리성적 단계마다의 주제 강조(그림 2-4, 그림 2-5, 그림 2-6, 그림 2-7, 그림2-8)에서도 시공간이 무시된 표현(그림 2-9) 속에서도 꿈의 이미지(그림 2-10)에서도 다양한 측면의 내용과 형태를 통해 퇴행을 이해할 수 있다. 다만 우리의 왜곡된 편견과 해석적 실수의 가능성을 배제하지 않고 늘 의식해야 한다는 노력과 관련하여 강조하고 싶은 것은, 그림표현과 이미지의 내용에서 등장하는 모든 것이 퇴행으로만 나타나지는 않는다는 것이다. 때로는 유사한 이미지가 양가적인 모습으로 등장하여 성장을 의미하는 공격이미지가 될 수도 있고 또 다른 경우에는 파괴성을 의미하는 공격이미지로 등장할 수도 있다는 것이다. 우리는 이러한 애매하고 겹쳐진 요소를 명확히 구별할 수 없을 뿐 아니라 혼란스러울 수 있다. 이때에 중요한 것이 개인의 발달적 특성 및 생애사와 최근의 환경과 상황의 외부자극에 주목할 필요가 있다. 뿐만 아니라 어떠한 재료를 어떻게 사용하고 그 내용을 무엇이라고 말하는지도 중요할 것이다. 이렇듯 미술의 퇴행적인 표현은

발달과 성장을 위한 쉼으로 퇴행이라는 우회적인 과정을 거쳐 치료에 도달하며, 새로운 시도의 노력에 대한 의사표현이기도 하고, 병리적 현상의 암시와 진행을 보여주는 것이기도 하다. 치료사들은 이러한 표현의 퇴행적 메시지를 어떻게 이해하고 수용해야 할지, 그리고 퇴행과정을 통해 어떻게 성장을 도와야할지, 또는 더욱 진행할 수 있는 병리를 파악해내고 예방을 위해 어떻게 도와야할지, 구체적인 의료적 도움을 안내해야 할지 등에 대해서 평가하고 선택할 수 있어야 한다.

[그림 2-10] 꿈속의 이미지 "바다가 불에 타 물속의 모든 것이 멸종위기에 있다"

미술치료사들은 그림 표현을 통해 퇴행이 자유를 위함인지, 무력감의 의미인지, 고착의 문제인지, 어느 정도 이해할 수 있다. 유사한 색과 형태로 표현을 했다 해도 그리고 유사하게 아무것도 시도하기 힘들어하는 증상과 혼돈이 있다 해도 "지금-여기"에서의 그림이해는 무력감이고 혼돈인 반면에(그림 2-11) 유사한 현상을 보이면서도 또 다른 혼돈은(그림 2-12) "그림 2-11"과는 다르게 자신의 자유를 향해 창조성을 발휘하기 위한 시작으로 볼 수 있을 것이다. 다만 그 퇴행이 어느 정도 통제할 수 있는 것으로 보이는지 통제 불능 그 자체인지에 따라 다른 의미를 찾을 수도 있을 것이다.

[그림 2-11] 심한무력감을 가진 청소년의 감정그림 "나는 아무것도 할 수가 없어"

[그림 2-12] 심각한 무력감과 퇴행상황에서 표현된 청소년의 그림
"검은 바람이 무섭게 빛을 덮치지만 빛은 결코 견뎌내고 살아남을 거야"

이렇듯 표현의 퇴행적 모습은 퇴행이전과 이후의 현상을 비교함으로써 더욱 이해할 수 있으리라 본다. 강조하고자 하는 것은 퇴행의 표현을 일관적인 단순해석의 관점에서 보는 것은 위험하며 위에서 말한 다양한 관점에서 볼 수 있어야 하며 개인의 특성에 따라 처한 환경과 상황에 따라 해석은 달라질 수 있다는 것을 염두에 두어야 할 것이다.

2. 미술표현에서 진단될 수 있는 징후들

미술표현에서 발견할 수 있는 징후들에 대한 나의 관심은 매우 오래전부터 가지고 있어서 이미 '명지대학원'과 '한양대학원'에서 대학원생들을 가르치기 이전인 1996년부터 학교에서 아동청소년들을 만나고 정신병원에서 환자들을 만나면서 부터였다. 이때부터 나는 "HTP" 외에 몇가지 투사기법을 중심으로 그들이 보이는 발달과 장애유형별로 특성적 이미지표현들의 공통성을 모아왔었고 그 일부를 2001년부터 "한국표현예술심리치료협회 호남지부"의 교육교재로 사용되었던 "청소년미술치료, KEAPA광주"와 명지대학원 예술치료학과와 한양대학원 예술치료교육학과 수강생들의 투사적 그림검사 수업교재로 사용한 "미술치료사를 위한 투사적 그림검사의 이론과 실제(2001), KEAPA광주"에 담았었다("미술치료평가방법의 이론과 실제 2005" pp.176-186 참조). 이 책에서는 인간이 태어나면서부터 가장 친숙하고 중요한 대상인 사람이미지에 초점을 두면서 인지와 정서 및 신체이미지의 지각과 다양한 손상의 결과로 이해할 수 있는 표현들에 초점을 두고 간략하게 살펴보고자 한다.

인지적 성숙과 손상

초기발달단계인 유아동의 그림은 경험적 기억에 의해 그림을 그리는지와 상관없이 사람을 그릴 때 같은 형태의 그림들을 그리게 된다. Goodenough-Harris(1926)에 의하면 이 아이들이 그려낸 이미지의 실제라는 것은 자신이 보는 것을 그린다기보다는 알고 있는 것을 그리므로 지적수준을 이해하게 하는 단서가 된다고 한다. 그와 관련하여 김

재은(1997)은 12세경까지 아동의 지능을 평가할 수 있는 “한국판 간편 지능검사”를 개발했다(“미술치료평가방법의 이론과 실제, 2005” p.170참조). 그러나 이러한 결과들은 어린 아동의 그림에서도 함축하고 있는 내용은 분명히 지적성숙 그 이상의 내용을 담고 표현되며 정서와 행동이 합해져 지각의 과정으로 가는데 그러한 요소에 대해서는 객관화하지 못한다는 점이 제한성이다. 다시 말하면 그림의 내용은 가장 중요하고 첫 경험이 되는 부모상으로부터 시작되며 그 부모와의 경험에 대한 기억이자 감정이며 결함이 복합적으로 나온 결과라는 점이다. 그래서 우리는 그림을 통해 정서와 신경학적인 손상을 입은 경우에 표현될 수 있는 그림을 찾아낼 수 있다는 가능성을 주장하며, 이러한 이유 때문에 정신과에서 환자의 손상을 진단할 때 인물그림을 포함하는 경우가 흔히 있다.

그림에서 등장하는 신체이미지에 대한 지각

신체이미지에 대한 성숙도는 일반적으로 얼마나 그림을 구체적으로 그려 가는지에 대한 변화로 이해할 수 있으며, 뿐만 아니라 발달과 함께 변화되어가는 그림을 통해 심리적 상태와 정서수준이 생물학적 발달과정과 관련이 있음을 이해할 수 있다. 더불어 그림에 표현되는 신체이미지는 그림을 그린 아동청소년 그들 자신의 신체에 대한 지각이다. 환경으로부터 수용되고 인정된 경험의 수준에 따라 그리고 자신이 경험한 외부세계에 대한 인식과 내적인 자기와 외부와의 상호관계에서 자기이미지가 지각되고 개별성이 형성된다.

그러므로 대부분의 건강한 아동청소년 및 성인들이 그림을 그리면 대부분 자신의 성과 동일한 대상을 표현하지만 때로는 중요하거나 의미 있는 대상을 그려내는 경우도 종종 있다. 이것은 아마도 잘 적응된 경우이자 심각한 불안을 겪지 않는 사람의 상황일 수 있으며, 그럴수록 그림속의 세계는 다양하고 그 세계에 포함된 자기를 잊고 자신보다는 자신의 세계에 중요한 누군가를 포함시키는 것이 아닌가 싶다. 따라서 정서적으로 불안정한 상황일수록 자신의 감정을 그대로 투사하고 직접적인 자기상으로 이미지화한다고 볼 수 있다. 이처럼 그림은 개인의 모든 것을 다 말해주는 것은 아니지만 언어로 표현할 수 없거나 감당하기 어려운 것을 함축하고 있어서 개인을 이해하는 중요한 메시지를 들을 수 있게 한다. 이와 관련하여 유의해야 할 것은 자기상을 그리라고 하거나 자신을 포함한 가족을 그리라는 지시법과 구조적인 접근을 사용한 경우는 당연히 자기상을 포함시킬 것이므로, 단편적인 이해를 넘어서 표현형식에 대한 방어와 직접적인 투사로서의 의미 또한 적용될 필요가 있다. 또한 생활환경과 인종적 문화적 환경에 따라 표현되는 형식이 다를 수 있으므로 그 또한 고려되어야 한다.

신경이 손상된 경우의 그림 표현들

일반적인 그림과 신경이 손상된 경우를 구별하는 것은 일상생활 적응과 문제 노출의 이유에 대해 밝히고 치료의 방향을 설정하는데 중요한 근거가 된다. 이때 신경학적 손상과 관련된 문제가 다른 기타 정서문제와 관련이 없는, 예를 들면 지적장애를 가지고 있는 아동청소년의 그림과 비교되어야 하며 영상촬영에서 신경학적 이상을 밝힐 수 있어야 신경손상의 특성으로 제시할 수 있을 것이다. 1940년에 벤더(Bender)에 의해 뇌손상을 입은 아동이 그린 인물화가 처음으로 발표된 이후 많은 연구자들에 의해 신경에 장애와 손상을 입은 사람들의 그림에서 신체이미지와 지능이 일치하지 않다는 것이 확인되어왔다. 나의 경험에서도 신경에 손상을 입은 사람들의 그림이 미성숙하고, 공간과 형태가 부적절하고, 즉흥적이고 충동적이며 계획성 없는 그림을 그리거나, 경계에 대한 통제가 없고 마음대로 휘갈기거나, 선이 겹치거나 선이 연결되지 못하고, 신체구조가 제 위치에 놓여지지 못하거나, 정상적인 신체 부분이 표현되지 못하고, 신경손상의 측면에 따라 기능의 문제가 발견되는 등 특성적인 표현들을 볼 수 있었다("미술치료의 발달적 심리학적 매체선택과 적용, 2013, 제2장", "미술치료평가방법의 이론과 실제, 2005", "학교미술치료지침서 제4편" 참조).

미술표현이 이처럼 손상의 문제를 적절하게 보여준다 해도, 개인이 가지고 있는 손상의 장애범주와 수준을 진단하는데 있어서 대부분 그림이 중심이 되기보다는 양적진단을 보완하는 도구로서의 유용성이 더 강조되고 있다는 것이 현실이다. 그럼에도 그림의 의미는 발달단계마다에 특이성이 있으며 그 특성이 일반적인 연령 군에서 벗어나는 경우 정상화할 수 없다는 근거를 수용하고 있고 각 장애마다의 공통된 특성이 밝혀지고 인정되고 있다는 사실은 부인할 수 없다. 우리는 양적평가의 제한성에도 불구하고 이러한 투사적 그림의 가능성 때문에 질적 평가로서의 그림 표현에 더 많은 에너지를 쏟을 수 밖에 없는 것 같다.

신경근육에 장애가 있는 경우

전체적인 손상인지 부분적인 손상인지에 따라 마비, 떨림, 협응문제, 불균형 등의 운동 장애가 나타나고 사회적 참여에 부적응문제가 일어나며 그림 작업에도 영향을 받게 된다. 이때 아동청소년 개인이 외부자원의 도움을 받지 못하고 고립된다면 외부세계에 대한 지각과 반응의 발달에 불리한 영향을 받을 것이다. 손을 사용한 다양한 사회적 환경과 관계에 참여하지 못한다면 대부분의 그 아이들은 왜곡된 지각을 가지고 자신의 신체이미지에도 부정적인 개념을 형성하게 될 것이다. 미술치료에서는 이러한 아이들의 장애수준을 평가할 수 있어야 하며 그 장애의 진행을 막고 발전적인 변화를 유도하는 것이 우리의 역할일 것이다. 이와 관련하여 우리는 그림표현의 변화를 활용해야 하는데, 다시 말해서 이들의 그림 대부분은 매우 빈약한 신체이미지(그림 2-13)를 표현하거나 모방능력에 장애를 보이는 것을 볼 수 있으므로 그와 함께 등장할 수 있는 정서적 왜곡 등의 이차적인 문제에도 개입할 수 있어야 한다는 것이다.

기질적 대뇌손상시의 표현

모든 팔다리가 마비되고 운동장애가 심각하다면 지적인 잠재력과 지각기능에 대한 평가를 위해 사람그림을 사용하기란 쉽지 않다. 신체장애가 덜 심하고 또는 신체의 한쪽 부분을 사용할 수 있는 정도라면 그림을 포함한 표준화검사를 사용할 수 있을 것이다. 그러나 대뇌손상과 관련한 결함들은 대부분 시각, 청각, 지각, 인지 등의 장애와 함께 더욱 복잡한 장애로 등장하면서 운동장애를 나타내게 된다. 이와 관련하여 나타나는 기능손상과 인내심 및 충동성의 통제 불능 그리고 고집스러운 사고와 신체이미지의 빈약성과 같은 지각 및 사고장애 등은 아동이 보이는 장애행동에 특별한 요인과 증거가 없이 나타낼 경우 병리학에서는 기질성이라고 한다. 이러한 맥락에서 아래의 그림은 대뇌손상과 관련된 한 예로서 인물화의 신체이미지(그림 2-13) 개념과 지각운동기능(그림 2-14)의 개념이 어떻게 나타나는지 보여주고 있다.

[그림 2-13] 청소년이 그린 "빈약한 신체이미지"를 보여주는 그림

[그림 2-14] "지각-운동결함"을 보여주는 인물과 모방그림

그림 2-14는 치마를 입은 사람이며 눈이 하나로 겹쳐지고 눈 왼쪽에 입이 그려져 있으며 치마에 다리와 발이 있고, 치료자가 그린 동그라미, 네모, 세모형태를 보고 아동이 모방한 그림이 신체상 아래에 산발적으로 그려져 있다.

이 외에도 다양한 장애에서 표현되는 그림의 특성은 자신의 결함을 보상하거나 그대로 이미지화하는 것을 볼 수 있다. 예를 들면 청각이 손상된 아동은 귀를 그리지 않거나 작은 귀를 그리기도하지만, 많은 청각장애 아동의 그림에서 일반적인 경우와 별다른 특이성을 보이지 않고 귀를 그리기도 하며 보청기(그림 2-15)를 표현하기도 한다는 사실이다. 그러므로 귀가 없거나 작은 귀를 그렸다고 하여 청각에 장애가 있다고 평가하거나 귀에 무언가를 표현했다고 하여 단적인 왜곡해석을 하는 일은 배제되어야 할 것이다.

[그림 2-15] 청각장애가 있는 아동의 보청기를 표현한 자화상

신체의 한 쪽이 마비되었거나 발달이 불완전한 아동청소년의 경우 그쪽을 더 작고 불균형적으로 그려내는 경우가 흔하다. 또는 신체의 어느 부분을 수술했거나 외상으로 인해 손상을 입은 경우 그 부분의 그림 표현이 작거나 왜곡되는 경우가 대부분이다. 아마도 그것은 불안정된 정서와 장애가 있는 우울한 신체상을 압축한 표현일 것이다. 또한 섭식장애(이 책 제12장의 그림 참조)가 있는 경우 과식과 실제의 몸이 비만하다 하여 이때 반드시 비례한 모습을 그리는 것은 아니다. 오히려 반대로 작은 체형의 신체 이미지를 표현하는 경향이 있으며 이때 반드시 등장하는 것은 음식과 관련된 이미지를 표현한다는 특성이 있다. 아동청소년들의 그림에 실제적인 자기와 유사하게 표현하지 않는 것은 때때로 나타나며, 전형적인 자기모습을 표현하는 것은 손상에 대한 지지적 욕구를 함축한 것일 것이다.

지능이 평균이상이면서 시각이나 청각장애 및 지적장애가 없음에도 학습에 문제를 보이는 경우를 학습장애라고 하는데 이러한 아동은 지각과 통합 및 표현과정에서 결함을 나타내며, 이 외에도 중추신경조직의 기능장애를 가진 경우에도 학습능력이 손상된 것으로 표현된다. 이러한 학습장애와 관련하여 그림이 조기발견을 도울 수 있다면 뇌기능의 장애라는 진단을 받고 낙담하는 이들을 위해 위안을 줄 수 있는 보다 실천적인 중재방법이 될 것이다. 지능에 문제가 없는데도 불구하고 읽고 쓰기가 안 되는 아동청소년에게 그림은 분석 자료로 제시될 수 있다(그림 2-16). 즉 정서적인 결함 때문에 학습이 안 되는 경우를 제외하고는 평균수준 이상의 지능을 가지고서도 학습을 실패한다면 지각-운동(전조작기 수준)에 손상이 있기 때문이다. 이러한 맥락에서 보면 분명 그림은 학습의 실패가 정서적 결핍 때문인지 지각운동의 손상 때문인지를 명백하게 드러낼 것이다.

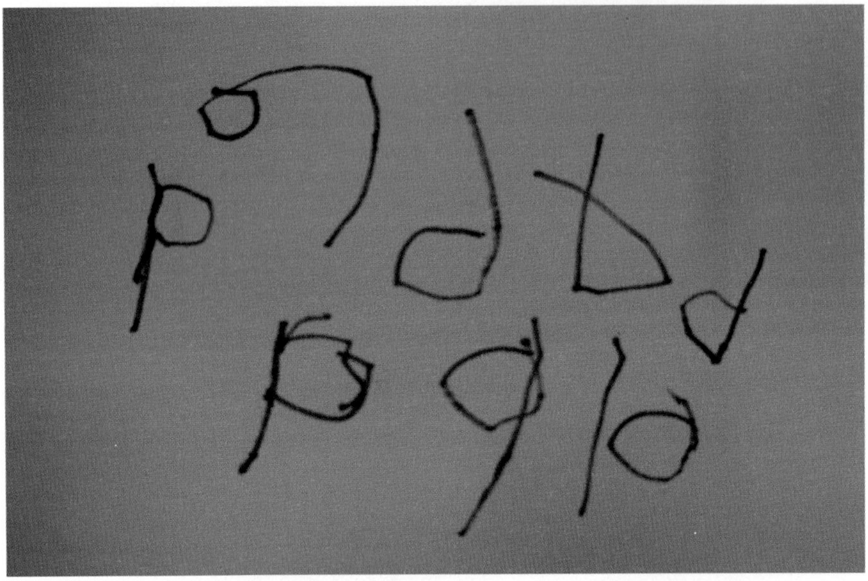

[그림 2-16] 읽기와 쓰기에 결함을 보이는 6세 아동이 쓴 숫자 6과 9의 숫자표현

정서적인 문제로 학습장애를 나타내는 경우는 신경학적 결함이나 정신지체가 없는 정상범주에 있는 아동청소년이 환경의 결핍으로 인해 정서적인 불안을 나타내는 학습의 실패를 의미한다. 이러한 경우에 그림에서 나타날 수 있는 표현은 지각운동의 손상을 예측하게 하는 표현은 없으며 대부분 애착과 관련한 정서적 표현들이 등장하는 것을 볼 수 있다(그림 2-17).

[그림 2-17] 학습에 반복적인 실패를 경험하는 청소년이 현재의 정서를 표현한 그림

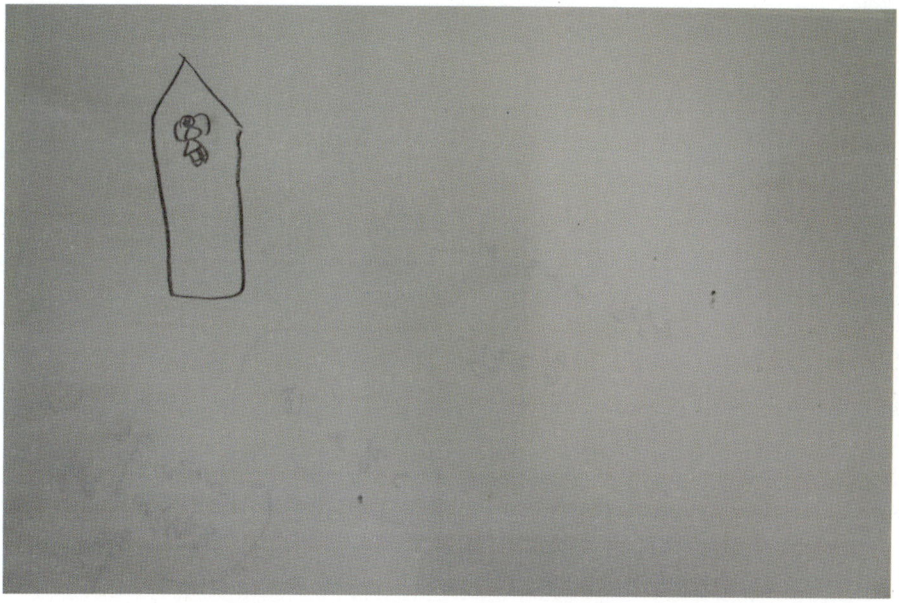

[그림 2-18] 극도의 불안정한 정서를 나타내는 청소년의 자화상

영상촬영과 뇌파를 포함한 신경학적 관점에서 장애를 판정할 수 없는 경우 임상가들은 혼돈에 빠지게 되고 불명확한 상황에서 무엇을 어떻게 도와야할지 좌절하고 자책하게 된다. 의료 환경에서는 대부분의 많은 경우를 진단이란 명목하에 낙인되는 경우가 흔히 있다. 산만하고 주의집중이 제한되고 충동적이며 가만히 있지 못한 아동청소년이 기질적인 뇌의 손상이라고 진단을 받게 되면 이것은 회복될 수 없는 것이며 희망이 없다는 결론으로 받아들여 포기하는 마음이 된다. 이에 대해 늘 나에게 과제로 돌아오는 것은 진단의 필요성을 무시하지 않으면서 개인의 강점에 초첨 둔 미술치료사의 역할과 책임성이다. 더불어 강조되어야 하는 것은 미술을 사용한 심리치료가 이들의 꼬리표를 떼고 결손을 극복하도록 도울 수 있다는 것이다.

아래의 그림은 지적장애가 있는 청소년의 자유화에서 표현된 통합되지 못한 표현 양상이 특징적으로 나타나고 있으며 일반적인 지능을 가진 경우에 비해 덜 성숙되고 기본적인 항목의 연결성에 결함을 보이고 있다(그림 2-19).

[그림 2-19] 5세의 정신연령을 가진 14세 청소년이 그린 자유화

표현한 항목들의 구성이 전체적으로 연결성이 없고 모두 분리되어 있다.

3. 미술표현에서 노출되는 자아손상의 이미지

세 가지 마음의 기구 중 하나로 일컫는 자아(ego)는 현재까지 프로이트(Freud, 1923)가 재 정의한 의미로 사용되고 있다. 지금은 학자에 따라 자아개념을 자기(self)라는 초기 개념으로 사용하는 경우도 있지만 우리는 자아가 어떠한 의미로 사용되는지에 대해 분명히 알 필요가 있다. 유아는 출생최초에 유전적으로 결정된 중추신경계와 감각기능 및 성장과정에서 경험되는 부모환경에 기초하여 자아를 발달시켜간다. 이때 자아는 원본능적인 생리적 요구들과 외부세계로부터 오는 요구들 사이에 위치하면서 자신의 신체적, 심리적요구와 외부환경으로부터 오는 경험을 지각하며 그러한 지각을 평가하고 조정하고 통합하여 외적세계의 요구에 자신의 내적 요구를 맞추고 조정해간다.

아직 분화되지 못한 자아가 적절하고 자유로운 환경에서 발달한다면 현실적응의 일부로서 안정적인 관계를 형성할 수 있는 기능이 되지만, 지속적인 심리적 갈등환경에 노출되면 지각, 운동능력, 의도와 예측, 계획을 세우고 목적을 향하는데 필요한 사고와 지능 및 언어기능에 장애를 가져올 수 있다. 학자에 따라서는 갈등에 의해 초기자아의 발달에 장애가 오더라도 이후의 발달에서 갈등에 사용되는 에너지가 중성화되면 다시 발달이 일어나 현실에 적응할 수 있다고 한다. 자아에는 여러 기능들이 있지만 사람들이 모든 기능을 다 사용하지는 못하며 개인에 따라 선택적으로 기능하게 되고 자아에 손상을 입은 경우에도 또 다른 자아의 기능을 사용하여 자기방식으로 현실에 적응해간다.

이렇듯 모든 사람들은 나름대로의 자기방식을 선택하여 자아를 발달시키는데, 다만 여기에서 자아를 설명하는 이유는, 자아가 이러한 기능을 발달시키는데 결함이 되는 약한 자아의 경우와 강한 자아의 기능이 이후의 발달에 미치는 적절감과 부적절감에 접근하고 또 다른 자아기능을 사용할 수 있도록 돕기 위함이다. 발달단계마다에 잘못 구성된 자아는 즉흥적으로 그려낸 그림 속에서 등장하게 되어있고 우리 치료사들에게 그 사람의 발달적 성취의 결함을 암시해주기 때문이며, 보다 중요한 것은 자아의 성취 정도를 평가하고 이해함으로써 치료적 안내를 더욱 구체화할 수 있기 때문이다. 따라서 여기에서는 우선 심리성적 발달의 측면에서 자아발달의 단계마다에 해당하는 결함과 암시를 보여주는 상징들을 중심으로 자아발달에 미치는 대상관계요소가 어떻게 상징화되어 나타나는지에 대해 살펴보기로 하겠다.

심리성적발달 맥락의 퇴행이미지와 내적 요구

무의식의 내용은 의식적인 표현에서 관찰이 어렵고 오직 특별한 경우에 관찰이 허용되며 그림 표현에서 구강기와 구강학대, 항문기, 남근기, 잠복기상징 등의 의미로운 관찰이 가능해진다(그림 2-4, 그림 2-5, 그림 2-6, 그림 2-7, 그림 2-8의 이미지 참조). 심리성적 퇴행성은 발달단계마다의 특성을 보여주는 관련이미지에서 어디엔가 모순되거나 과장되거나 연결성이 없거나 하여 잘못 구성되어 보여주기 때문에 알 수 있다.

발달단계별 이미지와 함축된 욕구

발달단계	자아의 퇴행이미지	자아의 내적욕구
구강기	젖가슴형태의 산이나 땅이 등장한다. 이가 없고 입을 벌린 형태로 표현된다. 잡아먹고 먹히는 이미지로 표현한다. 불거나 입을 사용한 매체에 집중한다.	핵심 욕구는 대상과의 연합이다. 양육의 배고픔과 관련한다. 성장과정에서 초기경험과 유사한 상태로의 고착을 이끈다. 드러낸 이와 갈거나 파괴적인 이미지는 본능욕구의 이중성과 구강학대단계로의 퇴행과 관련한다. 흡입적 성격요소와 관련된다.
항문기	배변과 관련한 이미지가 자주 등장한다. 고집스럽고 지나친 절약 및 정돈된 모습으로 표현된다. 찰흙매체에 집착하거나 지나치게 거부반응을 보인다.	항문기 특성의 성격과 관련한다. 착취적 성격요소와 관련된다.
남근기	음경과 관련한 성적 이미지가 흔히 등장한다.	강박적 성격특성과 관련한다.
잠복기	숲속의 백설공주와 잠자는 공주같은 동화속의 여성영웅과 관련한 이미지가 흔히 등장한다.	성적관계에서 심각한 실망이후에 오는 퇴행과 관련될 수 있다. 우정관계에서 고착과 관련한 성격특성을 가질 수 있다. 우정관계 분리문제시 동성애로 발달할 수 있다.

이미지로 표현된 자아 상태와 극복욕구

그림을 그린 사람의 자아 상태를 이해한다는 이유로 미술치료사가 지나치게 그림을 진단하고 싶은 욕구는 배재되어야 하나, 그림에서 중요한 부분을 간과하는 것 또한 위험하며 치료사로서 치료대상을 유기하는 것과 같다. 따라서 여기에서는 아동청소년의 그림에서 노출되는 자아의 상태에 관심을 가짐으로써 그들이 당면한 심리적불편감을 이해하는 기회로 삼고 심리 정서적 지지와 병리적 징후에 대처하기를 바라는 마음으로 아래의 내용을 제시하였다. 자아를 상징하는 표현들은 다양한 관점에서 볼 수 있으며 많은 내용들로 이야기될 수 있으나 여기에서는 인물의 자세 및 위치와 몇 가지 내용에 초점을 두고 살펴보기로 하겠다(상징과 관련한 구체적인 내용은 "학교미술치료지침서-아동청소년치료의 평가기법과 임상준비를 위한 2013", "미술치료평가방법의 이론과 실제, 2005"참조).

자아의 상태와 욕구수준

	자아상태의 상징적 표현	자아의 자율적 수준
자세	누워있는 자세 등장 물이나 공중에 떠 있는 자세로 표현(그림 2-20)	자유롭고 싶은 자아욕구를 의미한다. 의존하고 싶은 욕구를 함축한다. 완전한 자유는 퇴행의 마지막 단계로 향한 의미를 담고 있다.
	안겨있는 자세로 표현(그림 2-21)	자아의 의존욕구를 포함한다.
	앉아있는 자세로 상징화	퇴행욕구와 자발성이 공존한다.
	서있는 자세의 인물로 변화(미술치료평가방법의 이론과 실제 참조)	안정된 자아욕구이다.
	서있으나 발이 왜곡되고 생략(미술치료평가방법의 이론과 실제, 2007 참조)	안정에 대한 욕구가 있으나 심리적으로는 힘든 상태에 있다.
위치	오른쪽으로 향한 경우(미술치료평가방법의 이론과 실제, 2007 참조)	발전적으로 진행하고 싶은 욕구표현과 관련된다.
	왼쪽으로 향한 경우(미술치료평가방법의 이론과 실제, 2007 참조)	다시 되돌아가고픈 퇴행욕구와 관련될 수 있다.
내용	단조로운 색채사용(학교미술치료지침서 3편, 2014 참조) 불균형적인 선(미술치료평가방법의 이론과 실제, 2007 참조)	퇴행된 자아 상태와 관련된다.

(계속)

	자아상태의 상징적 표현	자아의 자율적 수준
내용	달걀과 같은 알 형상의 이미지등장(표현예술치료로 만나는 정신건강이야기, 2009 참조)	시작에 대한 자아욕구가 있다. 완전한 퇴행욕구와 관련한다.
	십자가 형상으로 표현(미술치료평가방법의 이론과 실제, 2007 참조)	완전한 퇴행을 의미할 수 있다. 죽음과 관련한 자아의 긴장상태와 관련될 수 있다.
	시이소와 놀이기구에 집중(학교미술치료지침서 3편, 2014 참조)	자아의 평형욕구를 의미한다. 불안정한 자아를 표현한 것일 수 있다.
	그네와 같은 흔들림의 놀이기구에 집중(학교미술치료지침서 3편, 2014 참조)	불안정한 자아와 관련한다. 자아의 긴장상태를 의미한다.
	낙하산에 집중 낙하산에서 땅으로 착지(미술치료평가방법의 이론과 실제, 2007, 그림 165, 167참조)	보조자아일 수 있다. 보조자아를 사용한 목표성취와 관련한다. 땅에 착지한 후에도 낙하산 줄을 놓지 못하는 경우는 아직 불안한 상태를 의미할 수 있다.
	끈과 관련한 표현들이 흔히 등장(표현예술치료로 만나는 정신건강이야기 제, 2009, 15장 그림 15-11 참조) 서로가 끈에 묶인 사람으로 표현	절대적 의존의 자아수준과 관련한다. 의존관계에 있는 사람의 표현일 수 있다. 정서적 만족과 안전의 욕구를 함축한다.
	생략된 신체부분을 표현하고 끈으로 연결(그림 2-22)	자아의 자율성이 결핍되었음과 관련한다.

[그림 2-20] 한 여자가 배를 타고 편히 쉬고 있다.
완전 퇴행으로 갈 수 있는 우려에 대해 관찰할 필요가 있을 것 같은 자아이미지

[그림 2-21] 부모와 아기가 서로 안고 안기고 있는 이미지 안겨있으나 반대적인 의미를.
함축하는 그림으로 "표현예술치료로 만나는 정신건강이야기" 출생의 비밀(그림 17-1) 참조

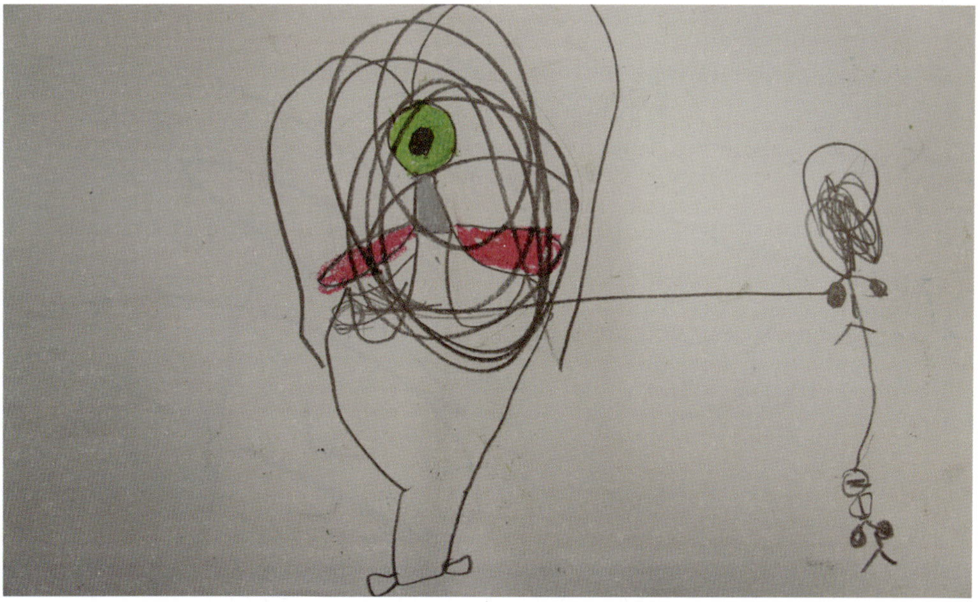

[그림 2-22] 신체생략의 두 인물이 서로 끈으로 연결된 이미지

아동청소년의 손상된 자아를 돌보기 위한 치료사의 자세와 지침

- 내적욕구와 외부의 현실적 연결을 위한 중심에서 중재해야 한다.
- 그림을 통해 아동청소년의 강점과 능력을 볼 수 있어야 한다.
- 아동청소년 스스로 자신의 가능한 자원을 찾도록 중재해야 한다.
- 상처를 직면할 수 있을 때 자아회복 또한 가능하므로 스스로 직면에 이르도록 돕는 것은 필수적인 과정이다.
- 그림에 대한 나눔은 자아의 통합을 돕기 위함이므로 치료의 필수조건이나 반응과 욕구에 따라 적용정도는 달라질 수 있다.
- 이야기하기를 거부해도 그림을 보는 자체에 의미가 있으므로 강요하지 않아야 한다.
- 치료과정이 지속되고 있다면 무의식의 과정은 진행되고 있으며 통합을 향하고 있다는 것을 잊지 않는다.
- 어떠한 그림에도 해석은 배제하고 수용적인 자세여야 한다.
- 이미 완성된 그림은 재 수정하기보다는 새로운 곳에 연속적으로 다시 그리도록 지지함으로써 자아의 통합욕구를 지지하는 결과를 기대할 수 있다.
- 그림의 방향을 바꿔가며 돌려보는 것은 자유로운 자아를 적극적으로 자극하게 하므로 해결을 찾아가는데 도움이 된다.
- 그림의 부분을 접거나 잘라내어 부분만을 사용하여 자아요소를 제한하고 구체화할 수 있다.
- 그림 속에 자신이 있다면 어디에 있을 것 같은지 질문함으로써 현재수준을 확인할 수 있다.

•제2부•

아동청소년기 이상심리의 핵심문제에 접근한 특성이해와 미술치료 중재

이상심리와 관련한 인간의 모든 정신병리와 행동은 생애의 발달과 상황에 의해 매개되며 영향을 받는다. 특히 청소년기는 전 생애의 발달과정 중 가장 민감하여 개인이 타고난 성향의 범위를 넘어서는 기분과 대처행동의 반응이 이상행동을 유발하게 하는 발달의 특성적 변화에 대해 많은 연구자들의 관심이 집중되어 왔다. 유아동기에는 주로 유뇨증, 유분증, 유아자폐증, 우울, 지적장애와 자폐증 등이 나타날 수 있으며, 아동청소년기에는 부등교 등의 학교부적응, 외상성징후, 품행장애, 정신분열증, 신경성식욕부진증, 성격장애, 우울과 불안 및 강박장애와 외상후 스트레스장애 등의 정신장애와 관련될 수 있다. 아동청소년의 이상심리와 발달적 특성에 따른 문제는 "청소년임상미술치료방법론(2005)"과 "발달적 접근과 특성별 지침서-미술치료사의 아동청소년 정신건강을 위한(2014)"에서 부분적으로 소개되었다. 그러므로 여기에서는 청소년기에 흔히 나타날 수 있는 전반적인 이상심리와 정신장애를 DSM-5에 기준하여 보다 구체적으로 소개함으로써 아동청소년치료에 적용할 수 있도록 돕고자 하였다. 따라서 여기에서는 청소년기 특성을 고려하여 아동청소년정신건강상담사 및 미술치료사들의 임상영역에서 흔하지 않은 장애 즉 수면-각성장애, 물질관련 중독장애, 성기능장애와 성도착 및 성불편장애에 대해서는 제외시켰다. 그리고 이 외에 청소년기 발달관련내용들은 "발달적 접근과 특성별 지침서-미술치료사의 아동청소년 정신건강중재를 위한(2014)"에서 사례와 함께 구체화하였으므로 이 책에서는 다루지 않았다. 아래의 내용은 미술치료 임상에서 흔히 만나는 장애의 순서로 제시되어 있다.

제3장

우울관련 장애의 이상심리와 중재지침

우울장애는 우리 사회에 가장 흔한 정신장애 중 하나로 우울의 지속적인 감정상태를 나타내는 장애로서, 이와 관련하여 정신운동, 인지기능, 정신생리기능 그리고 대인관계에서의 장애가 일어난다. 소아의 우울증상은 학교공포, 지나치게 부모에게 집착하는 태도 등으로 나타날 수 있으며, 청소년의 우울증상은 학습저하, 물질남용, 문란한 성적문제, 가출, 무단결석 등 학교부적응 문제로 나타나는 것이 보편적이다. 아동청소년기 우울문제에 대해서는 이미 학교미술치료지침서 4편(발달적 접근과 특성별 지침서-미술치료사의 아동청소년 정신건강 중재를 위한, 2014)에서 청소년기 발달적 측면에서 기본적인 이해와 지침 및 청소년의 역동을 다루었다. 여기에서는 DSM-5의 정신장애 진단 및 통계편람에서 우울장애의 하위유형으로 정한 주요우울장애, 지속성우울장애, 월경전기 불쾌장애, 파괴적 기분조절곤란장애 등의 기초적인 이해를 통해 아동청소년의 우울장애에 대한 미술치료접근의 특성적 의미와 지침을 제시하였다.

1. 우울장애 원인의 이론적 근거

정신 역동적 관점

청소년기의 우울은 성인우울과는 다르게 가면우울의 현상으로 나타나는 경우가 흔하며, 주로 학교생활 부적응을 초래하는 다양한 문제행동과 학습저하 및 신체증상 등으로 위장되어 나타나고, 때로는 자살을 초래하는 자기감혼란과 정체성문제로 구체화되어가는 것을 볼 수 있다. 여기에서는 청소년기의 우울장애를 이해하기 위해 정신분석에서 보는 우울의 심리적 정신역동을 살펴보기로 하겠다.

프로이트관점의 우울장애 역동

애도와 우울(Freud의 1917 논문)에 대해서 프로이트는 애도반응과 슬픔에 잠긴 멜랑콜리와 우울증을 구별하고, 애도반응에서의 우울은 중요한 대상을 실제로 상실한 경우이며 우울증은 상실대상이 실제가 아니고 감정적인 것이라고 했다. 더불어 애도반응으로 오는 우울에서는 이성적으로 안정된 자존감이 유지되는 반면에, 우울증의 경우는 자존감에 심각한 손상을 입고 자기비난과 죄책감이 동반된다고 보았다. 우울증을 가진 사람은 분노가 자기내면으로 향한 결과이며 그것은 자기가 상실된 대상과 동일시되었기 때문에(Freud, 1923) 동일시로 인한 함입이 자아가 대상을 포기하는 유일한 방법일 수 있기 때문이다. 이러한 분노의 자기공격은 또한 클라인과 같은 맥락에서 우울증의 이해에서 강조되는 공격성의 중요한 요소이다.

말러관점의 우울장애 역동

말러(Margaret S. Mahler, 1966)에 의하면 우울은 심리적 성숙이 신체적 성숙과 보조를 맞추어가는 분리개별화과정의 재접근단계(18~24개월) 실패와 관련된다고 한다. 재접근단계는 아동이 거대한 세계 속에서의 자기를 발견하는 시기로서 그 과정은 전능감을 경험하게도하지만 이상적인 자기상실과 분리된 대상을 발견하고 불안을 경험하게도 한다. 이때의 불안은 아동으로 하여금 대상에게 매달리고 의존하며 공생기 융합으로 재 함입되는 공포사이를 오고 가면서 맞추어 가야 하는데, 이 과정에서의 융합욕구는 분리개별화를 방해하는 갈등을 일으키는 요인이 되며 양가적인 태도와 정서적 성향을 발달시키게 된다. 이 시기에 아동은 현실검증능력과 언어능력 등 자아기능을 급속도로 발달시키고 언어사용을 통해 대상과 모든 자기 경험을 공유하려는 상호작용을 시도하게 된다. 그러나 만약에 대상인 어머니의 수용과 정서가 부적절하고 불안정하여 자녀와 상호작용할 수 없는 상태라면, 아동은 자기애적 욕구를 충족할 수 없으므로 자기의 취약성을 회복하기위해 부모에게 매달리고 부적응적인 요구를 반복하거나 우울정서를 나타내게 된다.

이 과정에서 아동은 자기 자신과 외부로부터 오는 요구에 불신이 자리 잡을 수 있으며 긍정적이고 안정된 자기존중의 심리구조를 발달시킬 수 없게 된다. 이러한 경우라면 아동은 긍정적인 자기이미지를 형성할 수 없게 되며 외부로부터 주어지는 확신에 더욱 의존할 뿐 아니라 자존감이 약화된다. 자존감이 약할수록 아동은 외부상황의 강력한 지지체계를 요구하고 더불어 약한 지지를 견뎌낼 수 없게 되어 더욱 우울 상태에 빠질 수 밖에 없게 된다. 이러한 자기존중의 와해로 인한 우울은 대상이 죽거나 대상에 의해 거부되거나 대상에게 실망을 하게 될 때 더욱 심각하게 발생하게 된다.

우울증을 가진 사람은 자기에 대한 심한 염려와 무가치감과 건강염려증적 불안을 드러내며, 그러한 개인은 대부분 자기비판적인 사고를 가지고 있으며 자기비판과 관련한 자기공격은 내면세계를 황폐화시켜 급기야 심한 공포감에 시달리고 자살에 대한 생각을 구체화하게 한다. 대부분 이들은 자기애적인 성격을 가지고 있으며 상실한 대상에 대해 자기의 부분을 잃은 것처럼 과잉반응을 일으키게 되므로, 잃은 것을 되찾기 위해 상실된 대상과 자기를 동일시하게 된다. 이때 자기는 상실한 대상으로서 비난의 대상이 되며 그 대상이 자기에게 존재해 있었을 때 그에게 향했던 자기의 양가적인 감정의 일부인 분노감정을 표현한 것으로서 자살사고가 관련되며 여기에는 그렇게 공격한 것에 대한 죄책감과도 관련한다. 이러한 우울증의 특성으로 나타나는 파괴적인 공격성의 강도와 양가성의 정도는 우울증의 중요한 정신 역동적 요인(Jacobsen, 1971)이기도 한 반면에 공격성은 자존감의 와해, 좌절, 무력감과 무능감에 따른 불가피한 결과(Bibbing, 1953)이기도 하다. 따라서 우울증은 다양한 여러 범주의 정신병리에서 광범하게 발생하며 다양한 병인론을 가진다고 볼 수 있다(정신분석용어사전, 2002, pp. 306-308참조).

자기존중의 심각한 와해와 자기비난의 결과로 오는 우울과는 다르게 상황적인 부모의 죽음에 대한 상실과 실패 또는 추구하는 이상의 불협화음이나 어쩔 수 없는 상황과 환경적문제로 인한 우울은 누구나 겪을 수 있는 정상적인 우울이다. 이러한 맥락에서 보면 청소년기의 우울은 자기가 자신의 주인이 되어야 하는 특성적과제와 관련할 수 있으므로 청소년이 보이는 우울이 가정환경에서 오는 좌절에 의한 일시적인 우울인지, 병리적인 우울증으로서의 양상인지 평가됨으로서 그에 적절한 도움이 제공되어야 한다.

클라인관점에서 우울장애의 역동

우울증에 관심을 갖게 된 클라인(Melanie Klein, 1940, 1975)의 배경은 사고로 인한 첫 아들의 죽음에서 5세 때 죽은 여동생과 남동생의 죽음으로 인한 상실이 생생하게 되살아나면서 만성우울증을 겪게 되면서였다고 알려져 있다. 이후 남편과 이혼을 하고 구체적인 연구와 임상을 계속했으며 그 결과, 아동과 성인의 정상적 발달 및 병리적 발달에서 초기내적대상관계가 중요하다는 것을 알게 되었고 그 과정은 편집분열적자리와 우울적자리 두 단계의 발달을 거치는 것으로 보았다. 발달의 개념을 “자리”라는 용어로 사용한 것은 단순히 지나가는 단계로서의 발달이 아니라 특정대상관계의 유형, 불안, 방어기제가 전 생애를 거치는 동안 지속된다는 의미를 함축하고 있다. 우울적자리는 편집분열적자리를 완전히 대체하지 않으며 통합 또한 결코 완전할 수 없으며, 항상 개인은 이 두 자리를 오갈 수 있고(Segal, 1973) 우울적자리에서의 갈등으로 인한 방어는 편집분열적자리로 되돌아가는 퇴행을 초래할 수 있다(정신분석용어사전, 2002, pp.519-534참조).

우울증을 우울적 자리와 연결하면서, 클라인은 우울증을 가진 사람은 자신의 내부에 있는 사랑하는 좋은 대상을 자기가 파괴했다고 지나친 염려를 한 결과 자기의 내부에 남아있는 나쁜 대상에 의해 자기 자신이 피해를 당한다는 느낌을 가지게 되고, 그럼으로써 우울상태가 되면 다시 등장하는 우울자리의 핵을 형성하게 된다고 보았다. 그렇게 상실대상에 몰두함으로써 생기는 고통감정의 반응으로 조적방어가 등장하게 되는데, 다시 말하면 전능감, 부정, 경멸, 이상화 등의 조적방어기제는 상실대상을 되찾고 나쁜 대상을 부인하기위해서 그리고 좋은 대상에 대한 자기의 의존성을 부정하기 위해 사용된다(역동정신의학, 1996, pp.233-239참조).

임상에서 만나는 청소년들은 부모에게 또는 타인에게 한 자신의 공격성이나 파괴성을 부인하고 부모의 통제에 대해 화내고 경멸하며 함부로 말하고 공격하면서 조증적 상태(우울에 대한 반동형성 방어와 관련)를 표현하지만 때로는 부모와의 관계를 역전시키고 싶은 바램으로도 나타낸다. 우울문제를 이해함에 있어서 내부로 향하는 공격성이 중요하다고 본 클라인의 맥락에서 보면, 청소년들이 부모저항으로 갖게 된 승리의 욕구는 죄책감과 우울증으로 이어질 수 있다고 볼 수 있다. 공격성과 관련한 청소년기 우울문제의 심리적 역동은 "KSATI 학교미술치료지침서 4편"에서 소개된 "중요한 사람과의 상실경험이 있는 중기청소년의 우울문제에 대한 역동이해(p.157)와 혼수성우울을 보이다가 자살한 여학생의 역동(p.158)"을 참조하기 바란다.

코헛관점의 우울장애 역동

우울증을 가진 사람에 대해 코헛(Heinz Kohut, 1978)은 자기욕구를 공감 받지 못하고 자기대상이 충족시켜주지 못할 때 나타나는 좌절이라고 생각했으며 자기가 응집력을 가지고 조화를 이루지 못했을 때 또는 이후에 상실을 경험했을 때 자기대상에 장애가 일어난 것이라고 보았다. 이렇듯 자기대상의 공감적반응의 결함으로 생긴 손상은 정신증, 경계선상태, 자기애적 행동장애, 자기애적 성격장애 등의 문제를 가져온다. 정신증은 심각한 자기대상의 실패로부터 오며 강력한 방어로도 그 손상을 보호하지 못하는 타고난 병인적 결함요소를 함축한다고 본다. 경계선상태는 복잡한 방어를 사용하여 자기붕괴와 파편화를 예방하나 이 역시 촉진적인 자기대상 전이결핍과 관련한다. 자기애적 행동장애는 외부환경이 자신을 달래주도록 중독 또는 비행 등의 시도를 하는 것과 관련된다. 청소년기의 행동문제의 시도는 정신장애라기보다는 하위문화권 비행이라는 개념으로 보기도 하며 우울장애나 과잉행동과 공존하기도 하므로 우울행실장애라고 불리우며 그러한 경우 항우울제를 사용하면 우울증상은 물론 행동장애 증상도 소거될 수 있다. 코헛(1971, 1977)의 중독에 대한 관점은 결국 자기대상 기능의 내재화에 실패한 자기애적 성향을 가진 사람들의 스스로의 보상을 위한 절박한 시도이자 완벽한 자기대상추구이며 이때의 중독물은 사랑의 대상이다. 자기애적 성격장애는 자기의 손상 또는 자기대상의 기능을 회복하려는 시도로 인한 긴장을 나타내는 일시적인 손상이 일어난 상태로서 건강염려증, 우울증, 과민한 성격 등이 포함된다(대상관계이론과 정신병리학, 2004, pp.353-440; 자기심리학, 2011 참조).

코헛은 이러한 맥락에서 우울증을 초기외상과 관련된 무감동하고 전혀 생생함을 느끼지 못하고 만연된 분노의 특징을 나타내는 전 언어적 우울증, 부적절한 반영과 이상화된 자기대상 반응의 결여로 인한 자존감 및 활기의 고갈을 수반하는 공허한 우울증, 이상화할 수 있는 자기대상을 갖지 못하거나 이상화대상과 융합경험을 갖지 못한 결과로 발생하는 자기비난과 자기거부를 특성으로 나타내는 죄책감우울증 등의 3가지 유형으로 나누었다. 결과적으로 코헛의 이론적 맥락에서 본 우울증은 반영과 제 2-자아와 이상화에 대한 자기의 욕구를 자기대상이 충족시켜주지 못한 결과로 나타나는 좌절이다.

역동 심리학적 접근의 우울증과 조증의 특성적 차이비교

우울증의 특성	조증의 특성
· 내사를 주요방어기제로 사용한다(Freud, 1914). · 우울적자리와 연결된다(Klein, 1940, 1975). · 한편으로는 자기와 대상이 결합하고, 한 쪽에서는 고통을 주는 나쁜대상이나 원시적 초자아가 나쁜대상을 학대하는 내적대상세계이다(Jacobson, 1971). · 자존감을 낮추는 자기애적 좌절이나 손상으로 이상과 현실사이에 일어나는 긴장에서 생긴다(Bibring, 1953). · 의존대상을 상실했을 때 우울증에 빠지게 된다(Spitz, 1946). · 분리개별화단계에서 공생대상을 쉽게 교체할 수 없어서 일어나는 분리의 심각한 증상이다(Mahler, 1968). · 자기욕구를 자기대상이 충족시켜주지 못함으로서 나타나는 좌절이다(Kohut, 1978).	· 부인과 반동형성을 주요방어기제로 사용한다(Freud, 1914). · 의기양양하고 팽창된 자존감은 현실과 일치하지 않는다. · 무의식적으로는 상실감과 좌절을 경험하고 있다. · 외상경험을 부인하고 거짓된 기분을 유지함으로써 우울감정을 없애려는 방식이며 이것은 자각과 비판력의 상실이라는 희생을 가져오는 일시적인 효과이다. · 분노나 애정대상의 이미지와 자기이미지를 내적으로 결합시켜 완벽한 조화상태로 돌아가려는 것이다(Freud, 1914). · 상실대상에 집착함으로써 생기는 고통감정의 반응이다(Klein, 1940, 1975). · 자기와 가혹한 초자아상이 마술적으로 재결합한 내적대상세계이다(Jacobson, 1971).

인지 행동적 관점

인간의 사고과정을 우울장애의 원인으로 보는 이론들 가운데 가장 중요한 것은 아마도 벡(Aaron Beck, 1967)의 이론일 것이다. 이론의 중심주제는 논리적인 오류 때문에 우울이 나타난다고 보는 것이며 심리적 역동은 그들이 자신에게서 일어난 일을 부정적인 자기평가와 비난으로 왜곡시키고 사회와 환경에 대한 비판적인 인지와 부정적인 해석을 하여 왜곡시킴으로써 오는 자기부정과 무력감이 우울을 일으킨다고 본다. 벡은 초기에는 정신분석적 입장에 있었으나 1960년대 초에 우울장애를 가진 사람들의 꿈과 연상 및 사고내용을 조사한 결과 분노의 자기공격보다는 좌절과 실패에 대한 절망과 자기부정의 사고가 우울장애의 가장 중심적인 내용이라는 사실을 발견하고 인지이론을 연구하게 되었다. 이후에 벡은 동물연구에서 나온 학습과 보상에 근거하여 우울장애가 긍정적인 강화의 상실과 강화유발행동의 감소, 우울증상에 대한 강화에 의해 장애가 발생한다고 보는 행동이론을 수용하여 인지행동관점의 우울장애 치료방법을 제시하였다.

결국 우울증에 대한 인지행동이론의 맥락은 실패경험을 지나치게 부정적으로 귀인하고 왜곡시키는 특성적 행동과 인지도식의 내용이 역기능적 신념의 형태로 나타나 자기와 세상에 대해 지나치게 경직된 사고(Beck, 1983)로 대처하는 특성을 나타내는데, 여기에는 사회적의존성과 자율성이라는 주제를 함축하고 있다. 우울증에서의 의존성에 대한 역동은 타인에 대한 인정과 지나치게 집착하는 주요대상에 대한 사랑인 반면에, 자율성은 지나치게 자신의 독립과 성취 욕구에 대한 경향성을 의미하며 완벽하게 처리하고 다른 사람보다 월등한 위치를 추구하는 바램과 성취에 가치기준을 둔다.

생물학적 관점

우울장애의 생물학적 원인을 찾기 위해 생체아민(biogenic amines), 신경펩타이드(neuropeptides), 신경뇌분비조절(neuroendocrine regulation), 수면(sleep), 생체리듬(biological rhythm) 그리고 뇌구조의 기능이상과 기능의 신경영상(neuroimaging), 유전요인 등에 관한 연구들이 지속되어왔다. 생체아민 가운데 노르에피네프린(norepinephrine)과 세로토닌(serotonin)이 우울장애의 생리학에 가장 중요한 역할을

DSM-5의 우울장애분류와 임상적 특성비교

분류	선별질문	임상적 특성	발병연령	유발요인	사회적 관계	수면문제 및 동반장애	정신생리증상
주요우울장애 (Major Depressive Disorder)	너무 우울해서 해야 할 일을 하지 못한 적이 있는가?	지속적인 저조한 기분상태, 외부상황에 무관심, 행동저하, 주의집중 및 관심과 동기부여 부족, 무가치감, 체중 및 수면 변화, 집착, 비합리적 믿음, 자살위험	학령 전기	외상경험, 어린시절 상실경험, 가족 및 애착대상 상실, 부정적 시각, 학대경험	매사에 흥미저하로 대인관계 및 성적 무관심	지속적인 불면, 과다수면, 물질관련 장애, 공황장애, 신경성 식욕부진증, 신경성 폭식증, 경계성 성격장애 등을 동반할 수 있음	분노, 죄책감, 좌절감, 초조, 안절부절하고 서성임, 집중력 저하, 죽음에 대한 공포, 두통, 요통, 근육통, 흉통, 구토, 변비, 호흡곤란, 과호흡
지속성우울장애 (Persistent Depressive Disorder)	일상생활의 대부분에서 우울함을 느끼는가?	2년 이상 만성적인 우울상태, 낮은 자존감, 사회적 위축, 반복적인 부정적 회상에 집착	21세 이전	기질적 취약성, 유전경향, 부모상실	관계기능 저하, 관계에서의 흥미상실 및 위축	지속적인 불면증, 과다수면, 특히 불안장애 및 물질사용 관련 장애를 동반할 수 있음	위축, 피로감, 과민성, 위장장애, 비만, 무력감, 나태함, 변비, 집중력저하, 두통
월경전기 불쾌장애 (Premenstrual Dysphoric Disorder)	생리기간 전후로 신체적 증상이나 심리적증상이 있는가?	생리전에 항상 우울, 자극과민, 반응성 우울 및 불안감정, 집중력저하, 수면변화, 일상의 수행능력 저하	월경 여성	외상, 성적 및 신체적 학대경험, 월경주기의 호르몬변화, 월경에 대한 부정적 귀인결과, 가족력	가족 및 직장생활곤란, 대인관계어려움, 월경주기동안 일상적인 관계회피	수면장애, 가장 흔한 장애는 주요우울, 광범위한 의학적 상태, 월경주기 전에 기타 정신질환이 악화될 수 있음	소화불량, 어지러움, 더부룩함, 가슴통증, 복통, 두통, 관절통, 짜증, 불안, 우울감, 집중력저하, 무기력감, 과도한 냉, 식용증진 또는 저하
파괴적 기분조절곤란 장애(Dysruptive Mood Regulation Disorder)	자주 화가 나는가? 화가 나면 폭발적이고 조절이 안 되는가?	잦은 분노발작, 지속적이고 만성적인 화와 과민상태, 불쾌감정의 조절기능문제 악순환, 자살위험	10세 이전	기질적 취약성, 감정을 억제하는 뇌기능의 저하, 부모의 방임 및 처벌적 양육환경	짜증 및 욕과 폭력때문에 지속적인 관계 어려움, 폭력적인 또래집단에서는 부분적 관계가능	잠드는 것에 어려움을 겪기도 하거나 문제 안됨, 가장 많은 동반장애는 적대적 반항장애임	심하고 반복적인 분노발작, 과민성, 화와 불쾌감정

하는 것으로 알려져 있다. 어떤 형태의 우울증에는 그 원인이 중추신경계의 노르에피네프린 감소라고 알려져 있다(우울장애를 가진 사람의 소변에서 MHPG가 비정상적으로 낮다는데 기인함). 세로토닌은 우울증과 가장 밀접하게 관련되어 있는 생체아민으로서, 우울장애와 자살에서 세로토닌 또는 5-HIAA(5-하이드록시인돌아세틱산; 5-hydroxyindoleacetic acid) 농도가 감소되어있다는 연구결과를 통해 자살과 우울이 세로토닌결핍과 관련이 있다는 것을 확인해 준다. 도파민 역시 우울증에 중요한 역할을 하는 것으로 알려져 있으며 우울증에서는 도파민이 감소되고 조증에서는 증가된다. 신경펩타이드와 같은 다른 신경 화학적 요인들이 우울장애의 병리학에 관여한다는 보고가 있으며, 우울증에서 시상하부, 뇌하수체, 부신피질의 기능이상이 흔히 발견된다. 신경학적 뇌파검사에서는 우울증이 우측반구의 장애와 관련이 있다는 보고도 있으며, 과다수면은 우울증과 관련하고 수면감소는 조증과 관련한다. 유전적인 소인으로는 가족 내에 우울증을 가진 사람이 있을 경우, 아닌 경우에 비해 2-10배 정도의 주요우울장애 발생가능성이 더 높으며 양극성장애는 8-18배 정도로 발생가능성이 높다는 보고들이 있다(신경정신과학, 1998, p.363-366; 생물소아정신의학, 2014, p.180-182참조).

2. 주요우울장애

주요우울장애는 우울장애 중 가장 심한증상을 나타내는 것으로 증상은 크게 우울상태와 조증상태로 나누어 이해하는 것이 편리하다. 우울상태는 저조한 기분상태가 주된 증상으로 나타나는 정신장애로 늘 지쳐있고 외부상황에 관심이 없어 보이고 슬픈 표정과 행동의 저하가 주된 양상이다. 조증상태는 주로 우울상태와 반대의 양상을 보이며 자신감 있는 기분을 주축으로 하는 다양한 정신활동의 변화를 말한다.

임상적 핵심증상

주요우울증은 일반적인 의학적 상태나 기분과 조화되지 않는 망상이나 환각으로 인한 증상이 포함되지 않으면서 지속적으로 우울한 기분과 의욕이 상실되고 주의력 및 판단력이 감퇴하므로 역할에 지장을 초래한다. 청소년의 경우 어린나이에 시작하여 대체로 서서히 발생하며 만성화되는 경향이 있다. 학업성취, 친구관계 등의 기능장애가 나타나므로 적응문제가 나타나며 학습장애로 잘못 오해받기도 한다. 주요우울증의 DSM-5 진단기준(APA, 2013)은 다음과 같다.

1. 아래의 증상 가운데 5개 이상의 증상이 거의 매일 2주 이상 연속적으로 나타나야 하며, 1항의 지속적인 기분이거나 2항의 흥미나 즐거움의 상실 가운데 반드시 하나 이상은 포함되어야 한다.
   (1) 하루의 대부분, 거의 매일 지속되는 우울기분이 주관적인 보고나 객관적인 관찰을 통해 나타난다(유의; 아동청소년의 경우는 과민한 기분으로 우울이 나타날 수 있다).
   (2) 거의 모든 일상적인 활동에 대한 흥미나 즐거움이 하루의 대부분 또는 거의 매일 뚜렷하게 저하된다(주관적인 설명이나 타인의 관찰에서 드러난다).
   (3) 체중조절을 하고 있지 않은 상태에서 현저한 체중감소나 체중증가가 나타난다. 현저한 식욕감퇴나 증가가 있을 경우 주의해야 한다(유의; 아동청소년의 경우 체중증가가 기대치에 미달될 경우 주의).
   (4) 거의 매일 잠을 못자거나 과다수면이 나타난다.
   (5) 거의 매일 정신운동성 초조나 지연을 나타낸다(안절부절 못하거나 축 처져있는 느낌을 주관적으로 경험할 뿐 아니라 다른 사람에 의해서도 관찰될 수 있어야 한다).
   (6) 거의 매일 피로감이나 활력에 상실이 나타난다.
   (7) 거의 매일 무가치감을 느끼거나 과도하고 부적절한 죄책감을 느낀다(죄책감은 단순한 자책이나 죄책감이 아니며 망상적일 수 있다).
   (8) 거의 매일 지속되는 사고력이나 집중력 저하 또는 우유부단함을 주관적으로 호소하거나 객관적으로 관찰될 수 있어야 한다.
   (9) 죽음에 대한 반복적인 생각이나 특정한 계획 없이 반복적인 자살생각을 하거나, 자살기도를 하거나, 자살하기위한 계획을 세운다.

2. 우울 증상으로 인해 사회적, 직업적, 기타 중요한 기능영역에서 심각한 손상이 초래되며 고통과 장애를 일으킨다.
3. 우울증상이 물질(예; 약물남용, 투약)이나 일반적인 의학적 상태(예; 갑상선기능저하증)의 직접적인 생리적 효과에 의한 것이 아니어야 한다.
4. 우울증상은 분열정동장애, 조현병, 조현형장애, 망상장애, 또는 기타 다른 정신증상이나 사건으로 더 잘 설명되는 것이 아니어야 한다.
5. 조증이나 경조증 삽화가 없었어야 한다.

우울상태와 조증상태의 특성적 양상 비교

증상	우울상태의 양상	조증상태의 양상
정서장애	· 초기에는 정서적공감이 없고 현실감이 저하되는 이인증(depersonalization)이 분명하게 나타난다. · 생기가 없고 목석같은 사람이 된 느낌을 주는데, 이러한 증상은 정신분열증에서도 유사하므로 감별되어야 한다. · 증상이 진행되면 가면을 쓴 것처럼 무표정하고 침체된 기분이다. · 저조한 기분은 아침에 더욱 심해진다. · 삶의 의욕을 상실하고 자살기도를 할 수 있다. · 정서변화는 과거의 후회와 관련하기도 하나, 대부분 사실과 무관하게 내부로부터 오는 병리현상이다.	· 초기에는 성격이 좋아 보인다. · 매사 낙관적이고 활동량이 많다. · 늘 자신감이 넘친다. · 정도가 지나치면 폭군으로 군림한다. · 단정적인 단어를 많이 사용한다. · 타인을 무시하고 자신을 과대평가한다. · 슬픔상황에서도 금방 기분이 좋아진다. · 능력에 지나친 일을 잘 벌인다. · 쉽게 흥분하고 들뜬다.
사고장애	· 사고내용의 결과는 우울감정의 결과로 나타난다. · 건강염려증이 있으며 심하면 신체망상, 허무망상, 죄책망상이 생긴다. · 사고의 흐름에 장애가 나타날 수 있으며 개인은 이해가 늦다고 말한다.	· 사고장애는 정서장애와 일치하게 나타난다. · 사고흐름이 더 빠르다. · 풍부한 사고와 계획을 잘 세우고 쉽게 생각이 바뀌어 결론에 잘 도달하지 못하지만, 정신분열에서 처럼 논리성을 잃지는 않는다.
지각(감각) 장애	· 드물지만 환각이 있을 수 있다. · 착각에 의한 판단의 착오형태로 나타난다.	· 지각장애는 없으나, 환각이 있을 수 있다. · 대부분 착각으로 나타나며 과대망상과 일치한다. · 혼돈이 동반될 수 있다. · 섬망상태를 나타낼 수도 있다.
증상	우울상태의 양상	조증상태의 양상

(계속)

행동장애	· 경한 경우 최소한의 일상생활은 하나 노력에 의한 기계적인 움직임을 나타낸다. · 학교생활이나 어떤 일을 제대로 할 수 없다. · 정신병적 증상을 가진 경우 망상체계에 관여된 사람을 죽이려고 한다. · 대부분의 심한 우울상태에서는 행동화할 동기나 기력이 없다.	· 지나친 의욕을 보인다. · 과다행동이 특징이다. · 본연의 일보다는 이것저것 몰두한다. · 참견이 많다. · 복잡한 계획을 세우고 시작하나 끝맺는 일이 없어 실패하는 경우가 대부분이다. · 성공하리라는 기대로 재산을 낭비하기도 한다. · 목적 없는 행동을 하며 자신의 행동에 반대하는 사람에게 흥분하며 형사사건을 일으키기도 한다. · 청소년의 경우는 반사회적 인격장애로 오인될 수 있다.
신체증상	· 체중감소를 동반한 경우 80%정도에서 수면장애를 호소한다. · 반대로 식욕, 체중, 수면이 증가하는 비정형의 증상도 있다. · 생리불순이나 성적관심이 감소한다. · 두통, 요통, 근육통, 흉통, 구토, 변비, 호흡곤란, 과호흡 등의 증상을 보이기도 하며 우울의 정신증상이 나타나지 않는 경우도 있다.	· 심한 활동에도 피곤하지 않아 자신이 건강하다고 확신한다. · 잠을 자지 않고 계획에 집중한다. · 건강을 과신하며 식사를 등한시하기도 한다.
인지장애	· 기억과 지능은 정상이나 외견상 지능과 기억력에 장애가 있는 듯 보인다. · 심한 경우 치매로 오인되기도 한다.	· 인지장애는 특별히 나타나지 않는다.

주요 원인

주요우울장애의 원인에 대해서는 앞에서 제시했듯이 우울의 발생과정과 원인적 설명을 위해서 다양한 이론들이 연구되어 왔다. 대부분의 심리학적 이론들에서는 상실과 실패 및 부적절한 경험과 생활상의 사건들로 인해 장애가 일어난다고 본다. 그러나 모든 사람들이 부정적 경험과 실패를 경험했다 하여 우울장애를 일으키는 것은 아니므로, 환경과 개인적 심리요인 및 뇌구조의 기능이상과 신경전달물질 그리고 유전적인 소인 등 다양한 이유와 원인에 대한 통합적 근거로 이해할 필요가 있다. 이에 대한 구체적인 내용은 앞의 "우울장애 원인의 이론적 근거"에서 설명되었다.

예후 및 치료

남자보다 여자에게 더 흔하며 정도에 따라서는 자연치유가 되기도 하나, 무력감과 사회적 위축으로 인해 고립되게 되면 생애의 중요한 발달단계에 적응하지 못해 평생 부적응적인 결과를 초래할 수도 있다. 주요우울장애는 만성적이고 재발경향이 있으나 정신병적인 증상이 없거나, 입원기간이 짧을수록 그리고 청소년기의 안정적이고 신뢰로운 주요체계와의 관계가 유지된다면 훨씬 예후는 좋을 것으로 예측된다.

치료는 재발에 관여하는 스트레스요인에 관심을 가져야하며 만성적인 장애이므로 장기적인 치료계획이 요구된다. 정신심리치료는 대개 양극성 우울이 아닌 경증 우울에 도움이 되며 이차적인 장애를 예방하고, 역동적 요인을 해결하며, 긴장감소와 대인관계 및 의사소통능력, 그리고 사회적응을 위해 필요하다. 치료과정에서 면담을 너무 깊게 하게 되면, 오히려 개인의 죄책감과 수치감을 자극하여 치료관계에 대한 불신과 분노와 죄책감이 더욱 조장될 수 있으므로 전통적인 분석적 접근보다는 변형된 방법의 심리치료가 도움된다. 예를 들면 단기간의 인지 가능한 목표를 설정하고, 최근의 상실경험에 초점을 두어 기본적인 소망이나 갈등이 무엇인지 이해하는데 꿈을 사용하여 해석하는 것이 도움될 수 있다. 우울을 일으키는 해결되지 않은 무의식의 갈등을 이해하게하는 정신역동치료는 자기 자신에게 향하는 부정적 감정을 다루는 것을 치료목표로 하며 치료기간은 정도에 따라 몇 개월에서 몇 년이 걸릴 수 있다.

2~3주 또는 10~20회기 정도로 진행하는 단기정신치료는 우울장애가 대인관계와 직접적인 관계가 있다는 점에서 대인관계정신치료, 인지행동치료, 행동치료 등이 사용된다. 대인관계정신치료의 치료목표는 과거의 대인관계장애가 우울의 원인이라고 보며 또한 현재의 우울을 악화시키고 있다고 보므로 대인관계기술을 향상시켜 증상을 완화하고 자존감과 관계기술을 향상시키고자 하는 것이다. 그러므로 대인관계치료에서는 무의식의 내적갈등을 다루지 않으며 자신감과 왜곡사고 및 사회적 기술을 다루게 되므로 경조증이나 조증에서는 도움이 되지 않는다. 행동치료는 적절한 행동을 강화시켜 긍정적 행동과 관련한 사고나 감정으로부터 긍정적인 재강화를 통해 스스로 사회적 기술을 향상시키고 행동을 수정하는 것이 목표이다. 특히 인지행동치료(Aaron Beck,

2004)는 우울장애에 가장 효과적인 방법으로 알려져 있는데, 이는 자신과 세상에 대한 부정적사고(Beck & Weishaar, 2008; Beck, 1967, 1991, 2002)를 버리고 긍정적이고 적극적인 사고방식으로 새로운 인식과 행동반응을 연습하는 것이다. 인지행동치료는 약물치료와 병행하는 것이 효과적이다.

우울장애의 약물치료는 1958년에 개발된 이후 계속적으로 새로운 약물들이 개발되어 오고 있다. 주로 사용되는 약물은 삼환계 항우울제(tricyclic antidepressant; 현재 가장 널리 보급되어 있는 항우울제로서 세로토닌과 노르에피네프린 등의 신경전달물질의 재 흡수과정을 억제하여 우울증을 치료하는 약물), MAO(monoamine oxidase; 모노아민류의 산화적 탈(脫)아미노 노화에 관여하는 효소)억제제, 선택적 세로토닌 재흡수 억제제(SSRI; selective serotonin reuptake inhibitors, 임상에서 가장 많이 사용되고 있는 항우울제, 최근에 각광받는 프로작(prozac)도 SSRI이라고 불리는 새로운 종류의 우울증 치료약물로 수면, 식욕, 공격성, 심리 상태에 영향을 미치는 신경전달물질인 세로토닌의 두뇌 분비량을 증가시킨다) 등을 주로 사용한다. 이러한 약물들은 우울 증상을 완화하는데 도움이 되지만 본질적인 치료제라고 볼 수 없으며 심리치료와 병행함으로서 재발률을 최소화시킬 수 있다(신경정신과학, 1998, p.387-389; 소아정신의학, 2014, p.246-247참조). 치료의 부작용으로 자살과 관련이 있다는 연구보고가 있으며 실제로 항우울제가 자살 관련한 사고의 위험이 2배 이상 높다고 알려져 있다. 아동청소년의 경우는 가족갈등이 심하거나 약물중독문제 그리고 심한 우울상태에서 치료부작용으로 자살이 예측된다고 본다.

3. 지속성우울장애

특징은 지속적이며 만성적인 우울을 나타내고 경한 우울과 기분상태가 유지되면서 우울증상이 2년 이상 지속적으로 나타나는 경우를 의미한다. 지속성우울장애는 DSM-IV에서 정의된 만성 주요우울장애와 기분부전장애가 통합된 것이다. 지속성우울장애를 가진 경우 지속적이고 기복이 있는 기분이 경조증이나 경한 우울증에 미치지 않을 정도로 경미하지만, 한 번 발병하면 수년간 지속되기 때문에 개인에게는 매우 고통스러운 질병이다. 그러므로 지속성우울장애의 증상은 개인의 사회적응이나 직업적 또는 중요한 기능영역에서 심각한 고통이나 부적응의 결과를 초래할 수 있다. 이 장애는 유전적인 소인이 있는 것으로 알려져 있고 기질적인 취약성이 있다는 의견도 있지만 아직까지는 체계적인 연구가 이루어지지는 못했으며 최근에야 관심이 높아지고 있다.

임상적 핵심증상

지속성우울장애의 핵심증상은 만성적인 우울이며, 자기에 대한 낮은 자존감 및 흥미상실, 사회적 위축, 죄책감, 낮은 에너지, 과거의 부정적 경험에 대한 반복적인 회상에 집착을 나타낸다. 이 장애는 비만성적인 다른 우울증에 비해 사회적 위축과 일상생활상의 부적응이 더욱 심각하다. 아동청소년의 경우는 기분이 과민상태로 나타나기도 하며 기간은 1년 이상 되어야 한다(신경정신과학, 1998, p.391참조). 아동청소년의 경우 1년 동안 2개월 이상 매일의 대부분에서 우울한 날이 더 많으며, 1년 후 주요우울장애가 추가적으로 나타날 수 있다. 성인의 경우는 2년 동안 연속적으로 2개월 이상 대부분의 날이 우울기분이고 2년 후 주요우울장애가 나타날 수 있다. 지속성우울장애의 DSM-5 진단기준(APA, 2013)은 다음과 같다.

1. 지속성우울장애로 진단하기 위해서는 2년 이상 지속적인 우울기분을 비롯하여 우울기분이 우울하지 않은 날보다 더 많고 주관적인 호소나 타인의 관찰로 드러난다(유의; 아동청소년의 경우 기분이 과민하고 1년 이상이면 진단을 내린다)
2. 우울을 나타내는 동안 다음의 증상이 2개 이상 나타난다.
   (1) 식욕부진이나 과식의 섭식문제가 있다.
   (2) 불면이나 과다수면문제를 보인다.
   (3) 무기력하고 피로감을 느낀다.
   (4) 자존감이 저하된다.
   (5) 집중력이 감소하고 어떠한 일을 결정하지 못한다.
   (6) 절망감을 호소한다.
3. 장애가 2년 동안(아동청소년의 경우는 1년) 계속해서 2개월 이상 위의 1이나 2에 해

당하는 증상이 있어야 한다.

4. 주요우울증의 기준을 2년 동안 지속적으로 충족할 수 있다.
5. 조증삽화, 혼재성 삽화 및 경조증삽화가 한 차례도 없어야 하고, 기분순환장애의 진단기준에 부합된 적이 없다.
6. 나타나는 장애가 분열정동장애, 조현병이나 망상장애와 같은 정신병적인 장애로 더 잘 설명되지 않아야 한다.
7. 증상이 물질(예; 약물남용, 투약)이나 일반적인 의학적 상태(예; 갑상선 기능저하증)의 직접적인 생리적 효과에 의한 것이 아니다.
8. 증상이 사회적, 직업적, 혹은 다른 중요한 기능영역에서 임상적으로 심각한 고통이나 장애를 일으킨다.

다음의 경우는 명시해야 한다.
조발성; 21세 이전에 발병할 경우
만발성; 21세 이후에 발병할 경우

다음의 경우에도 명시되어야 한다.
기분부전증만 있는 경우
주요우울삽화가 지속되는 경우
간헐적으로 주요우울삽화를 충족하고 현재도 충족하는 경우
간헐적으로 주요우울삽화를 충족하나 현재는 충족하지 않는 경우

주요원인

원인은 아직 확실하게 밝혀진 바가 없으나 지속성우울장애의 기저에는 기질적인 취약성이 있을 것으로 보며 정신역동적 관점에서는 불완전한 인격과 자아형성으로 인해 기분이 저하된다고 한다. 즉 정신분석에서는 어린시절 대상관계경험의 취약성이 원인이라고 보며, 지속성우울을 보이는 개인은 구강의존과 지속적인 자기애적 욕구를 추구하기 때문에 타인의 관심이 상실되면 우울감을 나타내며 상실대상의 분노를 자기에게로

돌리게 된다고 한다. 반면에 인지이론에서는 환상과 현실의 괴리로 인해 자존감저하와 무력감을 느끼게 되어 기분이 저하된다고 본다.

예후 및 치료

순환성의 경우는 약 1/3에서 주요우울장애를 가질 수 있으며 양극성 장애로 발전하므로 DSM-5에서는 양극성관련 장애에 지속성우울의 순환성을 포함시킨 것 같다. 기분저하증의 예후는 다양하며 약 25%에서는 완전히 회복할 수 없다는 보고가 있다. 순환성의 치료는 일차적으로는 항우울제를 사용할 수 있으나 항우울제로 인해 경조증이나 조증이 발생할 수 있으므로 유의하여 사용해야한다. 정신사회적접근을 통해 증상인식과 기분변화에 대한 대처와 가족치료 및 집단치료가 도움되나 이 장애는 만성적인 경향이 있어 평생치료가 필요할 수도 있다. 기분 저하증의 치료는 항우울제가 효과적이며 약물과 인지행동치료를 병행하여 사고변화와 문제해결 및 긍정적 강화에 초점을 둔 단기치료를 적용할 수 있다.

4. 월경전기 불쾌장애

DSM-IV에서는 달리 분류되지 않은 기분장애로 월경전증후군으로도 불리고 여성내분비계 장애로도 명시되었으나 DSM-5에서는 양극성 및 관련 장애에 포함시킨 기분장애이다. 대부분의 월경주기에서 황체기(luteal progestational phase, 黃體期; 배란 후 황체가 형성되어 퇴행할 때까지의 시기)의 마지막 주 동안에 뚜렷한 우울기분, 불안, 기분의 동요가 있고, 일상생활에서의 흥미감소 등의 증상들이 규칙적으로 반복하여 발생하며 월경시작 후 며칠 안에 회복되는 경우가 대부분이다. 이러한 증상들은 일상생활을 뚜렷하게 방해할 정도로 심해야 진단이 내려지며, 월경전기불쾌장애는 우울이나 양극성 및 불안장애와 관련될 수 있는 가능성이 더 높은 것으로 알려져 있다. 가벼운 정도의 증상은 많은 여성들에게서 있을 수 있으며 결혼을 하면서 사라지는 경우도 흔히 있다.

임상적 핵심증상

월경전기불쾌장애는 월경직전에 우울, 긴장, 불안, 복부통증, 두통, 부종 등의 증상이 있으며, 배란(ovulation)직후에 시작하여 점점 심해져 월경 전 5일간에 최고조에 달한다. 이러한 증상은 여성 성호르몬의 과다로 인하며 개인에 따라서는 이 장애로 인해 여러 가지 행동문제를 초래하기도 한다. 예를 들면 멍한 상태이거나, 사고를 일으키기 쉬운 경향성을 보이거나, 자살기도, 청소년기 학생의 경우 학습에 집중하지 못하거나 시험성적이 저하되고, 도벽과 같은 범죄행동을 일으키기도 한다. 월경과 관련하여 일어나는 이러한 장애는 심한 주기적 상태로 정신병적 증상을 보이기도 하는데 예를 들면 흥분, 혼미상태의 우울, 심각한 불면, 망상, 환청 등 이다. 월경전기불쾌장애는 청소년기 초기나 사춘기 시기보다는 20대 중반인 청소년후기에 시작하는 경우가 흔하며 뇌전도(EEG; electroencephalogram, 뇌파를 기록한 도면)변화가 있을 수 있고 월경전이나 월경 중에 모두 나타난다. 월경전기불쾌장애의 DSM-5진단기준(APA, 2013)은 다음과 같다.

1. 대부분의 월경주기마다 월경이 시작되기 전 주에 아래의 2와 3에 해당하는 증상 중 5가지 이상이 나타나며, 이러한 증상들은 월경이 시작되면서 며칠 이내로 감소하기 시작하고 대부분은 월경이 끝나면서 사라진다.
2. 다음의 증상 가운데 1가지 이상 존재해야 한다.
   (1) 현저한 정서적 불안정성(예; 기분동요, 갑자기 슬퍼지거나 눈물이 나고 거절에 대한 민감성 증가)
   (2) 현저한 과민성이나 분노 또는 대인관계 갈등의 증가
   (3) 현저한 우울기분, 무력감 또는 자기비하적 사고
   (4) 현저한 불안
   (5) 긴장 또는 안절부절한 느낌
3. 다음의 증상 가운데 1가지 이상이 존재해야 한다. 2와 3의 증상을 모두 합해서 5개 이상의 증상이 나타나야한다.
   (1) 일상적 활동(예; 일, 학교, 친구, 취미)에 대한 흥미감소
   (2) 주의집중의 곤란

(3) 무기력감, 쉽게 피곤해짐 또는 현저한 에너지 부족

(4) 식욕의 현저한 변화(과식 또는 특정한 음식에 대한 갈망)

(5) 과다수면증 또는 불면증

(6) 압도되거나 통제력을 상실할 것 같은 느낌

(7) 신체증상(예; 유방압통 또는 팽만감, 관절 또는 근육통증, 더부룩한 느낌, 체중증가)

주요원인

월경전기불쾌장애는 아직까지는 정확하게 알려진 바가 없고 월경주기에 따른 호르몬의 변화로 인해 즉 프로게스테론(progesterrone, 황체 호르몬; 성호르몬으로 여성의 대표적인 스테로이드 호르몬의 일종)에 비해 에스트로겐(estrogen, 스테로이드 호르몬 중의 하나; 여성의 2차 성징에 매우 중요한 역할을 하는 여성 성호르몬 중에서 가장 중요한 역할을 하는 호르몬) 농도가 비정상적으로 높으며 그러한 변화로 인해 신경세포가 장애를 받는다는 가설이 있다. 또 다른 가설에서는 생물시계(biological clock, 생물 체내에 존재한다고 생각되는 시간측정기구; 예를 들면 수면, 각성이나 섭식행동은 환경인자를 변하지 않게 유지하더라도 모든 생물은 일정한 주기로 자기 몸 안에 생활리듬, 다시 말하면 생물시계를 가지고 있어 거기에 맞춰 살아가고 있다는 것으로, 인간의 경우도 예외는 아니어서 아침에는 체온이 최저가 되고 정오가 지나면 최고가 된다든가, 잠자고 있을 때에는 배뇨가 억제되는 등 다양한 생물시계를 가지고 있다는 것)의 장애 또는 프로스타글란딘(prostaglandin, 호르몬물질; 생체 내에서 합성된 생리활성물질로 장기나 체액 속에 널리 분포하면서 극히 미량으로 생리작용을 하며 PG라고 약칭한다. 1930년 미국의 산부인과 의사인 클츠록이 사람의 정액에 자궁을 수축 · 이완시키는 작용이 있다는 것을 보고하였고 후에 그 유효성분이 전립선-前立腺:prostate gland-에서 나온다고 생각하여 프로스타글란딘이라고 이름을 붙였음)장애라고도 하며 월경자체나 여성이라는 인식이 증상형성에 영향을 준다는 견해도 있으며 경과는 만성적이다. 개인이 느끼는 주관적인 고통은 신체적인 고통 뿐 아니라 나타나는 증상을 본인이 어떻게 인지하고 부정적으로 해석하느냐에 따라 증상을 악화시킬 수도 있으며 고통의 정도도 달라질 수 있다(최신정신의학, 1988, p.211, p. 387; 신경정신과학, 1997, p. 473참조).

예후 및 치료

임상의들에 의하면 임신가능기 여성의 70~80%에서 심하게 또는 경한 월경전기불쾌장애를 겪는다는 보고가 있다. 치료는 정신치료와 항우울제와 항불안제 또는 프로스타글란딘(prostaglandin) 보충요법도 효과적인 것으로 알려져 있다. 최근에는 인지행동치료를 통해 월경전기의 불쾌감정과 사고의 왜곡성 및 연관성을 인지함으로써 인지재구성을 돕고, 주요체계의 이해와 관심 그리고 식이요법과 운동요법도 도움된다고 알려져 있다.

5. 파괴적 기분조절곤란장애

기분이란 개인에게 지배적이고 지속적인 감정으로서 파괴적인 기분조절장애는 자신의 불쾌한 기분을 조절하지 못하고 행동으로 나타내는 주된 특징으로 아동청소년기에 주로 나타날 수 있는 장애이다. 이 장애는 양극성장애의 지나친 진단과 치료를 방지하기 위해 DSM-5에서 새로운 우울장애 진단기준을 제시한 것으로 주로 18세 이하의 아동청소년에서 진단된다.

임상적 핵심증상

만성적인 짜증과 분노폭발이 핵심적인 특성으로 이후에 우울장애로 진행되는 경향이 있다. 간혹 길이나 공공장소에서 눈에 띄는 행동유형으로 아동이 길에 드러누워 온 몸을 흔들고 뒹굴며 소리지르고 우는 아이들 또는 떼쓰고 악담하고 고래고래 소리 지르며 욕하는 아이들이 아마도 이 장애범주에 해당되지 않을까 싶다. 이러한 행동이 있었다 해도 일반적으로는 학령기 이전에 그러한 행동이 사라지는데, 이후에 장애범주에 속하는 심한 경우는 토하고 소변을 봐버리고 숨을 못 쉴 정도로 과격한 분노감정을 표출하기도 한다.

파괴적 기분조절곤란장애는 양극성장애와 관련이 깊다고 알려져 왔으나 최근에는 단극성 우울장애를 나타낼 가능성이 높은 것으로 보고되고 있다(Lopez-Duran, 2010). 이 장애는 주의력결핍과잉행동장애, 적대적 반항장애, 품행장애와 공존할 수 있다. 파괴적 기분조절곤란장애의 DSM-5 진단기준(APA, 2013)은 다음과 같다.

1. 심하고 반복적인 분노발작이 언어(예; 언어적 분노표출)나 행동(예; 사람이나 재산 대상의 신체적 공격)으로 표현되며, 상황이나 자극정도에서 현저하게 벗어나는 수준의 강도와 지속시간을 지닌다.
2. 분노발작은 발달수준에 맞지 않다.
3. 분노발작은 평균적으로 1주일에 3회 이상 발생한다.
4. 분노발작 사이의 기분은 하루 중 대부분, 거의 매일, 지속적으로 과민하거나 화가 나 있는 상태로 타인(예; 부모, 교사, 동료)의 관찰이 가능하다.
5. 위의 1~4까지의 기준이 12개월 이상 존재한다. 이 동안은 1~4까지의 진단기준 증상이 모두 사라진 기간이 3개월 이상 되어서는 안 된다.
6. 위의 4까지의 기준은 3가지 상황(집, 학교, 동료와 함께 있을 때) 중 최소한 2개 이상에서 있어야 하며, 이중 최소한 1가지에서는 심각해야 한다.
7. 진단은 6세 미만에 처음 내려지거나 18세 이후에 내려져서는 안 된다.
8. 병력이나 관찰 상 1~5까지에 해당하는 진단기준의 발병연령은 10세 이전이다.
9. 조증이나 경조증삽화가 지속기간을 제외한 전체 진단기준을 충족한 경우가 1일 이상 있어서는 안 된다(유의; 매우 긍정적인 사건이나 그에 대한 기대에 따라 발달수준에 적절하게 기분이 상승하는 경우에는 이를 조증이나 경조증 증상으로 간주해서는 안 된다).
10. 증상은 주요우울장애의 삽화 동안에만 발생해서는 안 되며, 다른 정신장애(예; 자폐스펙트럼장애, 외상후스트레스장애, 분리불안장애, 지속우울장애/기분부전장애)로 더 잘 설명되지 않아야 한다.

유의할 사항; 이 진단은 반항성도전장애, 간헐적 폭발장애 혹은 양극성장애와 공존할 수 없다. 주요우울장애, 주의력결핍과잉행동장애, 품행장애, 물질사용 장애와 같은 진단과 공존할 수 있다. 파괴적 기분조절곤란장애(DMDD)와 반항성도전장애의 진단을 동시에 충족하는 경우에는 DMDD진단만을 내리며, 조증이나 경조증삽화가 있었다면 DMDD진단을 내릴 수 없다.

주요원인

현재까지는 연구가 제한적이나 주된 요인은 양육환경과 부모갈등 또는 부모의 정신과적 병리로 인한 불안과 좌절을 많이 경험한 아이들이 파괴적 기분조절장애를 가질 가능성이 높으며 고집 센 기질요소도 영향이 있다는 보고가 있다. 발달상에서는 부모의 지나친 관심으로 강화될 수 있으며, 이것은 자율성과 독립을 향하고자 하는 욕구와 의존상태로 남으려는 욕구사이의 충돌이 아동으로 하여금 좌절하게 한 결과일 수 있다. 또한 떼쓰기를 통해 아동이 부모나 주변인을 조정하고 문제해결을 위한 수단이 된 결과일 수 있으며, 기질적으로 강한 표현의 경향일 수도 있고, 그 감정의 지속과 불규칙성과 관련이 있을 수도 있다. 생물학적으로는 임신과 출산과정의 문제와 관련이 깊다는 보고가 있으며 알레르기, 수면문제, 청각 및 언어장애, 주의력결핍과잉행동장애, 자폐증 그리고 지적장애일 경우에도 기분조절이 어렵고 파괴적인 기분과 행동을 나타낼 수 있다.

예후 및 치료

성인과 유사한 경과를 갖는 경향이 있으며 성인기에 발병하는 경우보다 아동청소년기 발병은 더 만성적이고 치료에 대한 반응도 더 저항적이다. 치료는 성인 양극성장애의 치료방법이 적용되나 발달적 차이를 고려할 필요가 있다. 스트레스 환경을 최소화하고 좌절을 경험할 수 있는 가족환경을 변화시키기 위한 부모교육이 도움되며, 아동에게는 감정을 충분히 표현할 수 있는 놀이적 창조활동과 표현예술치료가 도움 된다. 일차적으로는 원인이 될 만한 요인을 관찰하고 직접적인 개입을 위해 가족관계 및 아동의 정체성에 관심을 가질 필요가 있다.

행동특성관찰을 위한 지침

- 증상을 나타낸 정확한 원인이 무엇인가?

- 무엇이 그것을 유발시켰는가?
- 그 상황에서 아동은 어떠한 태도를 보였는가?
- 그 상황에서 부모는 어떠한 반응을 보였는가?
- 그러한 태도는 반복적이고 흔히 있는 일이었는가?
- 그러한 태도로 아동은 어떠한 효과를 경험하는가?
- 가정에서 뿐 아니라 밖에서도 일어나는가?
- 아동의 그러한 태도들이 가족기능의 문제와 관련되는가?
- 과다행동, 유뇨증, 또래나 형제에게 파괴적인 언어와 행동을 하는 경우가 어느 정도로 반복하는가?
- 아동의 짜증과 분노폭발에 대해 어떻게 알아차리는가?
- 수면태도는 어떠한가?
- 아동은 언제 즐겁고 기쁨을 어떻게 표현하는가?
- 부모와 함께 있을 때 더 심한가?

치료를 돕기 위한 기본지침

- 통제보다는 수용범위 내에서 허용적이고 존중의 태도를 취한다.
- 기질을 고려하여 객관적인 금지규정을 가진다.
- 관심유도를 위한 행동이라면 무시하거나 관심을 놀이적 방향으로 돌린다.
- 표현에 근거한 행위와 태도에는 무시하지 않는다.
- 부모의 일관적인 행동, 중립적인 태도와 어조, 비난하지 않고, 아이의 파괴적 기분에 의해 스스로를 상처 입히지 않도록 하며, 자존감에 상처가 되는 언어사용을 제한하도록 교육한다.
- 부모의 불안과 정서적문제로 역기능적인 양육환경이라면 반드시 치료에 의뢰해야 한다.

6. 우울관련 장애를 가진 아동청소년의 중재지침과 미술치료

아동청소년의 우울문제와 관련한 치료계획은 우선 생물학적 요인이 있는지, 가족 내 유전요소가 있는지, 인지정서발달의 결함이 있는지, 가정환경의 변화 및 문제가 있는지, 일반적으로 나타날 수 있는 과도기적 발달요인인지 등 다양한 영역에서 탐색되어야 한다. 일차적으로는 우울 증상을 감소시키는 것이며 재발방지와 우울 증상으로 인한 생활상의 장애를 감소시키고 결과적으로는 증상을 벗어나는 것일 것이다.

이를 위해 미술치료에서는 인지행동접근의 개별치료, 대인관계중심치료(단기치료형식으로 애도, 대인관계갈등, 역할변화, 대인관계의 결함 및 한 부모가정 문제 등의 영역에서 탐색), 역할극을 사용한 사회기술훈련 등을 적용한다. 치료를 위한 보다 중요한 접근은 주요체계로서 부모의 심리교육과 교사와의 긴밀한 협조체계를 맺음으로써 우울을 악화시키는 가정환경과 학교상황을 조절하고 스트레스를 감소시키는 학습과 적응방법을 제공하는 것이다. 우울장애를 가진 아동청소년자녀를 둔 부모들은 대부분 지나치게 죄책감을 갖거나 자녀의 문제를 학교나 주위환경 탓으로 돌려 원망하고 자책하는 경우가 많으므로 치료자는 부모의 죄책감에 대한 왜곡사고를 수정하고 긍정적인 방법으로 극복할 수 있도록 교육 심리적 도움을 제공해야 한다. 역동적 접근의 미술치료에서는 우울관련 장애를 증상감소 이상의 요인과 결과들에 관심을 가진다. 이와 관련하여 나는 일차적으로 인지접근과 교육심리 및 체계접근과 더불어 역동적 관점의 구체적인 접근으로서 우울을 일으키는 근원적인 문제를 다루어야 재발을 막을 수 있다고 생각한다. 반면에 우울 증상으로 인한 행동조절의 통제수준에 따라 입원을 권유하고 의료적 도움과 협조체계 또한 필요하다(청소년임상미술치료방법론, 2007, p.258-259).

미술치료사의 이해확장

우울의 유형과 정도평가하기

- 일차적으로는 발달적 특성에 초점을 두고 환경과 우울을 자극하는 상황적 요인에 대해 우선적으로 관찰하고 파악한다.
- 우울의 깊이에 대해 검사를 실시하거나 전문가에게 검사 의뢰한다.

- 본인과 가족에게 검사결과에 대해 알리고 치료방향에 대해 안내한다.
- 약물처방을 받은 경우 효과성에 대해 안내하고 격려한다.
- 약물부작용과 대처에 대해 안내한다.

감정표현 돕기

- 개인에게 적절한 방법으로 현재감정과 지속적인 감정을 표현하도록 돕는다.
- 관심과 긍정적 반응으로 감정을 반영해준다.
- 무의식의 갈등과 요인, 고착 및 발달상의 특성을 탐색한다.
- 저항과 전이 및 역전이를 관찰함으로써 우울정서의 핵심을 이해한다.
- 투사적 그림척도는 우울감정의 요인평가에 도움된다.

자살사고 및 행동 평가하고 중단시키기

- 미래에 대한 잠재된 생각을 언어로 표현하도록 한다.
- 우울감정과 관련한 망상이 있는지 평가한다.
- 자살가능성에 대한 우려가 있는 경우 보호환경에 의뢰한다.
- 치료계약에서 자해를 하지 않겠다는 서약서를 받는다.
- 자해 욕구에 대한 대처 수단에 대해 명시된 설명서를 제공한다.
- 삶에 대한 동기를 강화한다.

과거의 중요한 관계패턴 탐색하기

- 과거 중요한 대상들과의 관계에서 해결되지 못한 문제가 있는지 확인하고 다룬다.
- 관계속에 억압된 상처 및 슬픔과 분노감정들이 있는지 탐색하고 표현하도록 돕는다.
- 대인관계와 자기욕구간의 관계를 탐색하고 언어화하도록 돕는다.
- 우울관련 사건들의 원인과 통찰을 돕는다.

자기수용 강화하기

- 상실과 좌절로 인한 두려움이 있는지 탐색하도록 돕는다.

- 우울 및 분노와 관련한 자기파괴행동에 대해 스스로 평가하고 이해하도록 돕는다.
- 우울감정과 사고방식의 관련성을 탐색하고 이해하도록 돕는다.
- 불행감 때문에 자신의 삶을 무시하고 있는 잠재감정에 대해 표현할 수 있도록 강화한다.
- 자신과 세상에 대해 긍정적으로 인지하도록 돕는다.
- 자존감을 강화한다.
- 자기신뢰와 성장을 위한 긍정적 자기암시 및 사고기법을 안내할 수 있다.

지지체계와의 상호작용 돕기

- 주요체계의 긍정적인 감정표현을 돕고 강화한다.
- 가족과 함께하는 활동을 권유하고 격려한다.
- 감정을 솔직하게 표현하도록 지지한다.
- 불행한 감정에 영향을 미치는 것이 무엇인지 함께 소통하도록 돕는다.
- 갈등을 표현할 수 있도록 가족 프로그램을 안내한다.

일상생활문제에 개입하기

- 일관적인 자기관리를 위한 계획을 세우도록 안내한다.
- 섭식과 수면상태를 관리한다.
- 심각한 우울로 일상생활관리가 안된다면 입원을 권유한다.
- 무력감으로부터 벗어나는 시기는 자해행동이 일어날 수 있는 위험기이기도 하므로 주의깊은 관찰과 보호가 필요하다.
- 자동적으로 일어나는 왜곡사고가 있는지 확인하고 필요요소에 대해 도움을 안내한다.

재료와 도구 및 공간선택의 유의사항

- 치료공간과 매체사용은 기분의 증상수준에 따라 달라질 수 있다.
- 자살사고와 관련하여 행동을 시도하는데 사용될 수 있는 위험한 도구사용에 관찰이 필요하다.

- 우울증상이 심할수록 의식적 경계가 제한적이므로 경계를 고려한 도구와 기법을 사용한다.
- 지나치게 많고 복잡한 재료보다는 단순하고 조절 가능한 재료와 도구를 제공한다.
- 의존성을 제한하기 위해 재료나 도구는 스스로 선택하도록 지지한다.
- 다양한 재료를 사용할 수 있으나, 장시간을 필요로 하는 기법을 제한하고 쉽고 성취감을 느낄 수 있는 기법과 재료를 제공한다.

추천재료와 기법

- 심각한 경우를 제외하고는 대부분의 재료가 큰 무리 없으나, 재료의 특성에 대한 심리학적 발달적 이해를 근거로 해야 하며 재료와 기법 및 도구는 대상의 선호도와 증상에 따라 선별한다.
- 경계가 있고 사실적인 재료(예; 잡지사진 콜라주)들은 혼돈을 감소시키고 현실성과 의식을 자극하므로 적절하다.
- 건식 드로잉재료와 콜라주재료가 대부분 무리 없는 재료이다.
- 초기에 유형이 다른 기본재료의 제공은 우울의 정도와 내적에너지를 평가하는데 도움된다.
- 집중력을 강화시키는 기법은 현실적인 지각능력에 도움된다.
- 작업 후 작품을 돋보이는 방법(예; 액자나 특정 틀에 넣어 전시)을 사용하면 자존감을 강화할 수 있다.
- 매 회기마다 특별한 자기암시기법(예; 자기가치와 존중 및 상징적의미로 보석엮기, 자기칭찬 또는 위로의 글 사용 등)을 사용하는 것은 현실적응의 연습을 돕는다.
- 우울감을 일으키는 상황과 대상 또는 우울감정의 과정에 대한 시리즈그림은 객관적인 감정인식을 돕고 분리하도록 돕는다.
- 찍고 두들기고 파괴와 구성이 가능한 점토재료는 감정표출과 통제능력을 강화하므로 의존과 약함의 직면과 대처에 도움된다.

치료사가 갖추어야 할 자세와 지침

- 청소년기 우울의 발달적정상군과 일시적인 기분변화와 만성적으로 오는 우울기제들 간의 차이를 이해하고 있어야 한다.
- 공감적 지지적자세가 중요한 반면, 경계를 명확히 한다(예; 시간약속, 자살사고 예측 상황에 대비한 비상연락 방법에 대한 약속과 일상에서의 전화연락에 대한 약속 등).
- 우울감정에 대해 분석적 태도를 배제하고 경청하는 자세가 우선되어야 한다.
- 우울장애에 대한 기초적인 이해와 약물에 대한 이해를 가지고 있어야 한다.
- 인지왜곡의 정도를 평가하고 전체맥락에서 중재계획에 포함한다.
- 발병 시기와 경과, 장애의 심각성, 주된 증상, 가족관계, 특정어려움 등에 대해 반드시 사전에 확인되어야 한다.
- 가족기능에 영향을 미치는 요인을 평가하고 가족기능을 강화한다.
- 나이가 어릴수록 반드시 가족중재와 함께 간다.
- 옷차림(예; 피부가 비춰거나 몸에 붙는 옷 금지)과 화장(지나치게 붉은 입술화장, 진한 눈 화장, 손톱의 메니큐어 자제)에 유의한다.
- 가능한 중성적인 옷차림과 일관성을 느낄 수 있는 복장이 적절하다.
- 존중감을 담은 언어를 사용한다(예; 아동이라도 반말을 하거나, 부모입장에서의 태도 등에 유의).
- 발달과제와 우울의 시기적 특성을 고려한 이해를 근거로 해야 하며, 그림의 표현에서 노출되는 에너지 수준, 색채, 선의 사용, 공간사용, 지나치게 자세하고 반복적인 표현 등을 고려하여 특징적인 증상의 독특성을 이해해야 한다.

미술치료의 목적과 효과성

- 자연스러운 매체경험은 청소년으로 하여금 심리적 요구에 반응하게 한다.
- 청소년이 직접 말로 표현하지 않고도 원하는 욕구를 공유할 수 있다.
- 외부의 비판을 의식하지 않고 저항과 감정을 말할 수 있게 한다.
- 자유로운 매체선택과 요구에 대한 수용적 환경은 청소년으로 하여금 인정과 자기존중 및 전능감을 느끼게 한다.

- 우울정서의 치료적 평가를 제공해준다.
- 우울증의 심각성을 정화시킨다.
- 사용되는 미술매체는 행동을 드러내는 도구로서 사용된다.
- 창작품은 무력감, 학교부적응, 신체화 증상, 무모한 운전과 같은 행동, 무분별한 성적충동, 약물과 중독성 물질복용 등의 잠재적인 행동증상을 그림에서 구체화시켜 보여준다.
- 자기문제에 거리를 두고 탐색하게하며 해결점을 찾는 경험을 제공한다.
- 비협조적이고 저항적인 청소년을 향한 사회적 편견을 수정하고 변형시키는 기회를 제공한다.
- 미술치료과정의 창작과 표현은 행동이며 표현하기 어려운 심리적 정서적 의사소통의 형태이다.
- 창작과정의 감각적인 움직임은 능동적이므로 청소년의 성장단계의 증후로서 충동적이 아니라 자연스럽기까지 한 방법론이다.

7. 미술표현에서 발견되는 특성

정신분열증의 경우 그림은 특성적 증상을 포함한 독특성을 나타내는 반면에 우울장애를 가진 경우의 그림표현은 매우 다른 특징을 가진다. 심한 우울의 경우 채색이 없거나 지나치게 빈 공간이 많고 선의 흐름이 약하며 자세하지 않고 세부표현이 결여되며 어떤 경우에는 지나치게 강박적으로 대칭성의 그림을 그려내기도 한다. 이것은 우울의 특성인 억압성향과 낮은 수준의 에너지와 지나치게 우려하는 심리적 반응과 관련이 있다고 볼 수 있다(청소년임상미술치료방법론, 2007, p.259-262).

[그림 3-1] 두려운 황금빛 저녁노을
우울증 진단을 받은 23세 청소년의 자유화이다.

이 그림은 만다라 기법을 사용하여 "그림 3-1"을 그린 청소년은 "황금빛이 흩뿌려진 달무리가 지는 어스름한 저녁하늘"을 표현했다며 "모든 것을 가리는 구름이 갑자기 두렵다. 무언가 일어나고 있는 것 같다"고 한 이 청소년의 그림은 우울증의 특성적 그림형태인 약하고 자세하지 않은 선과 색을 사용함으로써 신비로움과 함께 불안전감을 느끼게 한 반면에 청소년의 도움메세지 또한 감지하게 한다. 그 당시 청소년의 보호체계는 더욱 강화되고 적극적인 치료가 계획되었다.

[그림 3-2] 암흑속의 나
자살시도를 한 20세 청소년이 표현한 자유화이다.

"그림 3-2"에서 청소년의 감춰진 우울증적 증상이 구체적인 언어 없이도 그대로 노출되고 있다. 회색을 주조 색으로 사용하고 목에 자살시도 당시의 상처와 출혈을 검정색으로 표현하고 있고 신체의 생략 등 우울의 특징적 그림묘사가 두드러져 표현되고 있다.

[그림 3-3] 사랑받지 못한 나의 분노

그림 3-2를 그린 청소년이 이후 치료후반부에서 표현한 그림이다.

아직은 지면사용이 제한적이지만 여백과 공간사용이 확장되고 색채도 밝아진 것을 볼 수 있다(그림 3-3). 그럼에도 "사랑받지 못한 나의 분노"라고 제목을 붙이고 이젠 지쳤고 지금 나는 너무 불행하다는 표현과 신체생략과 우산을 썼으나 비는 우산을 피해 인물을 향한 것과 무덤 위의 십자가와 폭발물의 표현에서 우울증의 회복기 특성인 긍정적인 요소와 위기상황이 동시에 표현된 것으로 이해할 수 있다. 이 시기의 긍정적인 표현은 자살사고와 관련한 또 다른 관점의 위기가 될 수 있으므로 보호와 관찰이 필요한 시기라고 볼 수 있다.

[그림 3-4] 밀림속의 우화

우울감에서 벗어나기 위해 자살을 선택한 청소년의 자유화이다.

"부모와 종교가 내게 준 사랑이란 어둠 뿐 이었다. 현재 나는 밀림 속에 숨어있지만 벽돌이 깨어지고 용암이 흐르고 결국에 나는 그 곳에 묻히고 말 것이다."라고 한 표현들은 이 그림(그림 3-4)을 그린 청소년이 경험하는 우울경험과 자살사고의 상상을 단적으로 보여주고 있다. 밀림 속의 우화는 이 청소년이 위험상태에 있다는 것을 알리고자 하는 절실한 도움신호일 수 있으며 개입시기임을 알려주고 있다고 볼 수 있다. 따라서 이 청소년은 곧 바로 위기개입을 위해 보호기관으로 옮겨졌다.

예술치료의 결과물은 자살에 대한 개입행동의 신호가 되며, 임상에서 자살시도 또는 자살의혹을 느낄 때는 이미 죽음에 대처하기위한 예방적 준비에는 늦은 때일 수 있으므로 즉각적이고 직접적인 개입이 필요하다.

제4장

양극성 및 관련 장애의 이상심리와 중재지침

감정은 고유한 인간의 정서이며 삶에서 어느 누구도 자신의 환경과 상태 및 상황에 따라 감정의 변화를 느끼지 않으며 사는 사람은 없다. 누구나 신변에서 일어날 수 있는 위협적인 상황들에 대해 좌절하기도 하고 신체적 증상을 나타내기도 하며 자기 파괴적인 행동이나 슬픔과 실망의 감정변화를 느끼면서 살아간다. 그러나 지나치게 감정의 굴곡이 있어 일상생활을 유지할 수 없을 정도로 방해가 된다면 단순히 정상적인 감정변화라고만은 볼 수 없으며 정도에 따라 기분의 병리로 분류한다. DSM-IV에서 우울장애와 양극성장애를 기분장애에 포함하여 제시되었던 것을 DSM-5에서는 우울장애와 양극성장애를 따로 독립시키고, DSM-IV에서 제시되었던 양극성장애(제1형 양극성장애, 제2형 양극성장애, 순환성장애)를 양극성 및 관련장애(Bipolar and Related Disorders)라고 명명하였다. 양극성장애에서 제1형과 제2형의 분류는 조증의 심한 정도에 따라서 구분하고, 순환장애는 조증상태와 우울상태가 경미하게 2년 이상 지속될 경우 진단을 내리게 된다.

양극성장애는 아동청소년의 기분장애에서 우울장애만큼 흔하거나 강조되지 않지만 다양한 측면에서 치료사의 이해를 구체화할 필요가 있으므로 여기에서는 양극성의 두

유형과 순환장애에 대해서 좀 더 살펴보기로 하겠다.

1. 원인의 이론적 근거

정신 역동적 관점

양극성장애는 우울과 조증의 반복적인 상태를 주된 증상에 따라 분류하므로 이 두 증상의 원인적 근거를 모두 포함한다고 볼 수 있다. 따라서 이에 대한 원인은 이 책 제3장의 우울장애 원인의 이론적 근거에서 우울증과 조증의 원인에 대해 학자별로 이미 제시하였으므로 참조하기 바란다. 20세기 상반기동안에는 양극성장애에 대한 원인탐색이 저조했었고 최근에 들어서야 신경전달물질, 이온활동, 뇌구조 및 유전적 요인에 대한 연구로부터 생물학적 통찰(Ronald J. Comer, 2011; 이상심리학 원론, 2013, pp.223-224)이 나왔다. 이 장에서는 이러한 생물학적 요인에 대해 아래에서 더 살펴보기로 하겠다.

인지적 관점

조증과 우울증에 대한 인지적 입장에서는 현실에 대한 왜곡해석이 있다고 본다. 조증상태에서는 성공을 주제로 한 자동적 사고가 주된 주제로 작용하나, 우울증에서는 상실과 실패에 대한 자동적 사고가 주된 주제로 작용한다. 그러므로 조증상태에서는 작은 일에의 사소한 성공도 모든 일에의 성공으로 과잉 일반화하는 과대적인 사고를 보이는 반면에 우울증에서는 모든 일이 무가치하다고 느끼는 대인관계실패라는 맥락에서 이해될 수 있다. 따라서 우울증은 그로 인한 부정적 자기평가, 부정적 생활경험, 세상에 대한 비관적 인식, 무력감 등 자기와 외부환경에 대한 부정적 해석이 원인이라고 본다.

생물학적 관점

위에서도 제시했듯이 양극성장애는 유전적인 요인 및 신경전달물질과 신경내분비 기능 등과 관련되는 것으로 보고되고 있다. 신경전달물질인 노르에피네프린(norepinephrine)의 낮은 활동과 과다활동이 우울(노르에피네프린의 낮은 활동에 수반되는 세로토닌의 낮은 활동이 우울을 야기함)과 조증(노르에피네프린의 높은 활동에 수반되는 세로토닌의 낮은 활동이 조증을 야기함)에 관련이 있다는 것은 이미 우울증의 원인에서 소개하였다.

전기로 충전된 이온은 각각의 뉴런 축색돌기가 신경말단까지 메시지를 전달하도록 돕는데, 양극성장애가 생기는 요인은 뉴런에서의 막 결함이 있고 뉴런 막을 가로지르는 수송이온을 돕는 단백질의 기능이상이 원인이라고 밝혀졌다(Lambert & Kinsley 2005; Shastry, 2005). 즉 양극성장애를 가진 사람들의 기저핵과 소뇌는 다른 사람들에 비해 더 작은 경향이 있다. 이와 같은 구조적 이상과 또 다른 구조적 이상이 양극성 장애에서 어떤 역할을 하는지 분명치는 않으나 많은 연구자들은 양극성 장애를 발달시키는 생물학적 소인이 유전된다고 믿고 있다.

가계연구는 이러한 생각을 지지한다(Maier et al., 2005). 즉 양극성장애를 가진 사람의 일란성쌍생아가 동일 장애를 가질 가능성은 40%이며, 이란성쌍생아와 형제 및 다른 가까운 친척들은 5~10% 정도로 일반적인 경우에서의 유병률이 2.6%인 것과 비교된다. 양극성장애는 많은 유전적 이상들이 서로 결합하여 장애를 일으키며, 유전자 관련 연구에서 밝혀진 양극성장애는 1, 4, 6, 10, 11, 12, 13, 15, 18, 21, 22번 염색체에 있는 유전자와 관련되는 것으로 밝혀졌다(Schulze & McMahon, 2009; Maier et al., 2005; Baron, 2002).

DSM-5의 양극성장애분류와 임상적 특성비교

분류	선별질문	임상적 특성	발병연령	유발요인	사회적 관계	수면문제 및 동반장애	정신생리증상
제1형 양극성 장애 Bipolar Ⅰ Disorder	때에 따라 기분이 올라갔다 내려갔다 하는 기분변화를 느끼는가?	1회이상의 조증경험, 주의산만, 과대자기, 정신운동성지연, 자살위험	18세경	상실경험, 자존감 손상의 보상반응, 인지왜곡, 유전요인	다양한 활동과 관계, 과도한 대인관계, 과도한 의욕	불면증과는 다른 수면욕구 감소, 거의 잠을 안자거나 전혀 안잠, 가장 흔한 동반장애는 사회불안장애와 공포장애임	과민한 기분, 들뜨고, 초조감, 후각 및 청각의 예민함, 공격성, 기분변화, 빠르게 분노 및 우울감정으로 변화
제2형 양극성 장애 Bipolar Ⅱ Disorder	때에 따라 기분이 올라갔다 내려갔다 하는 기분변화를 느끼는가?	1회 이상의 주요우울과 1회 이상의 경조증경험, 조증보다는 약한 비정상적 기분상태, 우울로 시작, 자살위험	20대 중반, 35세 이전	유전요인, 가족력	대인관계 불신, 사회적 직업적 기능손상	수면문제, 불안장애가 가장 흔한 동반장애임	예측 불가능한 기분변화, 충동성, 과민성
순환감정 장애 Cyclothymic Disorder	지속적으로 기분의 고조와 저하 변화를 느끼는가?	경한 우울과 조증이 2년 동안 반복, 변덕, 농담이 많음, 계획과 취소	15-25세 사이	유전요인, 스트레스에 대한 기질적 취약성, 구강기적 갈등, 외상 및 고착, 혼돈스러운 대상관계	대인관계 지장, 기분 상승 시에는 대단한 친구관계를 형성할 수 있음, 대인관계에서 괴팍하고 변덕스러운 알 수 없는 사람으로 인식	수면문제, 물질관련장애 및 수면장애가 동반될 수 있음	만성적인 기분변화, 변덕스러움, 흥분, 비일관적 기분, 괴팍함

2. 양극성장애

기분과 활동수준의 장애가 최소한 2회 이상 반복되는 장애를 양극성장애(Bipolar Disorder)라고하며, 어떤 때는 경조증과 조증상태를 나타내고 또 어떤 때는 우울증상을 나타내기도 하며 이 두 증상의 사이에는 대부분 완전한 회복이 있다. 조증상태만을 반복적으로 나타내는 경우는 드물며 증상이나 예후 및 병전성격 등이 우울증상이 있는 경우와 매우 유사하여 양극성장애로 분류한다. 양극성장애로 진단내리기 위해서는 과거에 최소한 한 번 이상 조증이나 경조증상이 있어야 하며 현재의 증상이 어디에 속하느냐에 따라 분류는 달라진다. 양극성장애는 사춘기 이전의 아동에는 드문 장애이며 첫 조증이 발병한 제1형 양극성장애로 진단내려질 수 있다. 이 경우 초기에 나타나는 행동은 산만하고 부산하며 주의집중이 안 되고 공격성과 감정조절이 안 되어 주의력결핍과잉행동장애 또는 품행장애로 오진되는 경우도 흔히 있다.

■ 제1형 양극성장애

완전한 조증을 나타내면서 한 번 이상의 주요우울을 나타내는 가장 심한 상태의 양극성장애이며, 이러한 상태의 증상은 교대로 일어나고 몇 주간의 조증상태이다가 이후에 잘 지내는 시기가 따르며 이어서 다시 우울상태를 나타내게 된다. 개인에 따라서는 하루에도 조증상태에서 우울상태로 다시 반대로 두 증상이 왔다 갔다 하는 경우도 있다.

임상적 핵심증상

처음 발병시 현재는 우울증을 보이나 이후에 제1형 양극성장애로 진단이 바뀔 수 있는 우울증은 가족력에 양극성장애가 있는 경우, 심각한 정신병적 우울이 있는 경우, 수면과다, 정신운동성지연을 보이는 경우 등이다. 증상은 과대망상, 환청, 피해망상, 사고비약, 현실감이 결여된다. 이러한 증상들은 약물이나 다른 치료나 투약에 의한 물질이나 일반적인 의학상태 즉 갑상선 기능항진증의 직접적인 생리적 효과로 인한 것이 아니어야 한다(신경정신과학, 1998, p.371; 양극성장애, 2014 참조). 제1형 양극성장애의

DSM-5의 진단기준(APA, 2013)은 다음과 같다.

1. 진단 기준은 적어도 한 번의 조증삽화를 만족하는 것이다(아래의 조증삽화 진단 기준 1~4까지).
2. 조증, 주요우울삽화는 분열정동장애, 조현병, 정신분열형장애, 망상장애, 기타 또는 달리 분류되지 않는 조현병스펙트럼 및 정신병적 장애로 설명되지 않는다.

조증삽화의 DSM-5 기준은 다음과 같다.

1. 비정상적면서 지속적으로 상승된 그리고 팽창된 또는 과민한 기분과 비정상적이면서 지속적으로 증가된 목표 지향적인 활동 또는 에너지가 1주 이상(입원이 필요할 정도라면 기간과 상관없이), 거의 매일 하루 중 대부분에 뚜렷하게 나타난다.
2. 기분장애 및 증가된 에너지와 활동을 보이는 기간 중 다음 증상가운데 3가지(또는 그 이상)를 나타내며(기분이 단지 과민하기만 한 경우라면 4가지 증상), 평소의 모습에 비해 변화가 뚜렷하고 심각한 정도로 나타난다.
   (1) 팽창된 자존심 또는 심하게 과장된 자신감
   (2) 수면에 대한 욕구감소(예; 단 3시간의 수면으로도 충분하다고 느낌)
   (3) 평소보다 말이 많아지거나 계속 말을 하게 됨
   (4) 사고의 비약 또는 사고가 연달아 일어나는 주관적인 경험
   (5) 주의산만(예; 중요하지 않거나 관계없는 외적 자극에 너무 쉽게 주의가 이끌림)
   (6) 목표 지향적 활동의 증가(직장이나 학교에서의 사회적 또는 성적활동) 또는 정신운동성 초조
   (7) 고통스러운 결과를 초래할 쾌락적인 활동에 지나치게 몰두(예; 흥청망청 물건사기, 무분별한 성행위, 어리석은 사업투자 등)
3. 기분장애가 사회적, 직업적 기능의 뚜렷한 손상을 초래할 정도로 충분히 심각하거나, 자신이나 타인에게 해를 입히는 것을 막기 위해 입원이 필요한 경우는 정신병적 양상이 동반되는 경우이다.
4. 삽화가 물질(예; 남용하는 물질, 치료약물, 또는 기타 치료)의 생리적 작용의 결과

나 다른 의학적인 상태에 의한 것이 아니다.

주의; 진단기준을 충족한 조증삽화가 항우울치료(예; 약물복용, 전기경련요법) 중에 나타났더라도 그 치료의 직접적인 생리적 효과의 기간 이후까지 충분한 증상수준으로 지속된다면, 조증삽화의 충분한 증거로 보고 1형 양극성장애로 진단할 수 있다.

진단기준 1~4까지는 조증삽화를 구성한다. 일생동안 적어도 한번은 조증삽화가 있어야 1형 양극성장애로 진단내릴 수 있다.

경조증삽화의 DSM-5 기준은 다음과 같다.

1. 비정상적면서 지속적으로 상승된 그리고 팽창된 또는 과민한 기분과 비정상적이면서 지속적으로 증가된 목표 지향적인 활동 또는 에너지가 1주 이상(입원이 필요할 정도라면 기간과 상관없이), 거의 매일 하루 중 대부분에 뚜렷하게 나타난다.
2. 기분장애 및 증가된 에너지와 활동을 보이는 기간 중 다음 증상가운데 3가지(또는 그 이상)를 나타내며(기분이 단지 과민하기만 한 경우라면 4가지 증상), 평소의 모습에 비해 변화가 뚜렷하고 심각한 정도로 나타난다.
   (1) 팽창된 자존심 또는 심하게 과장된 자신감
   (2) 수면에 대한 욕구감소(예; 단 3시간의 수면으로도 충분하다고 느낌)
   (3) 평소보다 말이 많아지거나 계속 말을 하게 됨
   (4) 사고의 비약 또는 사고가 연달아 일어나는 주관적인 경험
   (5) 주의산만(예; 중요하지 않거나 관계없는 외적 자극에 너무 쉽게 주의가 이끌림)
   (6) 목표 지향적 활동의 증가(직장이나 학교에서의 사회적 또는 성적활동) 또는 정신운동성 초조
   (7) 고통스러운 결과를 초래할 쾌락적인 활동에 지나치게 몰두(예; 흥청망청 물건사기, 무분별한 성행위, 어리석은 사업투자 등)
3. 삽화는 증상이 없을 때의 모습과는 다른 명백한 기능변화를 동반한다.
4. 기분의 장애와 기능의 변화가 타인에 의해 관찰될 정도이다.

5. 삽화가 사회적, 직업적 기능의 뚜렷한 손상을 일으키거나 입원이 필요할 정도로 충분히 심각하지 않다. 만약 정신병적 양상이 있는 경우라면 조증삽화로 정의한다.
6. 삽화가 물질(예; 남용하는 물질, 치료약물, 또는 기타 치료)의 생리적 작용의 결과나 다른 의학적인 상태에 의한 것이 아니다.

주의; 진단기준을 충족한 조증삽화가 항우울치료(예; 약물복용, 전기경련요법) 중에 나타났더라도 그 치료의 직접적인 생리적 효과의 기간 이후까지 충분한 증상이 지속된다면, 경조증삽화의 충분한 증거로 본다. 그러나 진단시 주의가 필요하며 1~2가지 증상만으로는(특히 증가된 과민성, 불안, 또는 항우울제 상용이후의 초조) 경조증 삽화를 진단하기에 충분하지 않으며 이는 양극성 경향에 대해서도 마찬가지이다.

진단기준 1~6까지는 경조증삽화를 구성한다. 경조증 삽화는 1형 양극성장애에서 흔히 나타나지만 1형 양극성장애를 진단하는 필수조건은 아니다.

■ 제2형 양극성장애

우울증과 경미한 조증이 교대로 나타나는 경우로서 빈도는 명확하게 알려지지 않았다. 원인도 우울장애와 유사한 것으로 보나 어떠한 연구에서는 경계성 성격장애와 관계가 있다는 보고도 있다. 이 장애에서의 자살위험 또는 주요우울장애보다 더 높으며 경과는 만성적이다.

핵심증상

일차적인 핵심증상은 우울이나 이 장애의 경과 중에 가벼운 조증삽화가 간혹 끼어드는 경우가 많다. 제1형 양극성장애와의 차이점은 우울감이 조증상태보다 더 높고(Julin, 2008), 제1형 양극성장애보다 더 어린 나이에 발생하고 결혼생활에 장애가 더 심하다. 따라서 제2형 양극성 장애를 다른 말로는 경조증이 있는 반복적 우울삽화라고도 한다. 제2형 양극성장애의 DSM-5(APA, 2013) 진단기준은 다음과 같다.

1. 적어도 한 번의 경조증삽화(위의 경조증삽화의 진단기준 1~6)와 적어도 한 번의 주요우울삽화의 1~3에 해당하는 진단기준을 만족시킨다.
2. 조증삽화는 한 번도 없어야 한다.
3. 경조증삽화와 우울삽화의 발생이 분열정동장애, 조현병, 정신분열형장애, 망상장애 또는 기타 또는 달리 분류되지 않는 조현병 스펙트럼 및 기타 정신병적 장애로 설명되지 않는다.
4. 우울증의 증상 또는 기타 중요한 기능영역에서 심각한 고통이나 장애를 일으킨다.

양극성장애의 예후 및 치료

양극성장애는 발작적으로 나타나고 또는 재발을 되풀이하며 우울증으로부터 시작하는 경우가 가장 흔하고 대부분은 우울증과 조증을 모두 경험하지만 일부는 조증만을 경험한다는 보고도 있다. 양극성장애는 주요우울장애보다 예후가 나쁘며 양극성장애는 40~50%가 첫 발병 후 2년 이내에 두 번째 조증삽화를 경험하는 것으로 알려져 있다(신경정신과학, 1988; 소아정신의학, 2014; 생물소아정신의학, 2014참조). 병전 직업상태가 부적응적인 경우, 알코올 의존이 있거나, 삽화사이에 우울양상이 존재했던 경우, 그리고 남성의 경우 예후가 나쁠 가능성이 있다. 반면에 공존하는 정신과적 또는 내과적 문제가 없었던 경우 예후가 보다 좋을 가능성이 있다는 보고가 있다. 모든 양극성장애를 가진 사람들의 1/3은 만성증상과 뚜렷한 사회적 기능저하를 나타낸다는 보고들이 있다.

치료는 예방이 우선이고 약물치료로만은 한계가 있으며 심리치료로만으로도 치료를 기대하기는 어려우므로 약물과 심리치료를 병행할 필요가 있다. 리튬과 다른 기분안정제는 양극성장애의 조증과 우울삽화를 극복하는 데는 도움이 된다(Mallakh, 2006). 양극성장애는 대부분 만성화되는 경우가 흔하여 재발방지를 위해 개인 또는 집단 및 가족심리치료의 도움이 필요하다. 심리치료는 약물사용의 의미와 중요성의 이해를 도와 약물복용을 지속하게 하고 장애로 인해 발생하는 가족, 사회, 학교, 및 사회적응상의 특별한 문제들을 해결하고 돕기 위해 주로 사용되며, 재발과 입원을 줄이고 사회적 기능을 향상시켜 적응적 능력을 증가시키는데 도움이 된다.

3. 순환감정 장애

이전에는 순환기질장애 또는 순환증(Cyclothymia)이라고도 불렸던 순환감정 장애(Cyclothymic Disorder)는 제2형 양극성장애의 경한 상태에 해당된다. 이 장애는 경조증과 경우울증이 교대로 나타나며, 기분의 동요가 비교적 가볍고 기분이 고양되어도 유쾌한 정도일 수 있기 때문에 병적으로 인식되지 않는 경우가 많다.

원인의 이론적 근거

정신 역동적 관점

대부분의 정신역동 이론에서는 영아기의 구강기 동안에 일어나는 외상이나 고착문제가 순환기분장애를 일으키는 요인이라고 본다. 경조증은 지나치게 가혹한 초자아로부터의 짐에서 벗어나고자 하는 욕구와 관련하여 자기비판과 억제의 결여로 인해 생긴다고 한다. 경조증의 주된 기전은 부인방어기제이며 부인방어를 통해 자신의 내적 우울감을 피할 수 있게 되며, 그러한 부인 방어기전은 일반적으로 금방 사라지나 곧 기분저하증의 특징인 우울의 고통과 비통감에 집착하게 된다. 조증적 방어형태의 본질은 심리적 문제가 있다는 것을 부정하는 것이다. 따라서 클라인관점에서 보면, 양극성장애에 대한 심리치료의 핵심은 애도과정을 촉진시키는 것으로서 우울상태를 성공적으로 극복하도록 하는 것이다. 고통과 공격적 감정을 부정하기위해 조증적방어가 필요한 것이며 치료를 통해 고통이 사라지면 조증적 방어도 필요치 않게 된다는 것이다.

생물학적 관점

순환감정 장애를 가진 사람의 일부에서 제1형 양극성장애의 가족력이 있으며 주요기분장애로 발전할 수 있고 항우울제 사용으로 경조증이 생길 수 있다고 알려져 있다. 리튬에 잘 반응한다는 보고들은 순환감정 장애가 제1형 양극성장애의 경한 상태라는 개념을 잘 뒷받침해주는 것이다. 순환감정 장애의 원인에 대해서는 뚜렷한 요인이 밝혀진 바는 없으나 주요우울장애나 양극성장애를 가진 사람의 가족에서 흔히 나타난다는 점에서 유전적인 소인이 관련되는 것으로 추정하고 있다.

임상적 핵심증상

순환감정 장애는 양극성장애에 비해 주기가 훨씬 짧은 경향이 있다. 대부분의 순환감정 장애를 가진 사람들은 경조증 상태에서는 병원을 찾지 않으며 우울증상이 나타날 경우에는 병원진료를 필요로 하는 경우가 흔히 있다. 경조증과 우울증상이 혼재한 경우 심한 신경과민을 동반하므로 주변인들과의 관계문제가 일어나고, 기분변화를 예측할 수 없기 때문에 본인은 심한 스트레스를 받게 된다. 따라서 개인은 경조증시기에 자의적으로 자신의 상태를 처방하고 더 많은 자극을 얻기 위해 약물이나 알코올에 빠져들거나 약물의존으로 가는 경우도 있다. 순환감정 장애의 DSM-5 진단기준(APA, 2013)은 다음과 같다.

1. 적어도 2년 동안(소아청소년에서는 1년) 다수의 경조증기간(경조증삽화의 진단기준을 충족시키지 않는)과 우울증기간(주요 우울삽화의 진단기준을 충족시키지 않는)이 있어야 한다.
2. 2년 이상의 기간 동안(소아청소년에서는 1년), 경조증기간과 우울증기간이 절반이상 존재해야 하고, 또는 경조증삽화가 존재하지 않아야 한다.
3. 주요우울삽화, 조증삽화, 또는 경조증삽화가 존재하지 않는다.
4. 진단기준 1의 증상이 분열정동장애, 조현병, 정신분열형장애, 망상장애 또는 기타 또는 달리 분류되지 않은 조현병스펙트럼 및 기타 정신병적 장애로 잘 설명되지 않는다.
5. 증상이 물질(예; 남용물질, 투약)이나 다른 의학적 상태(예; 갑상선기능항진증)의 직접적인 생리적 효과로 인한 것이 아니어야 한다.
6. 증상이 사회적, 직업적, 기타 중요한 기능영역에서 임상적으로 심각한 고통이나 장애를 일으킨다.

예후 및 치료

순환감정 장애는 10대 또는 20대 초에 서서히 발병할 수 있으며 학습저하 및 학교부적응문제나 교우관계 문제를 일으키는 것으로 알려져 있다. 일부에서 주요우울장애를 가지며 대개는 제2형 양극성장애로 발전한다는 보고들도 있다.

치료는 양극성장애와 마찬가지로 리튬과 같은 약물치료가 도움되며, 심리치료를 통해 자신의 증상인식과 기분변화에 대한 사회적응 대처를 도와야 한다. 이 장애가 대부분 만성화되는 과정을 거치므로 평생치료를 필요로 할 수 있으며 따라서 지속적인 개인치료와 집단 및 가족치료가 도움 된다.

4. 양극성 및 관련 장애 아동청소년의 중재지침과 미술치료

아동청소년의 양극성장애는 성인과는 다르게 정신증상 및 에너지수준과 행동변화가 심하고 주의력결핍과잉행동장애, 품행장애, 물질남용관련 장애, 적대적 반항장애, 불안장애 등과 같은 기타 장애와 공존하는 경우가 흔히 있다. 아동청소년기에 조기 발병일수록 가족력과 유전요인이 다른 장애에 비해 더 많으므로 가족 내에 특히 부모의 기분장애에 대해 확인하는 것이 필요하며, 공존 가능한 다른 기타 증후에 대해 평가함으로써 기능장애의 가능성에 대처하고 불필요한 접근을 최소화함으로써 부정적 병적경과를 예방하는 것이 중요하다. 그러한 맥락에서 보면 미술치료의 접근은 양극성의 불확실성에 다가갈 수 있는 평가와 증상의 진행수준 및 경과를 이해하고 모니터링 할 수 있는 중요한 척도이자 치료법이다. 이와 관련하여 치료사는 양극성장애에 대한 충분한 이해와 미술치료의 기능과 관련성 및 그림표현의 평가체계에 대한 이해를 근거로 진단하고 치료방법을 선택해야하며 재발예방과 치료에 접근할 수 있을 것이다. 여기에서는 이에 대한 특성과 미술치료에서 유의해야 할 점 등에 대해 살펴보고 어떠한 접근으로 치료를 진행해야하는지에 대해 살펴보기로 하겠다.

미술치료사의 이해확장

양극성장애의 의심상황 이해하기

- 건강했던 아이가 갑자기 ADHD증상이 나타나거나, 10세 이후에 새롭게 나타났는지 평가한다.
- ADHD증상이 기분변화에 따라 나타나거나 사라지는지 확인한다.
- 기분이 과장되게 표현되고, 과대한 자기표현, 잠을 자지 않거나, 우울감정, 부적절한 성적행동에 대해 관찰한다.
- 감정폭발 및 반복되는 기분변화가 있는지 관찰한다.
- 망상이나 환각증상이 나타나는지 관찰한다.
- 양극성장애 가족력이 있는지 확인한다.

정신역동맥락에서 이해하고 돕기

- 심한 조증상태인 경우에는 약물치료가 우선이다.
- 안정된 직후에는 지지적 심리치료가 효과적이며 재발을 예방할 수 있다.
- 조증단계가 있은 직후에는 수치심과 강한 죄책감을 가질 수 있으므로 반드시 심리치료를 통해 자신의 감정과 타협하도록 도와야 한다.
- 치료사와의 경험을 내재화함으로써 내적자기표상과 대상표상의 적대적인 부분과 좋음의 부분을 통합하도록 돕는다.
- 양극성장애 치료의 핵심은 애도과정을 촉진하는 것이다.

권위 있는 치료사의 자세 활용하기

- 조증상태는 과대한 자기에 몰두되어 있으므로 치료사의 능력에 대한 기대가 높다는 점을 이해하고 신뢰로운 자세로 확신을 주어야 한다.
- 거절감을 느낄 수 있는 자세나 표현에 유의한다.
- 인정과 안전함을 우선적으로 고려한다.
- 낮은 자존감을 인식하고 지지적인 태도로 임한다.

특성적인 양극성장애 이해를 근거로 치료계획하기

- 유전경향성이 높은 장애 중의 하나이므로 가족력이 있는 경우 전문의와 상의한다.
- 치료계획은 우울증의 방어로 조증이 나타나며 조증상태의 과대요소는 낮은 자존감과 관련한 보상작용일 수 있다는 이해에 근거한다.
- 심한 조증상태는 심리치료가 쉽지 않으므로 약물치료로 안정된 후에 바로 시작한다.
- 스트레스와 일상생활의 적응적 기능수준을 평가하고 긍정적인 대안을 안내한다.
- 사회적 관계 및 가족기능을 강화한다.
- 재발방지를 위해 적응적 생활패턴을 관리하도록 격려한다.

감정기복상태에 대한 평가와 의뢰하기

- 고양된 기분 상태가 들떠있는 상태인지 또는 정신병적 상태의 정도에 대해 파악하고, 정확한 평가와 약물치료를 위해 전문병원에 의뢰한다.
- 입원을 의뢰해야 할 지에 대해 결정한다.
- 자해 또는 타해 위험이 있다면 입원을 권유하고 필요시엔 강제입원조치에 대해서도 고려해야 한다.

치료초기에 고조된 감정을 직면시키지 않기

- 조증상태에서는 과도한 계획을 말하게 되므로 이에 대해 무시하지 않는다.
- 정서의 현실성을 설명하기보다는 감정자체를 다룬다.
- 가족교육을 통해 스트레스감소와 관계개선을 돕고 재발을 예방하도록 지지한다.

가족교육으로 협조체계 강화하기

- 장애의 원인 및 특성, 증상과정, 현 상태, 예후 및 치료 등에 대한 기본적인 이해를 돕는다.
- 증상과 관련하여 가족이 겪는 갈등 및 정서를 표현하도록 격려한다.
- 가족관심의 중요성 강조하고 역할 및 관찰과 대안에 대해 이해를 돕는다.
- 경우에 따라서는 가족행동에 대해 구체적인 기술을 안내한다.

행동주의적 기법활용하기

- 서두르지 않는 태도에 언어적 지지를 한다.
- 언어적으로 공격감정을 표현할 때 설명하려하지 말고 경청한다.
- 공격적이거나 충동적 행동은 제한을 할 필요가 있다.
- 예측가능 행동이나 자주 일어나는 문제에 행동계약을 함으로써 고조감정으로 인해 발생하는 경제적, 성적, 폭력적 행동을 예방해야 한다.
- 분노조절 훈련, 역할 바꾸기 등의 연습으로 행동화를 방지한다.
- 긍정적 일상생활패턴을 위해 세부계획을 세우고 구체화한다.

재료와 도구 및 공간선택의 유의사항

- 치료공간과 매체사용은 공존질환의 증상과 심각도에 따라 달라질 수 있다.
- ADHD, 적대적 반항장애 등의 공격적경향성을 동반한 경우라면 충동성에 대비하여 위험한 상황을 일으킬 수 있는 도구(예; 가위, 칼, 망치, 유리병, 철재류 등의 뾰족한 것) 사용에 유의한다.
- 물질남용을 동반한 경우 수치심 감소와 낮은 자존감 및 자기애적 경향성에 도움이 되기 위해 자존감을 강화할 수 있는 재료(예; 한지나 나무 또는 돌 등의 화면사용, 개인만을 위한 재료상자제공, 발달과 개인적 특성에 따라 유아적 느낌의 재료를 배제할 수도 사용할 수도 있음)선택이 필요하다.
- 지나치게 감정을 자극하고 흥분시킬 수 있는 재료(예; 뿌리고, 지나치게 확산되는 경험을 주는 재료 등) 사용을 제한한다.
- 불안을 동반한 경우는 안전감을 가질 수 있는 환경과 도구(예; 흐르는 재료사용 시 트레이 제시, 불안수준에 따라 화면이 되는 재료선택의 자유, 지나치게 큰 화면제한)를 제시한다.

추천재료와 기법

- 경계가 있고 사실적인 재료(예; 잡지사진 콜라주)들은 현실성과 의식을 자극하므로 적절하다.

- 드로잉재료와 콜라주재료가 대부분 무리 없는 재료이다.
- 우연의 효과를 기대할 수 있는 기법(예; 난화가 유용하되 반드시 구조화작업으로 연결)은 자신의 감정을 탐색할 수 있는 기회를 제공해주며 현실지각에도 도움된다.
- 불안이 심한 경우 반복적인 난화의 연속작업은 불안을 토해내고, 불안감정과 관련된 이미지를 찾아 구조화하는 작업은 불안을 해소하며 불안으로 왜곡된 사고를 수정하는 기회가 된다.
- 감정그리기, 찰흙작업, 함께 그리기, 자유화, 만다라 등은 자신의 현재 상태를 탐색하는 기회와 현실적인 대처를 위한 기회를 제공해준다.
- 짝을 이루어 상대방의 긍정적 요소를 찾아주는 접근은 우울과 조증 증상에 직접적인 영향을 미칠 수 있는 자존감강화에 도움 된다.
- 고기능과 저기능 대상에 따라 같은 주제나 재료에서도 접근방법이 달라진다(예; 저기능 또는 나이가 어릴수록 구체적 · 반복적으로 이해수준 확인, 확인질문을 최소화하고 작업 중심 가능).
- 작업 후 작품이 돋보이는 방법(예; 액자나 특정 틀에 넣어 전시)을 사용하면 자존감을 강화할 수 있다.
- 작품소개시간에 전체가 집중할 수 있는 분위기(예; 앞에 나와서 소개, 조명사용)와 환경을 사용하면 집중력과 자존감을 강화할 수 있다.

치료사가 갖추어야 할 자세와 지침

- 양극성장애에 대한 심리 역동적 기초 이해를 근거로 한다.
- 공존질환 및 신경인지기능의 손상이 있는지 확인한다.
- 약물부작용에 대한 기초이해를 가지고 있어야 한다.
- 장애, 발병 시기와 경과, 심각성, 주된 증상, 가족관계, 특정어려움 등에 대해 반드시 사전에 확인되어야 한다.
- 가족력 및 유전요인을 확인하고 재발방지를 위한 가족교육과 가족기능강화를 위한 가족중재와 함께 간다.
- 환경적 심리적 요인을 평가하고 교육 및 치료 등 필요에 따라 중재한다.

- 학교적응을 위해 교사와의 연계 및 개별화된 학습프로그램을 구성하도록 지지하고 돕는다.
- 만성화되는 경우가 흔하므로 재발방지와 장애로 인해 발생 가능한 문제해결과 사회적 기능향상을 위해 지속적인 개인 심리치료 또는 집단치료 및 가족치료가 필요하다.

미술치료의 목적과 효과성

- 일차적으로는 외부로부터 오는 비난에 대한 감정과 내적욕구와 문제를 토해내는 장으로 사용될 수 있다.
- 지지적관계로부터 자기능력의 확인과 변화의 시도를 통해 사회적응을 돕는다.
- 개인미술치료에서는 현실적이고 직접적이면서 장기간의 적응목적을 가지고 재발방지와 문제해결 및 사회재활에 초점을 두며, 적응수준에 따라 본질적인 내적문제를 다루게 된다.
- 집단치료에서는 대인관계와 사회적응에 목표의 초점을 두고 적극적인 의사소통, 사회기술, 문제해결능력 향상과 실제사용 등에 하위목표를 둔 인지행동치료접근을 한다.
- 가족미술치료에서는 가족교육과 가족치료를 통해 치료에 대한 협조체계를 구성하고 재발예방과 가족 내 문제를 해결하도록 돕는다.
- 치료행위의 창작요소는 무의식의 정서를 방출하고 표현된 이미지들은 상징적 정보를 제공해준다.
- 치료과정의 결과물은 현재 가지고 있는 자신의 과대사고와 왜곡된 정서와 과민성을 발견하게 하고 변화를 위한 시도를 계획하게 한다.

5. 미술표현에서 발견되는 특성

앞에서도 설명되었듯이 심한 우울증의 경우 색을 거의 사용하지 않거나, 빈 공간이 지나치게 많고, 세부적인 부분의 표현이 결여되거나, 불안전한 형태로 보이는 그림을 표현하는 경우가 보편적이다. 이러한 특성들은 우울문제로 인한 억압감정과 낮은 에너지

수준과 관련이 되어 있다. 양극성장애의 특성은 우울과 조적단계를 오르내리는 조울증을 특성으로 나타나는 것인데, 이와 관련하여 조울증의 우울적 단계에서는 그림 표현이 우울증의 상태와 유사한 그림을 그려낸다. 반면에 조적단계에서는 다양한 색을 선택하거나 화면을 꽉 채우고 활동성 있고 쾌활한 느낌을 주는 그림을 그려내는 것을 흔히 볼 수 있다. 조증적 단계에서는 우울증에 비해 그림이 통합적으로 보이고 별 무리없이 긍정적으로 느껴지는 그림을 그려내므로 일반적인 시각에서 보면 증후를 간과하거나 치료가 다 끝난 것으로 왜곡해석 할 수도 있다. 그러나 미술치료사가 장애의 진단적 특성을 이해하고 있으면, 그림의 특성을 분석함으로써 개별적 징후의 독특한 갈등과 욕구에 대한 통찰을 얻을 수 있다.

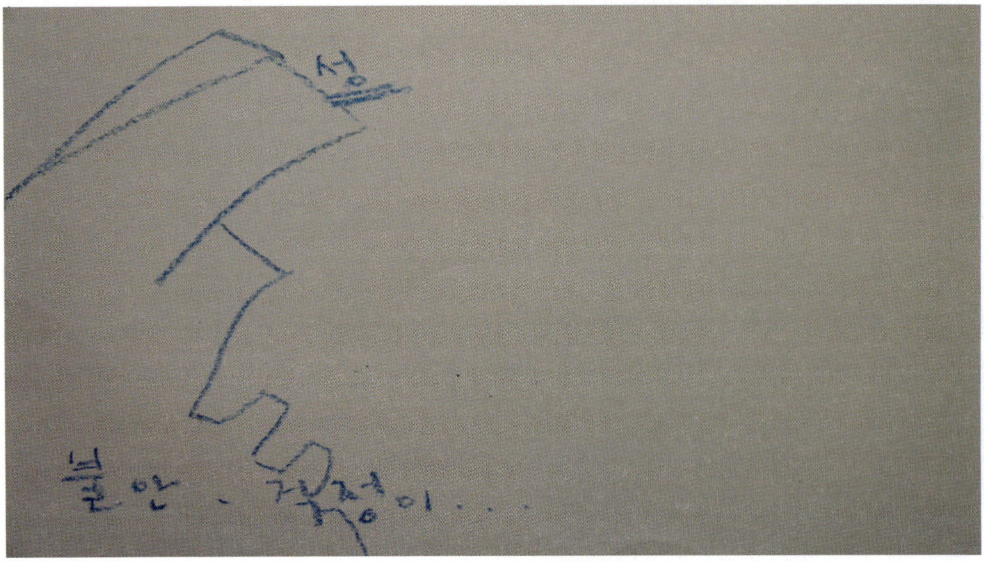

[그림 4-1] 나의 염려와 성

양극성장애의 우울상태에서 표현한 청소년의 자유화이다.

빈 공간이 많고 한가지 색만을 사용한 이 그림(그림 4-1)은 양극성장애 진단을 받은 청소년이 우울상태에서 표현한 자유화이다. 자신이 살고 있다고 한 성의 불완전하고 세부묘사가 결여된 이 그림은 낮은 수준의 에너지를 보이는 우울의 특성을 전형적으로 보여주고 있다.

[그림 4-2] 화려한 내일

"그림 4-1"을 그린 청소년이 조증단계에서 표현한 그림으로 우울단계에서 그린 그림과는 상당히 대조적인 모습을 보이고 있다.

제5장

불안장애의 이상심리와 중재지침

모든 사람은 누구나 일상에서 그리고 특정 상황에서 불안감을 느끼고 긴장되는 일들을 경험하게 되지만, 대부분의 사람들은 그 상황과 불안감에 대처하기 위해 다양한 태도로 반응하면서 극복해 가는 것이 보편성이다. 청소년기발달은 특히 신체와 인지적 변화속도와 함께 당면하게 되는 생애주기상의 특성이 불안을 더욱 가중시키는 것 같다. 아동청소년들이 개인적으로든 관계 또는 환경적으로든 어느 기간 동안 불안을 느낀다 해도 이유가 있는 그 불안은 자연스럽고 적응을 위한 과정의 적응적 심리상태이며 그러한 불안은 정상적인 성숙과정에서 오는 감정이며 정상적인 불안이라고 볼 수 있다. 그러나 그러한 불안이 일시적으로 나타나거나 사라지지 않고 지속적이고 장기간 진행되어 일상생활을 방해한다면 병리적인 불안의 이상심리반응인지 평가되어야 한다. 예를 들면 정서변화의 시점과 전후 상황들이 어떠한지, 가정환경에 불안을 일으키는 소인과 특정 환경변화가 있는지, 불안을 자극하는 상황이 사라져도 계속되는지, 불안을 자극하는 실제 상황들에 비해 지나치게 불안반응을 보이는지 등에 대해 관찰되어야 한다.

DSM-5에서 불안장애는 강박장애, 외상후스트레스장애 범주를 별도로 신설하여 분리시키고 아동기장애(2개)와 광장공포증을 추가하여 범불안장애, 특정공포증, 광장공포증, 사회불안장애, 공황장애, 분리불안장애, 선택적함구증 등으로 구분하고 있다. 여기에서는 그러한 관점에서 이해를 구체화하고 불안장애에 대한 미술치료접근의 특성을 제시하였다.

1. 불안장애 원인의 이론적 근거

정신 역동적 관점

불안에 대한 역동심리학자들의 종합적인 주장은 내부갈등에 의한 일차적인 불안이 이차적인 장애문제로 대치된다고 본다. 청소년기의 불안은 발병연령과 우울증의 공존여부와 발달상의 적응여부에 따라 결과는 달라질 수 있으나, 여기에서는 청소년기의 불안장애를 이해하기 위해 정신분석에서 보는 불안장애의 심리적 역동을 간략하게 살펴보기로 하겠다.

프로이트관점에서 불안장애의 역동

이상심리를 다룸에 있어서 불안처럼 중요시되는 주제는 없는 것 같다. 어느 정도의 불안감정 없이 일상을 보내는 사람이 없을 정도로 불안은 건강한 일반인들에게서도 흔히 경험되는 보편적인 정서이다. 그럼에도 불안장애라는 진단을 받은 사람들의 불안수준은 일반인들이 경험하는 정도에 비교될 수 없는 강도로 느끼며 반복적인 기간에 노출될 뿐 아니라 그 수준이 개인에게는 무의식적이고 자동적이어서 통제할 수 없는 고통을 호소한다. 프로이트(Freud, 1895, 1962)는 불안신경증이라는 용어를 사용하여 억압된 사고나 소망충동에서 유래하는 일반적인 염려나 두려움을 느끼는 불안과 심한 발한과 호흡 및 심박동의 증가와 주관적인 공포감 등의 자율신경계 증상을 수반하는 공황상태의 불안을 제시하였다.

1926년에 프로이트는 구조모델을 고안하고 불안이 이드(id)로부터 기인한 무의식적인 공격충동과 원본능적인 충동에 상응하여 초자아에서 기인하는 처벌과 위협사이에서 발생되는 심리내적갈등의 결과로 등장한다고 제시함으로써 불안에 대한 더 많은 이해를 가능하게 했다. 자아(ego)는 이드로부터 본능적 충동이 의식에 접근하는 것을 막고 억압을 통해 충동과 자아가 연관되는 것을 막아 분리시키며 또한 충동 그 자체에 상응하는 정신내적 표상을 감시한다. 이 때 억압된 본능의 소망이나 충동은 전치되어 여전히 증상으로서 나타날 수 있으며 이것이 불안과 관련한 형태로 다양한 증상을 나타낸다.

1895년에 프로이트는 처음으로 불안신경증의 특징으로 일반적인 성마름, 생리적 위험이나 신체움직임 관련한 공포증, 강박증상, 히스테리증상 등을 기술했다. 프로이트는 아동의 발달시기와 관련하여 초자아불안, 거세불안, 애정상실불안, 분리불안, 박해불안, 해체불안 등의 특정 공포를 야기시킨다고 보고, 신경증의 원인이 전적으로 심리적인 요인이며 초기아동기 갈등과 관련된다고 생각했다. 초자아불안은 도덕적 기준에 따라 살지 못하는 죄책감과 양심의 가책과 관련한 초자아(superego)에서 유래한 불안으로 가장 성숙한 단계에 해당한다고 볼 수 있다. 거세불안은 어느 한 쪽의 부모로부터 거부당하거나 사랑을 상실할지 모른다는 공포로부터 오며, 분리불안은 사랑을 상실할 것에 대한 두려움이라기 보다는 대상자체를 잃을 것에 대한 공포와 관련되며 가장 원시적인 불안의 원인이 될 수 있다. 박해불안은 클라인의 편집분열적자리에서 유래하며 외부로부터 자기를 위협한다고 느끼는 무의식적 피해사고와 관련한다. 해체불안은 대상과 융합하면 자기감을 상실하게 될 것이라는 공포를 느끼고 주변인들로부터 환영받지 못할 경우에는 자기가 상실되지 않을까에 대한 두려움을 가지는 것에서 유래한다(역동정신의학, 1996, pp.256-286). 최근의 역동적 관점에서도 불안을 처리하는데 가장 흔히 사용하는 프로이트이론의 성격구조와 방어기제에 대한 이해에 더 중요성을 두고 있으며, 이 또한 불안장애를 가진 개인의 현재 정서생활에 영향을 미친 과거의 사건들에 큰 비중을 두고 있다는 것을 확인해 주는 것 같다.

설리반의 관점에서 불안장애의 역동

불안과 불안이 발생하게 된 원인에 대해 설리반은 만족의 욕구와 안전의 욕구이론을 통해 불안이 어떻게 발생하는지에 대해 설명하고 모든 개인의 성격과 이상심리를 대인관계로 연결하였다. 특히 부모자녀관계에서 어머니와의 초기경험은 모든 사회적 교류의 시작이며 욕구만족 과정의 수준에 따라 불안이 형성될 수도 아닐 수도 있다고 보았다. 즉 설리반은 대부분의 정신과적 이상심리를 대인관계의 실패로 보았으므로 치료과정도 치료자와의 연속적인 관계로서 면담과정의 연속선상에서 보았다. 치료자는 과정의 참여자로서 문제인식을 방해하고 있는 개인의 방어를 관찰하는 역할을 하기도 하므로 참여관찰자로서의 역할을 담당하기도 한다. 설리반의 접근은 그러한 관점에서 치료자의 적극적인 역할을 강조하고, 치료과정은 억압되고 해리된 일들을 파고들어가는 과정 뿐아니라 치료자와의 관계를 통해 새로운 대인관계를 시작하도록 돕는 학습과정도 포함된다.

인지 행동적 관점

인지행동이론에서는 환경의 부적응적 요인에 대해 선택적인 주의와 정보처리의 왜곡과 자신의 대처능력에 대한 부정적 시각으로 인해 위험상황을 부적절하게 인지하기 때문에 불안을 느끼게 된다고 본다. 행동이론에서는 환경으로부터 특수한 자극을 받을 때 조건반응으로 불안이 생긴다고 한다. 어떠한 상황에서 불안을 자극하는 사건이 있었다면 그 사람은 유사한 상황에 직면하게 될 경우 자동적으로 두려움이 자극되고 불안해지며 결국은 그 상황을 피하게 된다. 그러한 관점에서 최근의 행동이론접근에서는 인지적 접근방법을 수용하여 불안 증상에 내재해 있는 인지내용을 분석하여 사고의 변화를 유도하는 방법을 병행한다.

생물학적 관점

불안의 개념이 처음 등장하기 시작한 것은 불안의 신체현상인 가슴 두근거림, 흉부통증, 진땀, 어지러움 등을 관찰하게 되면서다. 불안증상은 불안장애에서만 나타나는 것이 아니라 유사한 다른 장애에서도 나타나며 신경증적 우울과도 혼재하여 우울과 불안을 하나의 단위로 보는 경향도 있다. 불안증상은 특히 불안장애에서 두드러지지만 다른 질병에서도 동반될 수 있으며 각종 정신과적 병리에서 흔히 공존하는 것을 볼 수 있다. 그것은 본래의 질환을 가진 사람이 현실의 자극을 극복하는 방어기제로서 불안이 나타나며 지나치게 예민해져 있는 상태라고 볼 수 있다. 유전학적 이론에서는 스트레스를 받는 상황에서 느끼는 불안수준이 개인의 신체조건에 따라 다른 소인을 타고 난

DSM-5의 불안장애분류와 임상적 특성비교

분류	선별질문	임상적 특성	발병연령	유발요인	사회적 관계	수면문제 및 동반장애	정신생리증상
범불안장애 (Generalized Anxiety Disorder)	불필요한 사소한 걱정을 많이 하는가?	과도한 걱정, 완벽추구, 만성적인 자율신경계 활동증가로 다양한 신체증상 및 운동성긴장상태, 수면문제	10세경, 성인 초기	부모의 불안 및 양육태도, 수행에 대한 비정상적인 압력, 자존감손상, 능력부족에 대한 느낌	타인을 기쁘게 하기위한 과도한 노력, 친구관계에 지나치게 신경쓰고, 의존관계	잠들기 힘들어함, 다른 불안장애나 단극성 우울장애와 관련될 수 있음.	두통, 발한, 복통, 근육긴장, 오심, 구토, 목에 덩어리가 있는 느낌, 호흡곤란, 어지러움, 심계항진 등의 다양한 신체증상
특정공포증 (Specific Phobia)	특정공포가 있어서 생활에 문제를 느끼는가?	공포대상이나 상황이 특정 한 가지에 한정, 심한 경우 마비, 자살위험	10세경	타고난 성향, 과잉보호, 유전-생리학적요인, 부정적 정보, 학습된 경험	특정공포를 자극하는 조건이 없다면 원만	간혹 잠들기 어렵거나 문제안됨, 다른 장애들과 흔히 공존가능, 노년기에는 우울동반	불안, 구토, 호흡곤란, 신체마비, 긴장
광장공포증 (Agoraphobia)	가기 두려워하는 곳이 많은가? 하기 두려운 것이 많은가?	예기불안, 다양한 장소에 대한 공포, 자리에 앉을 때 가장자리 선택, 무기력감과 우울감	아동기-청소년후기	일상생활 지장 및 학교생활이 어려움, 관계갈등, 경직태도	가족 및 직장생활곤란, 대인관계어려움, 월경주기동안 일상적인 관계회피	때때로 잠들기 힘들어함, 대부분 다른 질환 동반됨, 흔한 것은 우울장애, 불안장애, 외상후 스트레스장애, 알코올 사용장애가 있음	불안, 공포, 숨막힘, 신체긴장, 위축감
사회불안장애 (Social Anxiety Disorder)	자신이 바보처럼 보일 것에 대한 두려움으로 어떤 상황을 자주 피하는가?	예기불안, 특정불안상황에서 공황발작 형태의 불안, 타인평가 및 상황에 과도한 불안, 공중시설기피	8세-15세경	기질적 특성, 창피당하는 사건관련, 친구 및 사회적 교류에 대한 압력	사회적 고립, 관계에서 일시적, 과도하게 억제적, 지나치게 순종적, 경직된 태도	때때로 잠들기 힘들어함, 불안장애, 주요우울장애, 물질사용 장애 동반, 장기적인 고립은 주요우울을 일으킬 수 있음	얼굴이 붉어짐, 근육 및 신체긴장, 분노발작

(계속)

분류	선별질문	임상적 특성	발병연령	유발요인	사회적 관계	수면문제 및 동반장애	정신생리증상
공황장애 (Panic Disorder)	갑자기 이유없이 극심한 공포를 느낀 적이 있는가?	극도의 이유 없는 불안, 숨이 막힐 것 같은 공포, 공황발작	청소년 후기, 성인초기	외상, 분리불안, 부모상실, 비정상적인 노르에피네프린 활동, 민감한 개인의 경향성	대인관계어려움, 관계회피 및 갈등	불면증, 잠드는 것에 두려움, 자다가도 놀라서 깨고 깊은 잠을 자기 힘들어함, 일부에서 물질관련장애 발생	심계항진, 가쁜호흡, 냉열감, 흉통, 숨막힘, 현기증, 어지러움
분리불안장애 (Separation Anxiety Disorder)	아이가 지나치게 부모와 떨어지는 것을 두려워하는가?	미래에 대한 비현실적 걱정, 애착대상에 대한 과도한 불안 및 분리주제의 꿈, 대상과 강제 분리시 공격행동 및 심한 저항, 자살위험	3세경–2세미만	과보호적 양육태도, 부부문제, 중요한 대상과의 분리, 상실	분리문제가 없으면 비교적 원만, 부모의 사랑을 두고 형제간 경쟁	잠자러가기 싫어함, 어둠에 대한 공포, 악몽, 아동의 경우 범불안장애, 특정공포증을 동반할 수 있음	복통, 오심, 구토, 감기 같은 증상, 두통, 심계항진, 어지러움, 졸도할 것 같은 느낌
선택적함구증 (Selective Mutism)	특정 상황에서 말을 안 하는가? 말하지 않는 것으로 인해 소통에 지장을 초래하는가?	예민성, 소심, 신경질적 태도, 낯선 곳이나 상황에서 지속적으로 말하지 않음	5세 이전	외상, 환경변화, 역기능적 가족환경, 갈등	친한 친구와는 비교적 원만	간혹 잠들기 어렵거나 잠자러가기 싫어함, 사회불안장애가 가장 흔함, 분리불안장애, 특정공포장애 등이 동반될 수 있으며, 반항행동도 관련될 수 있음	불안, 공포, 얼굴이 붉어짐, 신체긴장, 위축감

다고 한다. 예를 들면 공황장애를 가진 사람의 경우 가족력을 살펴보면 장애를 일으키지 않는 사람에 비해 훨씬 가족 내에 공황장애가 있을 확률이 높다는 것이다.

다른 소인으로는 출산시의 두부손상, 체질적으로 민감한 경우, 여성의 생리와 관련한 신체조건 등이 거론되고 있으며 교감신경계의 민감도도 하나의 소인이 된다. 뇌는 불안기전의 중심이기도 하나 불안이 표현되는 마지막 기관이기도 하다. 그러므로 불안을 느낄 때 뇌는 각성상태에 들어가며 말초에 행동, 자율신경계, 감각, 지각 등의 지장을 초래한다. 이때 주로 관련되는 기관은 변연계(특히 해마와 대상회), 대뇌피질(전두엽과 측두엽), 시상하부, 상행망상체, 뇌하수체 등이고 말초에서는 갑상선과 부신피질 등이다(최신정신의학, 1995, p.239).

뇌 영상연구에서는 불안이 오른쪽반구의 장애와 관련되며 전두엽과 측두엽 및 후두엽과 연관이 있다고 한다. 불안의 신체증상은 자율신경계가 활성화되면서 직면할건지 회피할건지의 반응에서 설명될 수 있다. 즉 누군가가 자신을 비난하거나 공격했을 때 그 사람은 불안상태에 들어가게 되는데, 이것은 교감신경계가 흥분하여 혈중 에피네프린(epinephrine)이 증가하고 위장장애가 일어나며 호흡이 증가하며 혈압이 상승하고 진땀이 나는 등의 증상을 보인다. 이 때 부교감신경계가 흥분하게 되면 빈뇨, 설사, 신경과민, 소화장애, 식욕감퇴, 불면증이 나타나게 되는데 이러한 신체증상에 대한 인지가 불안의 주관적인 느낌이다. 최근의 신경생물학적 연구에서는 프로이트가 말한 불안의 두 가지 결정요인에 대해 확인하고 있다. 이렇듯 불안의 소인은 특정하고 일률적인 것으로 설명될 수 없으며 여러 요인의 다양한 형태로 이해되어야 할 것이다(최신정신의학, 1995, p.239; 신경정신과학, 1998, p403-405; 청소년임상미술치료방법론, 2007, p.202-207참조).

2. 범 불안장애

일상생활 속에서 흔히 겪을 수 있는 사건이나 상황에 대해 과도하게 불안을 느끼거나 다양한 신체반응을 동반하는 경우로서, 과거에는 불안신경증 또는 불안반응이라고 지칭했던 것 중에서 지속적인 불안을 느끼는 불안장애를 의미한다. 이 장애의 증상은 부동불안(free floating anxiety), 예기불안(anxiety expectation), 자율신경과민증상이 특징이다. 범 불안장애에 대한 DSM-5의 진단기준은 DSM-IV에서와 특별히 다르지 않으나 각 항의 증상을 좀 더 구체적으로 규정하고 있다는 것이 차이점이다.

임상적 핵심증상

주된 증상은 만성적인 자율신경계의 활동증가와 관련된다고 보며 개인에 따라 운동성긴장상태(안검경련, 피로, 근육통, 이마 찌푸림, 안절부절 못하는 초긴장태도)가 특징으로 나타나기도 하고, 자율신경계기능항진으로 인한 신체증상(발한, 심계항진, 빈맥, 손발 저림과 한랭감, 설사, 구토감, 위경련, 인후이물감, 얼굴창백, 얼굴 화끈거림, 조갈 등)이 나타나므로 건강염려로 병원을 배회하기도 한다. 필요이상의 지나친 염려는 개인으로 하여금 매사에 심사숙고하게 하지만 우유부단하여 어떠한 일에 결정을 내릴 수 없게도 한다. 예기불안의 결과로 나타나는 지나친 조심성은 매사가 불안하여 차분하지 못하며 흥분하게 되고 악몽에 시달리고 경계하는 자세이므로 늘 피로감을 느낄 수밖에 없게 된다(청소년임상미술치료방법론, 2007, p.222-225참조).

이렇듯 범 불안장애를 가진 사람의 특성적인 핵심증상은 과도한 걱정이라고 할 수 있으며, 비관적인 사고와 완벽주의적인 성향과 불확실한 것에 대한 인내심 부족 및 문제해결에 대한 자신감부족과 같은 성격적인 특성과 관련이 있다. 임상에서 이러한 장애를 보이는 주된 대상은 10대에서 20대 초반에 걸쳐있는 청소년기에 발생하는 경우가 흔하며 이들 대부분은 만성적인 과정을 거치면서 스트레스가 많은 시기에 더 악화되는 경향이 있다. 남의 시선이나 평가에 대해 지나치게 신경 쓰고 걱정이 많으며 타인의 인정을 받기위해 지나친 욕구를 드러내기 때문에 준비성이 일반적인 정도를 넘어 강하고 외부평가에 민감하므로 마음에 상처를 입기가 쉽다. 많은 경우에서 친구관계를 유지하고 관계를 즐기나 늘 자신의 행동에 자신감이 없고 긴장되어 있어서 두통 및 복통과 같은 신체증상과 깊게 잠들지 못하는 고통을 호소하기도 하고, 운동이나 학업 및 사회적기능에 대한 지나친 염려로 학교부적응문제를 초래하기도 한다. 범 불안장애의 DSM-5 진단기준(APA, 2013)은 다음과 같다.

1. 다양한 사건이나 활동(예; 직업이나 학업수행)에 대한 과도한 불안과 걱정이 나타난다. 이러한 불안과 걱정이 적어도 6개월 동안 50% 이상의 날에 나타나야 한다.
2. 개인은 이러한 걱정을 통제하기가 어렵다고 느낀다.
3. 불안과 걱정은 다음의 6가지 증상 가운데 3가지 이상을 보인 날이 보이지 않는 날보다 더 많아야 한다(아동의 경우에는 1개 이상).
   (1) 안절부절못함 또는 가장자리에 선 듯한 아슬아슬한 느낌이 든다.
   (2) 쉽게 피로해진다.
   (3) 주의집중의 곤란이나 정신이 멍해지는 느낌이다.
   (4) 화 또는 짜증을 잘 낸다.
   (5) 근육긴장이 있다.
   (6) 수면장애(수면의 시작과 지속의 곤란 또는 초조하거나 불만족스러운 수면)가 있다.
4. 불안과 걱정 또는 신체증상이 심각한 고통을 유발하거나 사회적, 직업적 또는 다른 중요한 영역의 활동에 현저한 손상을 초래한다.
5. 이러한 물질(예; 약물남용, 처방약물)이나 다른 의학적인 상태(갑상선기능항진)에 의한 것이 아니어야 하며, 우울장애 및 정신증 또는 전반적인 발달장애 등에 의한 것이 아니어야 한다.
6. 이상의 이러한 증상들은 다른 정신장애에 의해서 더 잘 설명되지 않는다(예를 들면, 다음과 같은 것에 대한 불안이 아니어야 한다; 공황장애에서 공황발작이 일어나는 것에 대한 불안이나 걱정, 사회불안에서 부정적 평가, 강박장애에서 오염 또는 다른 강박사고, 분리불안장애에서 애착대상과의 이별, 외상 후 스트레스장애에서 외상사건 회상 촉발자극, 신경성 식욕부진증에서 체중증가, 신체장애에서 신체적 호소, 신체변형장애에서 지각된 외모결함, 질병불안장애에서 심각한 질병 또는 정신분열증이나 망상장애에서 망상적 신념의 내용).

주요원인

다른 정신과 장애와 마찬가지로 범 불안장애의 원인은 아직 불명확하지만 많은 연구자들의 보고에서는 생물학적 요인과 심리사회적 요인이 복합적으로 작용한다고 한다. 정신분석입장에서 불안이란 해결되지 않은 무의식의 갈등이 표현된 증상이며, 대상과의 융합으로 자기존재가 없는 것에 대한 공포로서 원시적인 불안이고, 사랑하는 사람과의 이별에 대한 불안이며, 자신의 이상과 가치에 도달하지 못하는 것에 대한 초자아불안이다.

인지 행동적 관점에서의 불안은 환경의 부정적인 요인에 대해 선택적으로 잘못된 시각으로 지각하고 정보처리과정에서의 왜곡과 자신의 대처능력에 대한 부정적인 견해로 인해 위험을 부적절하게 인지하기 때문에 불안이 생긴다고 한다. 실재로 불안을 가진 사람의 특성은 일상적인 위험사건이나 잠재적인 위험에 대해 특히 예민하고 위협사건에 대한 정보에 관심을 집중하는 경향이 있다. 아직 일어나지도 않은 잠재적인 위험확률에 대해 지나치고 민감하게 평가하거나, 자신에게 닥친 어떠한 상황들에 대해 또는 명확하지도 않은 일들에 대해 불안하지 않은 다른 사람들보다 더 위협적으로 지각하는 경향(Mathew & Butler, 1983)이 있다. 그리고 보다 지나치게 치명적인 결과로 지각하거나 문제대처에 대한 자기평가를 비하시키고 과소평가하여 부정적인 결과를 예측함으로써 미리 걱정하는 인지의 편향적인 경향을 볼 수 있다.

또 다른 관점인 생물학적 맥락에서는 직계가족과 일란성 쌍둥이에서 범 불안장애발병이 높은 것으로 알려져 있어서 유전적 요인이 시사되고 있다. 가족력에서는 부모가 불안장애인 경우가 흔히 있으며, 부모가 지나치게 완벽주의적 양육태도를 가진 경우 자녀는 지나치게 양심적 모범적인 융통성 없는 성격으로 발전할 경우가 많다.

예후 및 치료

범 불안장애의 예후에 대해서는 예측하기가 어려우며 생애의 부정적 사건이 이 장애를 일으킬 가능성이 더 높고 평생 계속될 수 있으며 공황장애 합병증으로 발전되기도 한다. 주요우울장애가 발병하기도 하며 많은 경우에서 직업이나 사회적 활동을 상실하는 경우가 있고 개인에 따라서는 약물남용이나 알코올중독을 동반하는 경우도 있다는 보고가 있다.

범 불안장애의 치료에서는 장기간 계속되는 질환이므로 처음부터 항불안제를 사용하는 것보다는 구체적인 계획을 세워 치료에 임하는 것이 중요하다. 일시적으로 치료를 하다 중단할 경우 많은 경우에서 한 달 이내에 재발하거나 1년 이내에 대부분의 많은 경우에서 재발하게 되므로 장기적인 치료계획을 세워야 한다. 범 불안장애에 흔히 사용되는 주요약물(소아정신의학, 2014, p.266)은 벤조디아제핀(benzodiazepines; 진정, 불안해소, 항 경련, 근 이완에 효과적이며 빠른 효과가 있어 가장 많이 선택하는 항불안제인 반면에 의존성이 높아 사용에 유의해야함)과 부스피론(buspirone; 불안장애의 치료 또는 불안증상의 단기 완화제로서, 범 불안장애의 신체증상보다는 인지증상에 더 효과적이고, 벤조디아제핀에 이미 노출된 경우는 반응이 없을 수 있으며 오히려 악화되는 경우도 있으므로 유의하여 사용해야 함)이며 그 외에도 삼환계 항우울제(Imipramine이나 Amitriptyline이 해당됨; 세로토닌과 노르에피네프린이 종말 단추로 재 흡수되는 과정을 억제하여 우울증을 치료하는 약물, 특히 Imipramine은 지금까지 불안과 공황장애에 가장 널리 처방되는 항우울제임)와 항히스타민제 등이 사용되기도 한다. 항불안제의 효과는 개인에 따라 다르며, 인지적 행동적 기능을 저하시키므로 일상의 기능을 방해할 수 있으며 약물의 존성으로 중단하기가 어려워지므로 최소량에서 시작하고 필요에 의해 사용하는 방법도 하나의 방법이다. 장애를 가진 사람들은 자신의 신체질환을 의심하므로 일차적으로는 신체질환이 없다는 것을 확인시켜 주는 것으로부터 시작할 필요가 있다(이상심리학 원론, 2013, p.100-104참조).

인지치료에서는 걱정과 관련된 인지적 요인을 이해시킨 후 걱정이라는 왜곡된 사고과정을 자각하여 대처할 수 있도록 인지적 대응전략을 학습하게 한다. 행동치료에서는 이완과 biofeedback훈련(생체의 신경 · 생리상태 등을 어떤 형태의 자극정보(刺戟情報)로 바꾸어서 그 생체에 전달하는 조작을 말한다. 미국에서는 이미 일종의 자기 컨트롤법으로 사용하고 있으며, 이전에는 불가능한 것으로 생각해온 자율반응(自律反應)이나 뇌파도 스스로 컨트롤할 수 있다는 것을 보여주는 것으로, 고혈압, 긴장성 두통, 편두통, 부정맥(不整脈), 간질, 천식, 불안신경증, 불면증 등의 치료법으로서 연구되고 있다) 등이 사용될 수 있다.

3. 특정 공포증

공포증이란 희랍어인 phobos라는 말에서 시작하여 두려움, 놀람, 공황, 도망 등의 뜻을 포함하는 즉, 특정한 대상이나 행동 및 상황에 대한 비합리적인 공포감 때문에 계속 그것을 회피하는 장애를 말하며, 과거에는 공포신경증 또는 공포반응이라고 불렀다. 일상생활에서 모든 사람들은 어느 정도 개인차에 따른 공포를 경험할 수 있으며 대부분의 많은 사람은 정상적인 범주의 공포를 경험하고 극복하면서 생활해간다. 그러한 정상적인 공포는 개인에게 두려움과 회피반응으로 인해 고통을 줄 수 있지만 그로 인해 일상생활이나 사회적 기능에 장애를 초래하지는 않는다.

공포장애는 공포대상에 따라 특유의 이름이 붙여지는데 특정 공포증이라 함은 어떤 특수한 대상이나 상황에 대한 국한된 공포증을 의미한다. 이 공포증의 대상으로는 특정동물, 높은 곳, 어둠, 천둥번개, 비행, 폐쇄 공간, 공중화장실에서의 배뇨 및 배변, 치과, 피나 상처목격, 주사, 시체목격, 발표와 타인 앞에서의 글쓰기 등이 전형적인 예이다. 또한 현대사회 과학의 발달 및 사회문화와 관련된 질병, 공해, 성병, 방사능 등이 공포대상이기도 하다. 따라서 DSM-5에서는 이러한 공포대상을 DSM-IV에서와 유사하게 동물형(뱀, 고양이, 쥐, 바퀴벌레 등의 특정동물에 대한 공포), 자연 환경형(천둥, 번개, 바다, 높은 산 등 자연에 대한 공포), 혈액-주사-상처형(피, 주사, 상해 등), 상황형(비행기, 엘리베이터, 폐쇄공간 등에 대한 두려움)으로 분류하고 있다. 특정 공포증이 있는 경우 그 대상에 가까이 가면 심한 경우는 공황발작에 이르는 불안을 겪으며 마비상태에 이르는 경우도 있다.

임상적 핵심증상

특정 공포증(신경정신과학, 1998, p.414참조)은 대체로 아동기나 성인기초기에 시작하여 증상이 있다가 없거나 또는 심하다가 좋아지는 식으로 일관성 있게 지속된다. 이 장애로 진단이 내려지기 위해서는 공포의 대상이 하나로 국한되어 있으며 그 공포 때문에 회피하는 경향이 뚜렷해야 한다. 혈액-주사-상처형에서의 특성은 주사를 맞을 때 빈맥이 아니라 서맥 또는 혈압이 떨어져 실신하는 경우가 있으며, 흘려져 있는 피를 목격했거나 사체를 보고 실신하는 경우도 특정 공포증의 하나이다. 특정 공포증의 DSM-5 진단기준(APA, 2013)은 다음과 같다.

1. 특정대상이나 상황에 대해 극심한 불안과 공포를 보인다(예; 비행기타기, 고공, 동물, 주사 맞기, 피를 보는 것 등).
   주의; 소아에서 공포불안은 울음, 분노발작, 신체경직 등으로 나타날 수 있다.
2. 공포대상이나 상황에 노출되면 예외 없이 즉각적으로 공포와 불안반응이 유발된다.
3. 공포대상이나 상황을 회피하거나 극도의 공포와 불안상태로 견디어 낸다.
4. 공포대상이나 상황에 대해 통상적이거나 실제위험의 정도를 훨씬 넘는 공포와 불안을 보인다.
5. 공포, 불안, 회피기간이 최소한 6개월 이상이어야 한다.
6. 공포, 불안, 회피행동으로 인해 사회생활, 직업, 기타 중요한 활동에 심각한 고통을 초래한다.
7. 공황발작, 광장공포증, 강박장애, 외상 후 스트레스장애, 불리불안장애, 사회성불안장애에서 보이는 공포, 불안이 아니어야 한다.

다음의 경우는 명시해야 한다.
동물형(예; 거미, 곤충, 개)
자연환경형(예; 고소, 폭풍, 물)
혈액-주사-신체손상형(예; 바늘, 의학적 검사처치)
상황형(예; 비행기, 엘리베이터, 밀폐된 장소)
기타형(예; 질식, 구토, 또는 질환을 유발할 수 있는 상황에 대한 공포로 인한 회피, 큰 소리나 분장인물에 대한 소아의 두려움)

주요원인

특정 공포증은 유전적 요인이 제시되기는 하나 분명하지는 않다. 유전체질이론에서는 체질적으로 공포증의 소인을 가진 사람은 낯선 상황에서 자동적으로 행동억제가 나타날 수 있다고 보는데, 그러한 사람이 만성적인 스트레스(예, 중요한 사람의 죽음, 가족 내 비난 및 모욕, 가족 내 폭력 등)에 노출되면 공포증이 발생한다고 본다.
프로이트에 의하면 오이디푸스콤플렉스 갈등과 관련하여 불안이 억압방어기제에 의해 해결되지 못하면 전치방어에 의해 다른 외부대상에게 투사되고 그에 대한 공포를 가지게 되며, 전치된 투사대상은 다시 상징화와 회피방어기제를 보조적으로 사용되며, 부인방어기제를 사용하여 특정 공포가 감추어지고 그 공포대상에 직면하여 극복하려는 행동이 나타난다. 수치심이나 분리불안과 같은 공포의 현상도 이와 유사한 결과로서 예를 들면, 번지점프나 낙하산 뛰어내리기 등의 위험한 스포츠운동을 즐기는 것과 관련된 방어기제는 공격 대상에 대한 동일시라고 볼 수 있으며, 두려운 대상에 대한 공격을 위험한 행동이나 과격한 운동으로 감추고 극복하려는 행동이다.

행동이론에서는 조건화반응이론으로 특정 공포증을 설명한다. 예를 들면 공포자극과 공포와는 무관한 중립적인 자극을 동시에 가함으로써 나중에는 무해한 자극에도 공포를 느끼게 된다는 것이다. 부모가 아이들에게 어떠한 특정상황이나 특정물을 위험하다고 가르친 경우 아이들이 그것에 대해 두려움을 느끼는 것도 특정 공포증의 기전으로 설명되고 있다.

예후 및 치료

아직 명확히 밝혀진 바는 없으나 대개는 만성적이고 나이가 들면서 약화되기도 한다. 특히 아동의 단순공포는 자연치유가 되기도 하며 증상이 있어도 대부분 정상적인 생활에 문제가 없으며 공포감의 수준 또는 개인에 따라서는 약물남용이 합병증으로 나타나기도 한다.

공포대상에 대한 정확한 평가가 중요하며 특정 공포증에 대한 약물치료는 알려진 바가 없으나 증상에 따라 신경안정제를 일시적으로 사용할 수 있다. 특정 공포증의 치료는 주로 행동치료에 의존되어 있으며, 행동치료에서는 탈감작방법과 상호억제 및 실제 상황을 노출하여 공포대상에 대해 점진적으로 경험하도록 하여 두려운 대상에 익숙해지는 방법을 사용한다. 그러나 점진적인 노출방법은 비교적 공포반응이 심하지 않은 경우에 효과가 있으며 공황발작이나 심한 불안은 노출법으로 만은 치료가 가능하지 않다. 인지치료에서는 그 상황이 안전하다는 것을 인식하도록 돕는다. 정신분석치료에서는 개인의 성격특성과 생활상의 현 상태 전반적인 것을 파악해야 하며, 점진적으로 공포상태에 노출하도록 지지하고 암시하는 접근을 사용함으로써 공포의 근원과 이차적인 이득 및 저항의 의미 등을 통찰하고 더 적절한 대안을 찾도록 돕는다. 지지치료, 가족치료, 최면술도 도움이 된다.

4. 광장공포증

아동에게는 드물며 사춘기청소년기와 성인기에 시작하는 질환으로서 넓은 장소, 혼자 있는 것, 여행, 비행기를 타는 것 등의 장소나 도움받기가 곤란할지 모르는 상황에 대한 공포를 나타내는 경우이다. 광장공포증(Agoraphobia)을 가진 사람은 반드시 가야만 할 상황이라면 가족이나 친구를 동반하려 하며 심한 경우는 아예 집 밖을 나가려 하지 않는다. DSM-5에서는 대중교통과 같은 폐쇄된 운송기관(자동차, 버스, 기차, 배, 비행기 등), 개방된 공간(혼잡한 시장, 사람이 많은 거리, 상점 등),폐쇄된 공간(승강기, 쇼핑몰, 극장, 터널 등), 줄을 서 있거나 군중 속에 있는 것, 집 밖에서 혼자 있는 것 등의 5가지 상황과 공간 중에서 최소한 2가지 이상의 상황에 대해 현저한 공포와 불안을 나타낼 때 광장공포증이라고 한다.

임상적 핵심증상

전형적인 증상(신경정신의학, 1998, p.408 참조)으로는 집을 떠나는 것을 두려워하므로 수퍼마켓이나 상점에 물건을 사러나가는 것도 회피하며, 특히 극장과 같은 사람이 많이 모이는 곳에 가는 것이 어렵다. 여행도 가능한 피하며 장거리 비행기여행은 거의 불가능하거나 좁은 공간이나 빠져나가기 힘든 장소에 대해 심한 불안을 일으키므로 학생의 경우 교실 가장 끝자리나 맨 앞자리를 선호하고 때로는 높은 곳, 긴 다리 건너기, 승강기 탑승 등이 공포의 대상이 된다. 개인에 따라 공포와 회피행동의 정도가 다르지만 대부분은 공포상황에의 노출을 아는 순간 예기불안이 일어나 무기력감과 우울감을 나타내며 경우에 따라서는 집 안에 꼼짝하지 않고 있을 정도로 심한 경우도 있다.

공포상황에 대한 불안으로 인해 자율신경계통의 신체변화에 대한 감각을 느끼게 되므로 더욱 불안은 악화되며, 심장박동이 빨라지고, 숨을 쉬기가 어려우며, 식은땀이 나고, 손발이 떨리고, 점점 불안은 극도에 달하면서 오직 생각은 그 자리를 피하고자 하는 것 외에 다른 대안이 떠오르지 않게 된다. 이들의 인지내용은 지나치게 위험도가 과장되어 있고 불안이 극도로 심해져서 자신이 죽을 지도 모른다고 생각한다. 광장공포증의 DSM-5 진단기준(APA, 2013)은 다음과 같다.

다음의 증상 가운데 적어도 2가지 이상의 상황에서 현저한 공포와 불안이 있어야 한다.

1. 대중교통(예; 자동차, 버스, 기차, 배, 비행기 등)을 이용하는 것
2. 개방된 공간(예; 주차장, 시장, 다리 등)에 있는 것
3. 폐쇄된 공간(예; 쇼핑몰, 극장)에 있는 것
4. 줄을 서 있거나 군중 속에 있는 것
5. 집 밖에서 혼자 있는 것

이러한 공포와 회피행동이 6개월 이상 지속되고 심한 고통을 경험하거나 사회적, 직업적, 학교적응에 현저한 방해를 받을 경우 진단내려진다.

주요원인

소심하고 타인의 시선을 비판으로 인식하여 위축되면서 사회적인 노출을 두려워하는 데서 광장공포증이 발생한다. 우울성향이 있고 자존감이 낮은 사람은 늘 남에게 의존하게 되고 자신의 신체변화에도 예민하므로 더 자주 나타날 수 있다는 연구결과들이 있다. 정신분석적 관점에서는 어린 시절 분리불안의 재현을 원인으로 보고 부모로부터 버림받을 것에 대한 염려의 의미와 넓은 장소에 혼자 있는 것의 공포를 연결하고 있다. 따라서 정신분석적 관점을 따르는 의료전문가들은 광장공포증의 기본증상을 불안이라고 보며, 이러한 불안을 다루는 이차적인 방어기제로서 억압, 회피, 대치, 상징화 등을 사용하여 어떤 중성적 대상에게 그 두려움을 옮겨 공포증이 형성된다고 본다. 애착이

론(Bowlby, 1988)에서는 애정결핍을 광장공포증의 원인으로 이해하며, 부모의 안전한 울타리로부터 일시적인 분리를 견뎌내는 능력이 형성되지 못한 경우에 광장공포증에 걸릴 확률이 높다고 한다.

행동이론에서는 광장공포증을 학습된 반응, 부모행동을 닮는 것, 또는 고전적인 조건화이론으로 설명하고 있으며, 인지이론에서 강조하는 것은 왜곡해석이다. 인지행동적인 접근에서는 공포에 대한 공포 즉 예기불안과 불안을 유발시키는 선행사건에 대해 왜곡 해석하는 경향의 두 가지 심리적 요인(Goldstein & Chambless, 1978)을 제시하고 있다. 광장공포증을 가진 사람들은 두려움의 상황이 실제로 위험하지 않다는 것을 알면서도 위험한 상황이 올지도 모른다고 예측하는 공포감으로 두려워한다. 즉 이들은 특정장소나 상황의 실체를 두려워하는 것이 아니라 그 상황에서 경험하게 될 공포, 다시 말해서 "내가 불안해하는 것을 보면 사람들이 나를 무시할 것이다."와 같은 아직 일어나지 않은 사실을 두려워하는 것이다. 또는 갈등관계에 있던 어떤 친구와의 불편감정이 있은 후 붐비는 버스를 탄 경우, 버스 속에서 견딜 수 없는 공포를 경험한 학생이 자신의 불안이 친구와의 갈등 때문이 아니라 붐비는 버스 때문이라고 왜곡 해석함으로써 만원버스를 두려워하게 된다는 것이다.

예후 및 치료

공황장애가 없는 광장공포증은 예후가 나쁘며, 대개의 광장공포증은 공황증상이 소거되면 호전되고 병전 성격이 좋을수록 그리고 증상을 나타내는 기간이 짧을수록 예후가 좋다.

치료는 우선 신체장애가 있는지 철저한 검사가 필요하며 치료자와의 신뢰관계가 매우 중요시 된다. 공황발작이 있는 광장공포증은 일단 공황발작을 제거하는 치료가 우선되어야하므로 약물을 사용하지만 광장공포증은 약물만으로 예기불안이나 회피행동을 제거시키기는 어려우므로 인지 및 행동치료가 포함되어야 한다. 공황발작이 없는 광장공포증은 항불안제를 사용하여 불안이 호전된 상태에서 노출행동치료와 인지치료를 겸하게 되면 전체적인 증상이 감소된다. 약물을 복용하면서 함께 병행하는 지지정신치료는 더욱 치료효과를 높여줄 수 있다.

5. 사회불안장애

DSM-IV에서 사회공포증(social phobia)이라고 불리는 이 장애는 증상이 특정 공포증과 유사하게 인식되는 혼란을 막고자 DSM-5에서는 사회불안장애로 변경되었다. 사회불안장애는 불안이 대인관계나 사회적 상황에서 타인과의 상호작용 상황을 두려워하거나 대인관계에서 남을 의식하여 생기는 수치 감정이 핵심으로 생기면 사회적 불안이라고 하며, 사람들 앞에서의 발표나 무언가를 수행하는 과정에서 일어나는 긴장과 관련하여 타인을 의식함으로써 창피를 당하게 될 것을 우려하여 불안한 경우를 수행불안이라 한다. 그 불안의 정도가 지나치게 심하여 유사상황을 계속 피하고 창피당할 것에 대한 예기불안으로 일상생활에 장애를 느낄 정도로 불안에 의한 공포가 있다면 이를 사회공포증 또는 사회불안장애라고 한다. 이 장애는 대부분 청소년기에 시작하여 성인기까지 지속하는 것이 보통이며 남자에 비해 여자가 더 흔하다. 대부분의 많은 경우에서 불안장애와 함께 공존하는 경향이 많고 사회불안장애를 가진 사람들은 관계를 피하면서 살아가는 고통을 겪으면서도 전문적인 치료를 받지 않는 경우가 많다. DSM-5에서는 개인이 타인에 의해 관찰되거나 평가될 수 있는 한 가지이상의 사회적 상황에 대해 심한 공포나 불안을 갖거나, 사회적 상황에서 타인으로부터 부정적인 평가를 받을 수 있는 행동이나 불안 증상을 보이게 될 것을 두려워하여 그 상황을 피하고 과도한 불안을 보이는 행동이 6개월 이상 지속될 경우 사회불안장애로 볼 수 있다는 기준을 제시하였다.

임상적 핵심증상

특성적인 증상(신경정신과학, 1998, p.411 참조)은 낯선 사람이나 평가상황 그리고 사회적 상황에서 늘 공포를 느끼며 경우에 따라서는 특정불안상황에서 공황발작 형태의 불안을 겪을 수 있다. 사회공포증을 가진 사람들의 증상은 다양할 뿐 아니라 자신이 두려워하는 사회적 상황에 노출될 때 경험되는 불안으로, 개인은 고통을 겪으며 그 고통상황을 피하기 어렵다고 느낄 때 예기불안으로 긴장하게 되는 경우가 대부분이다. DSM-5의 진단기준(APA, 2013)은 다음과 같다.

1. 타인에 의해 주시되는 사회적 상황에 대한 심각한 불안과 공포를 느낀다(예; 대화할 때, 낯선 사람과의 만남에서, 음식 먹을 때, 발표할 때).

   주의; 아동에서는 또래와의 상황에서 불안을 느끼는 것이며 성인과의 접촉상황은 아니다.
2. 자신의 행동이 부정적으로 평가되거나 혹은 불안이 남에게 노출될까봐 두려워한다(예; 창피 당했을 경우, 당황스러운 상황, 타인으로부터 거부되는 경우).
3. 사회적 상황에의 노출은 거의 예외 없이 불안을 유발한다.

   주의; 아동에서 공포스러운 불안은 울음, 분노발작, 몸의 경직, 말을 하지 못하는 것으로 나타날 수 있다.
4. 사회적 상황을 회피하거나 극도의 공포와 불안상태로 견디어낸다.
5. 사회적 상황에 대해 통상적이거나 실제위험의 정도를 훨씬 넘는 공포와 불안을 보인다.
6. 공포, 불안, 회피행동이 6개월 이상 지속되어야 한다.
7. 사회적 상황에 대한 공포, 불안, 회피로 인해 정상적인 일상생활, 직업, 학업, 또는 사회적 활동에 심각한 장애와 고통을 유발한다.
8. 공포, 불안, 회피는 약물남용이나 처방된 약물, 다른 의학적 상태에 의한 것이 아니어야 한다.
9. 공포, 불안, 회피가 다른 정신장애(예; 공황장애, 신체추형장애, 자폐스펙트럼장애)로 더 잘 설명되어서는 안 된다.
10. 만약 다른 의학적 상태(예; 비만, 화상이나 신체손상으로 인한 신체기형)가 존재하는 경우 공포, 불안, 회피가 이 질환들과 연관이 없거나 과도하다.

다음의 경우 명시할 것

수행단독형; 다른 사람들 앞에서의 수행(발표, 연주, 공연)상황에서만 공포를 보이는 경우

주요원인

사회불안은 매우 흔한 심리적 불안반응으로 내향적인 청소년기 아이들에게서 가장 많이 나타나는 문제라고 보고되고 있다. 또한 증상이 발생하는 시기가 주로 아동후기부터 청소년초기에 시작하기 때문에 사회불안장애의 원인을 인격발달과 관련하여 이해하려는 경향이 있다. 심한 경우가 아니라면 인격기능에 큰 지장을 주지는 않으나 사회적 접촉과 공중 앞에서의 대화가 요구되는 직업에 실패하기도 한다. 최근의 포괄적인 맥락에서는 타고난 어떠한 소질과 환경의 스트레스가 합해져서 사회불안장애가 나타나며, 어떤 아이들은 익숙하지 못한 어떠한 것에 대해 지나치게 위축된 성격과 그로 인한 억압적인 행동소인이 스트레스가 만성화되면서 어떤 시기에 나타나게 된다.

나의 임상에서 만난 사회불안장애가 있는 아동청소년들에서 발견된 것은, 대부분의 경우 그들이 자신의 부모 또는 주요체계로부터 존중받지 못하거나 비난적이고 또는 정서적 학대경험이 있는 환경에 있다는 것이다. 실재로 사회불안장애와 관련하여 정신과 진료를 받는 아이들의 부모와 그렇지 않은 아이들의 부모환경을 비교해 보았을 때, 불안을 보이는 아이들의 부모 대부분이 더 거절적이거나 지나치게 과보호한다는 것 또한 발견되었고 그 아이들의 대상관계 표상이 매우 부정적으로 내재화되어 있는 것을 볼 수 있다. 따라서 사회불안장애의 원인을 한 마디로 단정할 수는 없지만 분명히 대상관계경험의 부조화와 대상의 부적절한 돌봄과 밀접하게 관련이 있다고 볼 수 있다.

예후 및 치료

경과나 예후에 대해서는 아직 불분명하나 대개는 호전이 있다가도 다시 재발하는 경우가 많고 만성적인 경향이 있으며, 어린 아동의 경우 주요체계의 보상적인 돌봄이 지속적이라면 성장하면서 증상을 일으킬 위험은 줄어들 수 있다.

사회불안장애에 대한 치료로서 지금까지는 인지재훈련, 탈감작 같은 기법들이 활용된 인지행동집단치료가 가장 선호되고 있고 치료효과성에 대한 연구들도 있으나, 모든 대상에게 효과적인 것은 아니다. 특히 일반화된 사회불안의 경우 그리 효과적이지 못하다는 보고도 있다. 최근의 약물치료로서 과거에는 사회불안장애에 약물을 사용한다는 것을 생각하지 못하고 다만 불안 증상에 사용하는 항불안제를 사용하는 정도거나

(신경정신과학, 1988, p.413 참조) 클로나제팜(clonazepam), 단기아민 산화효소억제제(monoamin oxidase inhobitors; MAOI/ 페넬진, phenelzine), 프로프라놀롤(Propranolol, 수행불안에 도움됨) 등이 시도되었으나, 최근에는 플루옥세틴(Fluoxetine, 항우울제)과 벤라팍신(Venlafaxin, 항우울제)의 효과성이 보고되고 있다(소아정신의학, 2014, p.264참조). 전반적인 견해는 약물과 정신치료를 겸하는 것이 도움 된다고 알려져 있지만, 아직까지는 약물치료가 제한적이며 개인정신치료 특히 정신분석치료는 별 도움이 안 되는 것으로 보고되고 있다.

6. 공황장애

광장공포증과 같이 이 장애 역시 아동기에는 매우 드물고 사춘기청소년기나 성인기에 본격적으로 시작되는 질환이다. 공황장애는 이유 없이 갑자기 불안이 극도화되면서 숨이 막히고 심장이 두근거리며 죽을 것만 같은 극단적인 공포상태의 특징적인 공황발작이 아무런 예고 없이 자연적으로 발생하는 장애이다. 공황발작은 다양한 정신과적질환이나 물질남용 및 금단과 같은 내과적 상태에서도 나타날 수 있으므로 공황장애를 심근경색증이나 히스테리증상으로 오인하는 경우가 흔히 있을 수 있다.

DSM-5에서는 심장박동이 빨라지고 강렬하거나 심장박동수가 점점 빨라지는 경우, 진땀을 흘리는 경우, 몸이나 손발이 떨리는 경우, 숨이 가쁘거나 막히는 느낌이 있는 경우, 질식할 것 같은 느낌이 있는 경우, 가슴통증이나 답답함을 느끼는 경우, 구토감 또는 복부통증이 있는 경우, 어지럽고 몽롱하며 기절할 것 같은 느낌이 있는 경우, 한기를 느끼거나 열감을 느끼는 경우, 감각에 이상을 느끼는 경우, 비현실감 또는 이인증을 경험하는 경우, 자기통제를 상실하거나 미칠 것 같은 두려움이 있는 경우, 죽을 것 같은 두려움 등의 증상들이 10분 이내에서 극도에 도달하여 극심한 공포감을 야기하는 이러한 13개의 증상 가운데서 최소 4개 이상이 나타날 때 공황장애라고 한다. 공황장애는 광장공포증도 함께 수반되는 경우가 있어서 탈출하기 어려운 공중장소에서 예측하지 못한 공황발작이 나타날 것에 대한 예기불안이 주된 특성으로 나타난다. 그러므로 외출을 두려워하거나 직장생활을 하는데 지장을 초래하는 경우가 흔하며, 개인에 따라서는 아예 응급처치를 받을 수 있는 병원 근처로 이사를 하는 예기불안의 대안을 찾기도 한다.

임상적 핵심증상

주 증상(신경정신과학, 1998, p.418참조)은 강한 공포, 곧 죽게 되지 않을까에 대한 불안, 그와 동반되는 호흡곤란, 심계항진, 흉부통증, 흉부불쾌감, 질식감, 숨을 쉬기 어려운 답답함, 현기증, 휘청거리는 느낌, 주변이 달라진 것 같은 비현실감, 손발 저림, 몸 떨림, 돌발적인 열감과 냉감, 땀 흘림 등이 나타나고 동시에 실신 또는 죽거나 미쳐버릴 것 같은 공포가 엄습한다. 과 호흡의 신체증상이 나타나기도 하므로 개인에 따라서는 같은 말을 반복하거나 당황스런 행동을 나타내기도 하고 광장공포증을 동반하기도 한다. 첫 공황발작은 피곤하거나 흥분상태나 감정적 외상 또는 성행위 후에 오기도 하며, 이것은 비교적 약 10분간에 걸쳐 빠르게 악화되는 형태로 시작되고 약 10-20분 정도 지속되다가 사라진다. 공황장애의 DSM-5 진단기준(APA, 2013)은 다음과 같다.

아래의 증상 가운데 4가지 이상이 나타나야 한다.

1. 심장박동이 빨라지고 강렬하거나 심장박동수가 점점 더 빨라진다.
2. 진땀을 흘린다.
3. 몸이나 손발이 떨린다.
4. 숨이 가쁘거나 막히는 느낌이 있다.
5. 질식할 것 같은 느낌이다.
6. 흉통이나 흉부에 답답함을 느낀다.
7. 오심이나 복부통증이 있다.
8. 현기증이 있고 몽롱하며 기절할 것 같은 느낌이다.
9. 오한 또는 열감이 있다.
10. 지각이상(둔하거나 따끔거림의 감각이상)이 있다.
11. 비현실감이나 자기로부터 분리된 듯한 이인증이 있다.

12. 자기통제를 상실하거나 미칠 것 같은 두려움이 있다.
13. 죽을 것 같은 두려움이 있다.

이러한 증상들은 심한 갑작스런 공포나 강렬한 불안 등 불편감을 수반하는 뚜렷하게 구별된 기간 동안에 갑자기 생겨서 10분 이내에 최고조에 이르는 극심한 공포를 야기한다.

주요원인

유전적으로 1차 가족에서 공황장애가 있을 확률이 다른 정신장애에 비해 4~8배가 높고 일란성쌍둥이에서 일치율이 높다. 세로토닌계(뇌의 시상하부 중추에 존재하는 신경전달물질로 기능하는 화학물질 중 하나로서 행복감정을 느끼게 해주는 분자형태의 물질)의 불균형이 원인이라는 가설이 있으며, 스트레스 및 말초신경계(감각과 운동 자극을 중추신경으로 연결하는 통로가 되는 기관으로서 외부자극을 감지하여 중추신경계로 전달하고 중추신경계에서 오는 반응을 기관에 전달하는 역할을 함)의 과민성과 과 활동성에 의해 생긴다는 가설도 있다. 자율신경계(말초신경계의 하나로, 체성신경계로부터 분화되어 발달된 기능상 독자적 의지와 상관없이 체내기관이나 조직 활동을 지배하는 신경)기능의 불균형으로 인한 과 활동을 공황장애의 원인으로 보는 견해도 있다. 이 외에도 개인의 혈액 속에 있는 산소수준의 예민한 생화학적 취약성이 호흡곤란을 야기하고 저혈당증도 공황장애와 관련이 있는 것으로 알려져 있다.

정신분석에서는 분리불안을 야기하는 무의식적 충동에 대한 방어기제의 실패로 보고 관련 방어기제를 억압, 대치, 회피, 상징화로 설명하고 있다. 공황발작이 있기 전에 심한 사회적 스트레스가 많았을 것으로 이해하며 특히 부모 및 중요한 대상과의 상실이 공황발작의 신경생리적 변화를 야기시킨다고 본다. 행동주의적 입장에서는 공황상태를 학습된 반응으로 보고 고전적인 조건화이론(예, 만원버스〈중립적자극〉에서의 고통경험 즉 공황발작 후 버스를 타는 것〈중립적자극〉을 회피하게 됨)으로 설명한다. 인지적 접근에서는 일반적인 사람에 비해 공황장애를 나타내는 사람들은 자신의 경험을 잘못 해석하는 경향(예, 심장이 빨리 뛰는 것에 대해 심각한 사고로 연결시킴)이 있어서 공황장애를 유발하게 된다고 본다.

예후 및 치료

대부분 청소년후기 또는 성인초기에 주로 발병하며 이 발달시기의 스트레스와 관련이 있다는 보고가 있다. 증상의 빈도는 일정하지 않으며 만성적인 경향이 있고, 초기에는 자신의 상태를 모르고 있다가 반복되면서 증상에 메이게 되므로 증상을 벗어나기 위한 노력으로 물질의존성을 초래할 수 있다.

가장 효과적인 치료는 약물치료와 인지행동치료로 알려져 있으며, 집단치료와 가족치료는 이 장애를 유발시킨 심리사회적 제한성을 극복하고 적응해가는데 도움이 된다. 약물은 1차적인 증상을 소거하는데 도움이 되나 2차적인 증상을 치료하기 위해서는 정신치료가 병행되어야 한다. 따라서 불안의 무의식적 의미와 회피상황의 상징 및 충동억제의 욕구와 증상에 의한 이차적인 이득에 대해 이해를 돕기 위해서는 통찰정신치료가 도움이 되며, 오이디푸스갈등과 현재의 스트레스가 공황장애와 관련이 있다고 보는 관점에서 지지적 교육과 가족치료의 병행도 도움이 된다.

7. 분리불안장애

어느 정도의 분리불안은 소아기에 흔히 있을 수 있는 정상발달에 속하지만, 애착대상으로부터 분리되는 과정의 불안이 일상생활의 적응을 위협할 정도로 심각하고 비정상적일 때 분리불안이라고 말할 수 있다. 분리불안의 증상은 여러 형태로 나타날 수 있으며 DSM-IV와 유사하게 ICD-10에서는 이별이 예상되거나 이별과정 또는 이별직후에 나타나는 과도한 고통반응(예; 불안, 소리치고 울음, 발작), 애착대상의 상실이나 애착대상에게 위험한 일이 생기지 않을까하는 과도한 염려(예; 교통사고, 살해), 사고로 인해 애착대상과 분리되지 않을까에 대한 지속적인 두려움(예; 납치, 유괴), 분리에 대한 불안 때문에 학교가기를 지속적으로 싫어하거나 거부하는 경우, 애착대상이 없이 혼자 집에 있는 것에 대한 두려움, 잠자리에 들 때 애착대상이 없이는 잠을 자지 못하는 경우, 애착대상과 이별하는 악몽을 자주 꾸는 경우, 애착대상과 분리되는 상황 혹은 분리가 예상될 때 보이는 반복적인 신체증상(예; 두통, 복통, 구토) 등 8가지 증상 가운데 3

개 이상의 증상이 최소 4주 이상 지나치게 나타날 때 진단이 내려진다. 사회공포증은 최소기간이 없으며 범 불안장애는 6개월 이상 증상이 지속될 때 장애진단을 내린다(청소년임상미술치료방법론, 2007, p.203-204; 신경정신과학, 1988, p.589; 최신정신의학, 1995, p.504참조).

따라서 이러한 증상들이 나타나면 증상이 노출되기 시작한 상황에 대해 구체적으로 확인할 필요가 있으며 특히 가족갈등으로 부모와 분리된 경험이 있는지, 전학과 같은 특정 환경변화가 있었는지 등에 대해 확인해 보아야 한다. 아동의 경우는 경험의 표현력이 제한적이므로 애착대상과의 분리 시 보이는 행동, 공상, 꿈, 놀이 등을 주의 깊게 관찰할 필요가 있다.

임상적 핵심증상

대개는 공포증의 형태로 나타나며 흔히 드러내는 증상은 미래에 대한 비현실적인 걱정 즉 애착대상에 대한 지나친 염려와 불안(다시는 보지 못하게 될까, 사고를 당하면 어쩌나 등)으로 애착대상이 옆에 있어야만 안심을 하며 잠시라도 없으면 확인해야 한다. 그러므로 혼자 학교를 갈 수 없으며 학교를 가더라도 학습에 집중할 수 없을 정도로 계속되는 대상에 대한 염려로 불안하므로 학교적응이 어렵고 자존감이 낮다. 잠을 잘 때도 대상의 신체를 접촉해야 하며 대상의 관심을 유도하기 위해 신체화 증상을 동반하기도 한다. 남의 시선이나 평가에 지나치게 걱정이 많고, 인정받기 원하며, 자기보호 욕구가 강하고, 개인에 따라서는 인정욕구로 인해 준비성이 지나치게 강하고 외부 평가에 민감하므로 마음에 상처를 입기가 쉽다. 청소년기에 나타나는 모습은 혼자 무슨 일을 하는 것을 불편해하고 집을 떠나거나 옷을 사러가는 일 등에서 누군가 돌봐주는 사람을 필요로 하는 등 다소 다른 모습으로 나타난다. 많은 경우에서는 친구관계를 유지하고 관계를 즐기나 늘 자신의 행동에 자신감이 없고 긴장되어 있으므로 두통 및 복통과 같은 신체증상과 깊게 잠들지 못하는 고통을 호소하기도 한다(대한정신의학회편, p.380 참조). 분리불안장애의 DSM-5 진단기준(APA, 2013)은 다음과 같다.

1. 애착대상과의 분리에 대한 불안이 발달수준에 비해 지나친 정도로 나타나며, 다음

의 8가지 중에 3가지 이상의 증상이 나타나야 한다.

(1) 집 혹은 애착대상과 분리되거나 분리가 예상될 때 반복적으로 심한 고통을 느낀다.

(2) 애착대상을 잃거나 그에게 해로운 일이 일어날 거라고 지속적으로 지나치게 걱정한다(예; 강도를 당할 것이라거나, 교통사고를 당할거라는 염려).

(3) 운이 나쁜 사고가 생겨서 애착대상과 분리될 거라는 비현실적이고 지속적인 걱정을 한다(예; 길을 잃어서, 납치당해서, 유괴되어서 등)

(4) 분리에 대한 불안때문에 집을 떠나 학교나 그 외의 장소에 지속적으로 가기 싫어하거나 거부한다.

(5) 애착대상 없이 혼자 지내는 데 대해 지속적으로 과도하게 두려움을 느끼거나 거부한다.

(6) 애착대상이 가까이 있지 않은 상황이나 집을 떠나는 상황에서는 잠자기를 지속적으로 싫어하거나 거부한다.

(7) 분리의 주제와 연관되는 반복적인 악몽을 꾼다.

(8) 애착대상과의 분리가 예상될 때 반복적인 신체증상을 호소한다(예; 두통, 복통, 오심, 구토).

2. 장애를 보이는 기간이 아동청소년인 경우 적어도 4주 이상이어야 한다. 성인의 경우는 6개월 이상이어야 진단을 내릴 수 있다.
3. 분리에 대한 고통으로 인해 사회, 학습, 직장 및 기타 기능에 심각한 장애를 초래한다.
4. 이상의 증상을 나타내는 이유가 자폐스펙트럼장애, 망상, 환청을 동반한 정신증, 광장공포증, 범 불안장애, 질환공포증으로 더 잘 설명되지 않아야 한다.

주요원인

분리불안을 보이는 아동의 부모는 대체로 과보호적인 양육태도의 경향이 있으며 가족구성원간에 지나친 밀착과 가정의 부적절한 가치체계 또는 경직된 분위기가 아동의 독립성을 방해하고 의존성을 강화시키므로 분리불안을 초래하게 되는 원인이 된다고 보는 경향이 전반적이다. 대개는 갑자기 눈에 띄기보다는 점진적으로 증상이 생기며 외부상황들 즉 부모의 갈등, 부모의 질병, 동생 출생, 이사 및 전학 등 생활상의 사건들이 발병의 계기가 된다. 인지행동관점에서는 애착대상에 대한 왜곡해석에 의해 유발된다고 보며, 학습이론에서는 부모의 불안과 과보호 또는 아동이 불안해할 때 화를 내거나 공포심을 심어주어 떼어내려는 태도가 분리불안을 갖게 한다고 본다. 유전적인 소인으로는 부모가 불안장애가 있거나 공황장애 및 광장공포증이 있는 부모의 자녀가 분리불안을 나타낼 가능성이 높다는 보고가 있다.

예후 및 치료

어릴 때부터 발병하고 사춘기발병시 어느 정도 학교에 다닐 수 있다면 학교에 안 가는 것보다 가는 경우 예후가 더 좋다. 학교를 가지 않으려는 경우 많은 경우에서 분리불안장애라기보다는 학교공포증일 경우가 흔히 있어서 분리문제가 나타난다하여 장애진단을 내리기는 제한적이다. 만성화되는 경우가 많으며 성인기까지 가는 경우 소수에서는 광장공포증으로 이어질 수 있으며 어떤 경우에는 우울장애가 중복되는 경우도 흔히 있다.

발병기간이 짧고 증상이 경한 경우일수록 가족치료와 인지행동치료가 도움 될 수 있다. 증상이 심해서 등교를 거부하는 경우 약물과 정신과 입원치료가 필요할 수 있으나 약물치료에 앞서 일차적으로는 인지행동치료를 먼저 시도할 필요가 있다.

8. 선택적 함구증

정상적인 언어발달을 보였고 집에서는 이야기를 잘 할 수 있음에도 불구하고 어떤 특정 상황에서 입을 다물고 말하기를 거부하는 경우 선택적함구증(Elective Mutism)이라고 하며 주로 아동에게서 나타난다. 일반적으로 선택적함구증을 보이는 아동은 부끄러움이 많고 의존적이며 부모로부터의 분리를 두려워하며 남아보다는 여아에게서 더 많은 경향이 있다. 주된 요인은 부모의 과보호와 자신감 결여가 핵심일 수 있다.

임상적 핵심증상

친밀감 있고 익숙한 가정에서는 문제가 안 되나 학교나 낯선 장소에서는 말을 하지 않으며 경우에 따라서는 눈짓이나 비언어로 의사소통을 하기도 한다. 대부분 외상경험이 있은 후 점진적으로 또는 갑자기 말을 안 하고 드물게는 집에서도 함구증이 나타나기도 한다. 함구증은 분리불안장애, 학교거절증, 언어습득의 지연, 강박증, 분노발작 등과 동반하기도 한다(민성길 외, 1995, p.504 참조). 선택적함구증의 DSM-5 진단 기준(APA, 2013)은 다음과 같다.

1. 다른 상황에서는 말을 할 수 있음에도 말을 해야 하는 특정한 사회적 상황에서는 지속적으로 말을 하지 못한다(예; 학교상황).
2. 장애로 인해 학업적, 직업적 성취나 사회적 의사소통이 저해된다.
3. 장애의 기간이 적어도 1개월은 지속되어야 한다(입학 후 처음 1개월은 포함되지 않는다).
4. 말을 하지 못하는 이유가 사회생활에서 요구되는 언어에 대한 지식이 없거나 그 언어에 대한 불편감이 아니어야 한다.
5. 장애가 의사소통장애(예; 말더듬), 자폐스펙트럼장애, 조현증, 다른 기타 정신장애에 의해 발생되는 것이 아니어야 한다.

주요원인

가족문제, 어머니의 우울 및 과잉보호가 소인이 될 수 있으며 일부에서는 정서적 또는 신체적 외상과 관련한 심리적인 반응으로 말을 안 하거나 거부하는 것일 수 있다. 그러나 선택적 함구증을 나타내는 아동은 대부분의 일반적인 아동에 비해 언어발달이 늦거나 언어이상이 있고 그로 인해 함구증이 오기도 한다. 또는 선천적인 불안이 있거나 민감하고 수줍음이 많은 아동에게서도 나타날 수 있으며, 관계이론에서는 이러한 아동이 가진 불안은 주요대상인 부모와의 애착관계가 불안정한 경우 흔히 있을 수 있다고 한다.

예후 및 치료

병의 경과는 대개 수주일 또는 수개월 지속되며 10세경까지도 회복되지 않으면 보다 장기화되며 그럴 경우 예후가 나쁘다. 주로 4~8세경에 발생하며 여아에게서 더 흔하고 어린 아동일수록 취약성이 더 크다. 선택적함구증은 나이가 들어가면서 더 나아지는 것은 아니며 치료를 방치할 경우 심한 불안이나 우울증 및 사회적응문제를 초래할 수 있으며 학생의 경우 함구증으로 인해 학업성취가 어려워 학교부적응 문제를 가져올 수 있으므로 조기치료가 중요하다. 치료는 정신치료, 행동치료, 언어치료, 가족치료 등 통합적 접근이 필요하며, 말하는 자체의 두려움을 감소시키기는 사회공포증에 사용되는 약물치료를 복합적으로 시행하기도 한다. 무엇보다 치료의 변화가 보이지 않는다고 하여 조기에 치료를 중단하지 않도록 지지체계를 강화하여 최소 6개월 이상은 지속되도록 해야 한다.

9. 불안장애 아동청소년의 중재지침과 미술치료

과도한 불안을 호소하는 아동청소년에게 미술치료는 많은 시리즈그림을 그리도록 안내함으로써 불안에 접근하는 단계를 거치도록 도울 수 있다. 불안과 관련된 느낌을 계속 표현함으로써 내재해 있는 불안을 일으키는 내용을 표현적 심상으로 만나게 되며 거리를 두고 바라볼 수 있게 된다는 점이 미술치료의 장점이다. 치료사의 안정감 있는 자세는 미술치료 이외의 모든 치료에서도 같은 맥락이지만, 과도한 불안을 가진 아동청소년의 치료에서는 더욱 안정감 있고 편안한 치료자의 자세가 요구된다. 인지행동적 접근이 불안의 증상완화에 도움이 되나 치료대상의 수용정도와 반응에 따라 접근해가는 방식으로 진행할 필요가 있다(청소년임상미술치료방법론, p.225).

미술치료사의 이해확장

평가의뢰와 목표세우기

- 불안의 정도와 유형 및 평가와 증상에 미치는 역동에 대한 통찰을 위해 검사 의뢰한

다.

- 검사결과의 심리불안정도, 역동통찰, 학교적응과 학습관련, 사회적 위축에 영향을 미치는 말과 언어사용 등에 대한 피드백을 한다.
- 과도한 두려움 없이 외부세계와의 상호작용과 기능회복에 초점을 둔다.
- 애착대상과의 분리를 견디고, 분리불안의 출현에 기여하는 핵심갈등이나 외상을 해결하도록 돕는다.
- 심한 공포의 경우 정상적인 일상이 가능하도록 고통을 제거하고, 공포의 기저에 있는 갈등해결 및 공포에 대한 극복방법을 획득한다.
- 장기적인 목표는 평가결과를 근거로 불안과 두려움의 근원이 되는 핵심문제에 접근한다.

불안감 표현하고 확인하기

- 불안과 관련된 생각을 언어로 표현할 수 있도록 돕는다.
- 특정한 공포나 불안을 언어로 확인한다.
- 알게 된 불안 요인에 대해 말하고 표현하게 한다.
- 불안을 자극하는 갈등을 확인하고 예측상황에 대해 대처하도록 돕는다.
- 불안과 그 기저에 있는 표현되지 못한 생각을 탐색하고 인식의 간격을 연결해볼 수 있도록 지지한다.

불안극복 계획하고 실천하기

- 불안수준을 감소시킬 수 있는 이완작업을 구체적으로 안내한다.
- 불안상황에 대한 대처방법을 안내하고 활용하도록 지지한다.
- 운동 및 일상에서의 참여활동을 늘리고 유지하도록 지지하고 자기관리 관찰기법을 활용한다.

가족개입하기

- 부모의 비현실적인 기대가 불안을 강화하는지 부모역할을 확인하고 불안장애에 대

한 부모의 이해를 돕는다.

- 치료초기에 나타날 수 있는 반사회적 행동에 대해 무시하도록 부모를 격려한다.
- 자녀의 나이에 적합한 목표설정을 하도록 지지한다.
- 가족프로그램을 통해 가족 내 불안요소를 찾고 공유하고 다루도록 돕는다.
- 가족갈등을 표현하도록 지지하고 문제인식과 해결을 돕는다.
- 부모의 자녀통제를 줄이고 수용적 자세로 대하도록 격려한다.
- 가족의 건강한 기능수준을 증가시키고 갈등해결을 위한 가족계획을 세우도록 안내한다.
- 의존행동에 제한을 설정하도록 부모를 격려한다.
- 불안극복의 지름길로서 가족의 응집력과 협조체계를 강화한다.

불안극복에 대한 희망 갖기

- 좋은 결과에 대한 암시기법을 적용한다.
- 과제기법을 사용할 수 있다.
- 약물처방이 있는 경우 필요성과 부작용 등의 교육으로 적극적 치료를 돕는다.
- 내적대상으로서의 치료사역할을 활용한다.
- 개인, 집단, 사회적 상호작용사이에 적절한 균형을 이룬다.
- 핵심갈등이 해결되고, 관계에서 안정과 자존감이 회복된다.
- 긍정적 행동에 칭찬기법을 사용함으로써 긍정행동이 더욱 강화될 수 있다.

행동 및 인지변화 돕기

- 감정을 확인하고 표현능력을 강화한다.
- 체계적 둔감화를 적용한다.
- 사회적 상황에서의 확신 없는 태도의 자기모습을 심상사용의 표현기법 시각화로 사용한다.
- 사회적 활동참여를 강화하기 위해 보상체계를 적용할 수 있다.

대인관계 및 또래관계발달 돕기

- 집단참여, 또래관계, 친구초대 등을 적용한다.
- 관계경험에 대한 저널쓰기를 치료에 적용한다.
- 최대한 개인이 가진 장점을 사용하고 강화하도록 지지한다.
- 솔직한 감정을 표현하도록 격려한다.
- 긍정적 상호작용을 위해 사회기술훈련을 적용한다.

공황발작의 결과 이해하기

- 발작자체가 질식사를 초래하지는 않는다.
- 발작이 정신을 잃게 하는 것은 아니다.
- 발작시에 몸을 지탱하지 못하는 느낌을 가져도 쓰러지거나 걷지 못하게 되는 것은 아니다.
- 통제력을 상실하거나 정신증상이 나타나는 것은 아니며 정신질환과는 관련이 없음을 이해시킬 필요가 있다.

공황발작 초기에 대처방법 안내하기

- 공황발작이 있을 것 같은 환경이나 상황에 노출될 경우 일단 그 곳을 일시적으로 피하도록 안내한다.
- 일시적인 피함은 불안에 압도되어 무의식적으로 피하는 것이 아니며, 안정되면 다시 돌아올 수 있는 의도적인 대처라는 점을 이해시킨다.
- 주변인에게 불안증상과 생각을 말하도록 격려한다.
- 불안 관련한 신체에너지를 소거하고 불안에 의한 호르몬을 제거하도록 돕기 위해 신체활동에 참여하도록 지지한다.
- 공황발작의 가능성이 예측될 경우 주변에 있는 다른 곳으로 주의를 집중하거나, 숫자를 거꾸로 세기, 반복적인 단순행동을 하도록 연습시킨다.
- 명상 등의 이완기법을 활용한다.
- 긍정적 사고를 활성화하는 자기암시 및 자기교수법을 활용할 수 있다.

재료와 도구 및 공간선택의 유의사항

- 치료공간은 너무 크지 않고 안정감 있는 곳이어야 한다.
- 공간의 밝기도 대상의 불안수준을 고려한다.
- 은은한 향을 사용하는 것은 불안을 최소화시켜줄 수 있다.
- 많은 재료와 도구는 불안을 더욱 자극할 수 있으므로 단순화하고 최소화할 필요가 있다.
- 지나치게 큰 화지는 불안을 강화시킬 수 있으므로 유의하고 스스로 원하는 크기를 선택하도록 하는 것이 적절하다.
- 흐르는 재료를 사용할 경우 불안이 자극될 수 있으므로 경계(예; 트레이 등의 경계가 될 수 있는 배경제공)가 필요하다.
- 흥분을 자극하는 색채사용을 자제한다.
- 침범적 불안을 느끼지 않도록 물리적 심리적 적정거리를 유지한다.
- 치료사와의 공간적 거리는 어느 정도 간격을 유지하는 것이 안전감을 줄 수 있다.

추천재료와 기법

- 부드러움과 따뜻함을 느끼게 하는 재료(예; 천사토, 찰흙, 솜이나 털실 등)는 안심감을 자극하므로 적절하다.
- 관계형성이 된 경우 크림을 사용한 가벼운 맛사지 기법(손이나 발본뜨기 등의 준비과정으로)은 불안을 감소시키고 돌봄의 느낌을 갖게 하므로 안정감에 도움된다.
- 감정그리기 기법은 불안의 정도와 상황불안을 표현하고 인지하도록 돕는다.
- 불안과 관련된 상황 및 감정을 시리즈로 그리는 것은 불안표출과 해소 및 통찰과 스스로의 극복과정을 돕는다.
- 난화기법은 놀이적 경험을 통해 안정감을 유도할 뿐 아니라 결과물의 연상작업은 자신의 감정과 불안인식을 돕고 극복의지를 강화한다.
- 신체이미지작업은 불안으로 인한 신체반응을 확인하고 왜곡된 전환문제를 수정하는 기회가 될 수 있다.

- 건식 드로잉매체와 콜라주재료가 대부분 무리없는 재료이다.
- 가족과 함께하는 기법은 무의식의 불안을 끌어내고 제거하며 수정하는데 도움되며 자존감회복을 강화한다.
- 집중력을 강화시켜주는 기법(예; 만다라기법)은 혼돈과 현실적인 지각능력 강화에 도움된다.
- 경계가 있고 사실적인 재료(예; 잡지사진 콜라주)들은 불안을 감소시키고 현실성과 의식을 자극하므로 적절하다.
- 생태체계접근의 통합적 치료접근과 기법을 사용하며 가족치료와 가족교육이 중요한 치료의 지름길이다.
- 특정 공포를 그림 그리고 내용을 언어로 표현하도록 격려함으로써 무의식의 외재화와 직면을 도울 수 있다.
- 두려움의 자극대상 또는 상황그림을 사용하여 직면하는 힘을 강화할 수 있다.
- 창조적 놀이에 참여시키고 공포상황, 공포대상에 직면하는 이야기 만들기를 적용한다.
- 공포에 관한 그림을 수집하고 콜라주작업으로 두려움의 상황과 정서를 분리하여 표현하고 언어화하도록 돕는다.
- 공포에 대한 감정과 과거의 공포경험을 표현하도록 도움으로써 왜곡된 공포상황과 실제 상황을 구별하도록 도울 수 있다.
- 표현된 공포자극의 상징적 의미를 탐색하고 해석하도록 돕는다.
- 공포를 자극했던 꿈을 표현함으로써 무의식의 의식화와 합리적 인식을 돕는다.
- 공황발작에서 경험한 신체증상과 감정에 대해 그림 또는 기록하고 대처방법을 계획한다.

치료사가 갖추어야할 자세와 지침

- 안정감 있는 치료사의 정서적 자세가 일차적인 우선조건이다.
- 치료자의 일관적인 태도와 지속성이 중요하다.
- 불안장애의 전반적인 이해를 기초로 해야 한다.

- 불안과 관련된 환경변화에 대해 확인하고 긍정적 변화를 유도한다.
- 장애, 발병 시기와 경과, 심각성, 주된 증상, 가족관계, 특정 어려움 등에 대해 반드시 사전에 확인되어야 한다.
- 일차적으로는 불안감소를 위한 인지행동접근이 우선되나 불안의 핵심요인을 탐색하고 원인적 문제에 접근한다.
- 반드시 가족중재와 함께 간다.
- 통합적 이론을 근거로 하며 적절한 기법을 적용한다.
- 가능한 중성적인 옷차림과 일관성을 느낄 수 있는 복장이 필요하다.
- 강한 직면을 제한하고 기다림과 수용적인 자세가 필요하다.
- 불안 관련하여 회피 및 도피행동이 갖는 이차적인 이득이 없는지 확인한다.
- 불안이나 공황증상을 가지고도 피하지 않고 일상생활을 하도록 지지한다.
- 불안의 극복 진행과정을 확인하고 언어로 강화한다.
- 불안에 대한 왜곡도식이나 자동적 사고를 탐색하고 인지적재구조화를 도와야 한다.

미술치료의 목적과 효과성

- 미술치료 경험은 일차적으로 불안수준을 평가하고 수용적 경험의 장으로 사용될 수 있다.
- 미술치료과정의 창작요소는 불안의 무의식적 표현을 가능하게 하는 상징적 정보제공의 속성을 가지므로 언어적 접근과는 비교할 수 없는 불안의 평가자료를 제공해주는 유일한 수단이 된다.
- 작품의 결과는 현재 가지고 있는 불안과 소망 그리고 수준 및 증상을 보여주므로 인식과 극복의 기회가 된다.
- 반복되는 창작과정은 불안으로 인한 현실적응의 혼돈을 통제하고 현실적응능력을 돕는다.
- 선택하고 자유롭게 표현하는 미술이 가진 지지적 경험은 관계로부터 자기능력의 확인과 변화의 시도를 강화하여 사회적복귀로 향하도록 돕는다.
- 개인미술치료에서는 불안의 수준을 감소시키는 목적 이외에 불안의 본질적인 무의

식의 문제를 다루게 된다.

- 심각하지 않은 수준의 불안일 경우, 미술치료 집단경험은 불안의 다양성을 이해하고 치료의 동기를 갖는데 도움되며 문제해결능력 향상과 실제 극복연습을 가능하게 한다.
- 가족교육과 가족치료를 통해 치료에 대한 협조체계를 구성하고 불안을 강화하는 가족 내 문제를 해결하도록 돕는다.

10. 미술표현에서 발견되는 특성

불안은 항상 무의식의 내용과 관련이 된다. 무의식의 내용에 접근하는 어떠한 방법보다 더 적절하고 의미있는 방법으로서 미술을 적용하고 있을 뿐 아니라 치료와 평가에서 미술표현이 가진 힘은 이미 명확하게 알려져 있다. 지나친 불안이 있는 아이들의 특성적인 징후인 두려움과 공포감은 미술치료의 결과물을 통해 다양한 방식으로 표현된다. 이 아이들은 불안 때문에 어떠한 일이나 행위에 몰두하기가 어렵기 때문에 구체적인 창조행위가 쉽지 않을 수 있고 유아기단계로의 퇴행형태의 미술표현이 나타나기도 한다. 두드러진 표현적 특성은 자궁회기현상의 난화와 사람과 외부환경을 차단하여 분리시키는 캡슐화가 흔히 나타나며 검정, 빨강, 주황, 초록의 색채표현이 많은 것을 볼 수 있다. 그림의 형태 또한 과도하게 한 부분에 집착하여 반복하는 반면에 필수부분을 생략하거나 지나치게 크거나 작게 그리기도 한다(청소년임상미술치료방법론, 2007, p.226-229).

[그림 5-1] 나갈 수가 없어요

신체변형에 대한 불안을 호소하는 19세 청소년이 치료과정 후기에 표현한 자화상이다.

"그림 5-1"을 그린 청소년의 치료초기와 중기 그림은 혼돈스럽고 형체가 분명하지 않은 유령에 가까운 형태였으나 치료가 진행되면서 혼돈의 요소는 사라졌지만, 여전히 자기를 불로 표현한 캡슐 속에 넣어 외부로부터 격리시키고 있다. 이러한 현상은 청소년이 자신의 불안을 직면하고 부정적 형태를 만나는 상징과정으로서 나타나며 이러한 미술표현의 단계는 시간이 지나면서 불안에 압도된 정서가 자유롭게 풀려나갈 수 있으리라 본다.

[그림 5-2] 시험 중

시험불안으로 시험시기만 되면 불안증상이 심각하여 호흡장애를 일으키는 15세 남아의 자유화이다.

[그림 5-3] 은둔생활

아버지의 우울증으로 부모관계가 불안정한 가정환경과 방임된 양육환경에 있는
17세 남아의 그림이다.

불안의 대처방법으로 게임중독을 선택한 이 청소년의 그림(그림 5-3)은 캡슐화의 한

예로서 "돌무덤 속 공상 속에 빠져있는 자신의 모습"을 그렸으며 자신은 얼굴이 없는 모습으로 게임기 앞에 앉은 자세를 취하고 있다.

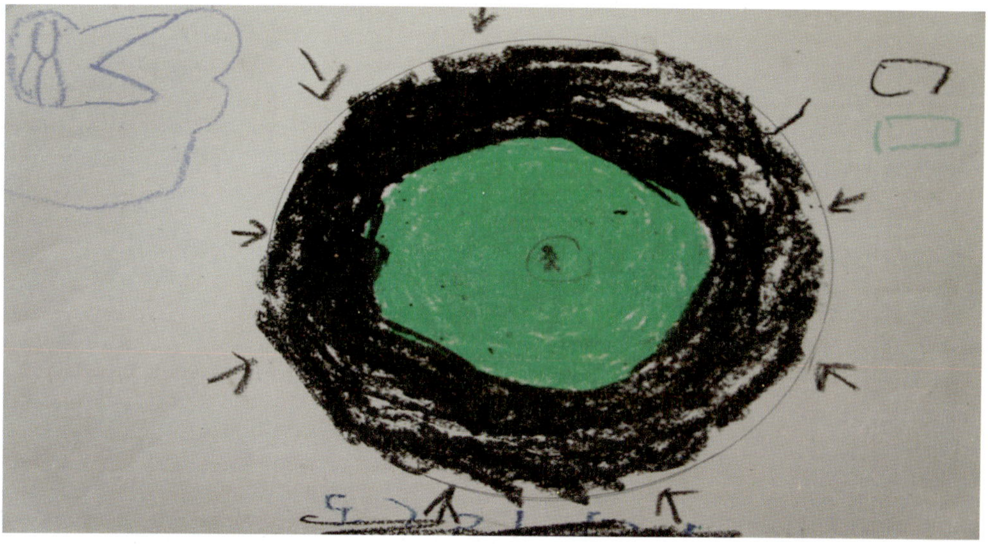

[그림 5-4] 동그라미에 감춰진 나
14세 남아의 꿈그림이다.

"그림 5-4"는 불안장애로 의뢰된 14세 남아가 꿈의 내용을 회상하여 표현한 그림으로서 이 또한 캡슐화의 한 예이다. 이 청소년은 자신이 경험한 극도의 스트레스에 대한 억압상태를 "어둡고 짙은 녹색의 동그라미 속에 묻혀있는 자기는 아마도 죽어서 무덤 속에 있는 것 같다"라고 표현함으로써 자신의 고충을 전하고 있다.

제6장

강박장애의 이상심리와 중재지침

강박장애(obsessive-compulsive disorder)는 자신의 의지와는 무관하게 어떠한 특정한 생각이나 행동이 반복적으로 계속되는 증상을 말하며, 아동청소년기의 강박장애양상은 성인의 경우와 유사하다. 아동청소년에게서 강박장애는 강박적인 행동과 사고를 주된 양상으로 보이며, 불안을 줄이기 위해 시도하는 강박적인 사고를 통해 불안이 실제로 감소할 수 있으나 강박행동은 오히려 불안을 증가시키는 경향이 있어서 일상의 학교생활이나 또래관계에 지장을 초래하게 된다. 일반적인 정상범주에 해당하는 강박행동과 강박사고는 일상생활에서 흔히 있으며 환경의 변화나 자극에 무관하게 거의 평생 변화되기 쉽지 않은 행동양상이기도 하다. 과거에는 강박장애가 드문 질환이고 치료도 될 수 없다고 생각했으나 최근에는 흔히 있고 치료도 가능하다는 견해이다. DSM-5에서는 강박장애를 불안장애에서 별도로 독립시켜 강박 스펙트럼장애를 한 영역으로 묶고 충동-통제장애 및 신체형장애에서 이관하여 일부 장애를 신설하였다. 더불어 강박장애와 관련된 장애유형으로 신체변형장애, 저장장애, 모발뽑기장애, 피부벗기기장애 등을 포함하여 제시하고 있다. 이러한 하위유형의 장애는 청소년기에 흔히 있을 수 있는 장애로서 아동청소년을 만나는 치료사들의 기초적인 이해가 필요하다.

1. 강박장애 원인의 이론적 근거

정신 역동적 관점

프로이트관점에서 강박장애의 역동

강박장애에 대한 이해는 프로이트의 관점에서 보면 이해가 쉬울 수 있다. 무의식의 죄책감이 더러운 것, 세균 등으로 전이되고 이것을 제거하려는 반응이 손 씻기와 같은 반복적으로 씻고 반복적으로 방을 정리하고 책장과 옷장을 정리하는 등 정돈과 확인을 하느라 공부나 다른 일을 하지 못하는 아이들도 있다. 이들 증상은 강박적인 문제를 없애려고 노력하는 것과 그 노력이 언제나 실패를 한다는 좌절감 때문에 일어나는 우울과 일반화된 불안을 일으켜 대인관계를 더욱 악화시키는 이차적인 증상이 따르게 한다. Nemiah(1988)에 의하면 강박장애는 오이디푸스기로부터 항문기로의 퇴행이 고착된 방어적 퇴행과 오이디푸스기의 특징인 공격욕동과 성적 욕동사이의 결합이 파괴된 문제로 사랑과 증오감정이 공존하여 적절한 행동을 하지 못하게 된다. 그러므로 강박장애를 가진 사람은 원시적인 성적욕동과 공격욕동을 극복하기 위해 방어기제를 사용하게 된다. 즉 불안감정이 억압되고 감정없는 사고만 의식화되려는 충동과 감정이 취소되어 더욱 방어함으로써 강박행동이 출현하게 된다. 또한 반동형성의 방어기제를 사용하여 감정에 반대되는 과장된 태도나 성격이 형성되는데 이러한 특성이 강박장애를 가진 사람이 보이는 특유의 모습이다.

강박장애에서 흔히 보이는 공격성과 청결에 대한 결벽증은 성장과정의 남근기적 갈등에 의한 항문가학성 시기로 퇴행하는 것과 관련한다고 생각된다. 이 때 개인은 양가적이고 마술적인 사고가 형성되며 중요한 대상에 대한 사랑과 미움을 동시에 가지면서 심각한 반복적인 의심을 나타낸다. 마술적인 사고는 퇴행의 결과로서 전능적인 유아적 사고방식을 나타낸 것이며 거기에는 공격성의 충동이 포함되어 있다. 그러므로 강박장애를 가진 대상을 만나는 경우 치료사는 정신 역동적 평가를 통해 그의 내적정신구조 안에서 증상이 어떠한 기능을 하는지에 초점을 맞출 필요가 있다. 강박장애에 대해 어떠한 접근을 하든 중요한 것은 장애를 보이는 사람이 원하는 만큼 청결이나 정리나 없애는 것을 완벽하게 해줄 수는 없다는 사실이다. 따라서 치료는 강박적인 행동이나 사고를 없애는 것이 아니라 증상에 지나치게 집착해 있는 마음상태를 교정하는 것이며, 따라서 증상이 있더라도 현실생활에 적응할 수 있는 상태로 이끄는데 있다.

코헛관점의 강박장애 역동

모든 정신병리는 자기의 결함에서 오며 자기의 결함은 갈등이 아니라 공감 받지 못한 대상의 반응으로부터 온다고 보는 자기심리학에서는, 주관적인 자기됨의 경험과 자기대상과의 관계를 중요시하고, 응집적자기로서 개인과 환경간의 견고한 관계를 생애의 핵심과제로 보고 있다. 유아는 출생의 첫 시작부터 완벽한 자기애경험을 기대하나 일차적 자기애의 모성적 실패경험은 전능감을 잃게 하므로, 이때 유아는 상실된 전능감을 되찾기 위해 자기애리비도를 투자하여 과대자기와 이상화한 부모원상을 형성하게 된다. 이 시기의 과대자기는 부모의 현실적인 돌봄에서 반복되는 점진적인 실패를 경험하면서 이상화를 포기하게 되며 변형적 내재화를 거치면서 자아이상을 형성하게 되는데 유아는 이 과정을 통해 자기의 이중 축을 구성하게 된다.

그러나 일차적자기애의 경험과정에서 지나치게 과도한 자기대상의 좌절을 겪게 되면 발달정지가 발생하며 정신증, 자기애적 장애, 구조적 신경증을 일으키게 된다. 이 세 영역의 장애는 모두 자기애적 성격에 의해 형성되며 완벽한 자기애적 추구의 일부로서 강박적인 사고와 강박행동을 표면화하게 된다. 코헛의 자기심리학에서는 그 결과 자신의 강박적 태도를 통제하기 위한 투쟁이 시작되고 대상에 대한 분노와 관련한 환상을 가지게 되면서 그에 대한 죄책감을 유발하게 된다는 강박성격의 병인론을 제시하고 있다.

이러한 맥락에서 강박적인 성향을 가진 아이들의 양육자 특성을 보면 대부분 높은 기준의 행동을 설정하고 그 기준에 맞추도록 자녀에게 요구하기 위해 엄격하고 과도한 강요적 태도를 보인다. 자녀들은 그러한 부모의 요구에 적응함으로써 부모와의 관계를 유지하기 위해 노력하지만 부모의 요구를 완벽하게 채우지 못하는 실패를 반복할 수밖에 없는 상황을 경험하게 된다. 더불어 아이들은 성취해내지 못한 부정적 결과에 대한 수치감과 죄책감을 유발하면서 반복적이고 지속적인 강박적 적응을 시도하게 된다. 이러한 태도는 자기애적 만족의 시도이며 결핍된 공허감을 메꾸려는 노력의 결과로서 강박증상은 점점 강화될 수밖에 없게 된다.

아들러관점에서 강박장애의 역동

프로이트의 초기동료였던 아들러(Alfred Adler, 1931)는 프로이트의 리비도이론에 다른 견해를 가지고 있어서 결별할 수밖에 없었던 사람으로 강박장애를 자기의 이론체계 속에서 고찰하였다. 아들러에 의하면 부모양육에서 지나치게 지배적이고 사랑을 주지 못했을 때 그 아이는 자신감을 발달시키지 못하게 되고 따라서 정신병리를 형성하게 된다고 보았다. 결국 열등감으로 인해 자기비난을 하는 사람은 무의식의 내면에 자기를 느낄 수 있는 영역을 만들어 내고자 하는 강력한 욕구를 가지며 그러한 욕구는 차례차례 강박적인 양식을 시도하게 되는데 이러한 행위가 강박행동과 강박사고를 갖게 한다고 보았다. 그로인해 강박행동을 하는 개인에게는 그 행위가 매우 사소한 일이라 해도 자신이 무언가 완벽한 경지에 이른 것처럼 느껴야하므로, 그리고 그 행위가 만족감을 얻고자하는 자기인정에 이르게 하기 때문에 강박적인 증상을 반복할 수 밖에 없게 된다고 한다.

인지 행동적 관점

역동적 관점과는 다르게 행동이론에서는 초기 환경과 개인의 내적갈등의 원인을 파악하는 것이 아니라 증상 그 자체를 소거하는데 관심을 가진다. 인지적 관점에서는 바람직하지 않거나 피해의 가능성이 있는 상황에서는 그 가능성을 과대평가하여 잘못될 것이라는 인지적 마음자세가 위협의 원천을 피하도록 만들어 강박행동을 부추긴다고 본다.

생물학적 관점

수면뇌파검사에서는 REM(rapid eye movement; 급속안구운동)latency의 감소가 특징이며 DST(dexamethasone suppression test; 코티솔 분비과잉의 유무, Cushing증후군의 병인진단病因診斷 즉 부신과형성副腎過形成 혹은 선종腺腫의 진단에 유용한 검사법)에서는 우울증에 비해 양성반응을 보이는 경우가 적으나, 수면뇌파검사와 DST양성반응정도 등이 유사하므로 강박장애는

DSM-5의 강박장애분류와 임상적 특성비교

분류	선별질문	임상적 특성	발병연령	유발요인	사회적 관계	수면문제 및 동반장애	정신생리증상
강박장애 (Obsessive-Compulsive Disorder)	안하고는 못 견디는 특정행동이 있는가? 반복적인 생각으로부터 벗어나지 못하는 어떤 느낌이 있는가?	침투적인 강박적사고와 강박행동의 반복, 금기시된 생각(공격, 성, 종교관련사고와 행동), 자해 및 타해에 대한 공포확인을 위한 증상	사춘기-성인초기	유전성향, 뇌기능작동회로 이상, 엄격한 성장환경(2세경의 항문기단계에 기원)	가족 외에는 사회적관계 피함, 공공장소 피함	불면증, 증상이 심할수록 수면문제 더 생김, 우울 및 양극성장애, 틱장애를 동반할 수 있음, 충동성을 특징으로하는 장애와 관련	우울, 불안, 괴로움, 혐오감, 오염에 대한 두려움, 공격성
신체변형장애 (Body Dysmorphic Disorder)	자신의 외모가 마음에 드는가? 외모에 대한 타인의 시선때문에 행동에 지장을 느끼는가?	신체외모에 대한 결함의식에 집착, 통제할 수 없는 신체에 대한 침투적 집착, 자살위험	12세경에 가장 흔함	방임 및 학대경험, 어린시절 심리성적갈등, 시각적 처리과정의 이상	사회적 노출회피, 사회적 관계 및 친밀감유지 기능손상, 집을 벗어나지 않으려함	불면증, 주요우울, 사회불안장애, 강박장애, 물질관련장애 등을 동반할 수 있음	불안, 우울, 수치감으로 얼굴 붉어짐, 신경과민, 만성피로감, 두려움 및 공포
저장장애 (Hoarding Disorder)	모든 물건을 버리지 못하고 쌓아두는가? 버리는 것이 불가능한가?	생활공간을 넘어서는 과도한 물건습득 및 과도한 구매, 지속적 행동, 꾸물거리는 행동특성	11세경, 20대에 기능문제 두드러짐	스트레스, 학대경험, 부모교육환경, 외상 및 혼돈 경험이후에 안전감 강화결과, 뇌손상이후 관련	관계단절, 직업적 손상, 가족관계의 긴장상태	수면부족, 기분장애나 불안장애를 동반할 수 있음	우울, 불안, 고통감, 완벽성, 산만함, 피로감, 비 위생 및 영양부족으로 인해 다양한 신체건강 증상, 낙상

(계속)

분류	선별질문	임상적 특성	발병연령	유발요인	사회적 관계	수면문제 및 동반장애	정신생리증상
모발 뽑기 장애 (Trichotillomania, Hair-Pulling Disorder)	자신의 머리를 뽑는가? 뽑는 행동의 충동을 통제할 수 없는가?	반복적으로 머리카락 및 털을 뽑음, 다양한 신체부위의 털이 해당됨	5세이전, 청소년기에 가장 많음, 청소년기이 후발병은 만성적이고 생활에 심한 영향미침	불안감, 스트레스, 상실, 혼자 남겨지는 것에 대한 두려움, 유전적 취약성	사회적 관계 피함, 학교 및 직장 그리고 공공 상황피함	수면 부족, 머리 및 털을 뽑으면서 잠듦, 주요우울장애, 피부뜯기장애를 동반할 수 있음	우울, 분노, 습진 및 수포, 빈혈감, 복통, 토혈, 오심 및 구토, 장폐색 및 장천공, 입술상처, 손톱기형(아동의 경우), 부끄러움으로 얼굴 붉어짐
피부 벗기기 장애 (Excoriation, Skin-Picking Disorder)	자신의 피부를 뜯는가?	반복적인 피부 뜯기, 피부를 비비고, 비틀고, 절개하고, 물어뜯는 행동을 통제할 수 없음	사춘기	상실, 권위적 부모환경, 억압에 대한 분노, 스트레스 조절능력제한	사회적 관계 및 행사 참여 피함	수면장애, 주요우울장애, 강박장애, 발모광 및 신체에 집중된 반복적인 증상들이 동반될 수 있음	의학적 합병증, 조직손상 및 감염초래, 수치감, 공포, 분노, 우울감, 상처통증

우울장애와 관련이 깊다는 보고가 있다. 생화학적 맥락에서 강박장애는 세로토닌감소 또는 조절장애와 관련이 있다는 가설이 있으며, 과거력에서 출산시의 두부외상, 측두엽간질, 뇌염, 무도병 등이 있었던 것으로 보아 뇌기능장애가 원인이라는 추측이 있다. 이것은 PET(양전자단층촬영; 몸의 신진대사에 이용되는 포도당 비슷한 물질과 양전자를 방출하는 방사성동위원소를 결합시킨 FDG라는 약물을 주사하여 전신의 대사과정을 촬영하는 장치)검사에서 뇌의 전두엽이나 기저신경절에 대사기능이 증가되어 있다는 사실에 근거한다. 유전연구에서는 원 가족에서 강박장애가 있을 경우 유병률이 30% 이상이라는 보고가 있어서 유전적 소인이 있다고 볼 수 있다(최신정신의학, 1995, p.251; 소아정신의학, 2014, p.269-270; 청소년임상미술치료방법론, 2007, p.229-230참조).

2. 강박장애

DSM-IV에서는 강박장애를 불안장애에 포함했으나 DSM-5에서는 ICD-10에서와 같이 별개의 질병단위로 분류하여 유사관련 장애로서 반복적이고 강박적인 행동과 강박적인 집착을 주된 특징으로 나타내는 몇 가지 장애들을 포함시켰다. 이 장애는 자기의지와는 무관하게 어떠한 특정 생각이나 행동이 반복적이며 하지 않으려 해도 자신도 모르게 할 수 밖에 없는 생각, 느낌, 관념, 감각 등이 침입하는 것이다. 강박행동은 숫자세기, 확인, 무엇을 회피하는 것과 같은 의식의 수준에 있으며 정형화된 반복생각이나 행동을 말한다. 강박사고는 매우 다양한 주제를 포함하고 있을 수 있으며, 예를 들어 강박장애가 있는 개인은 반복적인 의심과 생각, 근친상간적 생각 및 음란생각, 전염에 대한 불길한 생각 등이 합리적이지 못하다는 것을 알면서도 통제되지 않으므로 매우 고통스럽다. 개인에 따라서는 강박행동과 강박사고 중 하나만을 나타내기도 하나 경우에 따라서는 둘 다를 나타내기도 한다. 강박사고는 흔히 불안을 줄여주나 강박행동은 불안을 증가시키는 경향이 있다.

임상적 핵심증상

임상적으로 다양한 증상이 나타나나 특징적인 증상(최신정신의학, 1988, p.426; 청소년 임상미술치료방법론, 2007, p.229-232참조)은 반복적인 사고나 반복적인 행동이고 이 두 가지를 모두 동시에 갖는 경우가 흔하다. 다양한 증상의 공통점은 어떤 하나의 생각이나 충동이 지속적으로 완고하게 의식으로 침범하는 듯 나타난다. 이때 불안이나 두려움이 동반되며 이를 막기 위한 수단을 취하게 되고, 강박사고나 강박행동은 개인의 경험이나 자아에 대해 낯선 것으로 나타난다. 따라서 증상이 아무리 심해도 이것은 자신에게 어리석고 불합리한 것으로 인식되므로 개인은 강박 증상에 저항하려고 한다. 반복사고나 반복행동을 동시에 가지는 경우의 흔한 증상은 오염되었다고 생각하여 반복적으로 손을 씻는 행동, 위험 또는 폭력에 관련된 의심이 들어 확인하는 행동, 강박행동 없이 단순 강박사고로서 대개 성적으로나 자신 또는 타인에 대한 공격행동의 반복적인 생각과 행위, 강박적으로 정확성을 위한 느린 수행 및 지연행동, 균형에 대한 욕구충동으로 저장하는 행동, 사회적으로 금지된 사고와 관련하여 정돈에 민감한 행동 등이다.

해결할 수 없거나 쓸데없는 헛생각을 되풀이하는 강박사고도 있으며, 어떤 일을 시작할 때 하는 강박행위로 머리를 긁적이거나 수를 세는 등의 의식행위, 강박적으로 머리카락을 뽑는 발모광(trichotillomania), 손톱 물어뜯기 등도 강박행동과 관련된다. 강박장애에 대한 DSM-5의 진단기준(APA, 2013)은 다음과 같다.

1. 강박사고, 강박행동 또는 둘 다를 포함한다.

   강박사고는 (1)과 (2)로 정의된다.

   (1) 침입적이고 부적절한 사고, 충동 또는 이미지가 반복적이고 지속적으로 머리에 떠올라 현저한 고통이나 불안을 유발한다.

   (2) 개인은 이러한 사고, 충동, 심상을 무시하거나 억제하려고 다른 생각이나 행동을 시도한다(예; 강박행동을 수행하는 것)

   강박행동은 (1)과 (2)로 정의된다.

(1) 반복적인 행동(예; 손씻기, 정돈하기, 확인하기) 또는 정신적 활동(예; 기도하기, 숫자세기, 마음속으로 단어 반복하기)이 강박사고에 의해 수행되거나 엄격하게 적용되는 원칙에 따라야 한다는 충동감을 느껴야 한다.

(2) 행동이나 정신적 활동은 불안이나 고통을 예방하거나 감소시키고 두려운 사건이나 상황을 방지하거나 완화하려는 것이다. 그러나 이러한 행동이나 정신적 활동은 현실적인 해결방식과 연결되어 있지 않으며 명백하게 지나친 것이다.

주의; 어린 아동은 이러한 행동이나 정신적 활동의 목적을 분명하게 말할 수 없다.

2. 하루에 1시간 이상을 소모하는 강박사고나 강박행동은 심한 고통을 초래하거나 정상적인 일, 직업, 학업, 사회적 활동이나 대인관계에 심각한 지장을 초래한다.
3. 강박증상은 약물남용과 같은 물질의 생리학적인 영향이나 다른 의학적인 상태에 의한 것이 아니어야 한다.
4. 이 장애는 다른 정신장애의 증상으로 설명될 수 없다(예; 범 불안장애의 과도한 걱정; 신체이형장애의 외모에 대한 집착; 저장장애의 소유한 물건을 버리지 못하는 것; 모발뽑기장애의 머리카락 뽑기; 피부뜯기장애의 피부뜯기; 상동운동장애의 상동증; 섭식장애의 의식적인 먹는 행동; 물질관련과 중독 장애의 물질에 대한 집착 또는 도박; 질환 불안장애의 질환에 대한 집착; 성 도착장애의 성적충동 또는 환상; 파탄적 행동장애, 충동조절장애, 품행장애의 충동; 주요우울장애의 죄책감에 대한 반추; 조현병 스펙트럼 그리고 다른 정신병적 장애의 사고 주입 또는 망상적인 집착; 자폐스펙트럼장애의 반복적인 행동양상).

다음의 경우 명시할 것

충분한 또는 상당한 병식; 개인은 강박장애의 믿음이 명백하게 또는 아마도 사실이 아니라고 알고 있거나, 또는 사실일 수도 있고 사실이 아닐 수도 있다고 인식한다.

불충분한 병식; 개인은 강박장애의 믿음이 아마도 사실이라고 생각한다.

병식이 없고, 망상적 믿음; 개인은 강박장애의 믿음이 사실이라고 완전히 확신한다.

틱 관련; 최근 또는 과거에 틱 장애의 병력이 있는 경우

주요원인

강박장애 원인의 이론적 근거에서 말했듯이 생물학적 요인으로는 수용체의 기능변화와 수용체 아형의 변화 및 세로토닌체계의 관여로 보는 신경전달물질과 뇌 영상연구 및 유전학적 요소 그리고 생물학적 소견, 행동주의적 요소, 심리사회적 요소로서 인격적 요소와 정신역동적 요소로서 강박장애의 원인을 설명하고 있다. 정신역동관점에서 보면 강박장애는 불안에 대한 격리, 반동형성, 취소 등의 방어기제에 의해 발생한다고 보며, 관련된 충동과 감정은 고립에 의해 억압되고 감정없는 사고만 의식화되려는 충동과 감정은 취소에 의해 더욱 방어되며 그 결과 강박행동이 출현하게 된다.

예후 및 치료

과반수 이상은 갑자기 발병하고 많은 경우가 스트레스 후에 발병한다. 발병시기는 사춘기 청소년기(성인의 1/3에서 1/2정도가 아동청소년기에 발병)에서 성인초기이며 남녀비율은 유사하다. 강박장애를 가진 사람들의 많은 경우에서 지능이 높은 사람이 많으며 유전성과 가족력이 있는 경우가 흔히 있다. 주요우울이나 사회공포증과 공존하거나 만성화로 가는 경향이 있으며, 기타 유사 불안장애에 비해 예후가 좋지 않은 것으로 알려져 있다. 예후에 영향을 주는 일반적인 요인은 기간이 짧을수록 또는 과거력에서 사회적응이 좋았던 경우에 예후가 좋으며, 증상이 나타난 시기가 어릴수록 예후가 나쁘다.

약물치료와 행동치료가 주된 치료방법이며, 치료동기가 있을 경우 치료기간이 오래 걸리기는 하나 정신심리치료를 권해볼 만하며 집단치료와 가족치료가 필요할 수 있다. 분석적 정신치료와 지지적치료 중 어떤 접근이 더 효과적인지는 정확한 통계자료가 없지만 만성적이고 고정된 증상에서는 분석적 정신치료에서 효과를 기대하기는 어렵다. 분석적 정신치료가 가능한 경우는 직업과 대인관계 및 치료자와의 긍정적인 관계 그리고 환경요인에 의해 증상이 좌우될 때, 또는 감정표현이 가능하고 교육수준이 높을 때, 자기통찰 능력이 있을 때, 사고와 행동에 융통성이 있을 때 효과성을 기대할 수 있다. 지지적치료는 직업을 지속하고 강박 증상으로 인한 어려움을 해결하는데 도움이 되며 고통을 당하는 가족문제를 돕는데 적합할 수 있다. 분석적이든 지지적이든 어떠한 치료에서도 강박적 성격을 온전히 교정할 수는 없다. 따라서 치료목표는 증상소거가 아니라 증상을 가지면서도 증상에 너무 집착하지 않고 자신의 결함을 인정하며 살아갈 용기를 갖도록 마음상태를 교정하는 것이다. 행동치료는 성격의 문제나 갈등의 원인을 파악하는 데는 관심이 없으며 증상 그 자체를 없애는데 관심을 가지므로 언제라도 재발이 가능하여 치료에 한계가 있다. 치료지침을 세울 때 증상의 상태나 개인의 의향을 잘 확인해야 하며 단기간에 치료될 수 있다는 경솔한 보장은 절대 금물이며, 장애를 가지면서도 현실에서 적응하며 학습과 일을 함께할 수 있도록 계획해야 한다.

3. 신체변형장애

신체변형장애(body dysmorphic disorder)를 신체추형장애라고도 하며, 자신의 신체가 변형되었다거나 외모가 기형이라는 상상과 생각에 몰두되면서 경미한 변화나 결손을 확대해석하거나 왜곡하여 집착하는 상태를 말한다. DSM-IV에서는 신체형장애의 범주로, ICD-10에서는 이것을 건강염려성장애에 포함시키고 있고, DSM-5에서는 자신의 외모에 대해 1개 이상의 주관적 결함에 집착하는 것을 주된 증상으로 보고 강박관련 장애의 범주에 포함시켰다. 신체변형장애를 가진 경우 이들은 성형외과나 피부과 또는 내과에 내원하여 자기가 원하는 식의 치료를 요구하며 자신의 고통을 호소한다. 청소년기의 아이들에게서 이 장애의 증상이 경미하게 나타났다가 성장과 함께 사라지기도 하나 심한 경우 학교와 사회생활에서 고립되어 부적응문제를 초래하기도 한다(발달적 접근과 특성별 지침서-아동청소년의 정신건강중재를 위한, 2014, p.37 사례참조).

임상적 핵심증상

가장 흔한 주 호소는 얼굴의 주름살, 부기, 피부반점, 털, 이마의 주름 또는 형태, 코, 입, 턱 등의 얼굴안면부와 얼굴 이외의 머리, 손, 발, 가슴, 유방, 성기 등 신체부위의 모양에 문제나 결함이 있다는 것이다. 이들의 호소는 타인으로부터 공감받기 어렵고 모호하며, 자신의 신체에 대해 사람들이 비웃는다고 생각하기 때문에 밖에 나가기를 꺼려하고 심지어는 자살을 시도하기도 한다. 이 장애로 인한 이차적인 문제는 우울, 불안, 불면이 있을 수 있으며 분열성 및 자기애적인격장애가 동반될 수 있다. 자신이 느끼는 신체변형과 결함을 극복하기 위해 불필요한 수술 또는 치료를 요구하며 그러한 반응은 심한정도에 따라 망상적 수준에 이르고 심각한 부적응문제를 초래하기도 한다. 신체변형장애의 DSM-5진단기준(APA, 2013)은 다음과 같다.

1. 한 가지 이상의, 타인이 알아볼 수 없거나 매우 경미한 정도의 신체외모를 흠이나 결점으로 인식하고 집착한다.
2. 질환의 경과 중 어느 시점에 대한 반응으로 반복행동(예; 거울보기, 과도한 꾸미기, 피부뜯기, 재확인) 또는 반복적인 정신활동(예; 타인과의 외모비교)을 행한다.
3. 집착이 사회적, 직업적, 또는 다른 기능의 중요한 영역에서 임상적으로 심각한 고통이나 장애를 초래한다.
4. 외모의 집착은 섭식장애의 진단 기준을 충족하는 경우에서 체지방 또는 체중을 걱정하는 것으로 더 잘 설명되지 않는다.

다음의 경우 명시할 것

근육이형증이 있는 것; 본인의 체격이 너무 작거나 근육량이 불충분하다는 생각에 집착한다. 만약 다른 신체부위에 집착하더라도 이는 흔한 일로 세분화할 수 있다.

다음의 경우 명시할 것

신체이형장애의 믿음에 대한 병식정도를 나타낸다.

- 충분한 또는 상당한 병식; 신체이형장애의 믿음이 명백하게 또는 아마도 사실이 아니라고 알고 있거나 또는 사실일 수도 있고 사실이 아닐 수도 있다고 인식한다.
- 불충분한 병식; 신체이형장애의 믿음은 아마도 사실이라고 생각한다.
- 병식이 없고 망상적 믿음; 신체이형장애의 믿음이 사실이라고 완전히 확신한다.

주요원인

분명한 원인은 아직 알려지지 않았으나 우울과 같은 기분장애와 강박장애의 가족력이 있는 경우 이 장애가 동반될 수 있음과 세로토닌과의 관련성을 시사하고 있다. 정신분석의 정신역동학적 가설에서는 어린시절 정신성적 발달의 특수한 경험과 관련하여 성적 또는 정서적 갈등이 신체부위로 대치된 것으로 설명하고 있으며, 사회문화적 관점에서는 미모에 대한 개념이 영향을 미친다고 한다. 인지행동이론의 입장에서는 장애를 가진 사람들은 일반적인 사람에 비해 외모에 더 민감하고, 외부의 외모평가에 대해 더 위협적으로 인지하게 되므로 더 부정적으로 왜곡 해석하게 되어 증상을 나타내게 된다고 본다. 이것은 청소년기의 인지변화에 따르는 자아중심성문제와 관련하며 정체성확립이라는 과제와 관련하여 신체자아상의 부정적 표상을 초래하고 결과적으로 혼란과 부적응 및 정신과적 문제라는 결과에 당면하게 된다.

예후 및 치료

청소년기에 발병하는 경우가 흔히 있으며 미혼여자에게 다소 더 흔하고, 다른 정신질환과 함께 나타나는 경우가 많으며, 특히 우울증이 가장 많고 불안장애와 정신병적 장애 등이 많다. 발병은 대개 점진적으로 진행되며 경과는 서서히 경감과 악화를 반복하면서 만성화로 진행되고, 치료를 받기까지는 몇 년간 갈등하다가 늦어지는 경우가 많으며 적절한 치료를 받지 못하여 만성화가 되는 경우가 흔히 있다.

성형수술이나 비 정신과적 치료는 효과성을 기대할 수 없다. 대개는 정신과치료를 받기 거부하고 성형수술을 원하므로 성형수술을 요구하는 경우 신중하게 평가되어야 하며, 다른 정신과적 질환이 있다면 정신과치료가 우선되어야 한다. 최근에는 세로토닌 재흡수차단제와 항우울제가 효과적이라는 보고가 있으며, 증상이 비교적 경미한 경우에 인지행동치료접근의 노출법과 반응 억제법이 도움될 수 있다.

4. 저장장애

뇌의 전두엽(기억, 사고와 같은 행동을 제어하는 곳)부분의 손상으로 발생하는 일종의 뇌질환이다. 전두엽에 문제가 생기면 정상적 기능에 어려움이 생겨 물건을 잔뜩 쌓아두거나 정리가 안 되고 심지어 자신에게 필요하지 않음에도 남들이 버린 물건을 주워오기를 반복하여 결국은 생활에 장애가 되고 불편을 끼침에도 전혀 이것을 개선할 수 없는 상태가 된다. 저장장애의 문제행동은 불필요한 것을 버리지 못하고 보관하는 강박적 저장과 불필요한 물건을 집안으로 끌어들이는 강박적 수집으로 구분되는데 이때의 대표적인 물건은 흔히 신문과 옷가지 등이 많다. DSM-IV에서는 심각한 저장증상의 경우 강박증상의 여부를 살펴보아야한다고 한다. 저장장애의 저장증상은 강박장애와 구분되는데, 이때의 강박병인에 대한 주장들이 지속적으로 제기되면서 DSM-5에서는 저장장애를 독립적인 질환으로 강박관련장애의 범주에 포함시켰다.

임상적 핵심증상

증상의 주된 특성은 불필요한 물건들을 버리지 못하고 물건을 버리는 것을 결정할 때 어떻게 해야 할지 우유부단하다. 결국은 모든 물건을 버리지 못하고 쌓아두게 되며 버리는 것 자체를 고통으로 여기므로, 집안이나 사무실은 쓰레기장을 연상케하는 모습이 되어 자신의 일상생활에 심각한 지장을 초래할 뿐 아니라 타인에게도 심한 불편을 주게 되는 문제가 발생한다. 저장장애의 DSM-5진단기준(APA, 2013)은 다음과 같다.

1. 실제적 가치에 무관하게 소유물을 버리거나 분리하는데 지속적인 어려움을 갖는다.
2. 이러한 어려움은 물건을 버리는 것에 연관되는 고통이나 물건을 보유하려는 필요성에서 기인한다.
3. 소유물을 버리는 어려움은 소유물이 축적되어서 생활공간이 채워지고 혼잡해지며 사용목적이 매우 손상되는 결과를 야기한다. 만약 생활공간이 어지럽혀져 있지 않다면 그것은 오직 제삼자의 개입으로 인한 것이다(예; 가족, 청소부, 권위자).
4. 저장은 사회적, 직업적, 또는 다른 기능의 중요한 영역에서 임상적으로 심한 고통이

나 장애를 초래한다(본인과 타인을 위해 안전한 환경을 유지하는 것을 포함).

5. 저장은 다른 의학적 상태(예; 뇌손상, 뇌혈관질환, 프래더-윌리 증후군 Prader-Willi syndrome)로 인한 것이 아니다.
6. 저장은 다른 정신질환(예; 강박장애에서의 강박, 주요우울장애에서의 활력저하, 조현병 또는 다른 정신증적 장애에서의 망상, 주요 신경인지장애에서의 인지결함, 자폐스펙트럼에서의 제한된 흥미)으로 설명되지 않는다.

다음의 경우 명시할 것

- 과도한 습득동반; 필요가 없고 여유 공간이 없는데도 물건을 과도하게 습득하는 행동이 동반된 경우

다음의 경우 명시할 것

- 충분한 또는 상당한 병식; 저장과 관련된 믿음과 행동(물건을 버리기 어려움, 혼잡하게하고, 과도하게 습득하는 것과 관련된)이 문제가 있다는 것을 인식함.
- 불충분한 병식; 저장과 관련된 믿음이나 행동(물건을 버리기 어려움, 혼잡하게 하고, 과도하게 습득하는 것과 관련된)이 상반된 근거에도 불구하고 문제가 없다고 주로 확신함.
- 병식이 없음/망상적 믿음; 저장과 관련된 믿음이나 행동(물건을 버리기 어려움, 혼잡하게 하고, 과도하게 습득하는 것과 관련된)이 상반된 근거에도 불구하고 문제가 없다고 완전히 확신함.

주요원인

프로이트의 정신분석적 입장에서는 항문기단계(anal stage)의 고착과 관련하여 저장장애의 출현을 설명한다. 항문기발달의 특성은 아동이 괄약근을 통제하는 능력을 갖게 되면서 관심이 구강영역으로부터 항문영역으로 주의를 옮기게 되는데, 이 영역은 항문성애의 출구와 항문가학증적 특성을 가진 공격욕동의 출구가 된다. 항문-가학적 단계의 특성은 보유기능과 관련한 욕동뿐 아니라 배설물을 향한 욕동이 나타나는 단계로서

성애-가학성, 배출-보유, 항문기능-항문산물이라는 양극성이 나타난다. 이것은 다시 능동-수동, 여성성-남성성이라는 양가성과 관련한 갈등을 발생시키고, 이 갈등에 의해 이후에 일어나는 심리내적성숙과 대상관계발달이 영향을 받게 된다. 이 항문기발달은 시간적인 의미보다는 심리구조의 특성을 가리키는 개념으로서 이 특성들은 성애와 가학성을 표현하기도하고 방어하기도 하며 때로는 승화로 사용되기도 한다. 저장장애는 항문기적성격인 질서정연과 완고함, 절약, 인색함의 특성적 성격 가운데 인색함을 반영한 항문기적 성격으로서 반항적공격성으로 나타난 장애라고 볼 수 있다.

대상관계정신분석 관점에서는 중간대상이라는 개념으로 저장장애를 설명한다. 중간대상은 아동이 환경의 실패로 인해 자신의 전능감이 방해받는 순간에 특별히 자신이 좋아하는 인형이나 장난감을 사용하여, 어머니의 위로와 달래주는 환각을 유지시켜주며 그것은 스스로를 위로하므로 아동의 자율성과 계속적인 위안이 된다. 이러한 중간대상은 말러가 말하는 분리개별화의 마지막단계인 대상항상성을 획득하는 과정 이후에 집착적인 사용이 끝나고 이후에는 개인에 따라 어느 정도의 보유를 사용해 창조적인 발달을 돕게 된다. 이 때 충분히 좋은 돌봄이 제공되지 못하고 강제로 중간대상이 제거되거나 중간대상이 강제성을 띠게 된다면 중간대상물은 주물대상의 특질을 가지며 집착문제를 초래하게 된다. 이러한 집착문제는 자율적 발달을 방해하여 독립적인 자기결정을 두려워하는 것과 관련하여 물건을 버리지 못하거나 다양한 물건에 애착을 느끼면서 수집하고 저장하는 저장장애를 나타낼 수 있다.

인지적 입장에서는 저장장애의 특성인 버리는 것을 결정하지 못하는 우유부단함, 각각의 물건이 가지고 있는 고유성에 대한 분류가 안 되므로 오는 범주화의 결함, 기억에 대한 자기 확신이 부족하여 기억을 위한 조건으로 물건들을 버리지 못하고 모으는 결과로 인한 기억결함의 이유, 언젠가는 필요할 것이라는 기대와 관련한 손실의 과대평가 등 정보처리 장애에 관심을 가진다. 이 외에도 부모의 교육이나 행동에서 저장과 관련한 모델링과 같은 환경적 요인이 포함될 수 있다.

예후 및 치료

병식이 나쁜 경우에는 치료반응이 나쁘며 강박장애의 치료제가 도움된다는 보고가 있다. 인지행동치료에서는 물건을 왜 수집하게 되는지에 대한 이유를 자각하고 인지하도록 도우며 물건의 가치와 유용성에 대한 이해와 정리방법을 직접 가르친다. 정신분석치료에서는 물건을 저장하는 것에 대한 분석과 해석이 사용될 수 있으며 강박장애의 치료방법과 유사한 접근을 사용한다.

5. 모발뽑기 장애

강박행동의 한 유형으로 자동적 반복적으로 머리를 뽑는 경우를 모발뽑기장애(Trichtillomania) 또는 발모광 및 발모증이라고도 한다. 강박행동은 단순반복행동으로부터 복잡한 의식을 동반한 행동에 이르기까지 다양하며 흔히 강박사고를 동반하며, 강박적으로 술을 마시거나, 강박적인 성행위 욕구, 강박적으로 훔치는 행위, 강박적으로 머리를 뽑는 행위 등으로 나타난다. 모발뽑기장애를 가진 경우 개인은 머리를 뽑는 것으로 인해 쾌감과 해방감을 느끼지만 그 결과 외형적인 모습에 영향을 미치므로 적응문제를 초래할 수 있으며 외부의식에 대한 긴장감으로 고통을 받게 된다. 뽑기 행동의 부위는 머리 뿐 아니라 신체의 모든 털이 대상이 될 수 있으며, 스트레스상황에서 더욱 심해지고, 개인에 따라서는 자신의 신체를 벗어나 손이 닿는 모든 털(인형, 동물, 카펫, 옷 등)이 대상이 되기도 한다. 과거에는 발모증이 강박신경증의 범주에 속했다가 충동조절장애에 포함되기도 했으며 나중에는 강박장애로 분류되었으나 DSM-5에서는 다시 강박 및 강박관련 하위유형의 증상범주로 분류되었다.

임상적 핵심증상

반복적인 발모행위와 함께 뚜렷하게 모발이 없어지는 것이 특징이며, 발모행동 전에는 긴장감이 고조되고 발모 후에는 만족감과 해소감 및 만족과 긴장완화를 경험하게 된다. 주된 발모부위는 두피이며 그 다음에는 눈썹-속눈썹-턱수염의 순서로 옮겨가는 것이 보편성이며 드물게는 가슴, 겨드랑이, 음모 등의 부위도 발모대상의 부위가 된다. 경우에 따라서는 자신이 뽑은 털을 먹기도 하여 장폐색과 같은 후유증을 유발하기도하며 머리부딪치기, 손톱 물어뜯기, 피부박탈, 긁기, 할퀴기 등의 반복행동이 자해적으로 동반하는 경우도 있다. 털을 뽑는 부위에 따라 가려움증이나 따끔거림 등의 이차적인 고통을 호소하기도 하며 머리뽑는 행동의 결과 머리카락이 없다는 것을 감추기 위해 대부분은 모자나 두건을 쓰기 때문에 그로인해 경험하는 불편과 가려움을 견뎌야하므로 개인적으로 겪는 고충이 크다. 아동기의 발모증은 청소년기이후의 증상과는 다르게 손톱 물어뜯기와 같은 습관장애의 일종으로 보며 이후에 머리뽑기장애로 발전하는지에 대해서는 분명하지 않다(신경정신과학, 1988, p. 380). 모발뽑기장애의 DSM-5 진단기준(APA, 2013)은 다음과 같다.

1. 반복적인 모발뽑기 행동으로 모발손실을 초래한다.
2. 모발뽑기를 줄이거나 중단하려고 반복적으로 시도한다.
3. 모발뽑기가 사회적, 직업적, 또는 기타 중요한 기능영역에서 임상적으로 심각한 고통이나 손상을 초래한다.
4. 모발뽑기나 모발손실이 다른 의학적 상태로 인한 것이 아니다(예; 피부과질환).
5. 모발뽑기가 다른 정신장애의 증상으로 잘 설명되지 않는다(예; 신체이형장애에서 외모의 결점이나 흠으로 인지되는 것을 개선하기위한 시도).

주요원인

스트레스와 같은 심리적인 요인과 생물학적 요인으로 발병하는 것으로 알려져 있는 이 장애는 강박장애와 유사하게 뇌의 세로토닌장애가 원인이라고 보는 연구가 있으며 약물중독과도 관련이 있고 다양한 복합적인 환경과 관련이 있다는 보고들이 있다. 정신분석적 입장에서는 어린시절 대상과의 정서적 결핍과 관련하여 부적절한 모아관계, 홀로 남겨질 것 같은 고립에 대한 공포, 최근의 중요한 대상에 대한 상실과 같은 우울상황 등이 중요한 요인으로 작용한다고 본다. 따라서 모발뽑기장애는 구강기, 항문기, 남근기 가운데 어느 시기에 고착되었거나 퇴행된 결과로 볼 수 있다.

이 장애는 흔히 아버지가 무능하고 약한 사람이거나 어머니가 가학적인 성격의 소유자인 부모환경에서 더 많이 나타난다는 것을 임상에서 흔히 경험할 수 있으며, 그러한 부모환경에 있는 아동청소년은 대인관계에서 미숙하고 강한 접촉욕구를 표현하는 것 또한 볼 수 있다. 그러한 행위는 처벌적인 대상결합 욕구와 관련된다고 볼 수 있으며, 발모증상은 혼자 남겨지는 고립에 대한 두려움을 감소시키고 자기를 없애고 사랑하는 사람에 대한 보상심리를 반영한 결과로 나타나는 증상이라고 볼 수 있다.

예후 및 치료

일반적으로 아동기에 시작하며 아동기에 발병한 증상이 이후에 계속되는 것은 아니고, 여자에게서 더 흔하며 성인기에 발병했다면 정신병적 관련성을 고려할 필요가 있다. 그러나 많은 경우에서 악화와 호전을 반복하며 경우에 따라서는 20년 이상 지속되는 경우도 있다. 합병증으로는 탈모증이 될 수도 있어서 성인의 경우 수치감과 사회적 고립을 초래할 수도 있다.

치료에는 최선에 대한 일치된 방안은 없지만 적극적인 정신심리치료가 도움이 된다고 한다. 행동치료의 자기관찰법과 습관반전법 그리고 자기독백 및 자기최면요법을 사용하여 행동변화를 유도하는 방법을 사용할 수 있으며, 약물치료로는 항불안제, 항우울제, 특히 선택적 세로토닌 재흡수억제제와 같은 항우울제와 항정신병약물이 도움이 된다는 보고가 있다. 성인의 경우 우울증과 관련이 있든 없든 정신치료나 인지행동치료에서 효과를 기대하지 못했다면 항우울제를 사용하는 것도 도움 된다.

6. 피부뜯기장애

피부를 강박적으로 뜯거나 벗기는 반복적인 행동으로 인해 피부에 균이 침투하거나 피부색에 변색이 오고 흉터가 생기게 되는 문제를 초래하는 이 장애는 심각하지만 잘 알려져 있지 않다. 과거에는 강박장애의 한 증상으로 소개되었던 것을 DSM-5에서는 강박장애의 하위유형으로 분류하였다. 피부뜯기장애를 가진 개인은 피부손상으로 인한 문제를 인식은 하고 있으며 행동을 멈추기 위해 노력하지만 대부분 성공하지 못하고 좌절하며 그로 인해 일상생활에 현저한 장애를 초래하는 경우에 진단이 내려질 수 있다.

임상적 핵심증상

강박적으로 피부를 뜯고 벗기는 행동이 따르며 불안하고 긴장감이 있을 때 또는 스트레스상황에서 더 증가한다. 주된 부위는 얼굴 또는 입술이지만 팔, 다리, 손톱, 가슴, 허벅지 등 신체의 다양한 부위가 산발적으로 대상이 될 수 있다. 피부손상이 있는 경우 개인에 따라서는 그 곳이 회복되는 동안 다른 부위로 옮겨가기도 하며 상처가 덧 나 염증이나 피가 나오도록 그 부위를 파는데 집착하는 경우도 있다. 피부뜯기장애의 DSM-5 진단기준(APA, 2013)은 다음과 같다.

1. 반복적인 피부뜯기로 인한 피부병변이다.
2. 피부뜯기를 줄이거나 중단하려고 반복적으로 시도한다.
3. 피부뜯기가 사회적, 직업적, 또는 기타 중요한 기능영역에서 임상적으로 심각한 고통이나 손상을 초래한다.
4. 피부뜯기가 물질의 생리적 영향(예; 코카인) 또는 다른 의학적 상태로 인한 것이 아니다(예; 옴과 같은 피부질환)
5. 피부뜯기가 다른 정신장애의 증상으로 잘 설명되지 않는다(예; 정신증적 장애에서 망상 또는 환촉, 신체이형장애에서 외모의 결점이나 흠으로 인지되는 것을 완화하기위한 시도, 상동운동장애에서의 상동행동, 또는 자살목적이 아닌 자해의도).

주요원인

정신분석관점에서 피부벗기기장애는 대체로 모발뽑기장애와 유사한 요인으로 보며 부적절한 부모환경에 대한 분노와 관련이 있다. 인지행동입장에서는 이 장애가 강박성향과 관련한 자기진정에 대한 자극으로 보고 스트레스로 인한 흥분된 감정을 감소시키기 위한 각성효과로서 피부벗기기 행동으로 발전하는 것으로 이해한다.

예후 및 치료

피부에 집착하면서 개선과 피부 벗기기의 악순환이 반복적으로 나타날 수 있다. 약물치료로는 강박장애와 유사하게 처방될 수 있으며 행동치료와 병행함으로써 더욱 효과성을 기대할 수 있다. 정신분석적 접근 역시 강박장애의 전반적인 요인을 유아동기의 부적절한 정서환경에 대한 미해결문제와 권위주의적 환경에 대한 억압된 분노와 관련된다고 보므로 치료접근 역시 유사하다.

7. 강박장애아동청소년의 중재지침과 미술치료

일차적으로는 강박적인 사고나 행동의 내용과 그러한 증상을 일으키는 상황 그리고 진행기간 및 강도의 수준을 평가하는 것이 우선이다. 적합한 인지행동 접근방법을 개발하고 훈련하여 스트레스나 갈등에 수반되는 느낌을 표현하도록 지지하며, 더불어 가족이나 주요체계의 이해와 협조를 위한 교육심리접근과 지지적 접근을 필수적으로 포함한다. 강박관념과 관련된 발달적 시기를 고려해보았을 때 항문기적 관계경험을 재현한 창의적 접근은 내면화된 초기의 불쾌감정을 드러나게 하고 풀어낼 수 있다. 미술치료에서 매체활용은 강박적인 행동과 사고를 개인으로 하여금 확인하는 기회를 제공해줄 뿐 아니라 강박증상의 기능과 역동에 초점을 맞추어 스스로를 이해할 수 있는 근거를 제공해준다. 관련하여 강박증의 특성은 정해진 미술도구만을 사용하거나 독창성이 없는 경직된 배열의 순서를 사용하거나 독창성 묘사에 집중하므로, 무른 재료와 핑거페인팅 같은 마구 문지를 수 있는 매체가 도움되며 도구도 좁은 붓보다는 넓은 붓이 더욱 적절하다.

미술치료사의 이해확장

강박적인 문제요소에 대해 평가하기

- 강박행동과 사고에 대해 구체적으로 확인한다.
- 강박적인 사고와 행동이 노출되는 상황에 대해 관찰한다.
- 필요시 심리검사와 약물치료를 안내할 수 있다.
- 가족요인 또는 환경적 요인이 있는지 평가한다.

강박적인 행동 및 의식의 대처행동 돕기

- 특정행동에 자기교수법을 활용하도록 안내한다.
- 인지적 행동과제를 활용한다.
- 왜곡사고에 대해 명료화하고 대처방법을 안내한다.
- 스트레스나 갈등과 관련한 정서와 감정을 다룬다.
- 불안이 높을 경우 이완훈련기법을 안내한다.
- 즐길 수 있는 활동에 참여하도록 격려한다.

성격적측면이나 환경적측면 탐색하고 인식 바꾸기

- 불안을 자극하는 환경요소가 있는지 확인하고 변화를 돕는다.
- 성격적 특성요소라면 그에 대한 인식을 돕고 변화노력을 위해 계획하도록 격려한다.
- 강박적 어려움이 있어도 일상생활을 회피하지 않도록 지지한다.
- 현실적인 일에 집중하도록 돕는다.
- 긍정적 자아상을 향상시키기 위해 할 수 있는 행동을 자극하고 안내한다.
- 사회적 관계 및 적응을 위한 구체적인 대안을 계획하고 실천하도록 돕는다.
- 자존감을 강화한다.
- 자기수용에 대한 긍정적 진술을 사용하고 언어로 불안을 표현할 수 있도록 지지한다.
- 감정과 욕구를 확인하고 언어로 표현한다.

긍정적 신체상 및 자아상 향상하기

- 감정을 다룬다.
- 신체적 관심에의 주의를 창의적인 활동으로 전환시킨다.
- 강박적인 신체집중과 왜곡된 신체상에 영향을 미친 요인에 대해 탐색하고 합리적인 사고와 인식을 돕는다.
- 정서적 고통의 요인을 탐색하고 자기조절감을 높일 수 있는 대안을 찾는다.
- 자기관찰기록을 활용하여 자기통찰을 돕는다.

대인관계를 회피하게 하는 불편감 극복 돕기

- 강박적인 다양한 문제로 인해 겪게되는 감정을 다룬다.
- 관계 상황에서 발생하는 신체반응과 부정적 감정이 일어나는 인지오류에 대해 관찰하고 타당한 생각으로 대처하도록 돕는다.
- 관계 상황에서 불안을 줄이기 위해 반복적으로 나타나는 모발뽑기나 피부자극행동 등을 관찰한다.
- 억압된 분노를 표출하고 긍정적 대안을 돕는다.
- 타인의 시선에 집착하지 않고 자신의 감정을 보살피도록 스스로에 대한 관심능력을 강화한다.
- 매 회기마다 자기노출을 지지한다.

가족체계 지지하기

- 강박문제와 관련하여 부모교육을 하고 실재 생활에 적용하도록 격려한다.
- 가족 내 기저에 잠재된 정서적 갈등과 욕구를 다룬다.
- 일상생활기능과 적응을 돕기 위한 가족역할을 안내한다.
- 특정 강박사고와 행동에 대한 안내지침을 제공한다.
- 불안을 자극하는 가족요인이 있는지 평가하며 적합하고 일관된 행동패턴을 갖도록 돕는다.
- 스트레스나 갈등문제를 중재한다.

정신역동맥락에서 이해하고 돕기

- 일차적으로는 불안을 해소하기 위해 행해야만 하는 나름의 노력으로 나타나는 제의적 행동이라는 점을 이해한다.
- 강박장애의 핵심에 있는 극심한 양가감정과 관련한 심리적 갈등을 해소하도록 돕는다.
- 강박적인 의식과 행동은 스스로 차단하고 반동형성과 지식화의 방어를 사용하면서 대인관계와 환경의 스트레스를 받으므로, 이에 대한 역동을 탐색하고 강박증상이 일

상에 어떠한 기능을 하는지 인식하도록 돕는다.

- 강박 증상을 악화시키는 가족역동을 평가하고 중재한다.

재료와 도구선택의 유의사항

- 위험도구 사용에 유의하여 강박성과 관련된 집요하거나 폭력적인 행동에 대처한다 .
- 견고하고 세밀한 표현을 위한 드로잉 재료사용은 최소화한다.
- 초기에 지나치게 유연성 높은 재료사용은 불안을 강화할 수 있으므로 유의한다.

추천재료와 기법 및 도구

- 견고한 드로잉재료보다는 유연성있는 재료가 더욱 도움되나, 개인적 특성과 치료과정에 따라 선택적으로 사용한다.
- 피부관련 강박행동에는 스폰지를 사용한 동작기법을 적용할 수 있다.
- 미술도구는 세밀한 작업을 유도하는 도구보다는 어느 정도 크고 부드러움을 느끼게 하는 자유로운 매체가 강박적 요구에 부응하려는 심리를 감소시켜 줄 수 있다.
- 부드러움을 자극하는 다양한 흙은 초기 감각적 경험을 자극하므로 도움된다.
- 난화기법은 강박적인 불안에서 자유로워지게 하므로 도움된다.
- 자아상그리기와 신체자아상 그리기 기법은 긍정적 자기수용에 도움된다.
- 신체콜라주기법은 원하는 자기상과 왜곡된 자아상에 대해 인식하는 기회를 제공해준다.
- 상처난 자신의 피부를 관찰하고 보살피는 작업은 인식과 대처를 동시에 경험하게 할 수 있다.
- 가족콜라주, 가족가면작업, 집 평면도작업, 가족협동그림 등의 가족접근기법들은 가족역동을 탐색하고 인식하는데 도움이 된다.

치료사가 갖추어야할 자세와 지침

- 일관성 및 안정감 있는 치료사의 정서적 물리적자세가 우선 조건이다.

- 강박장애에 함축하고 있는 정신역동과 장애의 전반적인 이해가 있어야 한다.
- 재발가능성이 높으므로 지속적인 도움이 필요하다는 사실을 이해하고 안내해야 한다.
- 가족역동을 탐색하고 반드시 가족중재와 함께 간다.
- 강박 증상으로 인해 장애를 가진 개인과 가족이 경험하는 고통을 다룬다.
- 강박에 관련된 방어기제 이해를 근거로 대처할 수 있어야 한다.

미술치료의 목적과 효과성

- 미술치료경험은 일차적으로 강박수준을 이해할 수 있게 하고 수용하게 한다.
- 강박적인 요소와 관련한 발달적 매체접근이 가능하다.
- 단편적이고 반복적인 경험에서 벗어나 다양한 독창성을 자극하므로 강박불안에 대한 의례적인 증상에서 벗어나 새로운 시도를 하게 한다.
- 매체탐색과 실험적 경험은 강박 증상에 숨은 무의식의 문제를 다루게 한다.
- 자기도 모르게 몰두하게 되는 미술체험은 강박이라는 방어기제에서 해방되게 한다.
- 미술치료의 체험은 무의식적인 동기를 인식하게하고 문제해결의 기회로 작용한다.

8. 미술표현에서 발견되는 특성

강박장애의 특징적인 표현은 상하좌우 대칭과 균형에 지나치게 집중하고 작은 부분에 상세하며 수식이 많고 인물표현에서는 관절까지도 세밀하게 그려내는 경우가 있다. 의도하지 않은 겹쳐짐이나 조그만 실수에도 그냥 넘어가지 못하고 정확한 지점에서 멈추고 선이 만나야하며 도구선택도 자신이 정한 도구만을 사용하기도 한다(청소년임상미술치료방법론, 2007, p.233-234).

[그림 6-1] 나는 준비하고 있어야 해
강박장애진단을 받고 치료 중인 23세 후기청소년이 그린 KHTP이다.

"그림 6-1"을 그린 청소년은 지우고 다시 그리기를 반복하며 치료시간 1시간이 지나고서야 그림그리기를 끝낼 수 있었다. 매우 잘 그렸다고 느껴지는 이 그림을 주의 깊게 살펴보면 집 자체에 대해서는 지나칠 만큼 세밀하고 구체화되어 있는 반면에, 비 균형적이고 뿌리 없는 나무와 그리다가 결국 그리지 못하고 수차례 지우기를 하여 흔적만 있는 울타리와, 집안에 사람이 있다지만 신발이나 사람이 있을법한 흔적을 전혀 찾아볼 수 없다는 것을 관찰할 수 있다. 강박장애를 가진 청소년의 특성인 한 부분에 대한 지나친 집중과 자기상에 대한 불안전감을 느끼게 한다.

[그림 6-2] 우리 집
부모불화로 고통받는 20세 청소년의 자유화이다.

심한 우울불안을 호소하여 의뢰된 이 청소년은 당시에 부모가 별거상태에 있었으므로 양쪽 부모의 집을 오가며 생활하고 있었다. 그림(그림 6-2)을 그리는 동안 반복적으로 손톱을 물어뜯는 행동이 관찰되었고 색채를 사용하기 전에 관찰된 행동은 연필로 밑그림을 그리며 반복 수정하며 만족스럽지 못한 그림에 불만을 표현했다. 많은 시간을 사용하여 완성한 세밀한 지면의 돌, 집 양쪽에 그려진 나무의 대칭성, 굳게 닫힌 문, 검정색으로 두텁게 덧칠된 창틀 등을 그려내고 "우리 집"이라고 이름을 붙였다. 그림의 전 과정에 함께하면서 불만족한 환경의 자신을 보호하기 위해 얼마나 노력하고 있는지 공포스러울 정도로 노출된 그의 강박불안을 이해할 수 있었다.

제 7 장

외상 및 스트레스사건관련 장애의 이상심리와 중재지침

과거에는 외상과 스트레스 관련한 장애를 불안장애에 포함하여 외상후스트레스장애(Post-traumatic Stress Disorder)로 지칭하였으나, DSM-5에서는 외상 후 스트레스장애를 불안장애에서 별도로 독립시켜 스트레스관련 장애를 한 영역으로 묶어 외상 및 스트레스 사건관련 장애(Trauma-and Stress-related Disorders)로 분류하였다. 즉 외상사건을 비롯하여 다양한 스트레스에 노출되어 나타나는 심리적 문제를 독립된 장애범주로 분류하고, 외상후스트레스장애, 급성스트레스장애, 반응성애착장애, 탈억제사회관여장애, 적응장애를 포함하여 외상후스트레스장애의 범위를 확장시켰다.

1. 외상 및 스트레스사건 관련장애 원인의 이론적 근거

정신 역동적 관점

과거에는 장애를 보이는 개인의 성격이나 생물학적인 취약성이 외상후스트레스에 노출될 가능성이 더 높으며 스트레스가 심할수록 증상도 심하다고 보았으나 현재는 스트레스자체의 정도보다는 개인이 스트레스상황을 어떻게 감당하는지의 주관성이 더 중요한 요인으로 이해되고 있다. 스트레스장애를 일으키는 개인의 소인은 어린 시절에 외상경험이 있는 경우 또는 성격장애의 경향이 있는 경우에 더 흔하며, 외부의 지지체계가 제한적일 때, 최근에 스트레스를 받는 변화가 있었을 때, 유전적으로나 체질적으로 정신과적 취약성이 있는 경우 그리고 나이가 너무 어리거나 많은 경우에도 스트레스에 대처하기 어려울 수 있다. 생물학적으로 취약한 사람이 외상을 겪게 되면 외상 관련한 감정을 언어로 표현하는 능력이 결핍되고 정신 신체증상으로 드러나게 된다.

이러한 맥락에서 정신분석이론에서는 스트레스나 외상이 어린 시절의 미해결된 무의식의 갈등을 다시 불러 일으켜 퇴행이 일어나고 억압, 부인, 취소와 관련한 방어기제를 동원한다고 본다. 보편적으로는 불안에 의해 사건의 경험을 반복적으로 회상해도 대부분은 힘들어하면서도 극복되고 감소된다. 그러나 심하게 내재되어 있는 초기불안은 보상이나 관심의 욕구만족이라는 이차적인 효과성을 기대하게 하므로 증상이 강화되고 지속되기 쉬우며 정신적 갈등이 외상 때문에 더욱 재활성화된다고 가정한다. 따라서 그러한 개인은 하나의 생각을 지속적이고 강박적으로 반추하고 위험상황에서 늘 과거 경험의 장면을 자동적으로 떠올리게 되므로 그 회상은 예측할 수 없으며 따라서 자신이 과거의 그 경험을 다시 겪고 있다고 느끼게 된다. 그러한 느낌들은 계속해서 반복적으로 사건을 재현하고 결국은 자극을 피하려는 노력이 사회로부터의 철수와 고립을 초래하고 중요한 주변인에게 파괴적이 되며 까다롭고 신경질적인 성격으로 변해가면서 자기감을 상실하게 된다.

인지 행동적 관점

외상후스트레스장애에 대해 인지적 관점에서는 사건을 기억하고 잊어버리는 정보처리 과정 중에 심한 외상이 야기한 대용량의 정보를 처리하고 합리화하는 기능에 장애가 일어난 결과라고 본다. 그러므로 외상을 경험한 개인은 지속적으로 스트레스를 처리할 수 없으며 단지 회피기술을 사용하여 스트레스의 재 경험을 피하려고만 노력하므로 사건에 대해서 인지는 하나 지속적으로 적응하지 못하고 차단시켜 부분적인 성취만이 있을 뿐이다. 행동이론의 관점에서는 이 장애를 외상이 비 조건적 자극이 되고 외상으로 인한 신체적 정신적 자극만이 조건화되어 결합되므로 이 고통을 회피하고자하는 양상이 학습에 의해 나타난 결과라고 본다.

DSM-5의 외상 및 스트레스사건관련 장애분류와 임상적 특성비교

분류	선별질문	임상적 특성	발병연령	유발요인	사회적 관계	수면문제 및 동반 장애	정신생리증상
외상후 스트레스장애 (Posttraumatic Stress Disorder)	어떤 끔찍한 사건을 경험한 적이 있는가? 그 사건 관련한 기억이 반복되거나 악몽에 시달린 적이 있는가?	외상사건관련 증상의 특징적 발달이 1개월 이상 지속적으로 재경험, 공포에 기반한 재경험, 성인의 경우 자살사고 및 자살시도 위험	5세이전, 생후 1년 이후부터 어떤 연령에도 발생가능	외상사건, 개인의 성격적 취약성, 지지체계 변화	관계저항, 가족 및 사회적 관계기능 손상, 새로운 활동 참여 감소, 대인관계에서 폭력적임	불면증, 잠을 거의 못자거나 잠들기 두려워함, 80%이상에서 우울장애, 양극성장애, 불안장애, 물질사용장애 등이 동반될 수 있음	공포감, 무감동, 불쾌감정, 불안, 호흡곤란, 신체긴장, 반복적이고 침습적인 회상고통, 어지러움, 공포, 수치심, 분노 및 화, 이인증, 해리증상, 놀람, 과민, 공격성
급성 스트레스장애 (Acute Stress Disorder)	끔찍한 기억이나 악몽에 시달리게 하는 사건을 경험한 적이 있는가?	외상사건 후 특징적 재경험이 3일-1개월 이내로 나타남, 외상경험과 관련된 자극을 지속적으로 피함	모든 연령에서 발생가능	외상사건경험 또는 목격, 자연재해, 유전성, 환경 및 개인적 취약성	대화 및 교류를 피하고 활동참여 감소, 외상경험을 함께했던 사람과의 관계 피함, 잦은 약속 취소	지나친 경계와 불안감으로 수면문제로 발전, 악몽, 수면장애 동반가능	불안 및 분리불안, 분노, 회피, 침습적 증상, 해리증상, 침습적 회상고통, 공포, 예민함, 충동성, 어지러움, 두통
적응장애 (Adjustment Disorder)	일상에서 받는 스트레스를 해결하는데 어려움이 있는가?	인식 가능한 생활상의 스트레스요인에 대한 반응으로 감정적 및 행동적 증상존재, 스트레스요인은 반복적 지속적임, 스트레스요인 3개월 이내에 시작 6개월 이상 지속하지 않음	모든연령에서 발생가능, 특히 청소년기에 흔함	생활상의 스트레스, 부모상실, 따돌림 등의 대인관계 실패, 학대경험, 인지손상 등의 외적요인, 지지체계의 제한, 내적인 개인의 취약성	관계피함	수면장애, 대부분의 정신장애 및 의학적 장애와 동반될 수 있음	우울, 불안감, 과민성, 걱정, 공격성 및 품행관련 문제행동, 무력감, 두통 및 복통 등의 신체증상

(계속)

분류	선별질문	임상적 특성	발병연령	유발요인	사회적 관계	수면문제 및 동반 장애	정신생리증상
반응성 애착장애 (Reactive Attachment Disorder)	아이가 적절한 방식으로 상호작용에 반응하지 못하는가?	발달적으로 부적절한 애착행동, 돌봄을 위한 애착대상과의 관계 의지가 거의 없거나 최소한, 성장장애	9개월–5세사이	사회적 박탈, 심각한 방임, 애정결핍, 양육의 질과 관련, 아이보다는 부모욕구우선	과도하고 무분별한 대인관계, 관계능력 손상으로 사회적 관계 불가능	잠들기 두려워함, 우울증상과 방임관련한 증상들이 동반될 수 있음, 심한 영양실조와 의학적 장애징후들이 동반	우울, 슬픔, 공포, 과민함, 놀람반응, 멍함, 웃지 않음, 식욕저하, 피부 창백, 매사에 무관심
탈억제 사회적 유대감장애 (Disinhibited Social Engagement Disorder)	아이가 부모와 떨어지는 것에 아무런 반응이 없는가? 낯선 사람을 쉽게 따르거나, 따라가는데 주저함이 없는가?	낯선 사람에게 지나치게 부적절한 친숙행동, 죄책감 없고 규칙에 따르지 않음, 안정애착에서 손상애착아동까지 전체에서 발생가능	9개월 이상 아동, 2세–청소년기	사회적 박탈, 심각한 방임, 생물학적 요인, 양육의 질과 무관, 2세 이전의 방임	피상적인 대인관계, 또래갈등, 거짓감정으로 타인에 접근	때때로 잠들기 힘들어하기도 하나, 개인에 따라서는 특별한 문제가 보이지 않을 수 있음, 방임관련 징후들이 동반, ADHD도 동반가능	집중력저하, 과잉행동, 공격성, 파괴행동, 무분별한 행동, 주의력부족, 두통, 복통

생물학적 관점

이 장애의 생물학적 가설은 스트레스동물실험과 외상후스트레스장애를 가진 사람의 생물학적 변수를 측정한 결과 이 장애가 많은 신경전달물질과 관련이 있는 것으로 나타났다. 가장 주된 연구결과는 자율신경계의 증가된 활성과 반응으로 심박동수와 혈압 증가 등의 기능항진을 동반하고 비정상적인 수면반응이 나타남을 제시하였으며, 또 다른 연구에서는 이 장애가 우울장애와 공황장애간의 유사성이 밝혀지기도 했다.

2. 외상 후 스트레스장애

DSM-IV에서는 외상후스트레스장애를 급성스트레스장애라고도 칭하며 불안장애의 영역으로 포함하여, 일상적인 생활상황에서 쉽게 겪을 수 없는 극심한 위협적인 사건에서 심리적 충격을 경험한 후에 일으키는 특수한 정신과적 장애로 보았다. 이것은 공황상태라고 볼 정도로 심각할 수 있으며 급성 또는 만성으로 나타나는 신경증적 증상으로 서술되기도 한다. 이 맥락에서 극심한 위협사건이란 강간, 폭행, 학대, 전쟁, 홍수나 지진과 같은 천재지변, 교통사고, 대형화재, 대형건물붕괴 등과 같은 사건들을 의미하며, 가족 내 갈등이나 가족의 죽음, 질병, 경제적위기 등의 사건은 제외된다. 반면에 DSM-5에서는 어떠한 경우든 외상을 경험한 후 그 개인은 충격과 후유증으로 적응문제를 일으킨다고 보았다.

임상적 핵심증상

외상후스트레스장애의 핵심증상(신경정신과학, 1988, p.380; 생물소아정신의학, 2014, p.249-251; 소아정신의학, 2014, p.286-287참조)은 위협적인 사건의 재 경험, 책임감의 감소와 외부에 대한 관심의 상실, 자율신경계증상 및 불쾌기분과 인지장애 등이다. 위협사건의 재 경험은 다양한 형태로 나타나는데 무서웠던 사건에 대한 반복적인 회상 또는 반복적인 악몽이 나타나 일시적으로나 몇일에 걸쳐 해리상태에서 그 사건에서의 행동을 재현하는 것으로 나타나기도 한다. 책임감의 감소와 외부에 대한 관심의 상실은 멍한 상태로 나타나는데 이러한 증상은 대부분 사건 직후에 나타나는 현상이다. 현실의 상태와는 동떨어진 것 같은 상태로서 일상생활에서 익숙했던 일들에 관심이 사라지고 대인관계나 친분관계에서 흔히 보였던 친절아 사라지고 성적관심도 상실된다. 자율신경계에도 지나친 각성상태여서 잘 놀라고 자주 깨고 일단 잠에서 깨면 잠들지 못하거나 악몽에 시달려 수면장애가 나타난다. 기억상실이나 모든 일에 집중도가 떨어져 어떠한 일을 할 수 없다는 호소를 하기도 한다. 어떠한 사고에서 살아남은 사람들의 경우 자기만 살아남은 것에 대한 죄책감을 가지는 것 또한 특징적인 외상후스트레스장애의 증상이며 유사상황을 기피하고, 우울, 불안, 공포, 과민, 안절부절못함, 가벼운 경련, 때로는 쉽게 흥분하고 폭발적인 행동을 하는 경우도 있다. 외상후스트레스장애의 DSM-5 진단기준(APA, 2013)은 다음과 같다(6세 이하의 아동에게는 이 진단 기준을 적용하지 않으며 별도로 기준을 제시하고 있으므로 유의한다).

1. 실제적이거나 위협적인 죽음이나 심각한 상해 또는 성범죄에서 다음 중 1가지 이상의 방식으로 노출된다.
   (1) 외상성 사건을 직접경험
   (2) 타인에게 발생한 사건목격
   (3) 가까운 가족이나 친구에게 외상성 사건이 발생한 것을 알게 됨(가족이나 친구의 실제적이거나 위협적인 죽음의 경우, 해당사건은 난폭하거나 우발적이어야 함)
   (4) 외상성사건의 혐오스러운 세부사항에 대해 반복적이고 극단적으로 노출(예; 사체를 수습하는 응급요원, 아동학대의 세부사항에 반복적으로 노출된 경찰관)

주의; 진단기준 1의 (4)는 매체, 텔레비전, 영화 또는 그림을 통한 노출에는 적용되지 않는다(직업적으로 관련하여 노출된 경우는 적용)

2. 외상성사건이 발생한 후 외상성사건과 연관되는 침입적인 증상이 다음 가운데 1가지(또는 그 이상)가 나타난다.
   (1) 외상성사건에 대한 반복적이고 비자발적이고 집요하게 떠오르는 고통스러운 기억

주의; 6세 이상의 소아에서는 사고의 주제나 특징이 표현되는 반복적인 놀이를 한다.

(2) 꿈의 내용 또는 정서가 외상성사건과 관련되는 반복적이고 고통스러운 꿈

주의; 소아에서는 내용이 인지되지 않는 무서운 꿈일 수 있다.

(3) 외상성사건이 마치 재발하고 있는 듯한 느낌이나 행동으로 나타나는 해리성 반응(예; 플래시백)이 주변 환경에 대해 전혀 인식을 하지 못할 정도로 극심하게 나타날 수 있다.

주의; 소아에서는 외상의 특유한 재연이 놀이에서 나타날 수 있다.

(4) 외상성사건과 유사하나 외상성사건을 상징하는 내적 또는 외적단서에 노출되었을 때 나타나는 심하거나 지속되는 심리적 고통이 있다.

(5) 외상성사건과 유사하거나 외상성사건을 상징하는 내적 또는 외적단서에 노출되었을 때 나타나는 뚜렷한 생리반응이 있다.

3. 외상성사건이 발생한 후 외상과 연관되는 자극에 대한 지속적인 회피가 시작되는데, 다음의 증상 가운데에서 1가지 이상의 증상이 나타난다.

(1) 외상성사건이나 외상성사건과 밀접하게 연관되는 고통스러운 기억, 생각, 느낌을 회피하거나 피하려고 노력한다.

(2) 외상성사건이나 외상성사건과 밀접하게 연관되는 고통스러운 기억, 생각, 느낌을 떠오르게 하는 외적 회상물(사람, 장소, 대화, 갈등, 물건, 상황)을 회피하거나 피하려고 노력한다.

4. 외상성사건이 발생한 후 외상과 연관되어 인지 또는 기분의 부정적 변화가 시작되거나 악화되는데, 다음 2가지(또는 그 이상)로 나타난다.

(1) 외상성사건의 중요한 부분을 기억할 수 없다(해리성 기억상실 때문이며 뇌손상, 알코올 또는 약물과 같은 다른 요인에 의한 것이 아니다).

(2) 자신, 타인, 세상에 대한 지속적이고 과장된 부정적인 신념이나 기대가 있다(예; 나쁘다, 아무도 믿을 수 없다, 세상은 전적으로 위험하다, 나의 모든 신경체계는 영구적으로 손상되었다).

(3) 외상성사건의 원인이나 결과에 대해 자기 스스로나 타인을 비난하도록 만드는 인지왜곡이 지속된다.

(4) 부정적 감정상태가 지속된다(예; 두려움, 공포, 분노, 죄책감 또는 수치심).

(5) 중요한 활동에 흥미나 참여가 매우 저하되어 있다.

(6) 타인에게서 소원해지거나 분리되는 느낌이 있다.

(7) 긍정적인 감정을 경험할 수 없는 상태가 지속된다(예; 행복, 만족 또는 사랑의 감정을 느낄 수 없다).

5. 외상성사건이 발생한 후 외상성사건과 연관되어 각성수준이나 재 반응의 뚜렷한 변화가 시작되거나 악화되며, 다음 2가지(또는 그 이상)로 나타난다.

(1) (자극이 거의 없거나 전혀 없어도) 사람이나 사물을 향한 언어 또는 신체적 공격성으로 표현되는 과민성이나 분노폭발이 있다.

(2) 무모하거나 자기 파괴적인 행위를 나타낸다.

(3) 지나치게 경계한다.

(4) 놀람반응이 증가한다.

(5) 집중이 어렵다.

(6) 수면장애가 있다(예; 잠들기 어렵거나 계속 잠자기가 어렵고 또는 불안정한 수면).

6. 진단기준 2, 3, 4, 5에 해당하는 장애의 기간이 1개월 이상 나타난다.

7. 증상이 임상적으로 심각한 고통이나 사회적, 직업적, 또는 다른 중요한 기능영역에서 장애를 초래한다.

8. 장애가 일어나는 것은 물질(예; 약물, 알코올)이나 다른 의학적상태의 생리적인 효과로 인한 것이 아니다.

다음 중 하나를 명시할 것

해리성증상이 있는 경우; 외상후스트레스장애의 진단 기준을 충족하면서 스트레스에 대한 반응으로 다음 가운데 하나의 증상을 지속적으로 또는 반복적으로 경험한다.

(1) 이인증; 자신의 정신기능이나 신체에서 분리되거나, 자신의 정신기능이나 신체를 마치 외부관찰자로서 느끼는 경험이 지속되거나 반복된다(예; 꿈속에 있는 것 같은 느낌, 자신이나 신체에 대한 비현실감, 시간이 천천히 가는 것처럼 느낌).

(2) 비현실감; 주변 환경에 대해 비현실적으로 느끼는 것이 지속되거나 반복된다(예; 개인을 둘러싸고 있는 세상이 비현실적이거나, 꿈과 같거나, 거리감이 느껴지거나, 왜곡된 것처럼 느낀다).

주의; 이 하위유형의 해리증상은 물질(예; 의식상실, 알코올중독 상태에서의 행동)이나 다른 의학적 상태(예; 복합 부분발작)의 생리적 효과로 인한 것이 아니어야 한다.

다음의 경우 명시할 것

지연성인 경우; (외상성사건 후에 일부증상이 시작되거나 나타났더라도) 사건이 발생한 후 적어도 6개월 동안 외상후스트레스장애의 모든 진단 기준을 충족하지 않는 경우

6세 이하 아동의 외상후스트레스장애의 DSM-5 진단기준은 다음과 같다.

1. 6세 이하의 아동에서 실제적이거나 위협적인 죽음이나 심각한 상해 또는 성범죄에 다음 1가지 이상의 방식으로 노출된다.
   (1) 외상성 사건을 직접경험
   (2) 타인(특히 1차양육자)에게 발생한 사건을 목격

주의; 매체, 텔레비전, 영화 또는 그림을 통한 노출에는 적용되지 않는다.

   (3) 가까운 가족이나 양육자에게 외상성 사건이 발생한 것을 알게 됨.

2. 외상성사건이 발생한 후 외상성사건과 연관되는 침입적인 증상이 다음 가운데 1가지(또는 그 이상)가 나타난다.
   (1) 외상성사건에 대한 반복적이고 비자발적이고 집요하게 떠오르는 고통스러운 기억

주의; 자발적이고 침입적인 기억이 반드시 고통스럽지 않을 수 있고, 사건을 재현하는 놀이로 표현될 수 있다.

   (2) 꿈의 내용 또는 정서가 외상성사건과 관련되는 반복적이고 고통스러운 꿈

주의; 꿈의 무서운 내용이 외상성사건과 연관되는 것을 확신하지 못할 수 있다.

   (3) 외상성사건이 마치 재발하고 있는 듯 한 느낌이나 행동으로 나타나는 해리성 반응(예; 플래시백)이 주변 환경에 대해 전혀 인식을 하지 못할 정도로 극심하게

나타날 수 있다. 이러한 특유의 재연이 놀이에서 나타날 수 있다.

(4) 외상성사건과 유사하나 외상성사건을 상징하는 내적 또는 외적단서에 노출되었을 때 나타나는 심하거나 지속되는 심리적 고통이 있다.

(5) 외상성사건과 관련되는 회상물에 대한 뚜렷한 생리반응이 있다.

3. 외상성사건과 연관되는 자극에 대해 지속으로 회피하거나, 인지 또는 기분의 부정적 변화가 외상성 사건이 발생한 후에 시작되거나 악화되는 증상이 다음에서 1가지(또는 그 이상)가 나타난다.

(1) 외상성사건이나 외상성사건과 밀접하게 연관되는 고통스러운 기억, 생각, 느낌을 회피하거나 피하려고 노력한다.

(2) 외상성사건이나 외상성사건과 밀접하게 연관되는 고통스러운 기억, 생각, 느낌을 떠오르게 하는 외적 회상물(사람, 장소, 대화, 갈등, 물건, 상황)을 회피하거나 피하려고 노력한다.

- 자극에 대한 지속적인 회피

(1) 외상성사건을 떠오르게 하는 활동, 장소 또는 물건과 같은 회상물을 피하려고 노력한다.

(2) 외상성사건을 떠오르게 하는 사람, 대화 또는 혹은 대인관계적 상황을 회피하려고 노력한다.

- 인지의 부정적인 변화

(1) 부정적인 감정상태(예; 두려움, 죄책감, 슬픔, 수치심, 혼란)의 빈도가 상당히 증가한다.

(2) 흥미 또는 주요활동에의 참여가 뚜렷하게 줄어든다(놀이의 제한 포함).

(3) 사회적 행동이 위축된다.

(4) 긍정적인 감정표현이 지속적으로 감소된다.

4. 외상성사건과 연관하여 각성수준과 재 반응의 변화가 외상성사건이 발생한 후에 시작되거나 악화되는 증상이 다음 가운데 2가지(그 이상)가 나타난다.

(1) (자극이 거의 없거나 전혀 없어도) 사람이나 사물을 향한 언어 또는 신체적공격

성으로 표현되는 과민성이나 분노폭발이 있다.

(2) 지나치게 경계한다.

(3) 놀람반응이 증가한다.

(4) 집중이 어렵다.

(5) 수면장애가 있다(예; 잠들기 어렵거나 계속 잠자기가 어렵고 또는 불안정한 수면).

5. 장애의 기간이 1개월 이상이다.
6. 증상이 임상적으로 심각한 고통을 초래하거나 부모, 형제, 또래 혹은 다른 양육자와의 관계 혹은 학교행동에 장해를 초래한다.
7. 장애가 일어나는 것은 물질(예; 약물, 알코올)이나 다른 의학적상태의 생리적인 효과로 인한 것이 아니다.

다음 중 하나를 명시할 것

해리성 증상이 있는 경우; 외상후스트레스장애의 진단 기준을 충족하면서 다음 가운데 하나의 증상을 지속적으로 또는 반복적으로 경험한다.

(1) 이인증; 자신의 정신기능이나 신체에서 분리되거나, 자신의 정신기능이나 신체를 마치 외부관찰자로서 느끼는 경험이 지속되거나 반복된다(예; 꿈속에 있는 것 같은 느낌, 자신이나 신체에 대한 비현실감, 시간이 천천히 가는 것처럼 느낌).

(2) 비현실감; 주변 환경에 대해 비현실적으로 느끼는 것이 지속되거나 반복된다(예; 개인을 둘러싸고 있는 세상이 비현실적이거나, 꿈과 같거나, 거리감이 느껴지거나, 왜곡된 것처럼 느낀다).

주의; 이 하위유형의 해리증상은 물질(예; 의식상실, 알코올중독 상태에서의 행동)이나 다른 의학적 상태(예; 복합 부분발작)의 생리적 효과로 인한 것이 아니어야 한다.

다음의 경우 명시할 것

지연성인 경우; (외상성사건 후에 일부증상이 시작되거나 나타났더라도) 사건이 발생

한 후 적어도 6개월 동안 외상후스트레스장애의 모든 진단 기준을 충족하지 않는 경우

주요원인

주된 원인은 스트레스와 스트레스시의 사회적 환경, 성격의 경향성 및 생물학적 취약성 등이다. 스트레스자체의 정도가 심할수록 더 증상을 나타낸다기보다는 주관적인 반응이나 의미부여가 더 중요한 요인이다. 아이가 어릴수록 대처전략이 없을 수 있고 따라서 감정발달이 정지되며 노년기로 갈수록 대처전략이 퇴행하여 스트레스에 대처하기가 어려워진다. 또한 어린 시절의 외상경험과 성격장애의 경향성이 있을 경우 또는 유전적 및 체질적 취약성이 있을 경우 알코올문제가 있을 경우 외상후스트레스장애를 일으킬 소인이 된다.

예후 및 치료

이 장애를 나타내는 사람들의 행동특성은 지속적인 진단중독증이다. 불필요한 진료를 받으며 약물을 복용하는 경우가 있어 습관성중독을 일으키기도 한다. 우울기분이 합병증으로 나타나 간혹 자살기도를 하거나 반사회적 인격장애를 동반하는 경우도 있다. 증상은 사건발생 얼마 후에 나타나기 시작하며 그 기간은 1주에서 30년까지이며 시간에 따라 유동적으로 증상을 나타내나 스트레스가 있을 때 더욱 악화된다. 병전기능이 좋았거나 정신과적 또는 내과적 질환이 없는 경우 예후가 좋으며 나이가 너무 어리거나 너무 많을 경우 예후가 더 나쁘다.

치료원칙은 조기발견, 조기치료, 조기복귀이며 증상이 가볍거나 발병초기에 조기발견된 경우 치료는 적절한 약물(우울증치료와 유사)과 단기정신치료가 도움이 되며 만약 조기에 적절한 조치가 이뤄지지 못하면 만성화될 가능성이 높다.

3. 급성스트레스장애

급성스트레스장애는 DSM-5에서 제시한 새로운 진단명으로서 외상사건을 직접 경험했

거나 그 사건장소에 있어서 사건의 과정을 목격하고 난 직후에 나타나는 부적응적 증상이 나타나는 경우이다. DSM-IV와 DSM-5에서는 외상후스트레스장애와 관련하여 장애를 나타내는 기간만이 차이가 있을 뿐 주된 증상이나 진단기준이 유사한 장애이다.

임상적 핵심증상

부적응적 증상이 3일 이상 지속되면 급성스트레스로 보나 1개월 이상 지속하고 악화되면 외상후스트레스장애로 진단을 내린다. 주된 증상은 사회적관계로부터의 철수, 집중력감소, 명백한 지남력장애, 분노 및 언어성 공격, 절망감, 상황에 맞지 않은 과잉행동, 지나치게 과한 슬픔을 유발한다. 또 다른 특징적인 증상은 일시적인 자기보호로 등장하는 해리증상이며 현실을 부정하는 이 증상으로 인해 정서적 마비 및 기억상실을 동반하게 되나, 해리증상으로 점차 자신을 보호하고 현실을 수용하게 되면 증상도 완화된다. 급성스트레스장애의 DSM-5 진단기준(APA, 2013)은 다음과 같다.

1. 실제적이거나 위협적인 죽음이나 심각한 상해 또는 성범죄에서 다음 중 1가지 이상의 방식으로 노출된다.
   (1) 외상성 사건을 직접경험
   (2) 타인에게 발생한 사건목격
   (3) 가까운 가족이나 친구에게 외상성 사건이 발생한 것을 알게 됨(가족이나 친구의 실제적이거나 위협적인 죽음의 경우, 해당사건은 난폭하거나 우발적이어야 함)
   (4) 외상성사건의 혐오스러운 세부사항에 대해 반복적이고 극단적으로 노출(예; 사체를 수습하는 응급요원, 아동학대의 세부사항에 반복적으로 노출된 경찰관)

주의; 진단기준 1의 (4)는 매체, 텔레비전, 영화 또는 그림을 통한 노출에는 적용되지 않는다(직업적으로 관련하여 노출된 경우는 적용).

2. 외상성사건이 발생한 후 시작되거나 악화되는 침입적인 증상, 부정적인 기분, 해리증상, 회피증상, 각성증상인 5가지 범주 중 9가지 이상의 증상이 나타난다.

- **침습적 증상**

(1) 외상성사건에 대한 반복적이고 비자발적이고 집요하게 떠오르는 고통스러운 기억

주의; 소아에서는 사고의 주제나 특징이 표현되는 반복적인 놀이를 한다.

(2) 꿈의 내용 또는 정서가 외상성사건과 관련되는 반복적이고 고통스러운 꿈

주의; 소아에서는 내용이 인지되지 않는 무서운 꿈일 수 있다.

(3) 외상성사건이 마치 재발하고 있는 듯한 느낌이나 행동으로 나타나는 해리성 반응(예; 플래시백)이 주변 환경에 대해 전혀 인식을 하지 못할 정도로 극심하게 나타날 수 있다.

주의; 소아에서는 외상의 특유한 재연이 놀이에서 나타날 수 있다.

(4) 외상성사건과 유사하나 외상성사건을 상징하는 내적 또는 외적단서에 노출되었을 때 나타나는 심하거나 지속되는 심리적 고통 또는 생리적 반응이 있다.

- **부정적 기분**

(5) 긍정적인 감정(예; 행복감, 만족감, 사랑의 감정을 느낄 수 없다)을 경험할 수 없는 상태가 지속된다.

- **해리증상**

(6) 자신이나 주위환경에 대한 현실감각의 변화(예; 다른 사람의 관점으로 자신을 보기, 어리둥절한 상태, 시간이 느리게 감)

(7) 외상성사건의 중요한 부분을 기억할 수 없다(해리성기억상실 때문이며, 뇌손상, 알코올 혹은 약물과 같은 다른 요인에 의한 것이 아님).

- **회피증상**

(8) 외상성사건이나 외상성사건과 밀접하게 연관되는 고통스러운 기억, 생각, 느낌을 회피하려고 노력한다.

(9) 외상성사건이나 외상성사건과 밀접하게 연관되는 고통스러운 기억, 생각, 느낌을 떠오르게 하는 외적 회상물(사람, 장소, 대화, 활동, 물건, 상황)을 회피하려고 노력한다.

• **각성증상**

(10) 수면장애(예; 잠들기 어렵거나 계속 잠자기가 어려움 또는 불안정한 수면)

(11) (자극이 없거나 전혀 없어도) 사람이나 사물을 향한 언어 혹은 신체적 공격성으로 표현되는 과민성이나 분노폭발

(12) 지나친 경계

(13) 집중의 어려움

(14) 놀람반응의 증가

3. 장애진단 2의 기간이 외상에 노출된 이후 3일에서 1개월 이내이다.

주의; 증상은 전형적으로 외상 후 즉시 시작되나 진단기준을 충족하기위해서는 적어도 3일 이상 1개월 이내까지 지속되어야 한다.

4. 증상이 임상적으로 심각한 고통이나 사회적, 직업적, 혹은 다른 중요한 기능영역에서 장애를 초래한다.

5. 장애는 물질(예; 약물, 알코올)이나 다른 의학적 상태의 생리적인 효과로 인한 것이 아니며 단기 정신증적 장애로 설명되지 않는다.

주요원인

외상사건에의 노출시 급성증상으로 나타나는 장애이며 외상후스트레스장애와 유사하다. 예를 들면 개인적인 병전성격, 기질, 과거의 외상경험, 잠재된 정신병리 등이 영향을 미칠 수 있으며 어떠한 사건에 반응하는 왜곡된 인지적 특성, 유전적소인 및 환경 등이 장애를 일으키는 원인이 될 수 있다.

예후 및 치료

치료하지 않은 상태로 방치되면 개인에 따라서는 심각한 외상후스트레스로 진행될 수 있으므로 유의해야 한다. 특히 아동기의 심각한 외상은 외상후스트레스장애로 진행되지 않더라도 뇌 발달에 지속적인 문제를 초래할 수 있으며 청소년기외상은 낮은 자아감, 학업저하, 자살사고, 부적응적 성격에 영향을 미치며 성장하면서 정신장애를 나타낼 수 있는 요인이 되기도 한다. 그러므로 외상사건은 가능한 조기인식이 중요하며 가

정, 학교, 지역사회의 지지적 개입을 통해 애착관계와 자기 효능감을 강화하고, 인지행동접근에 의한 이완과 인지적 재구성을 돕는 집단치료도 도움이 된다. 약물치료는 필요에 의해 항불안제나 기분조절제 등이 도움이 될 수 있으나 충분한 치료제는 아직까지 알려진 바가 없다.

4. 적응장애

적응장애는 청소년기에 자주 발병하는 매우 중요한 질환으로서 어떤 정신적인 스트레스를 받은지 3개월 이내에 일어나는 비적응적 반응이다. 청소년의 부적응반응은 학습장애, 사회활동 또는 대인관계장애를 일으키기에 충분할 정도로 심각하고, 이러한 스트레스에 대해 예측할 수 있는 일반적인 정도에 비해 심한 것일 경우를 말한다. 적응장애는 청소년기에 가장 많으나 어떤 연령층에서도 발생할 수 있으며 남자에 비해 여자가 더 많고, 스트레스요인이 사라지면 비적응적 반응이 소거될 수 있다. 정신적 스트레스가 지속된 경우라 하더라도 변화된 환경이나 새로운 차원에서 적응이 이루어질 수 있다면 장애는 사라질 수 있다.

임상적 핵심증상

정신적 충격을 받은 후 나타날 수 있는 증상은 다양하며, 외상후스트레스장애와는 다르게 적응장애는 스트레스가 일반적인 경험의 범위 내에 있고 덜 심하며 외상의 재 경험은 없다. 아동청소년과 성인의 증상은 다음과 같은 차이가 있다.

성인의 증상

- 우울, 불안 또는 혼합정서 및 신경과민증상이 나타날 수 있다.
- 사회적 및 직업적 기능장애가 나타날 수 있다.
- 신체화증상이 나타날 수 있다.
- 음주 또는 폭력행동이 나타날 수 있다.

- 무모한 운전, 범법행위, 파괴행위 등이 나타날 수 있다.
- 대인관계를 회피한다.

아동청소년의 증상

- 학습에 장애가 일어난다.
- 성적이 저하되고 부 적응적 행동태도를 보인다.
- 시험불안을 느낀다.
- 보고서를 쓰거나 과제수행이 어렵다.
- 공부에 집중할 수 없으며 공부를 피하려는 행동을 막을 수가 없다.
- 학습에 대한 생각을 하지 않을 때는 고통이 없다.
- 지적능력이나 학업능력은 있으며 본인도 노력은 하나 집중이 안 된다.
- 노력과 다른 것에 불안과 우울증상이 있다.
- 수면장애가 있다.
- 강박적인 행동이 동반된다.
- 일상의 규칙이 깨지고 약물남용을 하기도 한다.
- 먹지 않거나 지나치게 먹는다.
- 관계에서 고립된다.

적응장애의 유형은 6가지로 가장 많은 증상에 따라 분류된다. 가장 흔한 경우는 우울기분이 있는 적응장애와 혼합된 양상을 보이는 장애이며 이 경우 회복 또한 빠르다는 보고가 있다. 적응장애는 아동의 생활전반에서 나타나거나 특정상황인 학교나 집 또는 또래관계에서 기능장애를 일으킬 정도로 심각하게 나타난다. 적응장애의 DSM-5 진단기준(APA, 2013)은 다음과 같다.

1. 정서적 또는 행동적 증상이 확인 가능한 스트레스에 대한 반응으로 발생하며, 스트레스가 시작된 후 3개월 이내에 나타난다.
2. 증상이나 행동은 다음 중 1가지 이상으로 입증되듯이 임상적으로 심각해야 한다.

(1) 스트레스에 노출되었을 때 통상적으로 기대되는 정도보다 훨씬 심한 고통이다.

(2) 사회적으로나 직업적(학업적)으로 또는 다른 중요한 영역의 기능에서 심각한 장애가 있다.

3. 스트레스와 관련되는 장애가 또는 다른 정신장애의 진단기준에 맞지 않아야 하며, 이미 존재하고 있던 정신장애의 악화가 아니어야 한다.
4. 증상이 사별반응으로 나타나는 것이 아니어야 한다.
5. 스트레스 또는 그 영향이 종결되면 증상은 종결 후 6개월 이상 증상이 지속되지 않는다.

다음 중 1가지를 명시할 것

- 309.0(F43.21) 우울기분이 있는 경우; 우울기분, 쉽게 눈물이 남, 절망감 등의 증상이 두드러질 때 진단
- 309.24(F43.22) 불안이 있는 경우; 신경과민, 걱정, 안절부절 못 하거나 또는 유아에서 분리불안 등의 증상이 두드러질 때 진단
- 309.28(F43.23) 불안과 우울기분이 있는 경우; 우울과 불안의 혼합된 증상이 두드러질 때 진단
- 309.3(F43.24) 품행장애가 있는 경우; 품행장애가 두드러질 때 진단
- 309.4(F43.25) 정서 및 품행장애가 있는 경우; 정서증상(예; 우울, 불안)과 품행장애가 모두 두드러질 때 진단
- 309.9(F43.20) 불 특정형; 부적응적 반응이 특정 아형으로 분류되지 않는 경우 진단

주요원인

정신적 스트레스가 주요인이며 인격장애, 문화적 또는 집단적 특성, 기질성장애가 있을 때 스트레스를 증가시키므로 적응장애가 일어날 수 있다. 정신적 스트레스에는 생애주기상의 변화와 사건일 수도 있으며 직업상 또는 가족 내의 갈등이 복합적으로 작용할 경우도 있다. 청소년기의 가장 중요한 스트레스요인은 학업, 부모의 배척, 부모의 갈등과 이혼, 친구문제, 물질남용 등이다. 성인의 정신적 스트레스는 결혼문제, 이혼,

새로운 곳으로의 이주, 경제문제 등이며, 기타 만성질환, 이웃 간의 갈등, 사업실패, 종교적 사회적 박해, 발달상의 생활주기 변화, 천재지변 등도 개인의 정신적 스트레스로 작용할 수 있다.

뿐만 아니라 개인의 취약점이 있을 경우 스트레스를 극복하는데 제한이 있으며 작은 스트레스에도 심한 스트레스반응을 일으켜 적응에 문제를 가져오는 경우가 있다. 이것은 어린 시절의 좋은 부모환경과 관련된다. 대부분의 관계이론들에서는 초기경험에 얼마나 충분히 좋은 돌봄을 받았느냐에 따라 적응적 성격을 형성할 수 있다고 한다. 충분히 좋은 돌봄이란 완벽하거나 과잉보호가 아니라 양육자가 아이의 욕구에 적응하고 좌절에 견딜 수 있도록 충분히 지지하고 정서적으로 안정된 환경을 제공하는 것을 의미한다.

예후 및 치료

정신적 스트레스를 받은 후 3개월 이내에 시작하여 6개월을 넘기지 않을 때는 급성형으로 보고 6개월을 넘길 때는 만성형으로 본다. 적응장애를 만성화시키는 요인은 분명하지는 않으나 극심한 스트레스, 만성적 스트레스, 개인의 취약성이 원인이라고 본다. 치료를 위해 일차적으로는 개별접근을 통해 개인의 관심사나 염려를 표현할 수 있도록 돕는 심리치료가 우선이며, 동시에 이와 관련하여 가족치료를 시행하는 것이 도움되고 유사한 경험을 한 사람들끼리 집단치료를 하는 것도 도움 된다. 이러한 접근을 통해 충격적인 스트레스사건을 해결하며 그 사건이 개인에게 어떠한 의미인지 어린 시절의 외상경험과 어떠한 상관관계가 있는지 이해를 돕는다. 이러한 접근방법은 현재의 증상이 어린 시절의 적응방식과 관련이 있다고 보는 관점이며, 품행장애 관련한 적응장애일 경우는 단순히 돕는 것이 아니라 행동결과에 대한 책임성을 느끼게 하는 것이 중요하며 정서적으로 성숙하도록 도울 필요가 있다. 아동청소년의 문제행동 관련한 적응장애의 경우 치료사는 청소년이 이차적인 이득문제에도 관심을 가져야 할 필요가 있으며 무조건적인 지지나 이해는 오히려 병리적인 행동을 유발하도록 강화할 수 있기 때문이다. 심각한 급성스트레스상황에 대해서는 단기접근의 위기개입이 요구되며 지지, 암시, 재확인, 환경변화, 단기입원 등을 사용하여 융통성 있게 도와야 하며, 심한 불안이나 심한 우울에는 항불안제 및 항우울제를 사용할 수도 있으나 약물에 대한 효과성은 알려진 바가 거의 없다.

5. 반응성애착장애

인간은 처음부터 안정되고 일관적인 애정 있는 부모환경에서 충분히 좋은 돌봄을 받으며 본래 가지고 왔던 자기를 성장시켜감으로써 진정한 자기를 완성해간다. 이 장애는 5세 이전에 어머니로부터 충분히 좋은 돌봄을 받지 못함으로써 사회적 유대관계가 형성하지 못하는 것으로 나타나는 장애이며, 5세가 지나면 부모나 양육자로부터 돌봄을 받지 못해도 반응성애착장애가 발병하지는 않는다. 반응성애착장애(reactive attachment disorder)는 학대 및 방임하는 부모환경에 있는 아동에게서 흔히 있을 수 있으며, 그러한 학대가정에 있거나 또는 일차적인 양육자가 자주 바뀌는 환경에 노출된 환경에서는 아동이 연령에 적절하고 일관된 양육을 받을 수 없으므로 적절한 방식으로 사회적 상호작용을 시도하거나 반응할 수 없게 되어 나타나게 된다.

임상적 핵심증상

증상은 나이에 따라 차이가 있으나 핵심증상(최신정신의학, p.506; 청소년임상미술치료방법론, 2007, p.208-209참조)은 사회적 관계를 맺지 못하는 것이다. 가장 전형적인 것은 신체질환이나 기질적인 문제가 원인이지만 지적장애나 자폐장애가 없음에도 정상적인 발달이 안 되고 정서발달과 신체발달에 장애(성장장애)를 보이는 것이다. 아동은 자연스러운 움직임이 없고, 웃음이 없고, 표정이 멍하고, 무감동하며, 슬퍼 보인다. 때로는 놀란 상태에서 두리번거리는 표정을 보이거나, 어떠한 자극에도 반응이 느리고, 잘 먹지 않아 영양상태가 나쁘고 배가 툭 튀어 나와 있으며, 체중미달, 성장이 느리고, 피부가 창백하고, 근육이 약하다. 그러나 성장호르몬은 정상이거나 높을 수 있으며 이것은 성장실패가 영양부족에 대한 2차성임을 나타낸다.

이러한 성장문제를 가진 아동의 애착장애는 억제형(inhibited)과 탈억제형

(disinhibited) 두 가지 형태로 나타낸다(DSM-IV 기준). 억제형은 타인과의 관계를 두려워하거나 회피하는 형태로 증상을 나타내는 것으로 아동은 사회적인 상호작용을 보이지 않는다. 눈을 맞추거나 소리를 따라하지 않으며, 장난에 반응하지 않으며, 이별에도 무관심하고, 화를 내거나 항의하지 않는다. 환경의 변화에 무관심하고, 장난감에도 흥미가 없으며, 사회적상호작용에 경계하고 양가적인 감정을 보이나 양육자가 돌봐주면 흥미를 나타내기도 한다. 탈억제형은 억제형과는 반대로 누구에게나 친밀감을 나타내는 무분별한 애착행동을 보이는 경우이며, 선택적인 애착을 보이지 않으며 낯선 사람에게도 극단적인 친밀감을 보인다. 이 두 유형의 반응성애착장애는 병리적인 양육으로 인한 것이나 경과나 치료 그리고 관련 요소와 표현상 다르므로, DSM-5에서는 DSM-IV에서처럼 하나의 질환에 두 개의 아형으로 분류하지 않고 반응성애착장애(위축행동을 보이는 내재화장애)와 탈억제성 사회관계장애(탈 억제성 행동을 보이는 외재화장애)라는 2개의 질환으로 분류하였다. 따라서 아래에서는 탈 억제성에 대한 내용을 별도로 제시하였다.

반응성애착장애의 유사개념으로 심리사회적 왜소증(psychosocial dwarfism)은 2~3세 유아에서 비정상적인 음식물섭취와 관련하며 키가 작고 성장호르몬에 장애 등 성장실패를 갖는 경우로서 심한 행동증상을 보이는 것이다. 유사의미로서 애정이 없는 성격(affectionless character)도 2~3세까지 애착을 형성하지 못한 결과로 지속적인 관계를 맺지 못하거나, 죄책감이 없고, 규칙을 따르지 않으며, 아무에게나 사랑이나 관심을 받기 원하는 행동을 보이며 사회적관계가 피상적이고 진실성이 없다. 반응성애착장애의 DSM-5 진단기준(APA, 2013)은 다음과 같다.

1. 성인양육자에게 억제되고 정서적으로 철수된 행동을 지속적으로 나타내며, 다음 2가지 방식으로 나타난다.
   (1) 아동이 고통스러울 때 위안을 구하는 행동이 거의 없거나 최소로 드러낸다.
   (2) 아동이 고통스러울 때 위안을 구하는 반응이 거의 없거나 최소로 드러낸다.
2. 사회적 그리고 정서적 장애가 다음 2가지 이상에서 지속적으로 나타난다.
   (1) 다른 사람에게 최소한의 사회적, 정서적 반응을 보인다.

(2) 긍정적인 정동의 제한성을 보인다.

(3) 이유 없는 흥분, 슬픔, 공포삽화, 성인양육자와 위협적이지 않은 상호작용을 할 때에도 분명하게 나타난다.

3. 아동은 다음과 같은 극단적인 형태의 부적절한 양육을 적어도 1가지 이상에서 분명히 경험해야 한다.

(1) 성인양육자가 아동의 기본적인 정서적요구인 위안, 자극, 애정을 지속적으로 무시하는 사회적 방임 또는 결핍이 있다.

(2) 안정된 애착을 형성하기 어려울 정도로 일차양육자가 자주 바뀌었다(예; 위탁가정의 잦은 변경).

(3) 선택적 애착을 형성하기 어려울정도로 특이한 환경에서 양육되었다(예; 아동에 비해 양육자의 수가 극히 부족한 시설).

4. 1기준에서의 문제행동은 3기준의 양육이 그 원인일 것으로 추정된다(예; 3의 기준에 있는 부적절한 양육이후에 1기준의 문제행동이 나타났다).

5. 자폐스펙트럼장애의 진단 기준을 충족해서는 안 된다.

6. 징애징후는 6세 이전에 분명해야 한다.

7. 아동은 최소한 9개월 연령은 되어야 한다.

다음의 경우 명시할 것

지속형; 장애가 12개월 이상 지속될 경우

현재의 심각도 명시

아동이 이 장애의 모든 증상을 나타내고 각각 증상의 강도가 심할 때 고도 반응성애착장애로 분류한다.

주요원인

반응성애착장애의 주된 원인은 부모나 양육자가 아이를 충분히 돌보지 못한데서 발생한다. 예를 들면 아이의 정서적 욕구를 무시하고 지나치게 가혹한 훈육을 하거나 육아를 소홀히 하는 것이며, 기본적인 신체적 욕구를 무시하여 영양과 주거 및 폭력으로부터 보호하지 못한 것 등이 원인이 된다. 또한 부모문제로서 잦은 양육자의 바뀜, 부모의 정신적 문제 및 지적장애, 부모의 육아기술 부족, 부모의 사회적 고립과 박탈상태, 부모가 너무 어린나이에 부모가 되어 유아의 욕구를 인지하지 못한 경우, 부모자신의 욕구가 아이보다 우선되므로 아이를 돌보지 못한 경우에 반응성애착장애를 나타낼 수 있다.

예후 및 치료

돌봄의 결핍기간이 길수록 예후는 나쁘며 조기에 양육자가 잘 돌볼 수 있다면 회복될 수 있다. 따라서 치료방법은 애착관계를 개선하는 것인데, 우선 안전한 울타리제공을 위해 아이를 입원을 시킬 것인지 가정에서 돌봄 환경을 변화시키면서 통원치료를 할 것이지 결정하되 최선의 돌봄을 결정해야 한다. 가능한 중재는 첫째, 정신사회적 지지 접근으로서 주거환경을 개선하고 경제적 도움체계 연결 및 가족격리를 감소시키는 것이다. 둘째, 정신치료적 중재로 개인치료, 약물치료, 가족 및 부부치료를 하는 것이다. 셋째 교육적 상담을 통해 부모의 아동이해 및 육아기술을 구체적으로 안내하는 것이다. 마지막으로 고려해야 할 것은 아동의 정신적 신체적 건강을 평가하여 이러한 중재방법이 부적절하거나 실패하는 경우 가족과 분리하여 돌봄 환경을 마련하는 것이다.

6. 탈 억제성 사회관계장애

앞에서도 명시하였듯이 이 장애는 반응성애착장애의 탈 억제형으로서 애착행동을 가진 경우를 뜻하며 DSM-5에서는 외상 및 스트레스사건관련 장애의 하위 장애에 포함하여 분류하였다. 따라서 이 장애는 원인, 증상, 치료방법에서 애착장애와 유사하며, 차이점은 반응성애착장애는 좋은 대상이 돌봄을 주게 되면 증상이 호전되나, 탈 억제성 사회관계장애는 정서적인 부분보다는 부주의나 과잉행동과 관련성이 더 높아서 좋은 양육이 주어져도 잘 개선되지 않는 경향이 있다는 점에서 차이가 있다.

임상적 핵심증상

낯선 사람에게 부적절하고 과도하게 친근감을 표현하고 산만한 행동과는 다르게 조절되지 않는 무분별한 행동을 나타내는 것이 특성이다. 사회적인 방임이 원인이며 시설에서 성장했거나 입양된 경우에서 나타날 수 있으며 양육의 질과는 무관하고 좋은 양육을 제공해도 반응이 약하여 변화를 기대하기가 쉽지 않다. 탈 억제성 사회관계장애의 DSM-5 진단기준(APA, 2013)은 다음과 같다.

1. 아동이 낯선 성인에게 적극적으로 다가가고 상호작용하며, 이러한 행동패턴이 다음 중 2가지 이상 나타난다.
   (1) 조심성이 부족하거나 전혀 없이 낯선 성인에게 다가가고 상호작용한다.
   (2) 과도하게 친근한 언어표현이나 신체적 행동을 한다(문화적으로 허용된 범위와 연령에 적합한 사회적 허용범위를 넘어서는 정도임).
   (3) 성인양육자가 나가도 양육자를 확인하는 행동이 미약하거나 전혀 없고, 낯선 상황에서도 마찬가지이다.
   (4) 약간의 머뭇거림이나 전혀 망설임 없이 낯선 성인을 따라가려고 한다.
2. 1기준의 행동이 단순히 충동적으로 나타나는(ADHD처럼) 것이 아니라 사회적으로 탈 억제성 행동이어야 한다.
3. 아동이 다음과 같은 극단적으로 불충분한 양육패턴을 적어도 1가지 이상에서 분명히 경험되어야 한다.
   (1) 성인양육자가 아동의 기본적인 정서적 요구인 위안, 자극, 애정을 지속적으로 무시하는 사회적 방임 또는 결핍이 있다.
   (2) 안정된 애착을 형성하기 어려울 정도로 일차양육자가 자주 교체되었다(예; 위탁가정의 잦은 변경).
   (3) 선택적 애착을 형성하기 어려울 정도로 매우 특이한 환경에서 양육되었다(예; 아동에 비해 양육자의 수가 극히 부족한 시설).
4. 1기준의 문제행동은 3기준의 양육이 그 원인일 것으로 추정된다(예; 3기준에 있는 부적절한 양육 이후에 1기준의 문제행동이 나타남).

5. 아동의 연령이 최소한 9개월은 되어야 진단내릴 수 있다.

다음의 경우 명시할 것

지속형; 장애가 12개월 이상 지속될 때

현재의 심각도 명시

아동이 이 장애의 모든 증상을 나타내고 증상의 강도가 심할 때 고도 탈 억제성사회관계장애로 분류한다.

주요원인

이 장애의 가장 위험요인으로는 심각한 사회적 방임으로서 박탈과 방임이 주된 원인으로 보고되고 있으므로 탈 억제성 사회관계장애의 진단기준에 필수조건이나, 심각한 방임아동에서도 이 장애가 나타나지 않는 경우가 있어서 구체적인 요인을 밝히기는 어렵다. 윌리엄스 증후군(Williams syndrome)처럼 생물학적 원인도 탈 억제성 사회관계장애를 일으킬 수 있다고 알려져 있다. 또한 이 장애를 가진 아동들은 주로 심각한 학대경험이 있고 시설에서 성장한 경우이거나 입양된 경우에서도 관찰될 수 있으며, 학대받은 아동의 신경생물학적 취약성에 대한 연구도 있으나 아직 밝혀진 바는 없다.

예후 및 치료

이 장애는 2세 이후에 방임경험이 시작된 아동에서는 나타나지 않으며 심각한 방임이후의 양육환경변화의 수준은 예후에 다소의 영향이 있을 뿐 직접적인 변화에 영향은 미치지 않는 것으로 알려져 있다. 탈억제성 사회관계장애를 나타내는 아동은 ADHD를 가질 수도 또는 갖지 않을 수도 있으며, 집중력문제나 과잉행동은 없다는 점에서 ADHD와 감별이 가능하고, 동시진단도 가능하다. 이 장애는 어린아동에게서 성인과 또래관계 능력이 제한적이며 많은 경우에서 장애가 장기간 지속되며 질적으로 좋은 양육환경으로 옮겨가도 변화를 기대하기가 쉽지 않으며 일부는 청소년기까지 증상이 지속되기도 한다.

7. 외상 및 스트레스사건관련 장애 아동청소년의 중재지침과 미술치료

심각한 외상에 접근하는 미술치료는 신체요소와 인지요소를 통합(Davis, McKay, & Eshelman, 2000; Norris & Fahrion, 1993)하는 것이라고 볼 수 있다. 신체요소는 창작활동을 통해 외상기억으로 인한 흥분효과를 감소시키고 점진적으로 근육의 이완을 돕는다. 인지요소에서는 창작활동을 통해 합리적인 자기대화 학습을 사용함으로써, 불안을 조성하는 상황을 관리하고 인지적 재구조법(Hickling, Blanchard, & Kuhn, 2005; Meichenbaum, 1985)을 사용하게 된다(Cathy A. Malchiodi, 2013, p.138-139). 미술치료의 창작은 이 과정을 위해 "지금-여기"에서의 감정과 기억을 지면위에 표현하도록 안내하는 것이다. 어떠한 미술매체를 사용하고 어떻게 표현할지 탐색하면서 선택한 매체를 가지고 무언가를 시도한다면 감각적 조작이 일어나면서 기억의 상징화를 통해 지면에 조직화하는 과정이 진행된다. 이 과정을 통해 결과물이 나타나면 작품에 언어화된 새로운 의미를 획득하게 되고 구체적인 자기상황을 확인하게 되며 문제가 상징화된 능력으로 서술되고 통합된다.

미술치료사의 이해확장

외상사건 노출시키기

- 일차적인 준비는 안정감 있는 치료사의 자세와 물리적 환경을 준비하는 것이다.
- 심각한 경우는 외상에 대해 이야기하도록 하는 것 자체가 어려울 수 있으므로 외상과 개인의 수준에 따라 개입시기를 결정해야 한다.
- 사건당시의 기억을 상세하게 표현하도록 격려한다.
- 외상 시에 경험했던 기억과 감정을 탐색한다.
- 외상이전과 외상 후의 정서 및 기능에 대해 탐색하고 안정감을 갖도록 지지한다.

치료적 저항 이해하기

- 근친강간이나 학대문제의 경우는 보복에 대한 두려움 때문에 침묵할 수 있다.
- 사회적 문제나 보상 관련한 사건의 경우 저항은 강화될 수 있다.

- 외상 후 스트레스징후를 가장하거나 변화노력 없이 증상에 머물려는 경우도 있다.
- 치료사의 부정적역전이가 치료관계를 어렵게 하므로 치료사의 자기관찰이 필요하다.
- 약물은 불안을 감소시키나 완전한 치료제는 아니며 심리치료가 중요하다.
- 행동치료는 이미 스스로 불안을 통제하는 진정능력이 손실된 경우이므로 심리치료를 진행하면서 부분적으로 적용될 수 있을 것이다.

외상사건 이후의 변화탐색하기

- 외상 후 스트레스가 일상생활에 미치는 영향을 다룬다.
- 통제할 수 없는 정서적 징후에 대해 확인하고 감정을 표현할 수 있도록 돕는다.
- 과거에도 유사한 경험이 있었는지 확인하고 어떻게 대처했는지 결과에 대해 탐색하도록 돕는다.
- 부정적인 자기파괴사고가 있는지 확인하고 필요요소에 대해 중재한다.

치료목표와 중재범위 고려하기

- 심리치료의 목표는 신중해야 하며 일차적으로는 개인의 자아능력을 평가해야 한다.
- 경우에 따라서는 치료과정에서 증상이 더 악화되기도 하므로 유의해야 한다.
- 외상경험을 노출하고 통합하는 것은 개인이 감당할 수 있는 수준에 따라 조절되어야 한다.
- 증상을 완전히 없애는 것은 쉬운 일이 아니므로 과도한 계획을 세우지 않도록 유의한다.
- 증상악화를 방지하고 일상에서의 기능을 유지할 수 있도록 돕는다.
- 경우에 따라서는 지지접근이 치료의 전체가 될 수도 있다는 것을 기억해야 한다.

재료와 도구 및 공간선택의 유의사항

- 치료공간과 매체사용은 증상의 심각도에 따라 달라질 수 있다.
- 심한 정신증상을 보이지 않는다면 특별히 제한해야 할 재료나 도구는 없으며 대부분

의 재료사용이 가능하다.

- 불안상태이므로 안정감 있는 환경조성이 우선이다.
- 지나치게 많고 복잡한 재료는 혼돈과 불안을 자극하므로 단순한 재료와 도구를 제공한다.
- 감정을 자극하고 흥분시킬 수 있는 재료는 제한한다.
- 퇴행을 자극하는 재료는 이완과 자유로운 표출에 도움되나, 심각한 퇴행상태인 경우 더욱 혼란을 가중시켜 생리적 문제(공황상태 가능)와 일상생활의 적응문제를 일으킬 수 있으므로 유의해야 한다.

추천재료와 기법

- 심한 경우를 제외하고는 물감과 먹물 및 드로잉재료 등 대부분의 재료가 사용가능하다.
- 특히 난화기법은 외상으로 인한 고통을 표출하고 정서를 안정시키는데 도움이 되나, 지나치게 혼돈상태일 경우는 경계가 없는 놀이적 작업이 오히려 불안을 강화할 수 있으므로 증상의 수준과 적용가능성을 고려해야 한다.
- 꿈을 사용한 기법은 외상사건의 단서와 심리적 반응을 이해하는데 유익하다.
- 감정그림은 현재의 외상스트레스관련 감정과 변화를 탐색하는데 도움된다.
- 자화상은 외상경험을 반영하는 직접적인 표현이므로 자신의 두려움에 대한 탐색과 과정을 인식하게 한다.
- 찰흙으로 감정옹기를 만들고 두려움과 불안 및 분노감정을 담아 감정이 편안해질 때까지 직면과 거부를 반복함으로써 감정을 조절하고 대면할 수 있는 용기를 갖게 한다.
- 창작과정에 표현되는 모든 이미지는 그 자체가 외상사건을 표현하는 회상기법으로 작용하므로 사건의 기억을 재현하고 직면하며 문제해결을 계획하도록 돕는다.
- 창작물의 결과에서 확인된 감정과 혼란 및 두려움을 연극화하는 것은 극복을 위한 연습에 직접적인 도움이 된다.
- 외상후의 스트레스와 두려움의 증상을 감소시키기 위해서는 인지행동치료(교육접

근, 이완훈련, 감정조절훈련, 인식, 외상경험노출, 극복훈련, 가족중재, 예방적 접근 등을 문제의 외상 유형과 개인의 특성에 따라 적용)가 도움된다.

- 자기주장훈련과 사회기술훈련 및 역할훈련 등의 기법을 적용한 집단치료는 특정대상(동일사건을 경험한 경우)의 증상악화를 예방하고 표현할 수 있는 기회로 도움된다.
- 가족개입은 외상 후 빠른 시간 내에 가족이 재결합하도록 돕는다.

치료사가 갖추어야 할 자세와 지침

- 일차적으로는 안정된 치료사의 심리적환경과 물리적 환경조성이 우선된다.
- 해석 및 분석적 자세는 절대적으로 배재되어야 한다.
- 치료목표와 진행속도는 개인의 욕구에 따라 맞추어져야 한다.
- 연령에 적합하고 치료대상이 감당할 수 있는 정도의 속도로 진행해야 한다.
- 창작과정 또는 결과물에 대해 공유할 때 감정의 변화, 신체반응, 흥분 등의 생리적 변화를 관찰함으로써 필요시 도움을 제공해야 한다.
- 외상사건의 시기와 외상후 증상의 경과, 심각성, 주된 증상, 가족관계, 특정어려움 등에 대해 반드시 사전에 확인되어야 한다.
- 분리된 외상경험을 통합하는 것은 개인의 능력에 따라 조정되어야 한다.
- 반드시 가족중재와 함께 간다.
- 가족개입을 통해 가족의 고통을 다루고 긍정적인 태도로 문제해결을 하도록 돕는다.
- 대상이 원하는 욕구수준에 따라 수용적인 자세로 시작하고 서서히 구체적인 사건에 접근하며 예상대안을 연습하도록 안내한다.
- 치료과정의 단계마다에 적합한 목표를 설정하고 개입해야 한다.
- 치료사자신의 감당할 수 있는 능력을 평가하고 반드시 교육감독을 받아 역전이에 대처해야 한다.

미술치료의 목적과 효과성

- 일차적으로는 언어로 표현하기 힘든 외상사건의 상황을 상징적인 표현으로 말할 수

있게 한다.

- 이차적으로는 외상사건에서 벗어나 대인관계와 사회적응에 치료목표의 초점을 둔다.
- 창작과정은 두려움이 아닌 다른 어떠한 것에 집중할 수 있게 해준다.
- 미술은 외상으로 인한 일시적인 상실 및 혼돈과 같은 정체성문제를 통합하게 한다.
- 창작과정의 경험은 외상사건을 재현하며, 그 자체이자 치료를 위한 하위목표로서 외상에 의한 혼란스러운 인지를 분화시키고, 적극적인 의사소통과 문제해결능력을 향상시키며, 실제연습을 가능하게 한다.
- 창작과정의 매체경험, 이미지사용, 결과물인 이미지를 치료자와 또는 함께한 참여자들과 공유하는 것은 외상후스트레스의 치료핵심인 속도를 조절하게 한다.
- 치료과정의 작품은 불안한 과거의 외상기억을 알려주고 현재의 고통수준을 보여주는 근거가 된다.
- 창작과정은 외상기억의 고통을 감소시킨다.
- 작업후의 창작에 대한 공유과정은 사건에 대한 스트레스에 스스로 초점을 맞추고 왜곡된 불안환상에서 벗어나 스스로 대처할 수 있는 극복의 기회를 제공해준다.
- 미술표현으로 스트레스요인을 드러냄으로써 외상과 관련한 스트레스와 불안이 표현한 만큼 감소될 수 있으며 보다 더 안정감을 갖게 된다.

8. 미술표현에서 발견되는 특성

그림은 외상에 대한 증상을 외면화하는 증거로서 경험된 외상상황과 외상 후의 정서와 반응 및 외상 후 손상된 기능을 그대로 보여줄 뿐 아니라 외상에 대한 대처능력까지 보여준다. 질병, 폭력, 자연재해, 범죄사건, 사고 등의 직접경험과 간접경험으로 인한 외상 및 스트레스사건관련 장애의 공통성은 외상과 관련한 왜곡 환상과 정체성문제일 것이다. 따라서 초기그림의 표현적 특성은 외상의 유형에 따른 다양한 모습을 보여줄 것이며, 적대적인 공격성을 내포한 이미지, 무력감, 불균형, 퇴행, 미숙성, 불일치, 우울,

불안, 빈약함, 상처가 있는 신체상, 왜곡된 환경이미지 등 부적응적인 모습으로 나타낼 것이다.

예를 들면 신체적학대로 인한 외상의 경우 아이들은 미술표현에서 뿐 아니라 재료를 다루는 행동에서도 이미 일반적인 경우와 다른 모습을 보여준다. 이들에게 미술재료는 잃어버린 애정을 대처할 수 있는 상징적 대체물이므로 지나치게 재료에 집착하거나 재료를 숨기는 경향을 보일 수 있다. 그림표현의 특성은 직접적으로 불안이 노출되는 표현과 퇴행적이고 감각운동기적 형태의 표현으로 나타나기도 한다. 그러한 이유는 학대로 인한 외상불안이 심각하여 창조행위가 불가능해지기 때문이다. 학대의 불안징후인 두려움은 작품 속에서 어둠이나 동물에 대해 비현실적인 공포감으로 표현될 수 있는데 그러한 내용은 가정폭력과 연관되는 것을 흔히 볼 수 있다. 가정폭력으로 인한 외상의 또 다른 그림표현은 공격하거나 공격을 당하는 것에 대한 고통과 분노 등의 적대감이 표현되기도 하며 낮은 자존감과 비난이 직접적으로 표현된다. 성학대로 인한 외상을 가진 아이들의 공통적인 표현적 특성은 성적인 인물상의 표현이 두드러진다.

[그림 7-1] 무덤

정서적 학대를 받은 20세 청소년의 자유화이다.

외상으로 인한 정서불안의 선험적 형식의 전환욕구로 그림의 퇴행현상이 나타나고 있다(그림 7-1). 이는 학대를 받은 생식기부위를 부정하는 방식으로 대처기제를 나타내는 것으로 볼 수 있다. 또 다른 특성은 사람을 둘러싼 선의 표현이 등장하고 빨강색을 흔히 사용하기도 한다. 하트형태의 이미지와 동그라미와 V표기, 자기비하적인 표현과 그림의 발달적 퇴행이 등장하기도 한다. 그러한 퇴행적 표현은 성폭력의 불안과 공포 감정들이 그림에 전이되기 때문이다(청소년임상미술치료방법론, 2007, p.215-217참조).

[그림 7-2] 잡초같은 인생

삼촌으로부터 4년 동안 지속적인 성폭력을 받은 16세 여아의 자유화이다.

[그림 7-3] 이상하고 특별한 경험

그림 7-2를 그린 여아의 후속그림이다.

"그림 7-3"은 "그림 7-2"를 그린 여아가 자발적으로 이어서 그린 그림으로 성학대를 경험한 이후에 표현될 수 있는 반응그림이다. 이 그림에서 청소년은 폭력에 노출된 자신의 상처와 잘못되었다고 느끼는 성인의 보살핌과 부정적 이미지를 나타내고 있다.

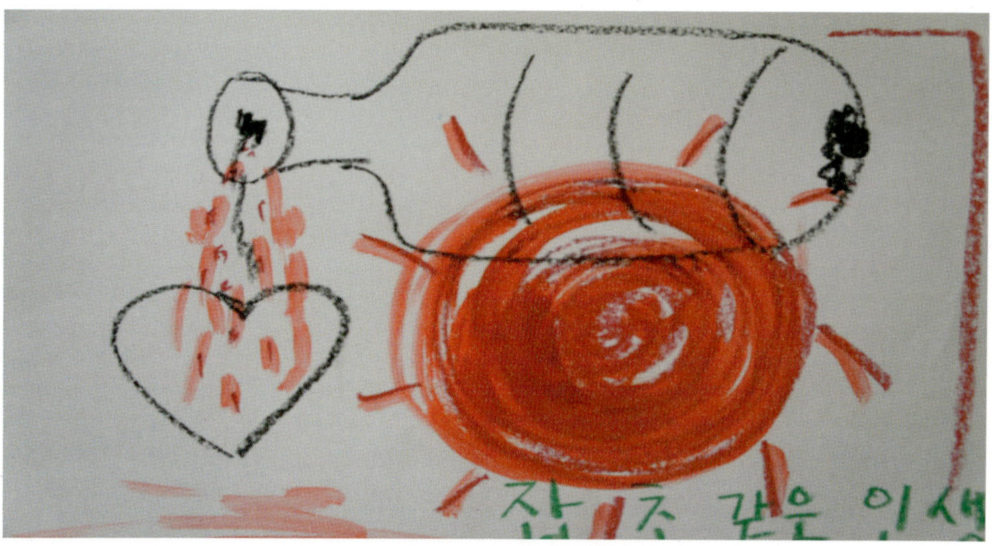

[그림 7-4] 괴상하고 더러운 나

성폭력에 노출된 초기청소년이 그린 자화상이다.

몸이 생략되고 자기 비하적인 표현이 성문제와 관련된 외상의 특성 자체라고 단편적으로 말할 수는 없지만 청소년이 스스로를 괴상하고 더럽다고 말한 것은 일반적인 청소년에게서 흔한 일은 아니다. 외상으로 인해 성역할에 혼돈이 올 경우 몸을 그리지 못하거나 왜곡된 모습으로 표현하는 경우가 흔히 있다(그림 7-4).

제8장

해리장애의 이상심리와 중재지침

사람은 개인마다 지니고 있는 자아를 중심으로 자기가 경험한 모든 것들을 통합된 기억으로 형성하며 그것에 의해 "나"라는 인격을 형성하고 통합된 자기의식을 지속하게 되며 대인관계에서 적응적이고 일관적인 행동을 선택할 수 있게 된다. 즉 건강한 자아는 욕구와 충동 그리고 소망을 조화롭게 분배할 수 있게 하며 우울, 불안, 좌절, 실망 그리고 만족감을 견디게 하는 능력을 발휘한다. 그러므로 건강한 자아를 가진 사람은 타인과 친근한 유대관계를 맺을 수 있는 능력의 측면으로서 대상에 대한 긍정적인 이미지를 형성하고 관계 맺을 수 있게 된다. 뿐만 아니라 긍정적인 관계와 좋은 정신적 표상을 지속적으로 유지하는 능력으로서 거리두기와 사랑을 유지할 수 있는 능력으로 작용한다. 그러나 자아의 통합에 문제가 있을 경우 인격의 부분들 간에는 의사소통이 잘 이뤄지지 않으며 그로인해 갈등과 고통을 느끼는 인격의 일부분을 인격의 다른 부분과 분리시키게 된다.

이러한 인격간의 분리로 인해 그 사람은 자기 자신, 시간, 일상의 환경에 대한 의식을 지속할 수 없게 하는, 즉 의식에서 떨어져 나와 하나의 독립된 기능을 하는 경우 해리(dissociation)라고 한다. 해리는 외상에 대한 방어로 발생하며 그로 인해 자아의 통합적인 기능에 장애가 일어난 경우 해리장애(Dissociation Disorders)라고 한다. 즉 해리장애의 주요기전은 의식이 통합된 상태의 상실 다시 말하면, 정체성이 결함된 느낌으로 자신의 정체성에 대한 혼란과 다중인격을 발생하며 의식, 기억, 자기정체감 및 환경지각 등이 평소와는 달리 급격하게 변하게 된다. DSM-5에서는 DSM-IV의 해리성 둔주(Fugue) 범주를 삭제하고 기억상실증에 통합하였으며 하위유형으로 해리성 정체감장애, 해리성 기억상실증, 이인증/비현실감 장애로 분류하였다.

1. 해리장애 원인의 이론적 근거

정신 역동적 관점

프로이트는 어떤 정신적 내용물로서 억압을 의식적인 인식으로부터 무의식의 영역으로 숨겨버리는 것의 개념을 제시하고, 개인은 자신의 경험에서 받아들일 수 없는 감정들을 인식밖에 머물게 하면서 마음의 무의식 안에서 활동하다가 결국은 어느 시점에서 증상이라는 형태로 올라올 수 있다는 것이며 그러한 과정을 해리라고 하였다. 정신역동에 관심을 가진 초기에는 해리장애가 비교적 흔해서 관심사가 되었지만 이후 서구화 사회에서는 감소되었다가 다시 최근에는 여러 정신장애의 원인과 병인에서 외상이 중요하다는 연구들이 나오면서 해리에 대한 관심이 높아졌다.

해리장애요인에 대한 정신분석적 접근은 해리증상을 통해 외부로부터의 위험을 차단하고 자기보호를 하는데 있으며, 다른 요인은 외부자극 때문에 얻어진 자기의 병적갈등을 해소하는 의미로 증상을 일으킨다고 본다. 예를 들면 어떤 충격적인 사건을 경험한 뒤 기억상실이 오는 것은 그 위험상황에서의 고통스러운 상황을 없애고자 하는 욕구로부터 오는 것이며, 이때 외부로부터의 위협을 차단하는 것과 그것 때문에 일어난 마음의 갈등을 차단하는 의미를 내포하고 있다. 다중인격의 경우도 마찬가지로 도저히 감당할 수 없는 힘든 상황에서 자기인격을 바꾸어 다른 인격화함으로써 당면한 고통을 대처하는 정신 심리적 의미가 있다. 즉 다른 말로하면 감당하기 어려운 심각한 정서적 갈등과 외부로부터의 스트레스를 다루는 방법으로서 방어기제를 사용하고 고통스러운 의식을 변경시켜 자기보호를 함으로써 고통의 기억을 차단하는 것이 해리장애의 요인이다.

DSM-5의 해리장애분류와 임상적 특성비교

분류	선별질문	임상적 특성	발병연령	유발요인	사회적 관계	수면문제 및 동반장애	정신생리증상
해리성 정체감장애 (Dissociative Identity Disorder)	빙의경험을 한 적이 있는가?	다중인격이라고도 불리는 둘 또는 그 이상의 구분되는 인격상태 또는 빙의경험, 반복적인 해리성 기억상실, 자해 및 자살행동, 잦은 의식붕괴, 부분적 또는 완전하게 인지, 기억, 감정, 현실인식 장애, 자살위험	주로 초기청소년기 또는 초기성인기, 5세 이전에도 발병	초기아동기 학대 및 성학대경험, 외상사건, 극단적인 억압에서 발생,	대인관계 제한, 상호적인 관계가 아니라 일방향의 기억상실적 관계	수면문제 있음, 대부분 외상후스트레스장애로 발전함	우울, 불안, 두통, 숨막힘, 긴장감, 식욕저하, 의욕저하, 무기력감, 피로감, 집중력저하, 신체이탈경험, 부끄러움, 의식붕괴, 사고침습 현상, 기시감, 미시감, 비현실감, 환각
해리성 기억상실증 (Dissociative Amnesia)	자신의 생애에서 기억나지 않는 부분이 있는가?	부분적 또는 전반적이고 지속적인 기억상실, 회복시기에 자살위험	아동, 청소년, 성인	외상사건, 아동학대 및 피해경험	만족스러운 대인관계 능력손상, 대인관계 문제	수면문제 있음, 기억상실이 회복되면서 다양한 정서현상 동반가능	우울, 불안, 불쾌감, 슬픔, 분노, 수치감, 주의력장애, 혼돈, 방황, 공포, 충동행동, 목적없이 배회, 죄책감, 자기 파괴적 행동
이인증/ 비현실감 장애 (Depersonalization/ Derealization Disorder)	자신이 분리되어 자신의 행동을 지켜보고 있는 것 같은 느낌을 가진 적이 있는가? 일상이 실제처럼 느껴지지 않을 때가 있는가?	자신과 일상의 주변에 대해 반복적으로 낯설게 느껴짐, 이인증과 비현실감 또는 두가지 모두가 지속적 반복적으로 나타남	초기아동기에 시작, 주로 16세경	학대 및 방임, 심각한 스트레스 후, 신경학적 요인	대인관계 어려움	수면문제, 단극성 우울장애 및 여러 불안장애의 경우 가장 흔한 동반장애임	두통, 어지러움, 우울, 불안, 두려움, 회피, 감정적 및 신체적 마비, 행동의 자동적 및 충동성, 배고픔, 시각적 왜곡, 예리함

해리는 이렇듯 외상에 대한 방어로서 발생하지만 외상을 경험한 모든 사람이 해리장애를 일으켜 혼돈스러운 충격을 의식으로부터 차단하고 외부현실을 의식에서 무시하는 것은 아니다. 해리장애를 일으키는 특성적인 또 다른 원인은 쉽게 방어기제를 동원하고 차단하게 하는 개인의 양육환경과 그로인한 정서적강도의 수준과 타고난 약함 또한 관련이 있을 수 있다.

생물학적 관점

최근 이 장애의 원인에 대해서는 성장기에 충격적인 사건을 경험한 과거력에 초점을 두는 이해보다는 기억의 저장과 외상에서의 신경해부학적, 신경생리학적, 신경화학적인 과정들에 관심이 모아지고 있다. 이러한 생물학적 요인에 영향을 미치는 요인으로는 성장기의 정서적 및 신체적 학대와 관련한 충격적인 외상경험과 개인적 취약성 및 환경요인과 지지체계의 제한성을 들 수 있다.

2. 해리성 정체감장애

다중인격이라고도 불리는 해리성 정체감장애(Dissociative Identity Disorder)는 1800년대부터 소개되기 시작했다. 이 장애는 한 사람이 둘 이상의 다른 인격과 교체되며 교체된 그 인격이 그 사람의 행동을 지배하는 상태를 말하며, 대부분은 변화된 인격에서 본래의 자기로 돌아왔을 때 그동안의 일을 망각하는 현상이 통례이다.

임상적 핵심증상

고유의 인격과 새로운 다른 인격이 교대로 나타나며 각 인격은 완전하며 그 자체로서의 형태와 취향을 가지고 그 자체의 기억도 독립적으로 갖는다. 어느 한 기간 동안에 한 인격이 우세해지면 모든 행동은 그 우세한 새로운 인격의 특성에 따르게 되며, 이때 고유의 성격에서 갑자기 드라마틱하게 변화된 성격은 대부분 일상에서의 억압된 행위를 하게 되어 공격적이거나 퇴행된 행동을 하는 등 평소의 모습과는 반대의 행동을 보이는 경향이 있다.

이렇듯 인격의 주체성이 변화되는 것은 환경의 급격한 자극이 있을 때 급작스럽게 일어나는데 이때 고유의 인격과 하나의 변화된 인격이 교체되는 것을 이중인격이라고 하며, 고유의 인격과 둘 이상의 여러 인격들이 서로 교체되는 것을 다중인격이라고 한다. 이중인격은 서로 정반대의 특징을 나타내며 이 때 새로운 인격에서는 고유의 성격을 잊지 않는 경우도 있으나 고유의 인격으로 돌아왔을 때는 새로운 인격일 때의 일을 전혀 기억하지 못한다. 다중인격은 청소년기와 성인초기에 있는 여성에게서 주로 나타나며, 감당하기 힘든 환경이나 상황에서 급격히 나타나고 인격의 변화는 반복되며 만성화되는 경우가 대부분이다. 해리성 정체감장애의 DSM-5 진단기준(APA, 2013)은 다음과 같다.

1. 둘 이상의 각기 구별되는 성격 상태를 특징으로 하는 정체성의 단절이 있으며, 이러한 상태가 반복적으로 나타나고, 관련된 변화가 정동, 행동, 의식, 기억, 지각, 인지, 운동감각기능에 동반되어 일상적인 기능의 손상을 가져온다. 이러한 징후와 증상들은 타인의 관찰이나 개인의 보고에 의해 알 수 있다.
2. 일상적인 망각으로 보기에는 너무 광범위한 중요한 개인적 정보, 외상적 사건의 회상에 반복적인 공백으로 통상적인 망각과는 일치하지 않는다.
3. 증상은 사회적, 직업적, 중요한 기능영역에서 임상적으로 현저한 고통이나 손상을 초래한다.
4. 장애는 문화나 종교적 관례의 정상적인 요소가 아니다(주의; 아동의 경우는 아동기에 상상의 놀이친구 또는 기타 환상적인 놀이에 기인한 것은 아님).
5. 증상은 물질의 생리적 효과(예; 알코올중독 상태에서의 일시적 기억상실 또는 혼돈된 행동)나 다른 의학적 상태(예; 복합 부분발작)로 인한 것이 아니다.

주요원인

원인에 대해서는 분명하지 않으나 어린시절 충격적인 외상의 영향이 많다는 보고가 있으며 그 충격적인 외상이란 신체적, 정신적, 성적학대와 관련이 많다. 중요한 사람의 죽음에 대한 충격에서도 흔히 나타나며 간질과도 관련이 있다는 연구결과들이 있다. 따라서 일반적인 주요원인은 생활상의 충격적인 사건, 발달상의 질병, 부적절한 환경, 외부의 지지체계가 없는 경우라고 볼 수 있다. 생리적으로는 뇌파의 이상과 발병 시 피부병변도 보고되고 있다.

예후 및 치료

급격하게 발병하며 다른 해리성장애보다 예후가 나쁘고 대부분은 만성으로 진행된다. 변화된 인격이 장기간 지속하기도 하며 조기발병의 경우 더욱 예후가 나쁜 편이다. 가장 많은 발병은 청소년기이며 남성보다는 여성에게서 더 발병빈도가 높고 가족력과 관련이 있을 수 있다. 청소년기 여성에게서 발병 시에는 많은 경우에서 무질서하고, 난잡한 생활태도, 약물사용, 신체화 증상, 자살 등의 행동, 고립, 퇴행된 유아적행동 등이 나타날 수 있다. 청소년기 남성에게서 발병 시에는 대부분 법적문제와 관련된 반사회적문제와 관련되는 경우가 많다.

치료는 병식을 중심으로 정신심리치료가 필요하며 주된 정신치료의 목적은 다중인격간의 통합과 적응기능을 향상시키는 것이며, 급성기에는 증상시기의 증상출현과 관련된 심리적 요인을 잘 관찰하는 것이 중요하다. 따라서 자유연상을 사용하거나 감정의 정화나 암시가 도움이 될 수 있으며 증상이 회복된 후에도 재발방지를 위해 지지적인 심리치료가 필요하다. 필요에 따라서는 근본적인 갈등요인을 밝히기 위해 분석적 치료를 시행할 수 있으며, 상태에 따라서는 입원치료가 필수적일 수 있으며 약물치료는 크게 효과가 없으나 필요에 따라 항우울제나 항불안제를 사용하기도 한다.

3. 해리성 기억상실증

과거에 이 장애를 심인성 기억상실증이라고 했으며 이것은 이미 기억에 저장되어 있는 개인의 중요한 정보를 갑자기 떠올리지 못하는 것이 특징으로 나타나는 장애이다. 기억은 지각되거나 학습된 상을 유지하고 재생하는 정신기능이며 정서와 반복에 의해 강화되고 감각이나 연상에 의해 불러 일으켜질 수가 있다. 그러한 기억에 장애를 일으키는 해리성 기억상실증(Dissociative Amnesia)은 단순한 건망증으로 설명될 수 없는 상태이며 뇌기능장애 때문도 아니다. 잃어버린 기억의 내용은 개인의 생활사 중 스트레스나 충격적인 사건에 대한 것이 일반적이나, 때로는 심적 부담을 준 어떤 하나의 특정 사건 뿐 아니라 생애의 어느 일정기간동안의 기억을 또는 특정한 주요사건 전체를 잃어버리는 경우가 있다. 그러나 한 인격의 주체성에 대한 기억상실일 경우에는 일반적인 정보의 기억은 존재하며 새로운 정보를 학습하는 능력 또한 가지므로 일상생활에의 적응에는 무리가 없다.

임상적 핵심증상

여러 형태의 기억장애가 특징적인 증상이며 갑자기 일어나고 일시적으로 지속되다가 갑자기 회복되기도 하며 기억상실 기간 중에는 의식이 혼동되고 지남력장애가 동반되기도 한다. 기억상실의 유형은 사건에 대한 수 시간에서 수일 동안의 단기간 내 특정사건에 대한 기억이 상실되는 국소적 기억상실이 가장 많으며, 전 생애를 기억하지 못하는 전반적인 기억상실, 짧은 기간 동안의 사건에 대해 일부만을 기억 못하는 선택적 기억상실, 당시 그 환경에서 일어났던 것에 대해 알고는 있으나 일어나는 순차적인 각 사건에 대한 것은 잊어버리는 지속적 기억상실 등이 있다. 이러한 기억상실에는 당면한 고통스런 순간을 회피하기 위한 1차적 또는 그러한 기억상실로 인해 다른 곳으로 옮겨지는 2차적인 이득이 있다. DSM-5의 진단기준(APA, 2013)은 다음과 같다.

1. 일상적인 망각으로 보기에는 너무 광범위한 중요한 정보를 기억하지 못하고 증상은 임상적인 기능의 손상을 가져온다(주의: 이 장애에는 주로 특별한 사건이나 사건들에 대한 국소적인 기억상실이 있으며, 정체성과 생활사에 대한 전반적인 기억상실도 있다).
2. 증상은 사회적, 직업적, 또는 다른 중요한 기능영역에서 임상적으로 현저한 고통이나 손상을 초래한다.
3. 장애는 물질(예; 알코올, 다른 남용약물, 치료약물)의 생리적 효과나 신경학적 상태

또는 기타 의학적 상태(예; 복합 부분발작, 일과성 전기억상실, 두부손상에 의한 후유증/외상성 뇌손상, 다른 신경학적 상태)로 더 잘 설명되지 않는다.

4. 장애는 해리성 정체성장애, 외상후 스트레스장애, 급성 스트레스장애, 신체증상장애, 주요 또는 경도 신경인지장애로 더 잘 설명되지 않는다.

주요원인

해리성 기억상실증에 대한 이해는 정신분석이론에서 핵심적 위치를 차지해왔다. 히스테리연구에서 프로이트는 과거의 기억으로 인한 고통을 외상적 기억으로 나타내는 증상이라고 보았다. 기억상실 그 자체가 일차적인 방어기제로서, 이차적으로는 혼란스러운 고통이 의식으로부터 차단되는 억압방어기제와 외부현실의 일면이 의식적인 마음에 의해 무시하는 부인방어기제를 사용하여 의식에서의 충동을 차단하고 외부현실로부터 의식적으로 벗어나려는 것이라고 본다. 즉 정신분석입장에서 해리성 기억상실증은 스트레스요인이나 충격적인 사건으로 인한 고통스러운 정서경험이나 심리적 갈등에 의해 유발된다고 본다.

학습이론에서는 학습이 상태-의존적(state-dependent)이라는 맥락에서 해리성 기억상실증을 이해한다. 즉 일상에서 반복되는 특정행동이나 감정상태 동안에 경험하는 정보는 재 경험하는 동안에 쉽게 회상되고 학습되지만, 고통스러운 감정이나 사건은 일상을 벗어나는 것이어서 그 상태에서 학습된 정보는 기억하기가 어렵다. 따라서 고통스럽고 심각한 상처를 준 사건의 기억은 회상하지 못하여 나타나는 결과로 해리성 기억상실이 오게 된다(Braum, 1989). 인지와 학습 및 행동주의 입장에서 보면 고통스러운 경험의 기억이나 불안을 자극하는 환경을 회피함으로써 혼란스럽고 고통스러운 감정과 스트레스로부터 자기를 보호할 수 있다는 보상적 경험과 회피행동으로 작용하게 된다. 그러므로 그러한 고통을 피하는 방법으로 해결대안이 강화되고 기억상실행동이 학습되어 해리증상을 지속하게 된다고 본다.

예후 및 치료

급격하게 발병하고 급격하게 회복되는 것이 특징이며 재발은 없으나 이차적인 이득이 있을 경우 증상은 장기간 지속된다. 일차적인 치료는 상실된 기억을 회복하는 것이며, 기억을 회복하기위해서는 신경안정제(barbiturate)계열의 약물을 사용하거나 최면술을 사용하기도 한다. 기억이 회복된 후에는 기억상실을 유도한 정서적 문제를 해결하기 위해 정신심리치료가 필요할 수 있다. 정신분석적 치료에서는 억압된 기억을 끌어내기 위해 자유연상과 꿈에서 드러낸 잠재된 생각에 대한 연상과 전이탐색을 통해 억압된 기억을 끌어냄으로써 갈등을 약화시키고 응집적인 자기표상을 갖게 하는데 초점을 둔다.

4. 이인증/비현실감 장애

자기 자신이 변했다고 느끼는 이인증(Depersonalization)과 외부세계가 달라졌다는 비현실감(Derealization)을 호소하거나 지속적이고 반복적인 지각변화와 일시적으로 현실감이 상실되는 장애를 이인증/비현실감 장애((Depersonalization/Derealization Disorder)라고 한다.

임상적 핵심증상

이인증의 핵심증상은 자기지각(perception)의 변화이며 자신의 신체가 예전 같지 않다고 느끼거나 감정의 경험이 자기 것이 아니라는 느낌이다. 그러므로 자신의 모든 생각이나 감정 그리고 감각과 신체와 행위가 분리되고 외부에서 자기를 바라보는 관찰자가 된 것 같은 느낌을 가지게 되며 따라서 심리적으로 불안, 공황증상, 우울, 강박적인 생각에 빠져들게 한다. 비현실감의 핵심증상은 외계지각(perception external world)의 장애이며 늘 만나왔던 사람이나 사물이 달라졌고 낯설다는 느낌이 든다. 그러므로 외부환경의 모든 것들이 낯설게 느껴지고 사물의 크기나 형태가 변화된 것으로 보여서 로봇이나 기계처럼 움직이고 안개 속을 걷듯이 떠 있는 듯 비현실적으로 보인다.

이인증이나 비현실감을 경험하는 동안에도 대부분 현실검증력은 손상되지 않고 유지되며 자신이 기계가 된 것 같은 느낌을 가지면서도 자신이 기계가 아니라는 사실을 인식하지만, 그러한 경험으로 인해 일상생활의 기능적인 측면에서는 고통을 받고 역할에 장애를 일으키게 된다. 이러한 장애는 정신분열증과 같은 정신과질환에서 부수적인 증상으로 나타날 수 있으며 부분적으로 건강한 사람에게도 있을 수 있다. 그러므로 심각한 경우가 아니면 장애진단을 내리지 않으며 정신장애(정신분열증, 공황장애, 급성스트레스장애 등)의 증상 중에 복합적으로 나타나는 경우의 증상일 경우에도 역시 이인증/비현실감장애진단을 내리지 않는다. DSM-5의 진단기준은 다음과 같다.

1. 반복적인 이인증(마치 외부의 관찰자처럼 자신의 사고나 감정 및 지각 그리고 신체에서 분리되어 있는 듯 느끼는 비현실감)이나 비현실증(주변 환경에서 분리되어 있는 듯 느끼는 비현실감), 또는 2가지 모두에 대한 지속적이고 반복적인 경험이 있다.
2. 이인증이나 비현실증 동안에도 현실 판단능력은 온전하게 남아있다.
3. 증상은 사회적, 직업적, 또는 다른 중요한 기능영역에서 임상적으로 현저한 기능손상이나 고통을 초래한다.
4. 장애는 물질(예; 남용약물, 치료약물)의 생리적 효과나 다른 의학적 상태(예; 발작)로 인한 것이 아니어야 한다.
5. 장애는 정신분열증, 공황장애, 주요우울장애, 급성스트레스장애, 외상후스트레스장애 또는 다른 해리장애와 같은 다른 정신질환으로 더 잘 설명되지 않아야 한다.

주요원인

이미 설명되었듯이 건강한 일반인에게서도 심각한 스트레스상황에서 부분적으로 이인증이나 비현실감이 있을 수 있으며, 입원치료중인 정신과 환자에게서 흔히 경험할 수 있다. 이 장애의 원인은 일반적으로 심리적, 신경학적, 내분비장애 등이 원인이라고 알려져 있으며, 간질, 뇌종양, 감정적 외상, 우울과 불안 등이 장애를 유발하며 심한 스트레스 후에 나타날 수 있다.

이인증은 자기지각영역에서 발생하는 현상으로, 정신분석입장에서는 자기와 자기에 대한 지각이 분리되고 자기(self)가 관찰하는 자기와 참여하고 경험하는 자기로 분열되면서 그 결과 경험하는 자기는 자기소외감 또는 비현실감을 경험하게 된다. 이인증현상에는 다양하게 변화된 자아 상태들이 포함되며, 아로우(Arlow, 1966)에 의하면 자아가 불안에 직면하면 다양한 방어를 사용하게 되는데 이때 성공적이지 못할 때 일어나는 심리내적 갈등의 결과가 이인증이라고 본다(정신분석용어사전, 2002, p.360-362). 유사하게 제이콥슨(Jacobson, 1959)은 자기이미지의 안정성과 친숙감은 자아와 초자아의 조화로운 상호작용과 상호협력에 달려있다고 가정하고, 갈등을 자아 내에서 해결해내지 못했을 때 발생하는 체계 내의 문제가 정서적 거리두기와 부인이라는 방어에 의해 거절된 자기측면들 중에 수용될 수 없는 자기를 방어하려는 노력의 결과가 이인증을 유발한다고 보았다. 결과적으로 이인증에 대한 정신분석이론의 전반적인 이해는 거절된 자기의 가학적 피학적 경향과 유혹 및 평가 절하된 대상이미지와 동일시된 요소들을 포함하며 자기보호 노력의 실패라고 볼 수 있다.

예후 및 치료

정상적인 상태에서도 흔히 있을 수 있으며 아동에게서도 낯선 곳에 갔을 때 일시적으로 느낄 수 있다. 남자보다 여자에게서 많으며 사춘기에 흔히 나타나고 40대 이후에는 흔치않으며 급성스트레스 시에 재발할 수 있다. 장애가 경미한 경우는 회복되지만 심할 경우는 만성화되거나 반복적으로 재발하기도 하며 이차적인 증상으로 불안과 우울이 동반되면 더 심해진다.

치료는 지지치료나 정신분석적 치료를 통해 현실검증력과 자아를 강화하는데 초점을 두며 증상자체를 없애는 치료약물은 없으며 동반된 다른 증상을 치료하기위해 주로 사용된다. 대다수의 정신분석가들은 이 장애가 정체성문제와 관련이 있다고 보며 이러한 결과의 동기는 인정받고 싶은 자기애적 노력의 실패이며 자존감의 심각한 위협상황에서 이인증을 유발하게 된다. 따라서 치료의 주된 목표는 외상적 기억을 끌어올려 의식적으로 재경험하게 하고 그 당시에 압도적이었던 사건들을 극복하게 하는 것이다.

5. 해리성장애 아동청소년의 중재지침과 미술치료

해리장애는 학대문제와 밀접한 관련성이 많은 것으로 보고되고 있고 실제 임상에서 발견되는 증상들도 학대경험의 과거력을 예측하게 하는 특성들이 흔히 발견된다. 따라서 해리증상을 나타내는 아동청소년에게는 우선적으로 안전한 환경을 제공해주는 것이 일차적이다. 치료기간은 지속적이고 장기간 역동정신치료가 필요하며 경우에 따라서는 수 년 동안 치료가 필요할 수 있다. 장기간 필요할 수 있는 치료에서 창작경험으로 진행되는 미술치료는 의료적 틀 속에 갇히기보다는 놀이적 경험을 제공하므로 무리 없이 지속할 수 있는 방법이기도 하다. 이러한 놀이적 미술치료는 해리장애를 가진 아동청소년의 자연스럽고 발달적으로도 적합하며 특히 해리상태의 혼란을 이미지로 끌어내고 자연스러운 통찰을 가능하게 한다. 뿐만 아니라 무시되고 박탈되고 상실된 경험으로 인한 복잡하고 언어로는 표현할 수 없는 감정들을 이미지로 또는 상징적으로 표현할 수 있게 하여 질서를 제공하고 적응적 현실로 도전하게 하는 유일한 접근방법이다. 해리장애의 미술치료 중재는 학대 및 외상후스트레스장애의 접근방법을 부분적으로 포함한다.

미술치료사의 이해확장

해리의 기능 이해하기

- 심각한 외상으로부터의 보호반응으로 나타난다.
- 정신적 환상이 실제로 일어난 외상의 외적요인에 비해 더 중요해진다.
- 외상에 대한 기억은 자기가 감당할 수 없는 그리고 자기와는 전혀 다르기 때문에 해리되지 않으면 견뎌내기가 어렵기 때문이다.

해리와 분열의 유사성과 차이점 이해하기

- 공통성은 정신적 내용이 분열되어 있고 부정적인 경험과 감정을 차단하기위해 방어적으로 사용되며 자기감을 갖는데 지속적인 방해가 된다.
- 분열은 충동조절과 불안 및 좌절에 대한 내성에 장애가 있다.

- 해리는 기억과 의식의 장애가 있다.
- 해리는 분열보다 더 광범위한 기제로서 각각의 극단적인 정서상태에 따라 쪼개지는 것이 아니라 다양한 분할이 일어난다(역동정신의학, 1998, p.303-304).

치료의 일차적조건 이해하기

- 치료는 다양한 측면에서 다루어져야 한다.
- 개별적인 지지접근이 효과적이다.
- 증상의 원인적 접근이 중요하나 일차적으로는 "지금-여기"에서의 감정이해를 우선으로 하며 극복욕구를 강화한다.
- 최소한 주 2회가 적절하며 장기적인 치료접근이 필요하다.
- 치료초기에는 자기심리학적 맥락에서 따뜻하고 수용적 환경이 제공되어야 하며 개인의 주관적 경험을 존중한다.
- 해리성 정체감장애로 등장된 인물들에 대해서는 치료사의 중립적 자세가 중요하다.
- 기억장애나 일시적인 이인증에 대해서는 현실을 인식시키려하지 말고 단순히 안심시킬 필요가 있다.
- 치료에 가져온 일상에서 경험되는 인지왜곡에 대해서는 교정적 도움을 안내할 수 있다.

재료와 도구 및 공간선택의 유의사항

- 치료공간과 매체사용은 급성기와 증상의 정도와 인격의 성숙도에 따라 달라질 수 있다.
- 일반적으로 환경은 밝고 단조로운 분위기가 적절하다.
- 급성기에는 충동행동을 나타낼 수 있으므로 위험상황을 일으킬 수 있는 도구에 유의한다.
- 초기에는 경계가 있는 도구나 재료를 제공하는 것이 안정감에 도움이 된다.
- 지나치게 많고 복잡한 재료는 혼란을 강화할 수 있으므로 단순한 재료를 제공한다.
- 드로잉재료와 찰흙은 무리 없는 재료로 선택될 수 있다.

- 충동적인 자해징후를 가진 대상에게는 철재도구사용을 제한할 필요가 있다.

추천재료와 기법

- 구조화된 또는 비 구조화된 미술치료평가기법을 사용한 면담은 기억을 회상하여 문제요소를 인식하게 한다.
- 연대기적 자서전작업은 회상작업을 도울 뿐 아니라 급성증상을 해소하도록 돕는다.
- 가족교육을 통해 해리증상에 대한 이해를 돕는다.
- 가족협동작업은 해리증상을 강화할 수 있는 가족분위기와 상호관계 유형을 탐색하고 수정하며 부모의 죄책감과 정서적 안정을 돕는다.
- 난화기법의 연상작업은 해리장애를 가져온 외상경험에 대한 회상을 돕는다.
- 연상된 내용을 구체화하여 이야기치료기법으로 연결하면 인지적 접근을 통합적으로 사용가능하게 하나 급성기에는 혼란을 자극할 수 있으므로 유의한다.
- 치료관계의 적응기에 자유연상 기법은 마음의 갈등을 깨닫고 자기지각 과정을 촉진하며 해리감정을 수용하게 하므로 적극적인 접근방법이 된다.
- 치료관계가 어느 정도 진행되기 시작하면 해리상태를 확인하면서 익숙하지 않은 매체를 제공함으로써 잠재적인 외상을 노출시키고 기억의 분리된 부분들 사이에 소통을 자극하고 완화하도록 도울 수 있다.

치료사가 갖추어야 할 자세

- 확고하고 안전한 치료적 틀이 우선적으로 확립되어야 한다.
- 수용적인 자세와 치료관계 형성이 일차적인 치료목표이다.
- 지지적 표현적 접근으로 주 2회 정도 장기개입이 필요하다.
- 증상의 정도평가와 해리장애의 기초이해가 우선되어야 한다.
- 미술에 노출된 기억들은 강한 공포와 해리를 강화시킬 수 있으므로 자주 상태를 관찰해야 한다.
- 폭력적인 과거력이 있다면 치료초기에 반드시 자세한 규칙사항을 제시해야 한다.
- 외상의 노출은 궁극적인 해결방법이나, 개인이 감당할 수 있을 수준에서 외상에 노

출되도록 조절해주어야 한다.

- 해리장애의 발병시기와 경과, 심각성, 주된 증상, 가족관계, 특정어려움 등에 대해 반드시 사전에 확인되어야 한다.
- 가족중재와 함께하여 해리장애를 일으키는 환경을 제거하고 지지적 환경을 강화하며 가족의 안정을 돕는다.
- 사회적 고립을 예방하고 관계를 위한 치료계획이 포함되어야 한다.

미술치료의 목적과 효과성

- 어떠한 형태의 치료든 증상과 재발방지가 일차적인 목적이 된다.
- 어떠한 심리치료를 할 것인지는 장애정도에 따라 다르나 그동안의 상실회복, 조각난 분열인격을 모아 새롭게 형성된 자기를 찾는 것이 전체목적이 될 것이다.
- 창작과정은 회상과정에서 반복 자극이 문제될 때 직접적인 지지환경으로서 활용된다.
- 창작품은 증상의 출현과 관련된 심리적 요인을 관찰하게 하는 자연스러운 과정으로 안내한다.
- 미술치료의 핵심기법인 연상과정은 초기 아동기경험을 끌어내어 의식적 재경험을 유도하고 당시의 압도적인 사건의 재경험에서 극복하도록 돕는 비위협적이고 적극적인 방법이다.
- 미술치료환경은 일차적으로는 외부로부터 오는 비난에 대한 감정과 내적욕구와 문제를 토해내는 장으로 사용될 수 있다.
- 창작과정의 자발적이고 허용적인 지지적관계로부터 자기능력의 확인과 변화의 시도를 통해 사회적관계로 향하도록 돕는다.
- 정신역동중심의 개인미술치료가 도움된다.
- 미술치료의 개별적 접근은 현실적이고 직접적이면서 장기간의 적응목적을 가지고 재발방지와 문제해결 및 사회재활에 초점을 두며, 적응수준에 따라 본질적인 무의식의 문제를 다루게 된다.
- 가족미술치료는 가족교육과 가족치료를 통해 치료에 대한 협조체계를 구성하고 재

발예방과 가족 내 해리장애를 강화하는 문제를 해결하도록 돕는다.

- 미술치료의 창작요소는 무의식의 속성을 가지므로 치료대상의 해리증상에 대한 상징적 정보를 제공해준다.
- 작품의 결과는 현재 가지고 있는 장애의 정도 및 증상을 보여준다.
- 한 장의 페이지에서 양극의 감정을 노출하게 하므로 자기관찰을 구체화하게 한다.
- 드러난 이미지로 만나는 상징적 인식과정은 현실지각능력을 돕는다.
- 다중인격과 같은 증상은 심할 경우 입원치료가 필요하나 약물에 대한 효과는 검증이 어렵다. 그러나 미술치료는 연상을 사용하므로 최면효과에서 기대할 수 있는 장점이 있다.
- 충격적 경험으로 인한 기억상실을 언어로 회상하기는 제한적인 반면에, 미술치료의 창작이미지와 상징은 사건 뿐 아니라 과거 일정기간의 기억까지도 회상하도록 자극한다.

6. 미술표현에서 발견되는 특성

해리장애를 반영하는 그림표현의 특성은 전체적인 통일성이 제한적이거나 비현실적인 창조성이 돋보이기도 한다. 각각의 형태들이 서로 뒤섞여 혼란스러운 구성으로 형성된 이미지 표현과 다양한 인물상이 하나로 연결되는가 하면 각각의 신체부분들이 서로 해체되듯 공간개념이 무시된 듯 표현하기도 하고, 어느 부분에서는 과할 정도로 구체적인 표현에 집착적으로 표현되기도 한다. 원근법이 무시되기도 하고 이해하기 어려운 상징적 의미들로 화면을 채우기도 한다. 치매가 의심되듯 공간인식이 부재하고 익숙한 것을 기억하지 못하는 듯한 표현들이 등장하기도 하는가 하면 우울현상을 반영한 듯 느껴지는 표현들이 등장하기도 한다. 또한 해리의 유형에 따라 분열적인 이미지 또는 불안과 산만함 등의 기능손상을 보여주는 표현들이 나타날 수 있다.

[그림 8-1] 바다의 괴물과 나를 위로하는 동굴 속 사람들
해리성 정체감장애 진단을 받은 청소년이 치료초기에 표현한 자유화이다.

"그림 8-1"을 그린 청소년은 의뢰 당시 집단폭력과 연루되어 있었으나 외적으로는 드러내지 않고 있었고 다만 외관상 보이지 않는 신체통증과 악몽을 호소하여 치료에 의뢰되었다. 치료과정에서 청소년은 어린 시절 외상과 관련된 반복적이고 다양한 형태로 다른 인격들이 사용되고 있다는 사실이 확인되면서 해리성 정체감장애로 진단받게 되었다.

[그림 8-2] 먹먹한 심정
부분적인 기억상실이 있는 청소년의 자유화이다.

이 그림은 우울증을 진단받은 청소년이 치료시작 3년이 지난 시점에서 표현한 자유화이다(그림 8-2). 청소년은 치료에 의뢰된 당시에 우울증으로 진단받고 약물치료 중이었으며 성장과정에서 반복되는 적응문제로 심리치료에 의뢰되었다. 정서적으로 불안정한 자신의 감정을 무시하고 전혀 외부로부터 오는 경험에 대한 아픈 경험이 아무렇지도 않은 듯 감각 없이 현실을 받아들이는 듯 보였던 이 청소년에게서 관찰된 특이사항은 부분적인 해리현상인 기억상실이었다. 중요하게 생각되는 핵심은 기억상실현상을 보일 수 밖에 없었던 어린 시절의 상실과 학대경험의 고통이었고 그로 인한 해리장애였으며 우울은 그 결과로서의 이차적인 부분이었다. 그러므로 이 청소년의 치료는 장기적이 될 수밖에 없을 것이다. 치료과정에서 수년 동안 의식으로 떠올리지 못했던 사건들을 그림 속에서 확인하기 시작했다는 사실이 중요하다. 아직도 반복되는 어려움이 있음에도 보다 중요한 것은 숨겨진 사실들을 의식하고 기억해내기 시작했다는 점이 가능성이자 의미라고 볼 수 있다. 청소년의 치료과정은 심층적 평가와 오랜 시간에 걸쳐 제공된 고통에 대한 공감적 경험으로 단절된 부분들의 기억을 자극하고 심상에 부호화된 외상기억을 탐구하는 것이며, 이를 토대로 도움의 초점은 현실 검증력과 자아를 강화하는 것이며 더불어 가족의 방해요인을 제거하는 것이었다.

제9장

신체증상관련 장애의 이상심리와 중재지침

이 장애는 심리적 원인에 의해 다양한 신체증상을 나타내는 경우를 말한다. 이러한 장애를 가진 사람들 대부분이 의학적 검사에서는 신체이상이 발견되지 않으나 개인은 불분명한 신체증상을 호소하거나 지나치게 염려를 하여 부적응적인 문제를 나타내는 것이 일반적이다. 신체증상이 일시적으로 나타나는 경우는 적응에 큰 문제를 가져오지는 않으나, 장기적으로 반복되는 경우는 일상생활에 방해를 일으키고 아동청소년의 경우 성장과 발달에 부적응적인 영향을 주게 된다.

신체증상관련 장애에 대해 DSM-IV에서는 신체형장애를 임상적 효용에 따라 신체화장애, 미분화장애, 전환장애, 동통장애, 건강염려증성장애, 신체추형장애 및 불특정 신체형장애 등으로 분류했다. 그러나 DSM-5에서는 이것의 명칭들을 상당부분 변경(예; 신체화장애를 신체증상장애, 건강염려증을 질병불안장애로 변경)하고 통증장애를 삭제했으며 허위성장애를 추가하여 전환장애와 상상임신을 제외하고는 의학적으로 설명되지 않는 증상의 사용을 최소화하였다. 이러한 변화를 토대로 DSM-5에서는 신체증상관련 장애를 신체증상장애, 질병불안장애, 전환장애, 허위성장애 등의 하위유형으로 구분하였다.

1. 신체증상관련 장애 원인의 이론적 근거

일반적으로 신체증상관련 장애는 일상생활에서 겪는 스트레스에 대한 평소의 적응이나 방어능력이 무너졌을 때 나타나는 것으로 정신적 원인이 신체증상의 형태로 발병하게 된 경우를 의미한다. 스트레스반응은 내적욕구와 상반되는 환경의 위협이나 갈등을 포함하여 과거경험에서 오는 개인의 능력과도 관련되며, 스트레스에 대한 신체장기의 반응(신체 각 장기의 동통이나 트러블 및 소화문제 등)은 개인을 보호하고 적응을 돕고 위협상황에 대비하게 되지만 장기간동안 신체장기의 반응이 무시되고 지속되면 결국은 조직이 손상된다. 신체증상관련 장애를 나타내는 사람들의 대부분은 누적된 정신적 갈등이 신체로 전환되어 증상을 나타내거나, 신체증상을 통해 심리적으로나 실제적인 이차적인 이득을 얻고자하는 무의식적인 동기를 함축하고 있는 경우가 흔히 있다. 그러나 이들의 많은 경우는 자신의 신체증상이 정신적인 요인이라고 생각하지 않으므로 심리치료나 정신과진료를 받기보다는 내과진료를 받기 원하고 개인에 따라서는 전국의 병원을 순례하며 불필요한 시간과 에너지를 소모하기도 한다.

정신역동맥락에서 신체증상은 정서의 생리적 표현이며 항상성을 유지하려는 정신적 방어의 실패이자 욕구불만과 관련한 갈등과 퇴행이라고 본다. 정서적 갈등은 신체반응을 동반하고 갑상선기능항진증에서의 증상을 악화시키는 경향이 있으며 감정의 갈등은 강한 의존관계에 있던 대상에 대한 죽음본능의 욕구와 관련한다고 본다. 이러한 신체증상관련 장애를 가진 사람들의 고통은 증상 자체만이 아니라 증상이 나타나고 방어의 실패가 악화되는 것에 대한 불안이 더 큰 어려움일 수 있다. 그러므로 일차적으로는 불안에 대한 응급조치가 우선 필요하다. 그러나 대부분의 정신적장애를 나타내는 사람들은 신경증적 방어징후로부터 벗어나기를 원하면서도 다른 한편으로는 방어포기에 대한 무의식적 저항을 나타낸다. 그러므로 도움방법을 안내해도 정신적 요인에 대한 인식을 거부하기 때문에 치료적 접근이 쉽지만은 않다.

DSM-5의 신체증상관련 장애의 분류와 임상적 특성비교

분류	선별질문	임상적 특성	발병연령	유발요인	사회적 관계	수면문제 및 동반장애	정신생리증상
신체증상장애 (Somatic Symptom Disorder)	자주 자신의 건강에 대한 생각에 사로잡히는가?	1가지이상의 신체증상에 과도한 집착, 건강염려, 다양한 신체증상호소, 건강문제가 삶의 중심이 됨	대부분의 연령군에서 발생, 특히 여성에 더 흔함	아동기 학대경험, 스트레스, 부정적 정서, 질병으로 인한 이득, 의학적장애와 동반	일시적인, 일상적인 학교생활 및 직장 중단	과다수면 및 수면감소, 불안장애 및 우울장애 동반비율이 높음	신체통증 및 심리적 고통, 두통, 복통, 우울, 불안, 분노, 공황, 피로감, 오심, 기분저하, 민감성
질병불안장애 (Illness Anxiety Disorder)	심리상태가 자신의 질환에 영향을 미치는가?	병에 걸렸다는 공포와 집착, 신체증상은 나타나지 않거나 경도수준, 증상보다는 원인이나 병의 중요성에 대한 불안	초기 또는 중년기 성인, 아동에서는 흔치않음	아동기 학대경험, 과거에 심각한 질환경험,	대인관계 방해, 가족관계에 지장, 직업관계 및 수행악화	건강불안으로 수면장애 나타남, 범불안장애, 공황장애, 강박장애, 우울장애동반 비율 높음	우울, 불안, 기립성 어지러움, 트림,
전환장애 (Conversion Disorder)	마비 또는 감각이 없거나 경련을 경험한 적이 있는가?	신경학적으로 설명되지 않는 운동기능과 감각기능이상 등의 극적인 신체증상	아동후기, 성인초기에 시작, 전체연령에서 발병, 여성에 많음	외상경험, 심한 스트레스, 어린시절학대 및 방임, 방어기전은 억압과 전환	사회적 관계기능 및 직업적 기능 손상, 관계갈등 및 두려움, 긍정적 전환대상에서는 집착적 반응	불안장애 특히 공황장애, 우울장애, 전환장애 공존	복통, 신체마비, 경련, 불안, 우울, 실명, 감각상실, 다양한 신체증상
허위성장애 (Factitious Disorder)	자신도 모르게 증상을 지어내거나 과장하는가?	보살핌을 받는 것이 삶의 방식이 됨, 의도적인 환자역할, 병원쇼핑, 외적보상이 없는 상태에서도 증상에 대해 거짓보고	성인기 초기에 시작	어린시절 학대 및 유기경험, 거절적인 부모에 대한 보복이나 증오의 내재화, 거부될 거라는 예측 반영, 입원 후 주로 발생	관계장애, 타인에게 부정적 영향을 미치므로 관계유지 어려움	거짓질병을 만들기 위한 행위의 결과 다양한 원인 없는 증상 동반, 허위성장애의 특성이 범죄행위로 등장할 수 있음	알 수 없는 고열이나 극단적인 증상, 통제력상실, 고통경험, 허위적인 신경학적 증상(발작, 어지러움, 기절, 소변에 피를 섞음, 이물질 삼킴 등)

2. 신체증상장애

이 장애는 DSM-5에서 처음으로 진단기준을 제시한 질환으로 주된 특징은 한 가지 이상의 신체증상을 호소하거나 그 증상의 정도가 심각하여 일상생활에 방해를 일으키는 경우를 의미한다. 아동청소년기의 신체증상 관련하여 일부내용이 "발달적 접근과 특성별 지침서-미술치료사의 아동청소년 정신건강중재를 위한(2014)" 제6장에서 스트레스 관련하여 신체동통문제를 다루고 있으므로 필요부분을 참조하기 바란다.

임상적 핵심증상

다양한 신체증상을 나타내며 증상의 범위는 모든 장기에 영향을 미치고 정신적, 사회적, 스트레스, 갈등 등이 만성적인 신체증상으로 나타나며 일상생활에 현저하게 방해를 받으나 의학적인 검진으로 설명되지 않는 경우를 의미한다. 특징적인 증상으로는 일관성이 없거나 다양한 통증을 호소하며 과장된 표현이 두드러진다. 이들은 많은 경우 대인관계에 장애가 있거나 불안이나 우울 및 반사회적 행동을 보이기도 하고 약물 및 알코올 남용도 많으며, 성격적인 특징으로는 노출이 심하거나 의존적이고 히스테리성 성격이 흔히 있다. 아동청소년 초기에 시작하는 경향이 있으며 장기간 지속될 경우 스트레스가 많아 악화되고 만성화되며 신체염려로 학업에 집중하기가 힘들고 사회적 활동이나 학교적응문제가 나타날 수 있다. 신체증상장애의 DSM-5 진단기준(APA, 2013)은 다음과 같다.

1. 고통을 주거나 일상생활에 심각한 장애를 초래하는 1가지 이상의 신체증상이 있다.
2. 신체증상과 관련한 과도한 생각, 감정 또는 행동, 건강에 대한 염려로 다음 중 적어도 1가지 이상이 나타난다.
   (1) 증상의 심각성에 대한 불균형적이고 지속적인 생각이 있다.
   (2) 건강이나 증상에 대한 지속적인 심한 불안이 있다.
   (3) 이러한 증상이나 건강문제와 관련하여 과도한 시간과 에너지를 사용한다.
3. 1가지 신체증상이 계속해서 존재하지 않더라도 증상이 계속 나타나야 한다(전형적

으로 6개월 이상).

다음의 경우 명시할 것

- 경도; 단지 1가지 증상이 2의 기준을 충족할 경우
- 중등도; 2가지 이상의 증상이 2의 기준을 충족할 경우
- 고도; 2가지 이상의 기준이 2의 기준을 충족하고 추가적인 다양한 신체증상을 호소할 경우(또는 매우 심한 신체증상이 1가지 있을 때)

주요원인

신체증상장애는 정확하게 밝혀진 바가 없으며 다만 다양한 요인에 의해 발생하고 개인의 기질적인 부정적정서와 관련한 것으로 알려져 있다. 심리사회적인 측면에서는 신체증상을 사회적 의사소통의 한 유형으로 설명하고 책임회피나 감정표현의 수단으로서 증상이 나타난다고 본다. 정신분석적 가설에서는 억압된 감정표현의 무의식적 상징화로 나타나는 표현으로 보고, 인간의 감정은 원초적인 동기이므로 억압이 되면 어떠한 식으로든 다른 통로를 통해 표출하고 전달해야 하는데, 이때 감정이 무의식적으로 신체장기의 어느 부분에 투사되고 증상으로 드러나게 된다고 설명한다. 생물학적 요인으로는 신체감각에 대한 정보의 잘못된 지각과 인지문제로 기인한다고 보며 기타 유전, 가족 및 환경과 관련이 있다고 보고되고 있다. 행동주의적 입장에서는 신체증상이 환경에 의해 강화된 것으로 보며, 사회적 또는 주변체계들은 아픈 사람들에 대해 호의적인 관심을 가지므로 신체증상으로 인해 받게 되는 관심과 배려가 어떠한 일에 대한 책임성을 벗어나게 하고 그러한 결과가 신체증상을 강화하는 부적 강화요인이 되며 그로 인한 이차적인 이득이 증상을 지속하게 한다고 본다. 인지적 맥락에서는 신체증상장애를 가진 사람들의 왜곡된 인지특성에 초점을 맞추고 있다. 사소한 신체변화에 민감하고 건강에 대한 개념이 경직되어 있으며 신체증상의 원인을 왜곡하여 심각한 질병으로 잘못 해석하는 귀인경향이 있다. 아동청소년의 신체증상을 일으키는 위험인자(Garralda, 2011)로 개인적 특성과 가족소인 및 개인이 처한 환경의 압박과 스트레스를 들 수 있다. 이에 대한 내용은 "발달적 접근과 특성별 지침서-미술치료사의 아동청소

년 정신건강중재를 위한" 제 6장을 참조하기 바란다.

예후 및 치료

증상이 호전되다가 다시 악화되는 과정이 반복적으로 지속되면서 만성화되는 경향이 있다. 예후는 일반적으로 부정적이며 치료기관을 전전하면서 약물남용 또는 중독문제에 빠지게 되거나 자살시도가 있을 수 있으며 중독문제와 반사회적 행동이 겸해지게 되면 심각한 장애를 일으키는 경우도 있다. 아동청소년의 많은 경우는 회복될 수 있지만 증상이 만성적으로 지속되면 섭식문제나 불안장애 등의 정신질환으로 발전할 수 있으며 일부는 성인기까지 지속될 수 있다. 신체증상이 있는 아동청소년들은 우울증상과 연관된 경우가 많으므로 우울요인을 평가하고 안정된 부모환경과 긍정적 부모반응을 지지하고 안내할 수 있어야 한다.

치료방법은 신체증상의 지속성과 증상의 수준에 따라 달라진다. 급성기에는 증상완화에 초점을 두나 만성일 경우는 일상생활적응에 초점이 두어지며 정신병리가 예측되는 경우에는 명확한 평가가 우선이다. 치료자가 자주 바뀌는 것은 치료의 핵심적인 방해요인이 되므로 한 치료자를 통해 일관적이고 지속성 있는 정기적인 만남이 필요하다. 신체증상이 감정의 표현이며 의사소통의 방편임을 일차적으로 이해해야 하나 신체증상을 무시해서는 안 되며 증상완화를 위한 의료적 접근이 우선시 되어야 한다. 또한 분석적 치료보다는 지지적 접근이 도움 되며 인지접근을 통한 증상의 왜곡과 심인성에 대한 이해를 도울 필요가 있다.

3. 질환불안장애

DSM-IV에서의 건강염려증과 관련된 이 장애는 신체증상이나 감각을 비현실적으로 인식하여 자신이 심각한 질환을 가지고 있다는 생각에 집착하거나 두려움에 빠져있는 경우이다. 신체증상의 강도는 약하며 증상이 없을 수도 있고 의료적 검사에서도 질환이 발견되지 않는다. 사실상 질환불안장애를 가진 사람의 가장 큰 고통은 신체증상자체보다는 밝혀지지 않는 증상의 원인에 대한 불안이라고 볼 수 있다. 장애호소가 만성화되는 경향성 때문에 일부에서는 이 장애를 성격문제라고 보기도 한다. 장애진단을 위한 기본적인 기준은 불안이나 집착이 명백해야 하며 만약 의학적 상태가 명백하다 해도 불안과 집착이 심각하게 부적절하여 일상에 장애를 초래한다면 질환불안장애진단을 내릴 수 있다.

임상적 핵심증상

이 장애를 가진 많은 사람들은 나름대로의 타당성을 제시하며 특정 신체기관에 질병이 있다고 주장한다. 병이 들었다고 생각하는 신채부위를 중심으로 다양한 증상을 호소하고 그 증상이 다른 부위로 옮겨 다닌다는 상상을 하며 이상감각을 호소하기도 한다. 이들의 대부분은 이상증상에 대한 치료자의 의학적 설득에도 불구하고 병을 가졌다는 비현실적인 믿음이나 공포가 계속되므로 학교나 사회적 기능에 지장을 초래하게 된다. 자신의 병력을 타인에게 자세하게 설명하려하고 여러 치료기관을 찾아다니는 의료쇼핑을 하며 어떠한 기관에서도 자신이 합당한 치료를 받지 못한다고 믿게 된다. 그로 인해 우울과 불안 등의 합병증을 초래하고 고통을 겪게 되며 그러한 합병증은 치료를 받기위한 이차적인 것이 되고 결국은 만성화로 가게 한다. 질환불안장애의 DSM-5 진단기준(APA, 2013)은 다음과 같다.

1. 심각한 질환이 있거나 생길 것이라는 생각에 집착한다.
2. 신체증상이 존재하지 않거나 있다고 해도 강도가 심하지 않고 경도수준에 국한된다. 만약 다른 신체증상이 있거나 의학적상태가 발생할 고위험군이라면(가족력 등) 집착은 명확하게 과도하거나 불균형적이어야 한다.
3. 건강에 대한 불안수준이 높고 개인의 건강상태에 대해 쉽게 놀란다. 과도한 건강관련 행동을 보이거나(예; 반복적으로 질환의 증상과 관련해 신체를 확인하는 것) 또는 비적응적인 회피태도를 보인다(예; 병원이나 의사진료를 피한다).
4. 질환에 대한 집착이 적어도 6개월 이상 존재하나, 두려워하는 특별한 질환이 그 기간 동안에 바뀔 수 있다.

5. 질환관련 집착이 신체증상장애, 통증질환, 전반적 불안장애, 신체이형장애, 강박증, 망상장애 등 다른 정신과적 질환에 의해 잘 설명되지 않는다.

다음의 경우 명시할 것

- 돌봄 추구형: 의사의 진료나 검사 및 처치 등의 의학적 처치를 자주 이용한다.
- 돌봄 회피형: 의학적 처치를 잘 이용하지 않는다.

주요원인

이 장애의 주요인은 신체증상을 호소하는 개인의 예민하고 확대해석하는 인지왜곡의 경향성과 가족 내에 기질적 질환이 있거나 그에 대한 심리사회적 스트레스가 있는 경우에 흔히 나타날 수 있다는 가설이 있다. 정신역동관점에서는 과거경험에서의 상실에 대한 공격성과 증오에 대한 충동이 신체로 투사되고 증상으로 전환된 것이라고 본다. 또한 이들의 많은 경우에서 불편한 상황과 사회적인 책임과 의무로부터의 회피로서 환자역할이 선택되고 그에 대한 죄책감과 속죄의 수단으로도 사용된다. 이들의 대부분은 자기비하가 심하고 낮은 자존감을 가지고 있으므로 이에 대한 부적절감이 인지적장애에 대한 방어결과로 나타나기도 한다. 이러한 특성적인 징후로 인해 다른 측면에서는 신체증상을 우울증이나 불안장애의 변형된 모습으로도 본다. 사실상 이들의 많은 경우에서 우울이나 불안장애가 공존하는 경우가 흔히 있다.

행동주의 입장에서는 책임회피에 대한 수단으로 사용된 환자역할이 주요체계로부터 관심을 받게 되는 결과를 학습하게 됨으로써 반복적이고 지속적인 증상의 결과(Kreitman, 1965)를 초래하게 된다고 한다. 인지적 관점에서는 정상적이고 또는 아주 사소한 신체징후를 지나치게 부정적으로 확대해석하거나 집착하는 인지와 지각의 장애로 본다.

예후 및 치료

증상의 경과는 회복되다가 다시 재발하고 스트레스 요인과 관련하여 흔히 나타나며 사회경제적 조건이 안정되고 이차적인 합병증이 동반하지 않을 경우 예후가 좋다. DSM-

IV에 의하면 임상경과가 삽화적이고 수개월에서 수년간 증상이 지속되다가 이후 상당 기간 증상이 없을 수도 있으며 약 30~50%정도는 호전된다. 호전되는 경우는 치료에 잘 반응하는 불안이나 우울이 있고, 급격한 발병, 인격장애가 없으며, 관련 질환이 동반되지 않는 경우이다(신경정신과학, 1997, p.451; 소아정신의학, 2014, p.311 참조). 정신과적 문제가 예측된다면 정신과치료가 우선되어야 하는데 질환불안장애를 가진 사람들의 대부분은 정신과적 치료를 거부하므로 의뢰시 세심한 주의가 필요하다. 그러므로 처음부터 정신문제라는 것을 강조하지 않고 스트레스에 초점을 둔 교육적 지지적 접근이 필요하며 정신과진료는 보조적인 수단일 뿐이라고 강조하여 안심을 시켜야 한다. 특히 아동청소년치료에서 우선되어야 하는 접근은 신체의 정기검진을 통해 안심을 주고 병식에 대한 적응을 돕는 것이 기본적인 필요요소이며, 치료를 위한 치료자와의 관계 외에 학교와 가정과의 협력관계가 치료의 지름길이다. 인지행동치료는 증상을 조절하고 왜곡된 사고를 조절하게 하므로 스트레스관리에 도움되며 개인치료는 무의식의 갈등을 이해하는데 중요한 접근방법이다. 가족중재를 통해 가족스트레스를 다루고 긍정적 상호작용을 도움으로서 적극적인 치료를 도울 수 있다.

4. 전환장애

의식에서 거절된 정신내용이 신체에 투사되어 신체증상으로 변화되는 과정을 함축하고 있는 개념으로서 전환증상은 운동, 감각, 내장반응 등을 포함한다. 즉 히스테리신경증이라고 불렸던 심인성질환의 개념으로 심리적 갈등이 원인이 되어 감각기관(실명, 감각상실과 같은 증상)이나 수의운동기관(팔다리의 마비와 같은 증상) 등의 신경계증상이 1가지 이상 나타나는 장애이다. 전환이란 용어는 Freud의 안나 사례에 근거한 증상으로서 무의식적 갈등을 반영한 장애증상을 말한다. 전환장애는 신체기능의 변화는 나타나도 신체병변은 없는 무의식적 차원의 장애이므로, 본인도 원인을 이해하지 못하는 반면에 증상을 극복하려는 과정에서 이차적인 이득이 발견되면서 증상에 무관심한 태도를 보일 때 진단 내리게 된다.

임상적 핵심증상

신경계의 장애가 갑자기 일어나면서 신체균형 감각에 문제가 생기고 경련과 발작이 일어나며 경우에 따라서는 실신 또는 혼수상태처럼 외부자극에 반응을 보이지 않고 발성 및 구음장애증상을 호소하기도 한다. 함구증, 시력상실, 마비 등의 증상은 전환장애의 가장 흔한 증상들이다. 이 장애에서 관찰될 수 있는 특징적인 성격은 수동-공격성, 의존성, 반사회성, 연극성성격 등이다. 전환장애의 DSM-5 진단기준(APA, 2013)은 다음과 같다.

1. 자발적 운동 또는 감각기능의 변화를 나타내는 증상이 1가지 이상 나타난다.
2. 임상적증상과 신경학적 또는 의학적 상태가 일치하지 않는다.
3. 증상이 다른 의학적 또는 정신과적 질환으로 더 잘 설명되지 않는다.
4. 증상이 임상적으로 심각한 고통이나 사회적, 직업적 또는 기능의 중요한 영역에서 손상을 초래하거나 의학적 평가가 필요한 정도일 경우

   (F44.4) 약화나 마비가 있음

   (F44.4) 비정상적인 운동이 있음(예; 진전, 보행장애)

   (F44.4) 삼키는 증상이 있음

   (F44.4) 언어증상이 있음(발성장애, 불명료 언어)

   (F44.5) 경련이 있음

   (F44.6) 감각이상이나 감각소실이 있음

   (F44.6) 특별한 감각증상이 있음(시각, 후각, 또는 청각이상)

   (F44.7) 혼합된 증상이 있음

다음의 경우 명시할 것

- 급성기; 증상이 6개월 미만일 경우
- 지속형; 증상이 6개월 이상일 경우

다음의 경우 명시할 것

- 심리적 스트레스가 있을 경우

• 심리적 스트레스가 없는 경우

주요원인

전환장애는 정신분석이론의 초기에 프로이트가 특히 관심가졌던 오이디푸스 발달단계의 갈등을 해결하려는 현상과 관련되는 장애이다. 전환장애는 무의식적인 정신내적 갈등의 억압에 의해 일어나며 불안이 신체적 증상으로 전환(Freud, 1894)된 것으로서, 그 갈등이 공격적으로 또는 성적인 갈등의 본능적 충동과 그것의 표현을 억압하고자 하는데 있다. 증상은 금지된 소망충동의 부분적인 표현이라고 할 수 있으며 그 증상은 주변인을 조종하고 통제하는 비언어적 수단으로서 상징적인 신체언어로 작용할 수 있다. 환경적 요인으로는 가족 내 스트레스, 학대경험, 거절적인 양육환경, 의사소통의 부재, 부적절한 학교환경 등이 영향을 미칠 수 있다. 생물학적 관점에서는 대뇌반구의 장애를 시사하며 과도한 피질성 자극에 의해 장애가 야기된다는 보고가 있다. 행동주의적 맥락에서는 불안감소와 책임회피가 요인이라는 맥락에서 신체증상장애와 유사성이 있으나, 전환장애는 주로 극적인 충격사건 이후에 나타난다는 점이 다르다.

예후 및 치료

대부분 한 번에 1가지의 증상이 나타나고 그 한 증상이 사라지면서 새로운 증상이 나타날 수 있으며 발병기간이 짧다. 증상이 갑자기 나타나고 원인이 있는 스트레스가 있고 병전적응문제가 없는 경우 그리고 정신과적 장애가 없을 경우 예후가 좋으며, 이차적인 이득이 있을 경우 예후가 나쁘다는 보고가 있다. 발병은 전 연령대에 걸쳐있으며 경련증상은 30대에 흔하고 운동증상은 40대에 많이 생긴다(신경정신과학, 1997, p.455참조; Pehlivanturk & Unal, 2002; 소아정신의학, 2014, p.313 참조).

치료는 우선 일차적으로 신경학적평가가 필요하며 결과에 따라 증상감소와 이차적인 이득을 제거하는데 초점을 두면서 전체적인 적응능력을 향상시키는데 있다. 지지치료 또는 경우에 따라서는 통찰지향적 접근이 필요하다.

5. 허위성장애

가장성 또는 인위성장애라고도 하는 이 장애는 의도적으로 신체증상이나 정신적 증상을 유발시키거나 거짓으로 가장하는 것이다. 이들은 거짓을 사실로 위장하기위해 소변에 혈액을 섞어 검사결과를 조작하거나 증상을 거짓으로 보고하거나 자신의 신체에 위험을 가해 질병을 유발시키기도 한다. 이러한 거짓 보고에 숨어있는 동기나 이차적인 이득이 분명해도 본인은 정작 이에 대한 이해가 불분명한 것이 특징이며 히스테리신경증을 포함하고 있기도 하다. 그러므로 이 장애를 가진 사람의 목적은 스스로 환자역할을 하는 것 이외에는 어떠한 목적도 가지지 않는다는 것이 특징이다.

임상적 핵심증상

의식적인 목적을 가지지는 않으나 허위보고가 주된 징후로 나타나는 인위성장애에 대해 DSM-IV에서는 주된 증상에 따라, 정신증상을 주로 나타내는 장애, 신체징후와 증상을 주로 나타내는 장애, 정신적 및 신체적증상이 공존하는 장애 등의 3가지 유형(최신정신의학, 1995, p.401-402 참조)을 이야기한다. 정신증에 초점이 두어진 증상은 타인과의 관계를 조정하려는 심리적 목적이 강하여, 공상과 거짓이 섞여 사실처럼 보고하는 것이 특성이다. 극적인 신체증상을 나타내는 신체징후에 초점이 두어진 유형은 병원쇼핑, 의사쇼핑, 수술중독 등의 용어가 이와 관련된다. 흔히 있을 수 있는 신체반응은 오심, 구토를 동반한 하복부동통, 의식변화, 각혈, 농양, 발열 등으로 증상이 심각하게 나타나므로 잦은 검사를 요구하고 요구대로 대응해주지 않는다며 의료진과 마찰을 빚기도 한다. 검사결과를 위장하기 위해 물건을 삼키기도 하고 검사를 위한 가검물에 이물질을 넣기도 하며 거짓이 통하지 않을 것 같으면 급히 퇴원하거나 진료를 중단하고 다른 병원으로 옮겨 전전하는 특성을 보인다. 정신증과 신체증상을 동시에 나타내는 경우도 있으며, 이 외에도 병력을 조작하거나 위의 유형에 해당하지 않는 기타 인위성장애도 있다. 이와 같이 주된 증상에 따라 분류한 DSM-IV와는 다르게 DSM-5에서는 자신과 타인에 대한 증상으로 분류하고 있으며 이에 대한 DSM-5의 진단기준(APA, 2013)은 다음과 같다.

자신에게 유발하는 인위성장애의 진단기준

1. 신체적 심리적 징후나 증상을 위조하거나 상처나 질환을 유발하여 거짓인 것이 파악된다.
2. 환자는 타인에게 자신이 아프고 손상되었거나 다쳤다는 것을 보여준다.
3. 명백한 외부적 보상이 없어도 속이는 행동이 명확하다.
4. 행동이 망상장애나 정신병적인 장애와 같은 다른 정신질환에 의해 더 잘 설명되지 않는다.

다음의 경우 명시할 것

- 일회성
- 반복적인 삽화(2회 이상의 질환의 위조, 상해 유발)

타인에게 유발하는 인위성장애의 진단기준

1. 타인에게 신체적 심리적 증상을 위조하거나 상처나 질환을 유발시킨다.
2. 환자는 타인(피해자)에게 질환, 손상, 상처를 유발시킨다.
3. 외부로부터의 명백한 보상이 없어도 속이는 행동이 분명히 나타난다.
4. 행동이 망상장애나 정신병적 장애 등 다른 정신질환에 의해 잘 설명되지 않는다.

주의; 피해자가 아닌 가해자가 진단을 받게 된다.

다음의 경우 명시할 것

- 일회성
- 반복성 삽화

주요원인

이 장애의 원인에 대해 명확하게 밝혀진 바는 없지만 가족력과 심리적인 요인에 대한 가설이 있다. 정신역동맥락에서는 인위성장애를 나타내는 사람들의 많은 경우에서 어린 시절에 부모로부터 버림받았거나 애정욕구를 충족할 수 없는 환경 또는 심각한 박탈경험의 과거력을 가졌을 수 있다고 본다. 그러므로 이들의 대부분이 빈약한 자아상을 가지고 있으며 자신의 욕구를 지나치게 억압하거나 지나치게 타인을 동일시하는 특성(이 외에도 퇴행, 상징화 등의 방어기제를 주로 사용)이 있다. 그러한 개인이 질병에 걸렸을 때 간호사와 같은 타인으로부터 돌봄을 받고 질병을 회복한 경우의 경험이 있다면, 돌봄에 대한 욕구를 치료자에 투사하여 반복적이고 지속적인 만족욕구를 찾아다니는 치료쇼핑이 강박적으로 내재화될 수 있다. 결국은 이것이 스스로 고통을 느끼면서도 허위보고를 하여 자신을 환자로 만드는 결과를 초래하게 되는데, 그러한 태도들은 검사를 통해 반복 확인하며 입원 및 수술과 같은 치료를 통해 과거의 고통을 극복하려는 무의식적 욕구와 관련된다. 또한 과거의 부재한 돌봄 대상에 대한 분노와 파괴적 욕구에 대한 표현인 반면에 죄책감을 극복하고자하는 시도로서의 의미 또한 함축되어 있다.

예후 및 치료

대부분 성인초기에 발병하며 아동청소년기에도 나타난다. 실재로 신체질병이나 정신질환이 있은 후 또는 상실경험이후에 나타나기도 하며 인위성장애로 인해 학교생활이나 사회적 활동에 심각한 장애를 초래하기도 한다. 일정한 생활양식과 정신적 어려움이 없다면 예후는 좋을 수 있으나 쉽지는 않으며 계속되는 입 퇴원과 치료기관을 전전한다면 이 장애는 평생 지속될 수도 있다.

치료의 우선은 치료자가 이 장애의 특성을 이해하고 의료적 남용을 중단하게 하는 것이며 거짓보고를 위한 자해적인 행동으로부터 보호하고 관리하는 것이다. 그 다음에 중요한 것은 심리적 욕구에 숨어 있는 분노와 죄책감 그리고 의존과 만족의 욕구와 피학적 사고에 접근하는 것이다. 사고와 행동에 대한 인식의 변화를 위해서는 인지행동치료가 도움 될 수 있으나 핵심은 역동적 심리치료이며 가족교육과 가족치료가 병행되어야 한다. 인위성(또는 허위성)장애의 약물은 알려진 바가 없으나 우울과 불안이 동반한다면 약물치료가 필요할 것이다.

6. 신체증상관련 장애 아동청소년의 중재지침과 미술치료

외상경험이 있는 아동청소년과 성인들은 많은 경우에서 염려하는 문제에 대한 스트레스를 언어로 표현하지 못하고 신체증상으로 나타내는 경우가 흔히 있다. 어느 기간 일시적으로 증상을 나타내다 회복되는 경우는 증상을 발생하게 하는 스트레스를 극복하는 과정에서 성숙의 기회가 된 경우라고 볼 수 있으나, 신체증상이 장기화되면 성장과 적응에 심각한 문제를 초래하게 된다. 신체증상관련 장애의 증상완화에 대한 접근은 인지행동치료가 도움 되며 지지집단치료와 개인치료가 흔히 사용되는데, 이와 관련하여 미술치료는 언어적인 접근에 비해 보다 더 적극적이고 은유적이면서 자연스러운 방법으로 인지변화와 행동수정을 가능하게 하며 지지적인 경험을 가능하게 한다는 점이 장점이다(발달적 접근과 특성별 지침서-미술치료사의 아동청소년정신건강중재를 위한, 2014, p.92-98참조).

미술치료사의 이해확장

심리사회적 영향 평가하기

- 가족 내 학습된 신체징후인지 확인한다.
- 신체증상을 초래하는 스트레스요인 관련하여 초기청소년기의 신체, 인지, 사회적변화로 인한 반응인지 또는 스트레스를 다루는 인지적, 사회적자원의 수준을 평가한다.
- 학교 및 가족의 비기능적 요인이 있는지 평가한다.
- 신체증상을 강화하는 이차적 이득이 있는지 탐색한다.
- 문제에 대한 대처양식과 자기효능감의 수준을 평가한다.
- 감정표현의 제한성 및 외상경험의 신체증상 상관관계를 이해한다.

대인관계문제와 신체증상과의 관련성 탐구하기

- 관계에서의 의존성을 강화하는 요인이 있는지 평가하고 다룬다.
- 대인관계에 대한 두려움을 다룬다.

- 자기주장훈련 및 대인관계훈련기법을 활용한다.
- 신체증상이 관계회복의 이차적 이득과 관련이 있는지 탐색하도록 돕는다.
- 관계에서의 심리적 요인에 대해 통찰시 자존감에 대한 상처를 입지 않도록 유의한다.
- 두려움과 학대 관련한 어린 시절 경험을 탐색하고 신체증상과의 관련성에 대한 인식을 돕는다.

치료개입을 위한 방법선택하기

- 증상 회복에 앞서 가족의 협력관계가 중요하다.
- 증상에 대한 불안 및 두려움에 대한 정서를 다룬다.
- 장애의 초점화로 인지행동 및 재활적 치료목표를 설정하고 중재한다.
- 자기관리 기법을 적용한다.
- 가족갈등을 다루기 위한 개입계획을 포함한다.
- 정규적으로 치료에 참여하는 전문가들과의 의사소통은 필수적이다.

과제기법 활용하기

- 과제기법의 이해와 효율성에 대한 확신이 우선이므로 충분한 설명과 동의가 필요하다.
- 과제는 생활에 필요하지만 선호하지 않는 것으로 정할 필요가 있다.
- 할 수 없다고 생각하는 일에 주의를 돌리고 대처방법을 교육하고 지지한다.
- 과제에 대한 보상기법을 적용한다.
- 일정시간을 선택하여 신체증상과 과제실천의 효율성에 대해 기록하도록 안내하고 그 시간외에는 자신의 신체문제에 대해 관심을 갖지 않도록 주의를 준다.

아동청소년의 위험인자 이해하기

- 신체질환에 대한 개인적인 경험이 증상에 영향을 미칠 수 있다.
- 성격이 불안정하고 민감한 경우 신체감각에 더 많은 관심과 취약성이 노출될 수 있

다.

• 또래관계의 부적응과 정서적 민감성이 영향을 미칠 수 있다.
• 부모 및 가족의 신체건강 및 정신건강문제가 신체증상을 강화할 수 있다.
• 학교폭력 및 또래관계에서의 스트레스 및 학습에 대한 압력이 신체증상을 노출하는 요인일 수 있다.

재료와 도구 및 공간선택의 유의사항

• 신체증상을 유발하는 다양한 요인을 고려하여 위험요인을 제거한 환경이어야 한다.
• 허위성장애를 가진 대상일 경우 증상을 위장하기위해 미술도구가 상처를 내는데 사용될 수 있으므로 재료와 도구관리에 유의해야 한다.
• 불안수준이 높은 대상의 경우 재료선택에 있어서 지나치게 흐르는 재료는 불안을 더욱 강화하므로 초기에는 유의한다.
• 불안상태에 있을 경우 트레이 등으로 공간에 경계를 제공할 필요가 있다.

추천재료와 기법

• 신체화 작업은 증상과 왜곡된 신체에 대한 인식과 신체의 존중감을 갖게 한다.
• 증상일지기법을 사용하여 신체증상과 증상의 과정을 표현하는 것은 증상해소와 함축된 스트레스를 다루게 한다.
• 연대기적 자서전작업은 신체증상을 초래하게 한 성장과정의 어려움을 회상하게 하고 증상에 대한 바른 인식과 극복의지를 강화한다.
• 증상의 특성과 수용가능한 가족치료기법을 적용하여 증상이해와 증상을 일으키는 환경변화를 가능하게 할 수 있다.
• 가족협동 작업은 증상을 일으키는 문제를 직면하게 하고 변화를 시도하는 기회를 제공한다.
• 난화는 이완기법으로 적절하며 난화의 연상 작업은 증상에 함축된 감정과 문제인식을 돕는다.

- 자유연상 기법은 마음의 갈등을 깨닫고 자기지각 과정을 촉진하며 신체증상에 투사된 감정을 수용하게 하므로 적극적인 접근방법이 된다.

치료사가 갖추어야 할 자세

- 수용적인 자세와 관심이외에 학교와 가정과 치료자와의 협력관계가 치료의 지름길이다.
- 처음부터 정신문제라는 것을 강조하지 않고 스트레스에 초점을 둔다.
- 교육적 지지적 접근이 필요하며 정신과진료는 보조적인 수단이라고 강조하여 안심시킨다.
- 신체증상을 일으키는 조건으로부터 안전과 보호가 일차적인 치료목표이다.
- 신체증상관련 장애의 발병 시기와 경과, 심각성, 주된 증상, 가족관계, 특정어려움 등에 대해 반드시 사전에 확인되어야 한다.
- 신체증상이 포함하고 있는 개인의 욕구탐색과 이득에 대해 평가한다.
- 불안을 호소하는 경우 증상에 대한 이해와 불안조절을 위한 지지적 교육과 신체검진을 안내하여 안심시키고 병식에 대한 적응을 도와야 한다.
- 일상생활에 영향을 미치는 증상을 다루고 기능적 손상을 줄이도록 대안을 제시하고 안내한다.
- 공존질환이 있는지 평가하고 필요한 의료적 처방을 받도록 안내한다.
- 우울과 불안이 심한 경우 반드시 약물을 복용하도록 안내해야 하나 불필요한 약물에 의존하지 않도록 지지하고 교육한다.
- 반드시 가족중재와 함께하여 증상을 일으키는 환경을 제거하고 지지환경을 강화하며 가족의 안정을 돕는다.
- 사회적 고립을 예방하고 증상관리와 관계를 위한 치료계획이 포함되어야 한다.

미술치료의 목적과 효과성

- 미술치료의 목적과 효과성은 신체증상의 특성에 따라 다르나 치료의 기본적인 목적은 증상소거와 재발방지일 것이다. 이와 관련하여 미술치료는 미술이 가진 본질적인

특성에 의해, 증상에 대한 인지변화나 행동 그 자체에 한정하지 않고 반복적으로 탐색하게 하고 증상이 말하는 요인의 실마리를 찾아가도록 작용하므로 문제의 표면이 아닌 핵심을 다루게 된다.

- 일차적인 치료의 핵심목적은 신체증상을 일으키게 한 그동안의 스트레스발견과 회복이 될 것이다.
- 창작과정은 근거가 없는 불안을 감지하게 하고 합당한 근거를 토대로 한 자기통찰을 가능하게 한다.
- 창작품은 신체증상의 출현과 관련된 심리적 요인을 관찰하게 하는 자연스러운 과정이 된다.
- 어떠한 거짓을 꾸며내도 미술표현은 속임이 불가능하므로 비위협적이면서도 적극적인 자기탐색과 직면을 가능하게 한다.
- 미술치료의 핵심기법인 연상과정은 증상의 기초였을 수 있는 아동기의 불행한 경험을 끌어내어 의식적 재경험을 유도한다.
- 초기에는 인지행동미술치료가 적절하나, 이후에는 정신역동중심의 개인미술치료가 효과적이다.
- 가족미술치료는 부정적 양육경험으로 인한 또는 증상을 갖게 한 다양한 가족문제를 다루고 증상을 일으키는 가족환경을 개선할 수 있는 기회를 제공한다.
- 무의식의 속성을 가진 미술치료의 창작요소는 신체증상에 대한 상징적 정보를 제공해준다.
- 작품의 결과는 현재 가지고 있는 장애의 정도 및 증상을 보여준다.
- 드러난 이미지로 만나는 상징적 인식과정은 신체왜곡에 대한 지각과 전환 및 거짓요소 등의 문제를 인식하게 하며 극복능력을 도울 수 있는 보다 적극적인 방법이다.

7. 미술표현에서 발견되는 특성

보편적인 특성은 신체왜곡이 주된 모습으로 부적응적 자아상과 불안으로 등장하며 그림의 구성이나 공간사용이 불안정한 모습으로 표현되는 경우가 흔히 있다. 신체증상은 몸과 마음이 상호작용하여 서로 영향을 주고받기 때문에 신체가 심리적 상황을 반영하고 신체증상을 노출시킨다고 이해할 수 있다. 따라서 신체관련증상은 다양한 요인이 복합적으로 작용하는 만큼 그림의 표현도 우울 및 불안과 스트레스를 느끼게 하는 다양한 모습으로 현재의 심리적 신체적 징후를 보여줄 것이다(발달적 접근과 특성별 지침서-미술치료사의 아동청소년 정신건강중재를 위한, 2014, p.92-99 참조).

제10장

정신분열 스펙트럼장애의 이상심리와 중재지침

정신분열증은 주요정신병의 하나로서 뇌의 기질적 이상은 없으면서 사고, 정동, 지각, 행동 등 인격의 여러 측면에서 특이하고 심각한 증상을 나타내는 장애이다. 정신분열에 대한 수많은 연구들이 있어 왔음에도 아직까지 명확한 원인을 밝히지는 못하고 있으며 현재는 다양한 요인과 복합적인 요소들이 작용하여 발병하는 것으로 추측되고 있다. 연구자들의 공통적인 생각은 개인의 특별한 취약성과 환경의 스트레스와 관련이 있으며 뇌기능장애라는 견해가 일반적이다. 여기에서 취약성이라 함은 단편적인 요소를 말하는 것이 아니라 생물학적, 환경적, 유전적, 심리사회적인 요소 모두를 함축한다. DSM-5에서는 분열형성격장애를 스펙트럼장애로 포함시켰다는 것과 정신분열증의 주된 증상이 약하게 나타나는 경우로서, 정신분열증으로 발전할 가능성이 있는 초기증후군에 대한 조기개입의 필요성이 대두되면서, 약화된 정신증 증후군이 새롭게 포함되었다는 것 이외에는 DSM-IV와 크게 다르지 않다. 여기에서는 정신분열 스펙트럼장애의 하위유형 가운데 가장 흔한 정신분열증을 중심으로 망상장애를 살펴보고, 다른 기타 정신분열 스펙트럼장애로 분열정동장애, 정신분열형장애, 단기정신증적장애, 분열형 성격장애 등에 대해 이해를 돕고자 한다.

1. 정신분열 스펙트럼장애 원인의 이론적 근거

정신 역동적 관점

정신분열증에 대해서 생물학적 기초가 명백하다는 연구결과들이 있음에도 여전히 어떠한 특별한 심리적 성향을 가진 사람에게서 나타나고 역동적으로 복잡한 환경을 가지고 있다는 점을 무시할 수가 없다. 따라서 여기에서는 아동청소년의 정신분열증을 일으키는 심리내적 및 역동을 이해하기 위해 몇몇 역동심리학자들이 주장하는 장애요인을 살펴보기로 하겠다.

프로이트관점에서 정신분열 스펙트럼장애의 역동

정신분열증의 특징에 대한 프로이트의 주장은 대상에 대한 데카섹시스(decathexis; 리비도의 철회)라고 했으며 강력한 좌절 또는 타인과의 갈등에 대한 반응으로 인해 나타나는 퇴행으로 정의했다. 즉 정신분열증을 가진 사람은 대상관계로부터 퇴행하여 자기애적인 발달단계에 고착되어 있어서 결과적으로는 대상표상이나 외부인물에게 향했던 정서적 투자의 철회를 동반하며 자폐적인 위축현상을 나타낸다고 설명하였다. 그 다음에 프로이트(freud, 1914/1963)는 카섹시스(cathexis; 일정한 관념이나 인간 또는 경험 등에 자기의 감정이나 정신적 에너지인 리비도를 집중시키는 일, 또는 그 상태)가 자기 또는 자아에게로 재투자된다고 주장하고, 따라서 정신분열증은 전이형성이 어려운 자기애적신경증에 해당하므로 분열증을 가진 사람은 전이애착을 형성하지 않는다고 했다. 그와 관련하여 프로이트는 치료적 접근을 구체화하지는 않았고 신경증에 비해 정신분열증을 가진 사람이 전이관계를 형성할 수 없다는 자신의 관찰을 설명하기 위해 대상투자(object cathexis)의 cathexis라는 개념을 사용했던 것으로 이해되고 있다.

프로이트에 의하면 모든 정신병리는 신경증에 해당하며 정신분열증은 건강염려증 상태를 보이는 자기애단계에서 대상표상에 다시 리비도를 집중하는 과정에서 망상적인 사고체계를 형성한 결과라고 본다. 따라서 심각한 정신분열 증상을 나타내는 사람들의 심리내적 기능과 대상관계기능은 원시적인 수준으로 퇴행하고 스트레스상황에서 사회적인 관계를 유지하기 위해 부인, 투사, 고립, 분열과 같은 원시적인 방어기제를 주로 사용한다. 즉 분열증을 가진 사람의 자아기능은 자기애적 초기단계의 퇴행이라는 갈등모델을 제시하였으나, 이후에 프로이트는 Schreber(1911)의 망상적 장애를 설명하면서, Schreber의 스트레스에 대한 반응의 원인이 아버지에 대한 통합되지 못한 동성애적 애착을 받아들이지 못한 위협감정을 처리하기 위해 무의식적으로 부인하고 망상적 사고체계에서 타인에게 투사하고 있다는 사례를 통해 결핍모델을 제시하였다.

이러한 맥락에서 프로이트(1924, 1915, 1914)가 제시한 정신분열의 원인은, 전 자아단계인 초기발달단계로의 퇴행과 자아통제를 재정립하려는 노력의 두 가지 심리적 과정에서 정신분열증이 일어난다고 본다. 예를 들면 부모의 부적절한 양육은 자녀로 하여금 분열을 발달시켜 자기욕구만을 충족시키는 초기 자기애적 상태인 거의 전적인 퇴행으로 가게하고 그로 인해 연상이완과 과대망상과 같은 자기중심적 증상이 나타나게 된다. 그러한 유아상태로의 퇴행은 개인으로 하여금 자아통제를 다시 재정립하여 현실과 접촉하고자하는 노력을 일으키는데, 그러한 노력이 또 다른 분열증상인 환청을 일으키고 그 환청을 사용하여 현실감의 상실을 보상하려는 시도를 함으로써 정신분열증이 구체화 된다고 한다.

설리반의 관점에서 정신분열 스펙트럼장애의 역동

프로이트가 정신분열증을 가진 사람이 전이애착을 형성하지 못한다는 설명과 관련하여 치료적 접근에 실제적인 노력을 많이 하지 못한 것에 비해, 설리반은 평생을 정신분열증을 가진 사람들을 위해 헌신하였다. 설리반(Sullivan, 1962)은 정신분열증이 정신내부의 갈등보다는 인간관계의 깊은 장애를 가진 경우이며 대인관계 실패의 결과로 보았다. 즉 초기의 대인관계인 부모와의 관계에서 어머니의 불안을 물려받은 경험에 대해 강조하고, 불안에 노출된 자기 경험은 해리되어 공황상태에 이르게 되면서 이어서 정신병적 혼란에 빠지게 된다고 하였다. 또한 사람은 누구나 대인관계를 맺을 수 있는 능력을 가지고 있으며 정신분열 상태에서도 그러한 능력이 가능하므로 환자를 가족과 사회적 관계 속에서 보호해야한다고 주장하면서 가족치료의 중요성을 강조하였다.

설리반의 견해와 관련하여 모성경험을 중요시하는 연구들에서 정신분열증을 가진 사람의 어머니성격에 대한 다양한 가설이 있다. 어머니가 공격적이고 거절적이며 지배적인 성격을 가진 경우 아이는 안정감이 결여되고 과잉보호되며 자유를 구속당하는 환경에 있게 되어 감정표현에 장애가 일어나고 분열적 성격을 형성하게 된다고 한다. 그러나 이러한 결과는 단순히 어머니만의 잘못이라고 볼 수 없으며 어머니의 정서적 장애는 원가족의 관계태도에서도 배우자의 태도에서도 아이와 어머니의 상호반응에서도 나타나는 것이므로 단편적으로 설명될 수 없다. 정신분열증을 가진 성인의 유아동기 특징을 보면 지나치게 어머니에게 매달리고, 고립되고, 망상을 즐기고, 예의가 없고, 지나치게 순응적이거나 반항적인 성향을 가지고 있거나, 공상적인 성향의 공통성을 가지고 있다는 것을 볼 수 있다. 따라서 정신분열증을 가진 사람의 특성은 개인적인 요소와 환경적인 요소 모두를 고려할 필요가 있다.

클라인관점에서 정신분열 스펙트럼장애의 역동

망상형분열증을 나타내는 사람들에 대해 클라인은, 유아가 생후 6개월에 자기가 의존해있던 어머니에게 느끼는 불안과 분노 및 적대감정을 내사와 투사방어기제를 이용하여 경험하는 심리적 갈등과 유사한 특징을 보인다고 하였다. 클라인의 관점에서 보면 정신분열증과 같은 정신증은 편집분열적자리에 고착된 경우이며 아직 좋은 대상이 채 형성되지 못한 상태에서 나쁜 대상이 방어기제에 의해 통제되지 못하고 재 내사된 결과이다. 다시 말하면 분열의 현상은 4~5개월경에 일어나는 정신과정으로서, 우울적자리로의 진행이 충족되지 못하고 편집분열적자리로 퇴행한 경우이며 나쁜 대상에 의해 통제당하는 공포에 시달리는 상태라고 본다.

위니캇관점에서의 정신분열 스펙트럼장애의 역동

클라인과 유사한 맥락에서 초기 6개월 이전의 절대적의존기에 경험된 심각한 침범을 분열과 관련한 정신증의 요인으로 보고 있다. 위니캇에 의하면 초기 유아는 환경엄마와 대상엄마에 대한 욕구를 충분히 좋음으로 경험함으로써 존재연속성을 경험하고 점진적인 전능환상을 포기하면서 현실에 적응해가는 과정을 거치게 된다고 본다. 그러나 초기에 충분히 좋은 모성경험이 박탈되면 유아는 자기보호를 위해 점진적인 전능환상을 포기하고 빠른 속도로 현실에 적응하는 조숙한 아이로 발달하게 된다. 이러한 조숙성은 상상하기 힘든 심각한 불안을 경험할 수 있으며 불안에 대한 그러한 경험반응은 존재연속성을 방해하므로 원시적인 불안(Winnicott, 1956)에 고착하게 된다. 이 때 유아가 할 수 있는 일은 강력한 방어를 사용하여 멸절공포로부터 자기를 보호해야만 살아남을 수 있다는 것이다(Winnicott, 1952). 결국 유아는 위협을 느낄 때마다 자기보호로서의 유일한 방어수단인 마술적인 전능환상을 사용하여 현실 상황을 재해석하고 방어적으로 처리하게 되며, 결국 이것은 현실왜곡의 결과를 가져올 뿐 아니라 정신분열증 또는 정신증을 가져오는 기원이 된다고 본다.

하트만관점에서 정신분열 스펙트럼장애의 역동

하트만은 기존의 정신병리에 대한 대부분의 이론을 수용하고 개인과 환경사이의 상호작용 뿐아니라 욕동들의 사이 그리고 정신구조들의 사이와 자아기능의 전체적인 기능과 하위기능간의 평형을 통해서 정신건강을 기대할 수 있다고 한다. 하트만(Hartmann, 1953)은 정신분열증의 증상을 아동기발달의 성숙과정과 의사소통과정에서 경험되는 심각한 갈등과 과도하게 조절할 수 없는 공격성과 관련지어, 이러한 갈등과 공격성으로 인해 정상적인 자아기능의 발달이 불가능해지고 그 결과 지각장애를 일으키고 사고를 와해시켜 대인관계의 장애를 초래하게 된다고 보았다. 이러한 공격성은 특히 의존적인 성격을 가진 사람과 분리에 대한 위협을 경험할 때 그리고 목표를 성취하는 것이 힘들 때 폭발하며, 그 결과 정신분열증과 기타 정신과적 병리를 일으키는 요소를 이룬다고 보았다.

융관점에서 정신분열 스펙트럼장애의 역동

정신분열에서 자아기능의 심각한 해리는 어떠한 이유로든 자아의식이 약화되어 무의식에서의 충격에 쉽게 분리되는 경우와, 자아의식이 비교적 잘 통합되어 있어도 무의식과 콤플렉스가 이상하게 강한 에너지를 획득하게 되면서 그로인한 의식의 심각한 해리를 야기하는 경우로 추정하고 있다.

말러관점에서 정신분열 스펙트럼장애의 역동

분리개별화개념을 발전시킨 말러는 정신분열증(Mahler, 1968)을 공생단계에 고착된 병리로 보았다. 분열증을 나타내는 사람의 대부분이 유아기에 어머니에 대한 과도한 애착으로 사회화의 능력을 방해받고 분리개별화의 과정을 넘기지 못하며, 그러한 분화과정의 실패는 미분화상태로 남기 때문에 성장과정에서 정신분열증에 걸릴 위험이 더 높다고 하였다. 정신분열을 가진 사람들은 자아경계가 없고 병전 성격유형은 대체로 분열성성격과 격한 성격을 가진 경우가 흔하며, 분열성성격을 가진 경우 대상관계를 피하는 반면에 분열증의 경우는 가능한 모든 방어를 사용하여 공격과 극단적인 순응의 사이를 오고가며 해결책을 찾으려 노력하는 성격이다.

말러(Mahler, 1952)에 의하면 건강한 사람은 자아경계가 형성된 경우이다. 자아경계는 어린 시절 어머니와의 관계에서 포옹과 신체적 접촉을 통해 형성되는데, 분열증을 가진 사람의 경우는 모아관계에서 정상적인 자극이 결핍되어 자기와 타인을 구별하지 못하고 공생적인 만족감에 몰입하거나 머물고자 하는 시도로 이해하였다. 그러나 이러한 몰입은 극심한 공포감을 야기시키며 통합을 방해하는 결과를 가져오므로 정신분열증은 신체경계의 장애가 심각하게 손상된 경우라고 말할 수 있다. 최근의 많은 연구에서는 말러의 가설을 지지하며 신체경계가 심각하게 손상된 분열증환자들이 초기의 관계형성시기에 가장 광범위한 혼돈을 겪었을 것이라고 주장하였다(Baltt & Wild, 1976; Grand, 1982).

가족의 상호작용과 의사소통관점

이 관점은 부모와 자녀관계 뿐 아니라 가족전체의 상호작용에 장애가 있을 경우 정신분열증의 원인이 된다고 보는 맥락이다. 예를 들면 와인(Wynne, 1958)의 가성상호소통개념에 의하면 외적으로는 가족구성원이 서로를 돕고 상대방에게 맞추려는 모습의 관계를 보이므로 가족관계가 매우 좋아 보인다. 그러나 이러한 가족은 가족의 테두리를 유지하기위해 위축된 역할을 강요받기 때문에 정작 가족구성원 개인들의 내면은 두려움으로 위축되어있어서 독립적인 자신의 개성을 발전시키기가 어렵다. 이러한 가족관계가 내면화되면 경험이 단절되고, 주체성이 제한적이며, 감각과 의사소통에 장애가 일어나게 되며, 그러한 가족원간의 밀착과 소외는 정신분열증을 일으키는 가족관계를 반영한다고 보았다.

리쯔(Lidz, 1973) 또한 정신분열증적 사고의 특징이 부모의 자기중심적사고와 관련된다고 주장했다. 정신분열적 사고의 특징은 베이트슨(Bateson, 1956)의 이중구속개념에서도 설명되어지고 있다. 부모가 자녀에게 전달하는 메시지와 행동이 모순된 의사전달의 방법으로 반복되면 자녀는 어떻게 해야 할지 혼돈을 일으키게 되며 선택의 갈등에서 벗어나지 못하고 분노, 불안, 좌절, 심리적 마비상태에 이르게 된다. 그러므로 결국은 명확한 의사소통과 사회적 분별력에 장애를 갖게 되는데, 정신분열증환자의 어린시절 경험은 그러한 이중구속의 상황에 반복적으로 노출되었을 수 있으며 분열을 일으키는 요인이 되었을 거라고 보았다. 이중구속의 병리적 발달에 대해서 와인(Wynne, 1976)은 이와는 다르게 가족이 이중구속에 반복적으로 노출될 경우 불안을 조성할 수는 있지만, 개인에 따라서는 그 경험을 오히려 자기만의 삶을 위한 촉진제로 사용할 수도 있다고 보아 이중구속이 반드시 분열적인 병리를 가져오는 것은 아니라고 주장했다. 사실 일반적인 가정에서도 이중구속의 의사소통은 흔히 있을 수 있다. 잭슨(Jackson, 1967)은 리쯔와 와인과 유사하게 가족 내에 병리적인 행동이 존재한다면 가족은 서로의 비합리적인 행동을 학습하게 되므로 반복적인 이상행동의 패턴을 자기도 모르는 사이에 하게 된다는 맥락에서 그 가족은 분열적 병리를 가질 수밖에 없게 된다고 보았다.

그러나 이 또한 개인은 모든 행동을 그대로 학습하는 것은 아니며 선택적으로 취하게 되므로 이상행동을 배워서 정신분열증이 되는 것은 아니며, 정신분열증환자는 그의 자기내면에 있는 조절체계가 중요한 역할을 한다고 보는 견해도 있다. 실재로 건강한 사람들에게서도 누구에게나 있을 수 있는 어떠한 개체로부터의 일방적인 지배는 자기 비하적이고 비합리적인 사고를 갖게 하므로 그 자체가 병리의 요인이라고 단정짓기에는 무리가 있다. 실재로 와인(1971, 1977)은 가족의사전달이라는 변인은 정신분열증의 원인이라기보다는 유전적인 소인과 증상사이의 매개로서 의미가 있으며 후천적인 취약성에 기여한다고 보았다. 와인이 말하는 정신분열적 병리에 대해 스티얼린(Stierlin)은 의사전달이라는 용어대신에 위임(delegation)이라는 개념을 사용하였다. 가족 내에서 역할을 맡기는 사람이 역할을 맡는 개인이 할 수 없는 불가능한 역할을 요구하는 구속과 축출의 두 가지 상호관계 유형을 사용할 경우 정신병리 위험에 더 노출될 수 있다고 설명하였다.

사회문화적 관점

정신분열증의 원인에 대한 사회문화적 요인에 대한 연구는 사회계층이나 주거지와 유병률과 발생정도와의 관계에 관한 것이다. 이러한 연구의 가설 중에는 낮은 사회계층의 사회적 고립으로 통합적인 사회적경험이 결여될 때 정신분열증이 더 높게 나타난다는 보고가 있으며, 분열증을 가진 사람들이 그러한 빈민지역으로 옮겨가게 된다는 주장도 있지만, 문화적 차이나 하위계층의 경제적인 문제가 분열증을 발생시킨다는 상관관계는 밝히지 못했다. 반정신의학운동을 하는 사람들은 사회가 정신분열증을 만들어낸다는 입장을 취하고 있으며, 의사들이 환자를 만성화시킨다는 의견을 제시하여 사회 환경이 분열증에 미치는 관계보다는 치료에 미치는 영향을 강조한 연구자들도 있다. 머피(Murphy, 1978)는 정신분열증의 발생빈도, 경과, 치료에 영향을 미치는 문화적 영향을 검토하여 가족관계연구결과인 정보처리과정의 결손이 사회에 그대로 적용되며, 그러한 결함이 반복적이고 지속적으로 유지됨으로써 정신분열증이 더 많이 발생한다는 가설을 제시하였다. 그렇듯이 정신분열증의 발생은 단편적인 요인으로 설명될 수 없으며 복합적인 원인으로 발생한다고 볼 수 있다.

생물학적 관점

유전연구에서는 정신분열증을 가진 가족 내에서 발병빈도가 더 높다는 연구결과들이 있지만 분명하게 밝혀진 바는 없다. 생리학적 초기연구에서는 정신분열증이 뇌를 포함한 신체 각 기관의 형태와 기능적 장애가 분열을 일으킨다는 보고가 있었으며, 환자의 땀과 소변 및 혈액 그리고 척수액 속에 정신분열을 일으킬 수 있는 병인성 물질이라고 할 수 있는 이상대사물질(또는 독성물질)을 발견하려는 연구가 계속되어 왔다.

많은 연구자들은 선천적인 대사이상(inborn metabolic error)이 원인이라는 결과를 제시하지만 확인된 바는 없으며, 만약 선천적인 대사이상이라고 본다면 선천적 대사이상으로 인해 발생하는 페닐케톤뇨증(phenylketonuria, 유아기에 지적 장애를 일으킴; 略 PKU; 선천성의 효소계 장애에 의하여 단백질의 대사 장애를 일으키는 정신 지체의 특수성. 필수 아미노산의 하나인 페닐알라닌에서 불 필수 아미노산인 타이로신으로의 산화를 촉진하는 효소인 페닐알라닌하이드록실라아제가 선천적으로 결여되기 때문에 혈중에 페닐알라닌이 증가하고 뇨중에 페닐케톤인 페닐피루브산이 배출되므로 이름이 붙여졌다. 1934년에 처음 보고되었으며, 연구자의 이름을 따서 펠링병(病)이라고도 한다. 상염색체성 열성 유전(常染色體性劣性遺傳)이며, 발병의 남녀 차이는 없으나 혈족결혼에 의하여 흔히 발생할 수 있으며 발병빈도는 지적장애인의 0.7~0.8% 정도이다. 정신지체의 정도가 높으며 IQ는 거의가 50 이하이다)처럼 어린시절에 발병하지 않고 왜 청소년기에 나타나는지, 수술이나 고열에서 발생하는 일시적인 증상은 무엇인지 등에 대한 반론이 제기되기도 하였다. 그리고 대사이상이 발견된다 해도 그것이 정신분열증의 원인인지 또는 감정적인 정서장애의 신체적인 부수적 현상인가에 대한 문제도 온전히 해결되지 못한 과제이다.

많은 연구들에서 도출된 신경전달물질의 관련성은 도파민-세로토닌가설(Meltzer, 1993), 노르에피네피린(Norepinephine; NE), 아미노산 등을 들 수 있는데, 정신분열증에서 도파민가설(Carlsson, 1963)은 20년 이상 연구를 해 왔음에도 아직 가설로만 남아있다. 그러나 중요한 것은 도파민(dopamin)의 과잉활동이 정신분열에서만 독특하다고 볼 수 없으며, 생리적인 자료들은 장기간 항정신약물에 노출되었을 때 도파민뉴런들의 도파민 분비를 증가시킬 수 있다고 시사함에서 분열증의 초기이상이 도파민 저하상태일 수 있다는 점을 시사한다(Van Kammen & Kalley, 1992). 정신분열연구에서 세로토닌(Wooley & Shaw, 1954)은 비정형 항정신성약물이 강력한 세로토닌(serotonin)과 관계있는 활동을 나타낸다는 사실로 인해 기분장애연구에서와 마찬가지로 정신분열증에서도 세로토닌의 활동이 자살과 충동행동들에 관계가 있다고 제시하게 되었다. 노르에피네피린 활성에 대해서는 아직 명확하지는 않지만 정신분열증에서 나타나는 무감동증이 NE계가 관여하는 보상체계장애라는 점과 정신분열증 전구기에 나타나는 자율신경계 항진현상이나 흥분도 NE계와 관련이 있기 때문에 아직까지 정신분열증의 원인으로 NE계의 역할을 시사하고 있다. 억제 아미노산인 GABA(감마아미노 낙산(酪酸); 포유류의 중추신경계에 생기는 신경 전달 물질의 하나)역시 정신분열증의 생태병리에 관련이 있으며 유용한 가설의 자료는 정신분열증을 가진 사람은 해마(관자엽의 안쪽에 위치하면서 변연계에서 한가운데 원호의 일부분을 차지하며 학습, 기억 및 새로운 것의 인식 등의 역할을 한다)에서 GABA성 뉴런(신경세포의 다른 이름으로서 끈을 뜻하는 그리스어에서 유래하며, 뉴런은 그 이름처럼 온몸의 기관들과 뇌를 연결하는 약 천억 개에 달하는 복잡한 연결체계를 이루고 있다)의 소실을 가지고 있다는 가설과 일치한다는 점이다. GABA성 뉴런의 소실은 도파민 뉴런과 노르아드레날린 뉴런의 과잉활동을 가져온다. 흥분성 신경전달물질인 글루타민 또한 정신분열증의 생물학적 기초에 관련한다는 보고가 있다(생물소아정신의학, 2014, p.295-299; 이상심리학 원론, 2013, p.366-371참조).

위에서 언급된 신경전달물질 외에도 수많은 생화학적 및 정신약물학적 가설이 정신분열증의 원인과 관련된다는 주장이 있다. 그리고 정신분열증환자에게서 부신피질갑상선, 생식기능의 이상 등이 자주 보고되고 있다는 점에서 정신분열의 원인이나 소인이 내분비계의 이상임을 가정하고 있다. 또한 면역학적 이상과 뇌척수액의 면역 글로블린 생성증가와도 관련이 있다고 알려져 있다.

생태체계론적 관점

정신분열증에 대한 이 관점은 앞의 개인적인 정신역동, 사회문화, 가족관계, 생물학적 등에서 제시한 관점의 통합적 맥락에서 기질 및 유전성향과 모든 환경과 관계의 결함으로 정신분열증이 발생할 수 있다고 본다. 아동청소년을 만나는 치료사들에게 기대하는 나의 바램은 정신분열증 뿐만이 아니라 모든 개인병리의 역동을 생태체계적인 맥락에서 이해하기 바라는 마음이다. 생태체계론적 접근의 이해에 대해서는 청소년임상미술치료방법론(2005, 2007)과 학교미술치료의 실제(2008)를 참조하기 바란다.

DSM-5의 정신분열 스펙트럼장애분류와 임상적 특성비교

분류	선별질문	임상적 특성	발병연령	유발요인	사회적 관계	수면문제 및 동반장애	정신생리증상
정신분열증 (Schizophrenia)	어떤 목소리가 들리거나 타인을 헤칠 것 같은 충동을 느낀 적이 있는가? 현실감을 잃은 적이 있는가?	다양한 인지적, 행동적, 정서적 기능저하, 망상적 사고와 행동, 양성증상과 음성증상 및 정신운동증상이 개인에 따라 두드러짐, 와해된 언어와 사고, 자살위험	10대말-30대중반	유전요인, 뇌기능 및 신경전달물질의 이상, 초기경험의 갈등과 방어, 3세 이전의 부적절한 양육환경, 태내 및 출생직후와 초기의 외상과 질병 또는 영양부족	사회적관계 회피 및 고립, 사회적상황과 관계에서 스트레스	과다수면 또는 불면증, 물질관련 장애의 동반이 높음	우울, 불안, 분노, 공포감, 부적절한 정서 및 웃음, 흥미결여, 위생문제, 비혈실감, 충동성 및 공격성, 다양한 망상, 환각, 신체경직, 산만성
망상장애 (Delusional Disorder)	사람들이 때때로 나에게 이상한 생각을 가지고 있다고 말하는가?	하나 또는 그 이상의 망상이 1개월간 지속, 기괴하지 않은 피해, 질투, 과대망상, 신체망상이 일반적임	모든 연령층에서 발생가능	원인은 불명확하나 신경학적 장애 중 망상과 가장 관련이 깊은 영역은 변연계와 기저핵이고, 이 영역과 망상 장애와의 연관성에 관심	사회적 및 부부 관계문제 발생, 처음에는 친밀한 것 같으나 망상으로 인해 적대적이 되고 불화가 생기면 피해 도망가기도 함	다양한 망상 동반	다양한 망상적 사고와 행동, 갈등, 불안, 고통, 불쾌감, 과대가치 또는 의욕상실, 망상유형에 따라 호흡의 불균형, 신체긴장, 분노발작, 폭력성
분열정동장애 (Schizoaffective Disorder)	어떤 목소리가 들리거나 타인을 헤칠 것 같은 충동을 느낀 적이 있는가? 현실감을 잃은 적이 있는가? 기분에 변화를 느끼는가?	분열, 조증, 우울증상이 동시에 나타남, 자살위험	청소년기 또는 초기 성인기	정신분열증과 기분장애 또는 이와는 무관한 요인에 의한다는 가설	사회적 관계에 지장	정신분열증과 정동장애 동반	정신분열증의 다양한 증상과 우울 증상을 동시에 보임

(계속)

분류	선별질문	임상적 특성	발병연령	유발요인	사회적 관계	수면문제 및 동반장애	정신생리증상
단기정신증적 장애 (Brief Psychotic Disorder)	최근에 보편적이라고는 생각되지 않는 이상한 생각을 한 적이 있는가?	전조증상 없이 갑자기 발병된 양성 증상이 최소 1일 최대 1개월 지속, 음성증상이 지속되지는 않음	청소년기 또는 성인 초기	심각한 스트레스에 대한 방어 및 회피로 급격히 발병, 가족력, 이차적 이득	사회적 관계 및 기능과 증상면에서 긍정적 결과	기분장애와 관련, 성격장애시 단기정신증 동반가능	정서적 고통, 혼돈, 영양과 위생문제 등장, 망상, 환각, 와해된 언어, 충동성, 불안상태, 긴장증
정신분열형 장애 (Schizophreniform Disorder)	어떤 소리가 들리거나 이상한 생각에 집중하게 하는가? 현실감을 잃은 적이 있는가?	정신분열증과 동일한 증상	정신분열증과 유사	유전성, 개인적 취약성, 중추신경계요인	대인관계 및 사회적 관계에서 기능저하	질환의 진행 결과 정신분열증 및 분열정동장애 진단 가능성이 높음	정신분열증과 유사

분열형 성격장애(Schizotypal Personality Disorder)

구체적인 내용은 **성격장애** 참조(DSM-5에서는 정신분열장애로 명명하였으므로 제시하였음).

2. 정신분열증

주요정신병의 하나인 정신분열증의 개념은 학자들 사이에 많은 의견들이 있으나 현재는 뇌의 기질적인 이상은 없는 상태에서 사고, 정동, 지각, 행동 등 성격의 여러 측면에 장애를 초래하는 뇌기능장애라는 것이 일반적인 견해이다(신경정신과학, 1998; 최신정신의학, 1995). 나타나는 증상은 개인에 따라 다양하며 그 원인에 대해서도 단일 원인인지 다양한 원인인지에 대한 논란이 많다. 정신분열증(Schizophrenia)은 비교적 어린 나이에 발병하여 인간의 인지, 지각, 정동, 의지, 행동, 사회활동 등 전반적인 어려움을 초래하는 장애로서, 정신분열증이라는 개념을 사용하기 전에는 조기치매(Morel, 1856)라는 용어를 사용하기도 했었다. 경과가 만성적이고 직접적 또는 간접적 비용과 사회적 편견이 심하여 적절한 시기에 치료를 받지 못하는 경우가 흔히 있다.

임상적 핵심증상

정신분열증의 주된 증상은 사고의 분열이며 그와 관련하여 양성증상과 음성증상 및 정신운동증상 등을 나타낸다. 급성기에는 양성증상이 더 두드러지고 만성의 경우는 음성증상이 더 두드러져 보이나 대부분은 이 두 증상을 모두 보이며, 분열증을 가진 사람의 반 이상에서 기억과 인지기능에 심각한 장애를 나타낸다. 양성증상은 망상, 왜곡사고와 언어, 고양된 지각과 환각, 부적절한 정서가 많으며, 음성증상은 언어의 빈곤, 둔감한 정서, 동기 상실, 사회적 고립 등으로 사회적 관계 및 활동을 저해한다. 정신운동증상은 이상하게 움직이고 입을 씰룩거리고 이상한 자세를 취하는 비정상적인 자세를 취하는 것을 의미한다. DSM-IV(최신정신의학, 1995, p.191; 청소년임상미술치료방법론, 2007, p.268-269참조)와 DSM-5의 진단기준(APA, 2013)이 특별히 다르지 않으며 구체적인 기준은 다음과 같다.

1. 특징적 증상; 정신분열증으로 진단내리기 위해서는 다음의 2가지 이상의(1, 2, 3 중 하나는 반드시 포함)증상을 1개월 동안(성공적으로 치료가 되었을 경우는 그 이하) 상당한 기간 동안 나타나야 한다.

(1) 망상

(2) 환각

(3) 혼란스러운 언어(예; 빈번한 일탈이나 뒤죽박죽된 표현)

(4) 전반적으로 심하게 혼란스러운 행동이나 긴장성행동

(5) 음성증상들(정서표현의 감소, 무언증, 무의욕증)

2. 기능장애; 이러한 장애가 시작된 후 상당부분의 시간동안에 한 가지 이상의 주요한 영역(직업, 대인관계, 자기돌봄)의 기능수준이, 장애가 시작되기 전보다 현저하게 저하되어야 한다(아동청소년기에 발병한 경우에는 대인관계, 학업, 직업 등에서 기대되는 성취수준에 이르지 못함)

3. 기간; 최소 6개월 동안 질병의 징후가 계속해서 지속되어야 한다. 6개월간의 기간에는 진단기준 1(즉 활성기 증상)을 충족시키는 증상들이 최소한 1개월 이상(혹은 성공적으로 치료받았을 경우에는 그 이하) 포함되어야 하며, 전구기 혹은 잔류기가 포함될 수 있다. 전구기 또는 잔류기에는 장애의 증후로서 단지 음성증상만이 나타나거나 혹은 1에 열거된 증상 중 2개 이상이 약화된 형태로 나타날 수 있다(예; 괴이한 신념, 특이한 지각경험).

4. 분열정동장애와 정신증적 양상을 동반한 우울 및 양극성장애의 가능성이 배제될 수 있다.

   (1) 이 장애의 활성기에 주요우울증, 조증, 혹은 혼합형의 삽화가 동시에 나타나지 않아야 한다.

   (2) 만약 기분삽화가 활성기증상과 동시에 나타날 경우, 그것은 기분삽화의 전체기간이 활성기와 잔류기의 전체기간에 비해 상대적으로 짧은 기간 동안에만 나타났어야 한다.

5. 증상이 물질(예; 약물남용, 투약)이나 전반적인 신체상태의 직접적인 생리효과로 인한 것이 아니어야 한다.

6. 아동기에 시작하는 자페스펙트럼장애나 의사소통장애를 지닌 과거병력이 있을 경우, 적어도 1개월 이상 지속되는 현저한 망상이나 환각이 나타날 경우에만 정신분열증을 추가적으로 진단할 수 있다(성공적인 치료의 경우 더 짧을 수도 있음).

정신분열증의 병전 징후와 임상유형

	장애유형	핵심증상
병전 징후	사고장애	사고형태장애; 자폐적사고(autistic thinking), 강박관념(obsession), 공포증(phobia) 사고진행장애; 사고비약(flight of ideas), 사고지연(retardation of thought), 사고단절(blocking), 우원증(circumstantiality), 보속증(perseveration), 언어신작증(neologism), 지리멸렬(incoherence), 부적절한 사고(irrelevant thinking) 사고내용장애; 과잉사고(overvalued idea), 작화증(confabulation), 망상(delusion); 편집 또는 피해망상(paranoid or persecutory delusion)/과대망상(grandiose delusion)/우울망상(depressive delusion)-빈곤, 죄책, 허무/색정망상(eroticdelusion)/신체망상(somatic delusion)/피조종망상(delusion of being controlled)/사고방송(thought broadcasting)/사고침입(thought insertion)/관계망상(idea of reference or delusion of reference), 건강염려증(hypochondriasis)
	정동장애	쾌감(pleasurable), 우울(depression), 불안(anxiety), 양가감정(ambivalence), 부적절한 정동(inappropriate), 불안정한 기분(irritability), 유동정동(labile affect)
	지각장애	착각(illusion), 환각(hallucination); 환청(auditory hallucination)/환시(visual hallucination)/환촉(tactile hallucination)/환미(gustatory hallucination)/환후(olfactory hallucination)/반사환각(reflex hallucination)/운동환각(kinesthetic hallucination), 이인증(depersonalization), 비현실감(derealization)
	충동조절, 의욕 및 행동장애	양가감정(ambivalence)으로 인한 변덕과 충동행동, 과잉행동(overactivity or increased activity), 저하된행동(decreased activity), 반복행동(repetitious activity);매너리즘(mannerism), 음송증, 보속증, 강직증, 거부증(negativism);함구증(mutism)/거식증(refusal of food), 자동증(automatism or automatic behavior);자동적복종(automatic obedience or command automatism)/반향언어(echolalia)/반향행동(echopraxia), 강박행동(compulsion), 충동적행동, 자살(suicide)
	사회적 장애	사회적 위축, 위생관리문제, 예측불허의 기이한 언어와 행동, 주변상황무시, 부랑인의 모습
	지적능력장애	병식(insight)이 없고, 지남력장애(disorientation), 기억력저하, 주의(attention)산만, 외부상황에 무관심,
	양성증상과 음성증상	양성증상(positive symptom); 망상, 환각, 지리멸렬한 사고장애, 기이하고 혼란된 행동 등. 음성증상(negative symptom); 무언증, 감정의 둔마, 자폐증, 사회적 고립, 자발성감소, 주의력결핍 등

임상양상	혼란형 (disorganized type)	사춘기전후에 주로 발병한다. 파괴형이라고도 한다. 사고와 감정의 혼란, 성격의 황폐화와 퇴행이 심하다. 초기에는 정동반응이 매우 부적절하고 예측할 수 없으나, 점차 감정이 둔감하고 자폐적이며 퇴행이 심해진다.
	긴장형(catatonic type)	15-25세경에 호발하며 급성으로 발병한다. 극심한 정신운동장애가 특징이다. 극도의 거절증 또는 무언증이 있다. 반향언어 반향행동, 괴이한 움직임의 자세, 상동행동, 얼굴 찌푸림 등이 나타난다. 혼미와 흥분상태가 교대로 나타난다. 다양한 긴장증상과 자동증을 보인다. 잠시도 쉬지 않고 안절부절 하며 난폭행동을 한다. 심한 경우 자해, 고열, 식사거부로 탈진상태나 죽음으로 가기도 한다.
	망상형(paranoid type)	주로 30대전후에 발병한다. 보편적으로 관계망상, 피해망상, 과대망상이 많으나 건강염려증적 망상, 애정망상, 우울망상도 나타난다. 다른 양상에 비해 성격의 황폐화나 지능저하 및 퇴행적인 감정반응이 적다. 혼란스런 언어와 행동, 긴장성행동, 둔마된 부적절한 정동 등의 증상이 현저하다면 망상형이라고 볼 수 없다.
	미분화형 (undifferentiated type)	임상유형을 분류할 수 없을 정도로 다양한 증상이 복합적인 경우이다.
	잔류형 (residual type)	급성증상은 회복되었으나 망상과 환청이 남아있을 수 있으며 기이한 행동, 연상이완, 사회적 고립, 부적절한 감정이 여전히 남아있는 경우이다.

주요원인

정신분열증에 대한 원인은 정신분열 스펙트럼장애의 원인에서 전반적인 설명이 되었듯이 다양한 관점에서 이해되고 있다. 프로이트는 성적퇴행에 관한 학설에 근거를 두고 발달과정 중의 고착과 자아기능의 결함 때문에 유발된다고 보기 때문에 타인과의 갈등과 좌절을 겪을 때 대상관계의 장애와 퇴행현상이 일어난다고 보았다. 설리반은 분열증이 초기대인관계인 모아관계의 이상으로 발생한다고 보았으며, 말러 역시 발달과정 중 구강기의 모아관계 이상이 분열을 유발시켜 대상항상성을 이루지 못하고 분열이 생긴다고 보았다. 오늘날의 전반적인 정신역동이론가들은 어느 정도의 초기개념을 수용하고 있으며 반면에 생물학적 비정상성들이 특정인으로 하여금 정신분열로 발전하게 하는 극단적인 퇴행이나 무의식적인 충동 및 행위에 취약하게 만든다는 견해를 제시하고 있다.

인지적 관점에서는 생물학적관점과 유사하게 정신분열증은 개인이 자신의 비정상적인 경험을 이해하려고 노력할 때 일어난다고 본다. 즉 어떠한 상황에서 소리나 감각에 처음 직면했을 때 그것의 소리나 감각과 관련한 누군가에게 물어볼 수 있으며, 그 때 그들은 아니라고 당연히 말할 것이다. 그 결과 개인은 사람들이 자기를 속인다고 생각하게 되므로 점점 타인을 믿지 못하고 자기가 그들에 의해 피해를 입는다는 신념을 갖게 되는 자기방식의 합리적인 결과에 이르게 된다. 즉 외부로부터 오는 정보를 적절하게 수용하여 처리하지 못하고 혼란을 경험하게 되었을 때, 그 혼란을 감소시키기 위해 지나치게 단순화시키는 과정에서 망상을 발달시키게 된다. 따라서 외부자극을 무감각하게 대처하고 복잡한 외부를 차단하여 고립되는 결과를 선택하게 되며 이것이 분열증을 발달시키는 과정의 결과라고 본다. 또한 분열증을 가진 사람이 비논리적이고 혼란된 사고와 언행을 하는 이유는 의식에 침투하는 부적절한 정보를 통제하지 못하기 때문이다. 즉 외부자극에 지나치게 민감하여 주의의 폭이 과대하게 확대되어 있어서 감당할 수 없거나, 반대로 주의집중의 폭이 너무 좁혀져 있어서 외부자극을 잘 포착하여 반응할 수 없거나 하기 때문에 인지과제를 감당할 수 없기 때문이다.

사회문화적인 관점에서는 분열증을 가진 사람들의 사회적 문화적 압력과 사회적 낙인 그리고 가족문제가 분열 증상을 일으킨다고 주장하나 아직까지는 분명히 밝혀진 바가 없다. 가계연구에서는 유전적인 요소를 무시할 수 없으며, 스트레스, 뇌 연구, 생화학적 요인, 생물학적 성향 등 다양한 측면에서 분열증의 원인에 대해 가설을 제시하고 지지하고 있으나 원인에 대해서는 아직 명확하지 못하고 다양한 요인이 작용한다고 본다.

예후 및 치료

정신분열증의 예후는 과거에 비해 약물치료의 발전과 병의 경과에 변화가 있을 수 있기 때문에 예후에 대한 판단도 변화하고 있다. 일반적으로는 발병이 급성기일 경우, 기간이 짧을수록, 과거병력이 없을 경우, 발병의 원인적 사유가 있을 경우, 또는 대인관계가 좋고 지지체계가 있을 경우 예후가 좋다고 알려져 있다. 그리고 약물치료를 지속성 있게 잘 지키는 경우와 긴장형의 임상유형이 다른 유형에 비해 예후가 더 좋을 수 있다.

치료는 약물치료와 정신심리치료를 동시에 할 필요가 있으며 다만 어떠한 치료를 하던 간에 유의해야 할 점이 있다. 예를 들면 어떠한 원인에서 분열증이 시작되었든 개인적, 가족적, 사회적 환경을 고려한 생태체계적인 맥락에서 이해하고 모든 치료는 환자중심으로 개별화되어야 한다. 약물치료를 중요시해야 함에도 발병은 심리사회적인 요인의 영향이 크므로 심리치료를 소홀히 해서는 안 된다. 분열증은 거의 모든 다양한 측면에서의 장애이므로 한 가지 치료로는 불가능하다는 것을 명심해야 한다. 이러한 맥락에서 보면 정신분열증의 치료는 약물과 심리사회적치료를 반드시 겸해야 하며 급성기치료와 만성기치료를 분류하여 단계적으로 치료방법을 제공해야 한다.

급성기 또는 재발초기치료의 지침

- 목적은 빠르고 안전하게 효과적으로 치료하는 것과 환자와 가족을 지지하고 상담하는 것이다.
- 증상이 심하고 행동장애를 동반하므로 입원과 간호감독이 필요하다.
- 자해와 타해가 있는 경우는 강제로라도 입원조치를 해야 할 필요가 있다.
- 증상이 가볍고 가족지지가 충분히 있다면 통원치료를 할 수 있다.
- 주변인의 지지적관계가 치료의 협조를 가능하게 한다.
- 항 정신약물을 복용해야 한다.
- 약물효과는 1~2주 정도 후이므로 어느 정도의 약물부작용이 있더라도 참을만하다면 초기투약 기간에는 유지할 필요가 있으며, 이 기간이 지나면 목표와 증상에 따라 용량을 조절한다.
- 4~6주 정도에 걸쳐 적절한 용량을 투약했음에도 임상적으로 호전되지 않는다면 다른 약물로 교체하는 것이 바람직하다.
- 응급상황에서는 단시간 내에 증상을 가라앉히고 환자자신이나 타인의 위험을 방지

할 필요가 있다.

- 첫 발병 후에는 최소 6개월에서 2년 이내로 약물유지가 필요할 수 있으며, 1번 이상 재발한 경우에는 5년 정도의 유지가 필요하다.
- 만성이 될수록 음성증상이 늘어나므로 이에 대한 치료적중재가 필요하다.

재발의 대표적인 전구증상

- 불안, 쾌감, 감정의 변화가 있다.
- 흥미를 상실하고 우울증상이 나타난다.
- 집중곤란, 특정사고에 집착하거나 관계사고가 있다.
- 모호한 언어사용, 특이한 행동, 악몽을 꾼다.

급성기 후 또는 만성분열증의 치료지침

- 주요목표는 기능재활과 급성기로의 재발을 예방하는 것이다.
- 약물치료와 개인정신치료 및 심리사회적치료를 병행한다.
- 심리사회적치료는 스트레스에 대한 대처능력을 향상시키고 개인적 성취를 추구할 수 있게 하므로 반드시 필요하다.
- 사회기술훈련과 가족의사소통훈련을 통해 적응과 사회적 지지를 강화한다.
- 가족치료와 가족교육을 통해 적극적이고 지속적인 치료체계를 유지하고 재발을 예방한다.

3. 망상장애

편집장애(Paranoia)라고도 불렸던 망상장애(Delusional Disorder)의 기본적인 양상은 단순하지만 기이하지 않은 망상이 있으며 망상과 관련한 생활영역이외에 기능적인 영역은 유지된 채 망상내용에 적절한 감정을 동반하는 장애이다. 망상의 내용은 정교하게 체계화된 망상으로서 피해적, 질투적, 과대적, 애정적, 신체적인 망상이며 이것은 일시적이거나 간헐적 또는 일생동안 지속될 수도 있다.

임상적 핵심증상

이 장애를 가진 사람들의 대개는 단정하고 사회적 활동에도 별 지장이 없어 보이며 성격도 별 무리 없어 보이나, 면담시 의심이 많고 편파적이고 적대적이며 시비를 걸고 잘 따지는 특성이 있다.

피해형(persecutory type)은 가장 흔한 유형으로 자신이 음모의 대상이 되거나, 속임을 당하고 있고, 염탐당하고 있고, 추적당하고 있으며, 자기가 하고 있는 일들이 방해를 받고 있다고 생각하거나, 음식에 독을 타서 자기를 죽이려고 하고 있다거나 등 작은 사소한 일에도 과장되게 피해를 받고 있다고 의심하는 망상체계의 초점이 될 수 있다. 이러한 피해적 망상을 가진 사람은 타인이 의도적으로 교묘하게 자기에게 피해를 준다고 믿는 망상이 있기 때문에 계속 소송을 걸기도 하고 단체나 정부기관에 호소함으로써 만족을 얻으려 하기도 하여 이들을 고소광이라고도 부른다. 피해망상은 단순하거나 정교할 수 있으며 보통은 한 가지의 단일주제를 가지거나 일련의 주제들이 서로 연결되어 있으며, 때때로 자신이 상처를 받고 있다고 생각하면 자기에게 상처를 줬다고 생각하는 사람을 원망하고 분노하며 폭력을 사용할 수도 있다.

애정형(erotomanic type)의 중심적인 망상은 스타와 같은 유명 인사나 높은 신분의 누군가가 자기를 사랑하고 있다거나 때로는 전혀 모르는 사람이 망상의 대상이 될 수도 있으나, 대체로 이상적이고 낭만적인 내용이 많으며 성적인 매력보다는 영적인 결합에 의한 것이라는 내용이 많다. 애정형의 망상을 가진 사람은 자신의 망상을 비밀로 하기로 하기도 하며 그 대상에게 선물을 하고 전화나 편지를 하거나 미행을 하기도 한다. 대체로 여성에게 더 흔하며 상대가 유명인일 경우 괴롭힘을 당하기도 하며 남자의 애정망상일 경우는 자신이 상상하고 있는 위험에서 상대를 구하려는 시도를 하다가 법적문제에 걸리기도 한다.

과대형(grandiose type)은 자신이 특별한 능력을 가졌고 국가의 중요한 일을 맡았으며 자신이 중요한 유명인과 특별한 관계를 가지고 있다거나 재림할 예수라는 종교적인 내용을 가진 망상이 주요주제를 가진다. 이러한 망상의 대상은 가상인물이기도 하며 실제 인물일 수도 있다. 질투형(jealous type)은 의처증이나 의부증에 해당하는 망상으로서 남자에게 더 많으며 이러한 망상의 증상은 배우자가 사망한 후에야 사라질 수 있다. 신체형(somatic type)은 자신의 몸에서 이상한 냄새가 난다거나 몸속에 기생충이 있다거나 신체일부의 기능이 이상해졌고 추하다는 내용을 담고 있으며 그러한 망상은 신체의 어느 부위에든 해당이 될 수 있다. 이 망상은 신체변형장애나 건강염려증과는 다르게 자신의 망상에 확고한 믿음을 가지고 있다. 남녀 동일하게 일어날 수 있고 흔한 유형은 아니며 약물남용이나 머리외상 병력이 흔히 발견되고 망상증상으로 인한 좌절로 자살을 시도하기도 한다.

주요원인

망상장애를 가진 사람들은 대부분 자신을 드러내지 않기 때문에 역학조사가 어려워 병인에 대한 연구가 다른 장애에 비해 잘 알려져 있지 않았다. 현재까지 알려진 바에 의하면 정신분열증과는 다른 정신병적 상태를 말한다. 정신분열증에 비해 훨씬 드물고 발병연령도 늦으며 남녀비율도 다르고 기분장애에 비해서도 발생빈도가 낮다.

정신분석관점에서는 망상장애를 혼란스러운 감정의 결과로 보고 억압된 동성애적 충동에 기인하며 억압이 실패했을 때 망상은 투사의 현상으로 나타난다고 한다(정신의학, 1987, p.192 참조). Freud(1991)는 편집증에 결렸던 법학자 Schreber의 자서전과 그를 치료한 주치의의 보고를 분석하면서 억압된 무의식적인 동성애적 경향이 부정과 반동형성 그리고 투사에 의한 방어과정을 거치면서 편집상태로 발전한다고 하였다. 그러나 여러 임상관찰에서 많은 망상장애를 가진 사람들이 동성애적 경향을 보이지 않으며 동성애성향을 가진 사람의 대부분이 편집증이나 망상 증상을 가지지 않으므로 단편적인 요인해석에 유의해야 한다(정신의학, 1987, p.192; 최신정신의학, 1995, p.223; 신경정신과학, 1997, p.339 참조).

기타 정신역동 관점에서는 편집증을 나타내는 사람은 성장과정에서 경험된 신뢰의 결핍이 불신을 갖게 하며 그러한 불신은 지나치게 통제하고 거절적이며 유혹적인 어머니와 냉정하고 융통성 없으며 가학적인 아버지의 환경에서 기인한다고 본다. 그러한 부적절한 환경에서 성장한 사람은 외부환경에 대해 적대적이고 관계에서 믿음이 없으며 관계를 피하고 사소한 일에 민감할 수 밖에 없게 되며 의심하는 성격으로 형성될 수 있다. 따라서 망상장애는 일차적으로 반동형성, 부인, 투사방어기제와 관련한다고 볼 수 있다. 반동형성은 공격성과 의존욕구 및 애정에 반한 방어기제로 사용되며 의존욕구는 독립성으로 변형되고, 부인방어기제는 고통스러운 현실을 회피하기 위해 사용된다. 이때 개인은 분노와 적대감으로 고통을 당하기는 하지만 자신의 분노에 대한 책임을 직면하기 어렵기 때문에 자신의 원망과 분노를 타인에게 투사하게 된다. 이러한 투사는 결과적으로 자기가 용납할 수 없는 충동을 인식하지 않도록 보호하는 기능을 하게 되며, 과민반응과 열등감은 반동형성과 투사를 통해 우월과 과대망상으로 변형될 수 있다. 이러한 맥락에서 보면 애정망상은 거부감에 대한 대치로 가정할 수 있으며 지나치게 완벽한 기대와 그 기대를 성취하지 못했을 때 처벌을 받아온 사람은 자신의 상처받은 자존감을 보호하는 방법으로 공상을 발전시킬 수 있다. 그리고 결국은 이것이 망상장애로 발전하게 된다. 신체망상은 타인과의 정서적 관계를 철회하는 대신 신체에 고착시키는 유아적 자기애적 상태로 퇴행한 결과이며, 애정망상은 낮은 자존감과 심한 자기애적 상처에 대한 방어로 자기애적 사랑을 투사한 결과로 설명될 수 있으며, 과대망상은 무엇이든 다 할 수 있는 유아기의 전능한 느낌으로의 퇴행일 수 있다.

인지적 관점에서는 망상장애를 논리적 추론의 결함이며 비정상적인 경험의 의미추론 그리고 정보처리의 편향에 초점을 두고 설명하고 있다. 사회문화적인 관점에서는 이주민의 새로운 문화에 대한 부담, 고독감, 사회경제적 빈곤, 기타 스트레스 등이 편집적 사고를 형성하는데 영향을 미치며, 감옥이나 격리된 독방에 갇힐 경우에도 편집적인 망상을 나타낼 수 있다고 본다. 생물학적 요인으로는 유전적인 요인이 크게 작용한다고 볼 수는 없지만 가족력에서 발견되는 것으로 보아 유전소인이 있을 수 있다는 보고가 있다. 망상장애를 가진 사람에게서 변연계와 기저신경절 등의 신경학적 장애가 있을 때 망상이 발견되는 것으로 보아 생물학적 원인이 추측되고 있으며 대뇌피질은 망상을 지능화하는데 기여하는 것 같다는 보고 또한 있다(최신정신의학, 1995, p.222-224; 신경정신과학, 1998, p.338-340 참조).

예후 및 치료

급성적인 발병이 많고 대개는 만성화되며 회복이 쉽지 않다. 예후가 좋은 경우는 직업적, 사회적, 기능적 적응이 좋은 경우, 발병이 30세 이전일 경우, 급성적인 발병일 경우, 기간이 짧을 때, 유발 인자가 있는 경우, 결혼한 여성일 경우 예후가 더 좋다는 보고가 있다.

치료는 의심이 많고 냉담하고 치료관계가 어렵기 때문에 일차적인 요소는 시간과 치료자의 인내심이라고 볼 수 있다. 특히 증상이 처음 시작된 경우는 본인 뿐 아니라 가족의 협조를 얻기도 힘들므로 가장 중요하고 필요한 것은 가족 중에 영향력 있는 사람의 분명한 치료동기와 확신이 필요하며, 그렇지 않을 경우 망상을 가진 사람은 본인이나 타인에게 위협적인 대상이 될 수 있다.

입원보다는 통원치료가 더 유용할 수 있으며 치료의 목적은 불안을 줄이고 현실적인 수준에서 의사소통을 가능하게 하는데 있다. 치료자는 망상과 관련한 어떠한 관계도 피해야 하며 망상에 대한 부당성을 지적하거나 판단해서는 안 되며 정직하고 확고한 자세를 취해야 한다. 가장 중요한 것은 신뢰관계이며 망상적 사고에 대해 중립적인 자세로 자유로운 표현과 고립으로부터의 해방과 두려움을 이야기할 수 있도록 지지적이고 안전하고 튼튼한 환경을 제공할 수 있어야 한다. 망상장애를 가진 사람에게 집단치료는 과격성과 의심 및 잘못된 판단의 경향성 때문에 부적절하며, 항정신약물은 초조감, 불안, 정신병적 사고의 개선에 도움이 되나 약물 또한 의심이 많아 충분히 신뢰가 형성되지 않은 상태에서는 도움이 되지 못한다. 가족치료는 치료과정의 동맹자로서 협조를 얻는데 도움이 되며 치료자와 가족의 소통은 환자와 의논된 것임을 이해할 필요가 있다.

입원치료가 필요한 경우

- 내과적 상태가 망상을 초래하는지 평가하기 위해서 입원할 수 있다.
- 자살이나 타살 망상이 있는지에 대한 평가를 위함이다.
- 망상관련한 행동이 가족을 힘들게 하여 증상을 악화시킬 우려가 있을 경우에 필요하다.

- 학교나 사회적 및 직업적 관계를 안정시키기 위해 필요하다.
- 여러 측면에서 입원이 불가피한 상태일 경우 최대한 동의에 의해 입원시키고 안 되면 강제입원을 시켜야 한다.

다른 정신분열 스펙트럼 장애

앞에서 설명되었듯이 DSM-5에서는 분열형 성격장애를 스펙트럼장애로 포함시켰다는 차이점 외에는 DSM-IV와 차이가 없고 기타정신병적 장애도 크게 다르지 않다. 여기에서는 분열정동장애(Schizoaffective Disorder), 정신분열형 장애(Schizophreniform Disorder), 단기정신증적 장애(Brief Psychotic Disorder), 분열형 성격장애(Schizotypal Personality Disorder), 약화된 정신증 증후군(Attenuated Psychosis Syndrome)을 간략하게 살펴보기로 하겠다.

4. 분열정동장애

용어 그대로 정신분열과 기분장애의 양상을 다같이 가지고 있는 상태로서, 정신분열증의 주요증상에 대한 첫 번째 진단기준을 충족시키는 동시에 주요우울 또는 조증삽화에 해당하는 모든 임상적 증후가 함께 또는 교대로 나타나는 경우를 분열정동장애(Schizoaffective Disorder)라고 한다.

임상적 핵심증상

정서적 일치가 없는 망상이나 환각이 뚜렷하고 정동증상이 사라진 후에도 정신병적인 분열증상과 우울증상이 지속되거나, 또는 우울증상은 사라지고 정신분열증적인 증상이 1개월 정도 더 지속되다가 사라지는 것이 전형적인 분열정동장애의 패턴이다. DSM-5의 진단기준(APA, 2013)은 다음과 같다.

1. 정신분열증의 1기준에 해당하는 증상들과 더불어 주요우울삽화, 조증삽화, 혼합형 삽화가 있다.

2. 두드러진 기분증상이 없이 최소한 2주간의 망상이나 환각이 있다.
3. 기분장애에 맞는 증상들이 장애의 활성기와 잔류기간의 상당부분동안 있다.
4. 장애가 물질(남용약물, 처방약물)이나 일반적 의학적 상태에 의한 직접적인 생리적 영향에 의한 것이 아니다.

양극형; 장애가 조증이나 혼합형을 포함할 때
우울형; 장애가 주요우울증만을 포함할 때

주요원인

정확한 원인은 아직 알려져 있지 않으나 다른 정신과적 질환으로 진단된 사람의 많은 경우가 이후에 기분변화가 뚜렷이 나타나면서 진단되어지는 사례가 흔히 있다. 지금까지 분열정동장애는 정신분열증이나 기분장애의 한 형태이며 정신분열증과 기분장애가 동시에 나타나는 장애로서 정신분열증이나 기분장애와 무관한 제3의 정신병이라는 가설이 제시되어 왔으며, 그 외에도 이 세 가지의 가능성을 모두 포함한 새로운 형태의 모형이 제시되어져 왔다. 이 중에서 마지막 네 번째가 최근의 가장 의미있는 요인으로 이해되고 있다(최신정신의학, 1995, p.229; DSM-5, 2013, p.114).

예후 및 치료

분열정동장애의 예후는 우울장애보다 부정적이고 정신분열증보다는 좋으며 양극성장애와 유사하다. 예후가 나쁜 경우는 병전 개인력이 나쁜 경우, 진행성 발병, 유발요인이 없는 경우, 정신병적 음성증상이 두드러지고 정신분열증의 가족력이 있는 경우 등이다.

특별한 치료법을 제시하기는 어려우나 중요시되는 치료방법은 입원치료, 정신심리치료, 약물치료이다. 약물은 항우울제와 항 조증약물이 기본적이고 필요에 따라 항정신성약물을 사용하기도 한다.

5. 단기정신증적 장애

장애가 짧은 기간 지속되며 그 기간이 1개월 이내에 한하며, 정신분열증의 주요증상 중 한 가지 이상의 증상이 하루 이상 있어야 단기성 정신증적 장애로 본다. 증상은 정신분열증의 기준에 맞을 수도 있고 아닐 수도 있으며 2주일 이내에 뚜렷한 외부 스트레스를 받은 직후 갑작스럽게 시작되는 것이다. 청소년기에 발병하기 쉬우며 합병증으로는 가벼운 우울증 또는 자기존중의 상실 등 2차적인 증상이 있을 수 있다. 증상이 있는 기간 동안 일어나는 정서적 혼란이나 적응손상으로 위험한 행동을 할 수 있으므로 보호가 필요할 수 있다.

임상적 핵심증상

대체로 분열증과 기분장애의 병적증상에 해당하며 이는 유발 인자와 관련될 수 있는 요소를 갖는 여러가지 증상을 나타낸다. 정서적 혼란은 불쾌한 정동으로부터 다른 것으로 빠르게 변하며 일정한 감정상태가 유지되지 않는 것으로 나타나고, 행동은 말이 없거나 소리 지르거나 자살이나 공격행동이 있을 수 있으며, 언어는 횡설수설하고 의미 없는 표현을 반복하기도 한다. 감정은 부적절하고 변덕스러우며 극단적으로 분노와 슬픔 또는 다행감을 나타내기도 한다. 일시적인 망상이나 환각을 보이기도 하며, 질문에 거짓으로 답하기도 하며 지남력 장애, 의식이 혼탁하고 기억장애도 있을 수 있다. DSM-5의 진단기준(APA, 2013)은 다음과 같다.

1. 다음 증상 중 1가지 이상이 있으며, 아래의 1–3까지의 증상이 최소한 1가지 이상은 반드시 있어야 한다.
   (1) 망상
   (2) 환각
   (3) 와해된 언어(예; 잦은 이탈과 지리멸렬)
   (4) 현저하게 와해된 또는 긴장성행동

주의; 만약 증상이 문화적으로 인정된 반응일 경우에는 포함되지 않는다.

2. 장애의 삽화기간이 최소한 하루 이상, 1개월 이내여야 하며 이 기간 동안 이전기능이 완전히 회복된다.
3. 정신병양상을 가진 기분장애, 분열정동장애, 정신분열증에 의해 더 잘 설명되지 않으며 물질(예; 남용약물, 처방약물)이나 일반적 의학적 상태로 인한 직접적인 생리적 영향에 의한 것이 아니어야 한다.

다음의 경우 명시할 것

- 현저한 스트레스요인이 있는 것(단기반응성 정신병): 증상이 한 문화권 내에서 동일한 환경에 처한 누구에게라도 매우 스트레스가 되는 사건(각각 또는 동시에 발생한)에 대한 반응일 경우
- 현저한 스트레스 요인이 없는 것: 증상이 한 문화권 내에서 동일한 환경에 처한 누구에게라도 매우 스트레스가 되는 사건(각각 또는 동시에 발생한)에 대한 반응으로 일어나지 않을 경우
- 산후발병과 관련되는 것: 출산 후 4주 이내에 증상이 시작될 경우

주요원인

이미 가지고 있었던 성격장애, 특히 히스테리성, 자기애적, 편집성, 분열형 및 경계성 성격장애가 있을 경우 더욱 잘 발병할 수 있으며 정신분열증의 가족력이 있는 경우와 관련이 있다는 임상적 보고가 있다. 역동적으로 부적절한 대처기술과 이차적인 이득이 요인이 될 수 있으며, 스트레스에 대한 방어 및 회피 그리고 욕구충족과 관련이 있다.

예후 및 치료

1개월 이내에 회복가능하며 재발율도 낮고 정신분열증이나 기분장애로 이행하는 경우도 드물고 발생빈도의 성별 또는 가족 사이의 차이는 없다. 심한 재난이나 스트레스 상황에서 유발될 수 있다. 치료는 입원치료가 우선이며 항정신약물이 흔히 사용되며 동시에 개인치료, 가족치료, 집단치료를 통해 적응을 도울 수 있다.

6. 정신분열형 장애

이 장애는 정신분열증과 유사한 징후를 보이나 6개월 이내에 증상이 소실된다는 점이 다르고, 반면에 증상이 6개월 이상 지속되면 정신분열증으로 진단을 바꾸게 된다.

임상적 핵심증상

정신분열증의 범주와는 다르게 정서적 혼란, 공포, 착란 및 뚜렷한 환각 등이 더 흔하다. DSM-5 진단기준(APA, 2013)은 다음과 같다.

1. 다음의 증상이 2가지 또는 그 이상 존재해야 하며, 1개월 동안(또는 치료되었다면 그 보다 적은 기간) 각각의 상당시간동안 나타나야 한다. 다음의 1~3 중에서 적어도 1 가지는 반드시 나타나야 한다.
   (1) 망상
   (2) 환각
   (3) 와해된 언어(예; 잦은 이탈과 지리멸렬)
   (4) 현저하게 와해된 또는 긴장성행동
   (5) 음성증상(감정표현의 감소 또는 무욕증)
2. 장애의 삽화는 적어도 1개월 동안 지속되고 6개월을 넘지 않아야 한다(만약 회복되기 전에 진단을 내려야할 경우에는 "잠정적"임을 명시해야 한다.
3. 분열정동장애와 정신증적 양상을 가진 우울 또는 조울증은 배제된다. 이유는 1) 주요우울장애 또는 조증 에피소드는 활성기 증상과 동시에 발생하지 않기 때문이다. 또는 2) 만약 기분삽화가 활성기 증상동안 발생했다면 병의 활성과 잔류기간의 전체 기간동안 적은 부분에서만 존재하기 때문이다.
4. 장애는 물질(예; 남용물질, 처방약물)의 생리적인 영향 또는 다른 의학적 상태에 의한 원인이 아니다.

세분할 것

좋은 예후의 양상: 다음의 2가지 이상이 있을 경우

(1) 일상적 행동이나 기능에 현저한 변화가 나타난지 4주 이내 뚜렷한 정신병적 증상들이 나타난다.
(2) 정신병적 삽화의 최고조 때에 혼란 또는 당혹감이 있다.
(3) 병전의 사회적 또는 직업적 기능이 좋았다.
(4) 둔마된 정동이 없다.

세분할 것

긴장증이 동반한 경우

주요원인

정신분열증과 유사하다.

예후 및 치료

기분증상이 있을 때 예후가 좋고, 둔마된 감정이 있으면 예후가 나쁘며, 정신분열증보다는 예후가 좋다. 6개월 이내에 회복하여 병전 상태로 돌아가나 나중에 정신분열증이나 기분장애로 발전할 수 있다. 정신치료는 정신기능의 통합을 위해 필요하며 입원에 의한 환경치료가 원칙이다.

7. 분열형 성격장애

정신분열증과 다소 공통성이 있으나 정신병적이 아닌 경한 경우에 해당하며, 사회적 고립, 마술적 사고, 관계망상, 피해의식, 착각, 이인증 등의 증상을 특징으로 나타내는 경우를 분열형 성격장애라고 한다.

임상적 핵심증상

분열형 성격장애를 가진 사람은 대인관계가 없이 사회적으로 고립되어 있으며 언어표현이 기이하고 막연하고 우회적이며 괴상한 사고 및 지각경험과 행동상의 특이성을 나타내나, 직접적인 정신병적 에피소드를 나타내지는 않는다. 때때로 주의집중이 어렵고 대화내용에 연결성이 없으며 이상종교에 집착하거나 자신이 초능력자라고 믿는 경우도 있다.

주요원인

가족갈등과 부모의 심리적 장애와 관련이 있고 만성 분열증이 있는 가족에 발생가능성이 더 높다는 보고들이 있으나 명확한 유전학적 자료는 없다.

예후 및 치료

경과 및 예후에 대해서도 아직 불분명하며 성격장애의 어느 정도를 정신분열증에 포함하는지도 아직 연구가 제한적이다. 치료원칙은 분열성 성격장애와 유사하며 지지적이고 사회성기술훈련이 필요하다. 항 정신약물은 관계망상, 착각, 인지장애가 있을 때 정신심리치료와 함께 사용할 수 있다.

8. 약화된 정신증 증후군

이 장애는 정신증과 유사한 증상을 나타내나 지속기간이 짧고 증상의 심각도 또한 약한 경우를 의미한다. DSM-5에서는 이 정신병증후군을 정신분열증의 주된 증상인 망상, 환각, 와해된 언어사용 중 1개 이상의 증상이 약하게 나타나고, 현실 검증력도 비교적 양호하지만 임상적으로 주의가 필요할 정도로 증상의 심각도와 빈도가 충분한 경우를 말한다. 이 장애는 DSM-5의 진단기준 3절에 추가연구가 필요한 제안진단으로 수록되었다. 그 이유는 1차 검사에서 정신장애진단을 받은 사람이 2차 검사에서 질병이 없는 것으로 진단받는 경우가 흔히 있고, 정신병적 증상이 없기 때문에 진단명에 표기되기는 부적절하다는 것, 진단의 낙인문제, 진단이 내려짐으로써 사용되는 부적절한 약물사용의 부작용, 이 장애의 치료효과에 대한 증거부족과 진단을 정의할 만한 정보부족 등의 문제 때문이다.

9. 정신분열 스펙트럼장애 아동청소년의 중재지침과 미술치료

정신분열병을 치료하는 데는 한 가지 방법으로는 어렵고 다양한 접근을 사용한 통합적 중재로 이루어져야 한다. 증상의 심각도와 급성 또는 재발 및 만성의 수준에 따라 입원치료(폐쇄, 개방)를 통한 위기개입과 병식 및 증상완화와 사회적응을 돕고 낮 병원과 정신건강센터를 이용한 재활준비를 필요로 한다. 필요에 따라서는 퇴원 후에도 병원내의 그룹홈을 이용하여 가정과 사회로 돌아가기 위한 준비를 하기도 하며 지역사회의 그룹홈을 이용한 자활프로그램에 참여하기도 한다. 다행히 우리사회는 정신분열로 인해 사회적응이 어려운 사람들을 위한 다양한 프로그램과 지원을 하고 있어서 장애의 심각도에 따라 적절한 치료체계를 선택한다면 만성장애로 가는 문제를 예방 또는 최소화할 수 있을 것이다(청소년임상미술치료방법론, 2007, p.270-271 참조).

이러한 치료체계들은 다양한 심리치료를 수용하여 재발예방과 재활을 돕고자 한다. 그 중 중요한 방법으로 미술치료가 선호되고 있다. 미술치료는 치료적 의미와 평가적 의미를 동시에 가지고 있으며 심각한 급성기 정신증상으로 인해 기타 치료적 접근이 어려운 상황에서도 미술치료의 접근은 가능하다(집단미술치료 방법론, 2007, 제9장 참조). 뿐만 아니라 혼돈상태의 정도와 무의식의 정보를 알려주므로 다른 기타 치료방법들 중 특별한 의미를 갖는 것 같다. 여기에서는 이에 대한 특성과 미술치료에서의 유의해야 할 점 등에 대해 살펴보고 어떠한 방법으로 치료를 진행해야 하는지에 대해 살펴보기로 하겠다.

미술치료사의 이해확장

병력확인하기

- 정신과 임상에서 가족력 평가는 기본적인 요소이다.
- 기질성 및 초기발달에 대한 평가가 필요하다.
- 병전지능 및 기능수준에 대해 확인한다.
- 증상의 시작시점과 공존질환 및 물질사용에 대해 평가한다.
- 치료력과 관련하여 치료기간 동안의 기능적 또는 사회적 결과 및 증상의 경과 등에 대해 평가한다.
- 정신 역동적 요인을 평가한다.

정신상태 평가하기

- 양성증상과 음성증상에 대해 확인한다.
- 인지기능장애가 있는지 확인한다.
- 우울, 불안, 조증상태 등의 기분증상에 대해 평가한다.
- 병식에 대한 수준을 평가한다.

위험요소 이해하기

- 자살위험성에 대해 고려한다.
- 폭력 및 공격적인 행동요소가 있는지 확인하고 사전에 대처해야 한다.
- 치료의 순응정도를 평가하고 필요요소에 대해 구체화할 필요가 있다.
- 사고왜곡 및 행동과 조증상태에서 타인의 위협을 받을 수 있는 위험성에 대처하도록 예방적 접근이 필요하다.

치료적 관계 재형성하기

- 신뢰관계가 성공적인 치료의 핵심이므로 일차적인 목표는 관계를 굳건히 하는 것이다.
- 치료관계를 방해하는 개인이 가진 요소를 수정 또는 제거하기 위해 계획적인 접근이 필요하다.

- 초기에는 아직 병식이 없는 상태이므로 상호작용관계에 초점을 둔다.
- 점차 증상에 대한 관찰적 자아로서의 객관적 기능을 돕는다.

치료방법과 내용의 융통성 있는 접근사용하기

- 이론적 또는 기법적 접근에서 개인의 병리적 수준에 반응하는 유연성이 있어야 한다.
- 치료공간에서만의 작업이 아니어도 된다.
- 지극히 일상적이고 사적인 것 같은 어떠한 상황에도 경직되지 않은 놀이적인 자세로 함께 할 수 있어야 한다.
- 이해할 수 없는 이상행동이나 왜곡사고에 대해서도 증상의 급성기 또는 치료초기에는 무조건적인 수용자세로 대처해야 한다.

심리적 물리적 거리유지하고 긍정적으로 되돌려주기

- 불안감소를 돕기 위해 심리적, 시간적, 공간적으로 거리를 유지할 수 있어야 한다.
- 경직된 약속보다는 횟수와 시간길이에 대해 함께 의논하고 결정한다.
- 신체적 접촉에 유의한다.
- 관계형성 이전의 지나친 관심은 오히려 불안을 자극하므로 유의한다.
- 분열증의 일차적 정서는 공포와 불안이므로 치료사에게 공포가 투사될 때 회피하지 않아야 한다.
- 치료사는 치료과정의 전이와 역전이 경험을 내재화하여 새로운 모습으로 제공할 수 있어야 한다.
- 보조자아로서 치료사는 "지금-여기"에서의 도움을 제공한다.

증상의 필요성 이해하고 존중하기

- 분열은 최선의 정신내적 대안이라는 점을 이해하고 환자로 남아있고자 하는 개인의 욕구를 허용할 수 있어야 한다.
- 양성증상과 음성증상에 대한 대처욕구를 보일 때 적절한 안내를 할 수 있어야 한다.

- 지지적 접근이 우선이며 충분히 수용할 수 있는 준비가 되기 전에 해석적 태도는 금물이다.
- 개인적 관심을 교류할 수 있는 진실하고 개방적인 치료사의 자세가 필요하다.

가족교육하기

- 증상을 강화하는 가족환경에 대해 평가하고 긍정적 환경으로의 변화를 돕는다.
- 약물부작용과 증상 및 가족이해와 치료협조에 대해 정기적으로 교육하고 지지한다.
- 관계중심의 상호소통과 긍정적인 의사소통방법을 안내한다.
- 가족 내 심리적 갈등 및 문제해결을 돕고 집단 또는 가족치료에 참여하도록 지지한다.
- 분열증의 정도가 만성인 경우 미래의 생활유지를 위해 구체적인 계획을 세우도록 격려하고 안내한다.

재료와 도구 및 공간선택의 유의사항

- 치료공간과 매체사용은 증상의 심각도에 따라 달라질 수 있다.
- 심각한 망상증상 또는 충동적 폭력성이 있는 대상에게는 위험한 상황을 일으킬 수 있는 도구(예; 가위, 칼, 망치, 유리병, 철재류 등의 뾰족한 것)를 제공하지 않는다.
- 증상이 심하지 않은 대상에게는 끝이 둥근 가위 등의 도구를 제공할 수 있으나 사용 후에는 제공된 개수만큼 있는지 반드시 확인한다.
- 분열 상태에서는 증상이 심할수록 의식적 경계가 제한적이며 본능적 욕구에 더 많은 초점이 맞추어져 있으므로 경계가 없는 재료와 기법(예; 흐르는 재료, 난화 등)에 주의한다.
- 지나치게 많고 복잡한 재료는 혼돈을 자극하므로 단순하고 조절 가능한 재료와 도구(예; 소형용기에 한정된 재료를 별도로 준비)를 제공한다.
- 감정을 자극하고 흥분시킬 수 있는 재료는 증상에 따라 제한한다.
- 지나치게 성적본능을 자극할 수 있는 재료(예; 흐르는 재료, 성적표현 사진들, 부드러움을 자극하는 재료)들을 제한한다.

- 편집증적인 분열증상이 있는 대상에게 재료를 분배하도록 한다면 압박감을 느낄 수 있으므로 유의한다.
- 조증증상을 가진 대상에게 너무 많은 선택을 하게 한다면 감정의 통제를 더욱 어렵게 하므로 유의한다.

추천재료와 기법

- 경계가 있고 사실적인 재료(예; 잡지사진)들은 혼돈을 감소시키고 현실성과 의식을 자극하므로 적절하다.
- 드로잉재료와 콜라주재료가 대부분 무리 없는 재료이며, 특히 콜라주는 비현실적 증상에 현실감을 자극하고 인식을 돕는다.
- 집중력을 강화시켜 주는 기법(예; 특히 만다라기법)은 혼돈과 현실적인 지각능력 강화에 도움된다.
- 약물에 대한 느낌을 표현하도록 하면 약물에 대한 불편과 저항에 대한 교육적 접근과 대처방법을 제공할 수 있다.
- 망상을 그림으로 표현하는 것은 망상에 대한 고통을 다루고 대처방법을 연습할 수 있는 기회가 된다.
- 짝을 이루어 따라 그리기는 집중력향상에 도움되며, 연상이미지를 현실성으로 연결해준다면 현실지각과 의식성을 자극하고 강화시켜줄 수 있다.
- 짝을 이루어 상대방의 긍정적 요소를 찾아주는 접근은 자존감강화에 도움 된다.
- 한지를 사용한 자극기법은 음성증상으로 표현이 힘든 대상이나 망상에 집중되어 있는 대상에게 자극이 되어 연결 작업을 기대할 수 있다.
- 동그라미기법(예; 만다라, 동그라미 경계를 제공)은 경계를 제공했다는 점에서 보호와 돌봄의 느낌을 제공해주며, 특히 만다라기법은 그림을 그린 그 상황의 자기감정과 상황을 가장 잘 나타내주는 작업이므로 자기관찰에 도움 되며 혼돈으로 부터 통제능력을 강화시킨다.
- 고기능과 저기능 대상에 따라 같은 주제나 재료에서도 접근방법이 달라진다(예; 저기능의 경우 구체적이고 반복적으로 이해수준 확인하며 안내).

- 만성장애를 가진 대상에게는 재활에 초점을 둔 주제와 기법을 제공한다.
- 저기능대상일수록 느낌에 대한 질문을 배제하고 사실적인 이야기에 초점을 둔다.
- 폐쇄병동에 입원해있는 상태는 대부분 저기능상태일 수 있으므로 오픈 스튜디오 형식의 접근이 심리적으로 편안함을 줄 수 있어서 무리없다.
- 작업 후 작품이 돋보이는 방법(예; 액자나 특정 틀에 넣어 전시하거나 조명사용)을 사용하여 작품소개를 하게 하면 자존감을 강화할 수 있다.
- 작품소개시간에 전체가 집중할 수 있는 분위기(예; 앞으로 나와서 소개, 조명사용)와 환경을 활용하면 집중력과 자존감을 강화할 수 있다.
- 일반적으로는 집단치료가 도움되나, 개인의 장애수준에 따라 개인치료에서 집단으로 확장해가거나 집단에서 개별로 구체화해가는 것이 필요하다.
- 가족치료 또는 가족교육이 치료의 지름길이다.

치료사가 갖추어야할 자세와 지침

- 정신분열 자폐스펙트럼장애에 대한 기초적인 이해를 근거로 한다.
- 의료환경에 대한 기초이해를 토대로 질병의 진행과 발달적 이해를 통합적으로 치료에 적용할 수 있어야 한다.
- 양성증상과 음성증상의 특성과 반응 및 대처방법에 대해 이해함으로써 증상관리를 도울 수 있어야 한다.
- 약물부작용에 대한 기초이해가 필요하다.
- 대상의 장애, 발병 시기와 경과, 심각성, 주된 증상, 가족관계, 특정어려움 등에 대해 반드시 사전에 확인되어야 한다.
- 가족교육 및 가족치료를 고려해야 하며, 만성장애인 경우 가족과 함께 미래에 대한 계획을 세울 수 있도록 안내할 수 있어야 한다.
- 치료목표는 효과성을 위해 기관에서의 대상에 대한 치료목표와 진행과정을 확인하고 전체적으로 도움되는 방향으로 설정되어야 한다.
- 환자를 감당할 수 있는 치료사자신의 자아수준을 점검할 필요가 있다.
- 치료사는 반드시 정신과 훈련자격증을 가진 전문가로부터 수퍼비전을 받아야 한다.

- 옷차림(예; 피부가 비취거나 몸에 붙는 옷 금지)과 화장(지나치게 붉은 입술화장, 진한 눈 화장, 손톱의 메니큐어 자제)에 유의한다.
- 가능한 중성적인 옷차림과 일관성을 느낄 수 있는 복장이 적절하다.
- 존중감을 담은 언어를 사용한다(예; 일반적으로는 "....님" 이 적절함, 알코올중독 대상에게는 ~선생님이란 호칭도 적절함).
- 매체사용은 증상에 합목적적이어야 한다.

미술치료의 목적과 효과성

- 일차적으로는 외부로부터 오는 비난에 대한 감정과 내적욕구와 문제를 토해내는 장으로 사용될 수 있다.
- 지지적관계로부터 자기능력의 확인과 변화의 시도를 통해 사회적복귀로 향하도록 돕는다.
- 개인미술치료에서는 현실적이고 직접적이면서 장기간의 적응목적을 가지고 재발방지와 문제해결 및 사회재활에 초점을 두며, 적응수준에 따라 본질적인 무의식의 문제를 다루게 된다.
- 집단치료에서는 대인관계와 사회적응에 목표의 초점을 두고 인지의 분화, 지각능력 강화, 적극적인 의사소통훈련, 사회기술훈련, 문제해결능력 향상과 실제사용 등에 하위목표를 둔 인지행동치료접근을 한다.
- 가족미술치료에서는 가족교육과 가족치료를 통해 치료에 대한 협조체계를 구성하고 재발예방과 가족 내 문제를 해결하도록 돕는다.
- 분열이라는 증상으로 선택된 방어요소에 접근이 가능하다.
- 이미지의 공유는 무감동하고 분열된 상황에서도 관찰적 자아를 발달시킬 수 있다.
- 창작요소는 무의식의 속성을 가지므로 치료대상의 분열에 대한 상징적 정보를 제공해준다.
- 작품의 결과는 현재 가지고 있는 망상과 소망 그리고 분열의 수준 및 증상을 보여준다.
- 작품에서 표현된 증상과 심리내적 연관성은 혼돈을 통제하고 현실지각능력을 돕는 등 치료에 직접적으로 적용된다.

10. 미술표현에서 발견되는 특성

정신분열증의 독특한 증상은 다른 정신문제를 가진 사람의 그림 표현과는 구별되는 특징으로 나타난다. 개인의 증상수준에 따라서 차별성이 있으나 눈에 띄는 공통적인 특성은 형식의 통일성이 거의 없는 세부적인 것들로 화면을 채우거나 강박적이고 판에 박힌 듯한 반복행위와 질서가 없고 혼돈스러운 구성을 표현하는 반면에 완벽한 대칭과 질서를 나타내기도 한다. 보편적인 미술표현특성은 원근법이 무시되고 공간적 통합성이 무시된 분열적 표현이 두드러지며 머리, 십자가, 숫자, 글씨 등의 이해하기 힘든 상징적 대상물과 기호들로 용지의 화면을 채우기도 한다. 어떤 경우에는 우주의 원리를 설명하는 자신만의 체계와 세계를 창조해내기도 하며 어떠한 물체나 대상을 망상과 연결짓기도 하여 그림 속에 표현해내기도 한다.

[그림 10-1] 죽음의 춤

초기정신분열증 진단을 받고 치료중인 18세 청소년이 치료초기에 그린 자화상이다.

[그림 10-2] 이상한 인간

"그림 10-1"을 표현한 청소년의 두 번째 자화상으로 분열 상태에서 보일 수 있는 특성적 왜곡을 그대로 보여주고 있다.

[그림 10-3] 내가 죽어야해

만성분열증으로 일상생활의 장애를 겪고 있는 후기청소년의 그림으로서, "꽃이 피고

가슴속에 꽃잎이 휘날리는 날 내 동생이 날 죽으라고 한다"는 망상에 의해 자살시도를 한 경험이 있는 청소년의 자유화이다.

[그림 10-4] 가슴속 응어리

은둔생활을 하듯 고립된 생활을 하고 있는 만성분열증 청소년의 그림으로 "지난세월 이해받지 못한 피맺힌 응어리, 분노의 절규"라고 설명을 덧붙였다.

제11장

섭식장애의 이상심리와 중재지침

섭식장애는 식사와 관련한 행동에 지속적이고 현저한 문제로 인해 일상생활 및 사회적 적응과 기능에 장애를 초래하는 경우이다. 주로 청소년기와 성인초기에 발병하는 장애로 DSM-5에서는 DSM-IV의 아동기, 성인기장애를 통합하고 거식증과 폭식증을 세분화하여 아동초기까지의 급식장애를 회피성/제한성 음식섭취장애로 개념을 확장함으로써 폭식장애를 독립시켰다(DSM-5의 진단분류; 신경성 식욕부진증, 신경성 폭식증, 폭식장애, 이식증, 반추장애, 회피적/제한적 음식섭취장애). 아동청소년의 섭식장애는 점차 증가 추세이며 연령대도 낮아지고 있으므로 아동청소년치료사들의 섭식장애에 대한 이해는 중요하다. 아동청소년기의 섭식문제는 "발달적 접근과 특성별 지침서-미술치료사의 아동청소년 정신건강을 위한(2014), pp.134-150"에 사례와 함께 발달적 특성 맥락에서 구체화한 치료지침을 소개하고 있으므로 참조하기 바란다.

1. 섭식장애 원인의 이론적 근거

섭식장애에 대한 정신역동이론을 발전시켜온 Bruch(1962, 1973, 1978, 1982, 1987, 1991, 2001)에 의하면 섭식장애를 일으키는 가장 취약한 위험요인은 모아관계의 부적절한 결과로 인해 형성하게 된 자기개념의 결핍이라고 보았다. 자기개념의 장애는 자신이 무력하고 쓸모없는 인간이라는 자기비하와 무가치감을 갖게 하고 지각적 혼란과 자기통제의 결함을 유도하여 섭식문제를 초래하게 된다고 보았다(이정태, 최영래, 1996, p.268; 오경자 외, 2013, p.267재인용). 가족환경 맥락에서는 가족 특히 어머니의 강박적인 외모에 대한 관심을 시사하고 있으며 비정상적인 가족소통의 문제가 섭식문제를 일으키는 발달적 요인이 될 수 있다. 이와 관련하여 인지이론가들은 부모양육의 결핍에 대한 인지왜곡이 섭식장애의 핵심 특성인 지나치게 섭식에 몰두하거나 병리적인 체중감소를 불러온다고 한다. 생물학적 관점의 연구자들은 가족 내 섭식장애가 있는 경우 문제를 가질 확률이 높다고 보고 특정 유전자가 일부 가족에게 섭식장애에 노출시키는 취약성을 갖게 만든다고 하며, 생물학적인 주요요인으로 세로토닌의 역할(Stewart & Williamson, 2008; Eifert et al., 2007)을 강조했다(이상심리학 원론, 2013, p.267-271; 발달적 접근과 특성별 지침서-미술치료사의 아동청소년 정신건강을 위한, 2014, p.134-135참조).

DSM-5의 섭식장애분류와 임상적 특성비교

분류	선별질문	임상적 특성	발병연령	유발요인	사회적 관계	수면문제 및 동반장애	정신생리증상
신경성 식욕부진증 (Anorexia Nervosa)	타인이 보기에 마른체질인데 스스로는 뚱뚱하다고 느끼는가?	체중증가에 대한 두려움, 지속적인 음식섭취 제한, 체중증가를 방해하는 행동 및 자기인식장애, 치명적인 의학적 상태 야기, 자살위험	청소년기 또는 성인기초기	유전요인, 사춘기의 신체변화와 사회적 요구 및 성적충동을 먹는 것과 동일시, 정체성 및 자존감부족, 부모의 상호관계를 자신에게로 끌고자하는 시도와 관련	대인관계에서 음식에 대한 욕구를 투사하여 괴롭히므로 관계유지에 장애 초래, 강박적 사고와 행동으로 인해 가족 또는 또래관계문제, 사회적 고립	수면 시 음식꿈을 자주 꿈, 양극성장애, 우울장애, 불안장애공존 및 불안장애로 발전	구토, 침샘 또는 귀밑샘의 비대증상, 치아침식, 두려움, 불안, 우울, 분노, 영양부족으로 인한 신체증상들, 무월경, 변비, 설사, 복통, 무기력감, 골다공증, 탈수증상, 낮은 체온과 혈압, 부종, 신진대사 및 전해질 불균형, 피부건조증, 머리카락 빠짐
신경성 폭식증 (Bulimia Nervosa)	짧은 시간에 많은 양의 음식을 섭취한 적이 자주 있는가? 많은 음식섭취에 자제가 안 된다고 느끼는가?	반복적인 짧은 시간 내 폭식, 체중증가 제한을 위한 왜곡된 보상행동, 자살위험	청소년기 또는 성인초기	신체적 및 성적 학대경험, 아동기 비만 및 사춘기성숙, 낮은 자존감, 기분장애와 관련, 유전경향	대인관계 스트레스, 관계에서 부정적인 자기평가로 위축됨	수면장애, 양극성장애, 우울장애, 불안장애, 물질사용장애 및 정신과적 질환과 연관	우울, 불안, 과도한 죄책감, 구토, 부끄러움, 불쾌감, 식도열상, 위파열, 심부정맥, 위장증상, 직장탈출증, 체액과 전해질 이상, 치아 법랑질 손상
폭식장애 (Binge-Eating Disorder)	음식이 보이면 자제할 수 없이 많이 먹는가?	배가 고프지 않음에도 많은 양의 음식을 폭식, 신경성 폭식증처럼 섭취한 음식을 배출하지는 않음	청소년기 또는 성인기초기에 시작하나, 아동과 성인후기에도 나타남	유전경향, 낮은 자존감, 자신감 부족, 자기불신	관계 및 적응문제, 신경성 폭식증과 신경성 식욕부진증 관련한 정신과적 문제동반 경향, 비만정도와도 관련	합병증으로 수면장애 따름,	역겨움, 우울, 과도한 죄책감, 주관적 고통, 통제력상실, 불쾌감, 충동성

(계속)

분류	선별질문	임상적 특성	발병연령	유발요인	사회적 관계	수면문제 및 동반장애	정신생리증상
이식증(Pica)	흙이나 음식이 아닌 이상한 것들을 먹는가?	영양분이 없는 음식이 아닌 한 가지 이상의 물질을 먹는 행동이 1개월 이상 지속.	모든 연령에서 나타날 수 있음. 아동기에 흔함	방임 및 유기, 모아관계 장애로 구강적 욕구 불만, 양육부재, 발달지연 및 지적장애, 유전소인, 뇌손상	관계능력 제한, 회피	자폐장애와 지적장애 동반비율이 높음.	납중독, 위장관련합병증, 중독 및 감염문제, 영양결핍, 장폐쇄, 만성신부전증
반추장애(Rumination Disorder)	일반적인 음식 삼키기에 어려움이 있는가?	섭취한 음식을 반복적으로 역류시켜 다시 씹어 삼키거나 뱉음	지적장애가 있는 소아나 성인	모자관계 이상, 자율신경계 기능장애, 양육자의 미숙성, 부부갈등, 적절한 애착부재.	대인관계 및 사회적 관계제한, 역류행동을 숨기기 위해 함께 식사, 관계 및 상호교류를 피함	의학적상태 또는 범 불안장애 동반 가능	두드러진 오심, 구역질, 위장증상, 탈수증, 배고픔느낌, 폐렴
회피적/제한적 음식섭취장애(Avoidant/Restrictive Food Intake Disorder)	음식을 먹지 않으려 하는가?	지속적으로 음식섭취제한 또는 회피, 심각한 체중감소와 영양결핍	유아기 및 아동초기에 나타나고 성인기까지 지속가능	아동학대 및 방임, 부모의 정신장애 및 지적장애	사회적관계 및 기능에 부정적 영향, 상호작용 제한	불규칙적인 수면, 불안장애, 강박장애, 신경발달장애를 동반할 수 있음.	무감각, 위축, 저체온증, 서맥, 빈혈증상, 까다로운, 예민성구토, 목에 이물감, 오심, 복통, 설사

2. 신경성 식욕부진증

이 장애는 아동청소년기에 발병하는 섭식장애 가운데 가장 흔한 문제이며 전형적인 섭식문제는 청소년초기에는 드물고, 체중증가에 대한 두려움과 날씬해지고 싶은 욕구가 잔인할 정도로 의도적인 체중 감소를 위한 행동을 특징적으로 나타낸다. 섭식문제가 진행되는 동안의 식욕상실은 드물며 대개는 음식섭취를 제한하기 위해 이뇨제나 하제 등의 약물을 사용하여 음식섭취의 욕구를 채우면서 구토와 약물을 사용한 제중조절을 하고자 한다. 그러므로 심한 경우는 기아상태에까지 이르러 신체상의 장애를 초래하고 기초대사저하 및 무월경상태에 이르기도 한다.

임상적 핵심증상

드러난 증상에 대해 부정하는 것이 특징적이며 체중감소에 대해 비밀스럽게 이상행동을 하거나 공적인 또는 사적인 식사약속을 거절한다. 식욕상실은 질병의 말기가 되기 전에는 드물고 일부의 경우에서 식욕이 감소하는 것은 다만 체중증가에 대한 혐오감 때문에 식사를 하지 않을 뿐이며 음식을 숨겨두거나 호주머니에 넣어 다니거나 대리만족(발달적 접근과 특성별 지침서-미술치료사의 아동청소년 정신건강 중재를 위한, 2014, p.144 사례참조)을 위해 타인을 억지로 먹이는 경우도 있다. 섭식장애를 가진 사람들의 많은 경우 완벽하고 융통성이 없으며 미숙한 성향이 많고 폭식증의 경우처럼 밤에 몰래 폭식을 하기도 한다. 폭식을 할 경우 토해버리거나 하제나 이뇨제를 사용하여 체중증가를 막으려하므로 그로 인해 구강과 식도 및 위장계에 상처가 생기고 대사장애를 일으키는 경우도 있다. 체중감소의 후유증으로 무월경, 저혈압, 탈모증, 갑상선 기능저하 등을 초래하기도 한다. 신경성 식욕부진증의 DSM-5 진단기준(APA, 2013)은 다음과 같다.

1. 에너지 섭취제한으로 인해 나이, 성별, 발달과정, 신체적 건강을 고려해 볼 때 자기 나이에 비해 심각한 정도의 저체중이다. 유의하게 낮은 체중은 최소한의 정상적인 수준보다 낮은 체중을 의미하며 아동청소년에서 기대되는 최소한의 체중보다 낮은

체중을 의미한다.

2. 저체중임에도 불구하고 체중이 늘거나 살이 찔 것에 대한 두려움을 보이거나 또는 체중증가를 피하기 위한 이상행동을 지속적으로 한다.
3. 자신의 체중이나 체형에 대해 왜곡된 방식의 경험이나 부적절한 자기평가 또는 현재의 저체중에 대한 심각성을 지속적으로 인식하지 못한다.

부분관해/완전관해

다음의 경우 명시할 것

- 섭식제한성
- 폭식/제거형

현재의 심각도 명시

- 경한정도: BMI┌17kg/m2
- 중등도: BMI 16~16.99kg/m2
- 심한정도: BMI 15~15.99kg/m2
- 극심한 정도: BMI┌17kg/m2

주요원인

정확한 원인에 대해서는 밝혀진바 없으나 유전적인 요인으로 가족력이 있는 경우 신경증 식욕부진증의 유병률이 더 증가한다는 보고가 있다(Strober et al., 2000). 가족관계가 지나치게 밀착되거나(Minuchin, 1978) 경직된 가정환경내에서(Palazzoli, 1974) 또는 가족관계의 소통이 제한적이고 더 통제적인 가정(Bruch, 1973)의 아동청소년은 성장과정에서 자기표현을 지지받지 못하게 된다. 따라서 적절한 자기주장적 경험이 제한적이고 갈등에 대처할 수 있는 능력을 획득하지 못할 뿐 아니라 감정을 표현하지 못하므로 부정적인 자아상을 형성할 수 밖에 없게 된다. 따라서 심리적으로는 자기패배로 자존감이 낮고 스스로를 비하하는 자기지각은 나름대로의 방어체계로 무장하게 되는데, 그로 인해 완벽주의적인 성향을 강화시키고 더 높은 이상적 기대를 갖게 되며 궁극적으로 이 기대는 반복되는 좌절을 피할 수 없게 한다. 이러한 욕구좌절은 가시적인 신체체형에 초점을 맞추고 반복되는 욕구좌절을 통제하여 스스로에 대한 과대평가로 대치하게 되는데 이것이 식사조절과 신체체형에 대한 집착이다. 사회문화적인 요인으로는 마네킹과 같은 마른 몸매에 대한 여성선호와 그에 대한 기대압력과 그에 동일시된 욕구가 요인이 될 수 있다. 식욕부진에 대한 원인은 한 가지 요인으로 설명될 수 없고 다양한 측면에서 이해될 필요가 있으며 여러 가지 발달적 상황적 스트레스가 섭식문제를 유지하게 하는 것 같다.

예후 및 치료

이 장애는 자연적으로 회복되는 경우도 있으며 반복적으로 재발하기도 하여 경과와 예후에 대해서는 매우 다양하고, 청소년기 발병은 성인기발병에 비해 예후가 좋다. 특히 12~18세 사이에 발병하는 경우 그 이전이나 그 이후에 비해 더 긍정적인 예후를 기대할 수 있다고 알려져 있다. 성인과는 다르게 아동의 경우 섭식제한형보다 폭식제거형이 예후가 좋은 것으로 알려져 있으며 대인관계가 제한적이거나 강박적으로 운동을 통해 체중을 조절하려는 경우 예후가 좋지 못하다. 반면에 배고픔을 인정하고 먹고 싶은 것을 부정하지 않으며 대인관계가 가능하며 자존감이 있을 경우 예후가 더 좋다.

치료는 이 장애가 심리적인 요소와 내과적 요소를 포함하여 복합적이므로 다 학제적 접근이 효과적이다. 생명에 위협이 될 정도의 심각한 저체중인 경우 반드시 입원치료를 필요로 하며 특히 아동청소년의 경우 성장과정에 신경성 식욕부진증이 오면 성장발달에 지연을 초래하므로 입원치료를 통해 체중증가에 대한 모니터와 인지행동치료를 통해 저체중문제를 회복해야 한다. 정신심리치료는 아동청소년의 저체중과 관련하여 감정과 인지의 변화 및 문제해결의 수단으로 전환된 저체중집착과 행동에 접근하며, 저체중이라는 왜곡된 자율성을 위한 투쟁으로서 표현되는 분리개별화과정의 갈등에 접근하게 된다. 이 장애의 아동청소년 치료에서 가족을 개입시키는 것은 병리적 양육환경의 결과가 섭식문제를 초래하게 된다는 맥락에서 반드시 필요한 요소이다.

3. 신경성 폭식증

복통과 구역질이 날 때까지 다량의 음식을 빠른 시간 내에 먹고 토하기를 반복하면서 그러한 자기에 대해 혐오감과 죄책감과 우울감으로 고통스러워하며, 폭식 후에는 이뇨제나 하제를 사용하여 체중조절을 위한 보상행동을 하는 것이 신경성 폭식증의 특징이다. 신경성 폭식증은 신경성 식욕부진증보다 흔하고 여성에게 많다. 사춘기 이전의 아동에서 증상의 발생기전은 신경성 식욕부진증과 유사하며 간혹 정상체중의 여성에게서도 있을 수 있다. 식욕부진증에 비해 경제적으로 상류층에 더 많다는 보고도 있으며 과거에 비만인 경우도 있다.

임상적 핵심증상

반복되는 폭식과 음식섭취로 인해 체중이 증가하는 것을 막기 위해 자발적인 구토나 하제사용 등의 보상행동으로 이어지나 제거행동은 하지 않는 것이 주된 증상이다. 식욕부진증의 경우보다 치료를 더 쉽게 받아들이기는 하나 자신의 증상에 대한 수치감을 느끼고 숨기는 경우가 많아 실제로 치료를 하기까지는 많은 시간이 요구되는 경우가 대부분이다. 식욕부진증처럼 체중감소가 심하지는 않으므로 이차적인 심리적 신체적 문제는 흔치않으나, 폭식 후에 따르는 훔치기 문제 또는 약물 및 물질남용 및 자해행동이 있는 경우가 있으며 우울과 불안문제가 선행되기도 한다. 성격특성은 신경증적 경향 및 중독성이 높아 알코올 중독으로 발전될 가능성이 높다. 신경성 폭식증의 DSM-5 진단기준(APA, 2013)은 다음과 같다.

1. 반복적인 폭식삽화가 보이며 다음과 같은 2가지 특징을 보인다.
   (1) 특정시간(예; 2시간 정도) 내에 일반적인 성인이 통상 섭취하는 음식의 양보다 훨씬 많은 양의 음식을 섭취한다.
   (2) 폭식삽화 동안 먹는 것에 대한 통제력이 상실된다(예; 먹는 것을 중단할 수 없거나 통제할 수 없는 것처럼)
2. 체중증가를 막기 위해 부적절한 보상행동을 반복한다. 예를 들면 자발적인 구토, 하

제사용, 이뇨제사용, 약물남용, 단식, 과도한 운동 등

3. 폭식과 부적절한 보상행동이 평균적으로 최소한 1주일에 1회 이상 3개월 이상 나타난다.
4. 자신에 대한 평가가 체형과 체중에 의해 지나치게 영향을 받는다.
5. 이러한 증상은 신경성 식욕부진증의 삽화동안 나타나는 것이 아니다.

부분관해/완전관해

현재의 심각도 명시

- 경한정도: 부적절한 보상행동이 평균 주 1~3회
- 중등도: 부적절한 보상행동이 평균 주 4~7회
- 심한 정도: 부적절한 보상행동이 평균 주 8~13회
- 극심한 정도: 부적절한 보상행동이 평균 주 14회 이상

주요원인

식욕부진증과 유사한 심리적 요인이 폭식증에 영향을 미치며 체중과 체형에 집착하므로 식사를 제한하게 되는데, 부진증의 경우는 양가감정을 가진 어머니에 대한 공격성과 죄책감으로 나타날 수 있는 반면에 폭식증은 어머니로부터의 분리를 위한 투쟁이 음식에 대한 양가감정으로 나타난다. 음식을 먹는 행위는 어머니와의 결합소망이며 음식을 먹은 후 토하는 행위는 분리하고자 하는 소망일 수 있다. 또한 폭식은 공격욕구이며 폭식 후 자기비난과 구토는 죄책감에 대한 자기응징으로 볼 수 있다. 폭식을 하는 사람들의 경향은 힘든 상황이나 부정적 감정에 의해 폭식이 유발되는데 그 이유는 폭식을 하는 동안은 일시적으로나마 당면한 문제상황을 벗어나 위안을 받는 경험을 하기 때문이다. 가족 및 사회적인 요인은 부진증에 비해 가족관계가 덜 밀착되고 갈등이 더 많은 편이며 그들 스스로 자신의 부모가 무관심하고 거부적이라고 말하는 경우가 흔히 있다. 마른 체형을 선호하는 사회적 기대와 관련하며 부진증을 가진 사람들과 유사하게 성취도도 높은 사람들이 많다.

예후 및 치료

신경성 식욕부진증에 비해 예후가 좋은 편이며 비만, 낮은 자존감, 충동조절문제, 성격장애를 동반한 경우 및 하제남용으로 인한 합병증이 심각할수록 예후가 좋지 않다. 치료는 폭식행동을 감소시키고 신체적합병증에 대한 중재와 대인관계 회복과 자존감향상에 초점을 둔 인지집단치료가 효과적이다. 특히 아동청소년의 경우는 가족교육과 가족치료를 병행했을 때 더욱 도움이 된다.

4. 폭식장애

신경성 폭식증과 유사한 폭식삽화를 보이나 섭식 후 토하고 하제사용 등의 부적절한 보상행동은 없는 경우를 말하며, 주로 청소년기와 성인초기에 시작하나 성인 후기에 발병이 시작되기도 한다. 폭식장애는 DSM-IV의 예비기준 이후 DSM-5에서 독립된 진단명으로서 제시된 장애이며, DSM-IV에서 섭식장애진단을 받은 경우 DSM-5에서 폭식장애로 분류될 가능성이 시사되어 이 장애는 더욱 증가할 것으로 본다(소아정신의학, 2014, p.339).

임상적 핵심증상

신경성 폭식증과 유사하게 섭식문제를 부끄러워하고 비밀스럽게 먹는 경향이 있으며 이에 대한 심리적 불편감이 많다. 폭식은 스트레스가 있거나 체중 및 체형에 대한 부정적 느낌이 들 때 폭식이 시작되며 그로 인해 자책과 자존감 저하 및 우울정서가 동반된다. 폭식장애는 정상과 과체중 그리고 비만의 모두에서 나타날 수 있으며 비만한 사람에 비해 폭식장애의 경우는 기능저하가 심하고 주관적인 스트레스가 많으며 정신과적 공존질환이 더 흔한 것으로 알려져 있다. 폭식장애의 DSM-5 진단기준(APA, 2013)은 다음과 같다.

1. 폭식의 반복적인 삽화가 보이며 다음의 2가지 특징을 나타낸다.

(1) 일정한 시간(예; 2시간) 내에 통상 섭취하는 음식의 양보다 훨씬 많은 양의 음식을 섭취한다.

(2) 폭식삽화가 있는 동안 먹는 것에 대한 통제력이 상실된다(예; 먹는 것을 중단할 수 없거나 통제할 수 없는 것처럼)

2. 폭식삽화는 다음 3가지 이상의 모습을 보인다.

(1) 평소보다 훨씬 빨리 먹는다.

(2) 불편할 정도로 배가 부를 때까지 먹는다.

(3) 배고픔을 느끼지 않을 때에도 많은 양의 음식을 먹는다.

(4) 자신이 너무 많이 먹는 것에 대한 부끄러움 때문에 혼자 식사를 한다.

(5) 폭식 후에 자기 자신에 대해 혐오감을 느끼거나 우울과 죄책감을 가진다.

3. 폭식을 한다는 것에 대해 심한 스트레스를 받는다.

4. 적어도 주 1회 3개월 이상 폭식삽화를 보인다.

5. 폭식 후 신경성 폭식증에서와 같은 부적절한 보상행동을 보이지 않으며 신경성부진증의 기간 동안 나타나는 것이 아니다.

부분관해/완전관해

현재의 심각도 명시

- 경한정도: 부적절한 보상행동이 평균 주 1~3회
- 중등도: 부적절한 보상행동이 평균 주 4~7회
- 심한 정도: 부적절한 보상행동이 평균 주 8~13회
- 극심한 정도: 부적절한 보상행동이 평균 주 14회 이상

주요원인

DSM-5에서 새롭게 독립된 장애로서 아직 원인적 연구가 부족한 실정이다.

예후 및 치료

신경성 식욕부진증이나 신경성 폭식증에 비해 예후는 더 좋은 것으로 보고되고 있다.

치료는 폭식증과 유사하게 일차적으로는 폭식을 중단하도록 인지행동치료와 항우울제와 같은 약물을 병행하는 것으로 알려져 있으나, 대부분은 성인치료에 초점이 맞추어져 있고 아동청소년에 대한 치료연구는 아직 제한적이다.

5. 이식증

음식이 아닌 물질을 먹는 경우를 의미하며 일반적인 어린 유아에게서도 나타날 수 있으며 이는 발달단계에서 부적절하다고 판단될 경우에 진단내릴 수 있다. 이식증은 일반적으로 나이가 들면서 감소하고 성인에게서는 드물며 지적장애 아동청소년에서 나타날 수 있고 뇌손상이 있는 경우에도 다른 증상들과 복합적으로 나타날 수 있다. 특정 지역 문화권의 관습(예; 오스트레일리아 토착민 중 임산부의 이식증)으로도 음식이 아닌 물질을 먹는데 이러한 경우는 장애기준에 부적합하다.

임상적 핵심증상

18개월 이후에 진단내릴 수 있으며 어린 유아동의 경우 흙, 쓰레기, 종이, 벽토, 머리카락 등을 먹고 더 나이든 아동의 경우는 배설물, 모래, 곤충, 돌, 나뭇잎 등을 먹기도 한다. 드물기는 하나 돌이나 머리카락을 많이 먹어서 합병증(예; 장 폐쇄가 오거나, 흙을 많이 먹어 만성 신부전증이 오기도 하며, 많은 풀을 먹어서 철분결핍이 오거나, 오물이나 배설물을 먹어 기생충이 생김)이 오기도 한다. DSM-5의 진단기준은 다음과 같다.

1. 최소 1개월 이상 영양가가 없고 음식이 아닌 물질을 지속적으로 먹는다.
2. 먹을 수 없는 물질을 먹는 것이 발달단계에 부적합하다.
3. 섭식행위가 문화적으로나 관습의 일부가 아니다.
4. 먹는 행위가 주로 다른 정신장애(예; 지적장애 또는 지적발달장애, 자폐스펙트럼, 조현병)의 일부로 나타나거나(임신을 포함한) 신체상태와 연관되어 나타난 경우에는 추가적인 임상적 치료를 받아야할 정도로 충분히 심각해야 한다.

주요원인

다양한 원인론이 제시되고 있으나 온전히 수용되는 요인은 없으며 여러 측면에서 이해할 필요가 있다. 가족력에서 이식증이 있는 경우 발생빈도가 높을 수 있으며, 영양부족 상태에서 허기를 채우기 위한 수단으로 먹을 수 있는 것과 먹을 수 없는 것을 분별할 수 없는 지적수준 때문에, 모아관계에서 구강욕구의 불만족과 애정결핍 등으로 이식증이 나타날 수 있다. 나의 임상적 경험에 의하면 물질을 먹는 것이 일차적인 판단력과 인식기능의 손상으로 오는 것보다는 욕구충족에 대한 자기자극이 더 많은 것으로 관찰되었다.

예후 및 치료

일반적으로는 자연회복이 많은 것으로 알려져 있으며 지적장애의 경우는 성인기에도 지속되는 것 같다. 치료는 일차적으로 심리적 및 물리적 그리고 관습과 가족력 등의 환경평가가 우선이며 부모교육과 가족 내 문제를 다루고 부모양육태도 개선과 지지적 가족환경이 되도록 돕는 것은 매우 중요하다. 부적강화를 통한 행동치료는 부적절한 섭취에 도움이 되며 합병증에 대한 의료적 치료 또한 간과해서는 안 된다.

6. 반추장애

삼킨 음식을 역류시켜 씹은 후 다시 삼키거나 뱉는 경우이며 이 장애의 초기는 이식증과 더불어 유아동의 섭식문제에 속한다. 반추장애는 흔치않으나 주로 유아에게 나타나며 나이든 아동이나 청소년 및 성인에게서는 드물고 발달지연문제가 있거나 지적장애와 관련이 있을 수 있다.

임상적 핵심증상

반추행위가 계속되면서 행위를 즐기게 되며 이차적인 행동으로 머리흔들기, 머리찧기,

몸흔들기, 머리카락 뽑기 등의 반복행동을 함으로써 스스로를 자극하는 행위에 몰두하는 경우가 흔히 있다. 반추행동이 없을 때 아동은 배고픔과 불안정감을 느끼며 계속 음식을 먹어도 체중이 증가하지 않고 탈수증이 나타나거나 저항력이 약해져 성장에 장애가 생긴다. 반추장애의 DSM-5 진단기준(APA, 2013)은 다음과 같다.

1. 최소한 1개월 이상 음식을 반복적으로 역류시키고 다시 씹고 삼키거나 뱉는다.
2. 반추행동은 위장장애나 다른 신체질환(예; 위식도역류, 위문협착증)으로 설명되지 않는다.
3. 섭식문제가 신경성 식욕부진증, 신경성 폭식증, 폭식장애, 회피성/제한성 음식섭취장애가 진행되는 중에만 나타나는 것이 아니어야 한다.
4. 증상이 주로 다른 정신장애(예; 지적장애 또는 다른 신경발달장애)와 관련하여 나타난다면, 추가적인 치료를 받아야할 정도로 심각해야 한다.

주요원인

기질적인 요인과 환경요인이 관련된다고 알려져 있다. 정신역동맥락에서는 다양한 모아관계의 결함에 초점을 두고 미숙하고 부부갈등이 심한 어머니가 아이에게 충분한 애정과 돌봄을 주지 못했을 때 아이는 자기욕구에 대한 만족에 결함이 생기고 더불어 반추행동을 통해 스스로 만족감을 창조해낸 결과로 본다. 또한 지나친 외부자극이나 긴장이 원인이 되기도 한다. 행동주의적 관점에서는 자기자극에 대한 쾌감이나 반추행동에 대한 주요체계의 관심이 행동을 강화시켜 반추행동이 학습된 결과라고 본다.

예후 및 치료

많은 경우에서 자연 회복되는 것으로 알려져 있으며 발달지연과 사망의 위험도 높으며 지적장애의 경우 오랜 기간 지속될 수 있다고 보고되고 있다. 치료는 아직 제한적이나 경우에 따라 외과적 처치가 필요할 수 있으며 행동치료와 부모교육을 통해 행동의 부적강화와 보상을 사용하고 부모지지와 양육환경의 변화로 안정적인 모아관계를 회복하도록 돕는 것이 필요하다.

7. 회피성/제한성 음식섭취장애

DSM-IV의 유아동기 급식장애의 내용이 확장된 진단이며 6세 이하의 아동이 지속적으로 음식을 먹지 않아 심각한 체중감소가 나타나는 경우를 의미한다.

임상적 핵심증상

음식섭취에 대한 관심이 없고 음식을 회피함으로써 체중이 감소하고 성장이 지연된다. 영아의 경우 수유하는 동안 예민하고 칭얼대며 수유 중에 잠이 들거나 규칙적이고 안정적인 수유가 어렵다. 이러한 아동의 어머니 특성은 보편적으로 자녀의 반응에 무감동하거나 부적절하며 양육태도에 비일관적이고 규칙성이 없으며 정서적으로 안정적이지 못한 특성을 가지고 있는 경우가 많다. 자녀의 욕구에 반응하는 것보다는 어머니 자신의 욕구에 따라 자녀의 음식섭취를 조절하려하므로 모아관계에 갈등이 생기는 악순환을 반복하게 되므로 성장에 장애가 일어나게 된다. 경우에 따라서는 아동이 특정 색이나 냄새 또는 맛이나 질감의 음식을 거부하는 등의 감각적으로 예민한 자폐성의 행동을 보이기도 한다(소아정신의학, 2014, p.330참조). 이 장애의 DSM-5 진단기준은 다음과 같다.

1. 섭식 또는 급식문제(예; 음식에 대한 관심결여, 음식의 감각적 특징에 따른 회피, 먹는 것에 대한 혐오감의 결과에 따른 염려)로 인한 영양결핍에 따른 다음의 3가지 이상의 결과를 초래한다.
   (1) 일반적인 수준을 넘어서는 체중감소가 있다(아동의 경우 체중이 증가하지 않거나 성장이 중지된다).
   (2) 영양결핍이 있다.
   (3) 위장관 식이요법이나 경구용 영양보충제에 의존한다.
   (4) 정신사회적 기능저하가 현저하다.
2. 나타나는 장애가 먹을 음식이 부족하거나 문화적으로 용납되는 행동과 관련해서 설명되지 않아야 한다.

3. 섭식문제가 신경성 식욕부진증, 신경성 폭식증의 경과 중에만 국한해서 나타나는 것이 아니며, 자신의 체중과 체형을 받아들이는데 이상이 없어야 한다.
4. 섭식장애가 동반된 신체질환이나 다른 정신질환에 의한 것이 아니어야 한다. 섭식문제가 다른 질환과 관련이 있는 경우에는 섭식문제의 심각도가 일반적으로 예측되는 것보다 심각하고 부가적인 치료가 필요한 정도여야 한다.

주요원인

과거에 위장질환이 있었거나 다른 신체질환과 연관되어 나타날 수 있으며, 모아관계의 애착문제가 있는 경우 또는 방임 및 학대문제와 관련될 수 있다.

예후 및 치료

주로 유아동기에 시작하며 성인기까지 지속될 수 있다. 아동의 경우 일차적인 치료접근은 신체관련 문제와 환경에 대한 평가가 우선이며 필요한 경우 의료적 도움을 받아야하며, 안정적인 부모환경에 초점을 두고 주요 양육자인 어머니의 심리적 및 정신적 문제를 해소하고 애착관계를 증진하도록 도와야 한다. 이를 위해 지속적인 심리치료가 필요하며 정서적인 욕구나 필요에 의한 음식섭취가 아니라 생리적 욕구에 의해 식사조정을 돕는다. 음식에 대한 불안이 심한 경우 인지행동접근에 의한 단계적 노출과 인지변화를 유도할 수 있으며 정서적 지지와 돌봄에 대한 접근 또한 중요하다.

8. 섭식장애 아동청소년의 중재지침과 미술치료

극단적인 섭식장애를 가진 아동청소년은 많은 경우에서 자신의 섭식문제에 내재된 요소를 치료사와 동일시하거나 불신하므로 신뢰로운 치료관계를 맺는 것이 쉽지만은 않다. 그러한 맥락에서 미술치료가 가진 은유적이고 비위협적이며 자연스러운 접근방법이 자기개방과 치료관계를 촉진시킨다. 뿐만 아니라 음식섭취에 대한 강박적이거나 충동적인 행동 및 자기통제의 문제를 가진 섭식장애의 증상적 측면에서 보면, 미술치료의 창작과정은 장애를 가진 개인의 삶을 통제하고 자율성을 얻기 위해 창작이라는 방법으로 자신의 에너지를 자연스럽게 조절하는 방법을 배우는 기회를 갖게 한다. 더불어 미술치료가 가진 기타의 다른 치료방법에서는 기대하기 어려운 효과적인 결과를 획득할 수 있기 위해서는 적절한 필요요소 또한 요구된다. 이를 위해 미술치료사에게 필요한 요소는 장애의 특성별 이해, 섭식장애의 특성적 표현이미지 이해, 재료와 기법 및 도구사용의 적절성, 치료사로서의 자세와 적합한 치료목표 등의 치료적 요소에 대해 이해가 우선되어야 한다(청소년임상미술치료방법론, 2007, p.238). 아래에서는 이러한 이해에 대해 간략히 살펴볼 것이며 섭식장애의 기초이해와 특성적 이미지에 대한 내용은 "청소년임상미술치료방법론(2007), p.235-246"을 참조하기 바란다. "발달적 접근과 특성별 지침서-미술치료사의 아동청소년정신건강 중재를 위한(2014), p.134-150"에서는 신경성 식욕부진증과 신경성 폭식증에 대한 아동청소년치료지침과 사례를 근거로 치료접근방법을 제시하고 있으므로 참조하기 바란다.

미술치료사의 이해확장

치료초점의 방향과 원리 이해하기

- 일차적인 치료목적은 행위자체를 이해하고 수정하는 것이 아니다.
- 신뢰관계가 우선되어야 한다.
- 증상의 내적욕구를 이해해야 한다.
- 치료의 핵심은 섭식문제의 기저에 흐르는 감정적 이슈를 이해하는 것이다.

해석과 공감적 능력사용하기

- 증상에 대한 이해를 우선 자기심리학적 입장에서 이해할 필요가 있다.
- 개인의 내적 경험을 표현하게 하고 그에 대해 공감하는 것이 일차적이다.
- 직접해석을 피하고 가설을 사용하듯 거리를 유지할 필요가 있다.
- 감정으로부터 나온 행동과 선택을 존중하는 것으로부터 시작되어야 한다.
- 부모동일시라는 덫에 걸릴 수밖에 없는 치료사의 역할을 인식하고 대처해야 한다.

치료방법 선택하기

- 개별성의 특성에 적절한 접근방법을 고려해야 한다.
- 역동적 개인치료접근과 행동변화에 초점을 둔 집단접근을 분리하는 것이 효과적이다.
- 병식이 중요하나 어떠한 필요요소도 강요되어서는 안 된다.
- 스스로 선택할 수 있는 자율성을 자극하되 선택의 결과가 어떨 것인지에 대해서도 다룰 수 있어야 한다.
- 반드시 가족이 포함되고 함께 선택하고 결정하도록 지지해야 한다.

입원 및 보호관리가 필요한 증상 이해하기

- 정서장애 및 정신과적 기타징후를 동반한다.
- 통제 불가능한 충동적 행동문제가 있다.
- 약물 및 도구사용으로 합병증상이 두드러진다.
- 심각한 체중감소로 건강에 위협이 우려된다.

가족을 치료에 포함시키기

- 치료목표는 가족을 포함하여 모두가 동의하는 것에 초점을 두어야 한다.
- 역기능적 가족관계를 탐색하고 필요에 따라 도움을 제공한다.
- 자기관찰기록에 가족이 참여하도록 지지한다.
- 섭식행동의 선행사건과 이후의 반응 및 정서와 상황에 대한 과제기법을 안내한다.
- 증상에 영향을 미치는 가족이슈와 감정적 문제를 다루도록 안내한다.

재료와 도구 및 공간선택의 유의사항

- 치료공간과 매체사용은 증상의 심각도에 따라 달라질 수 있으며 섭식장애의 특성상 통제능력의 심각한 제한성과 관련하여 유의해야할 것은 환경의 안전한 울타리로서 구조성이 필요하다.
- 다양한 매체와 기법사용이 가능하다.

- 장애의 특성이 상실된 자발성과 통제성문제와 관련된다는 측면에서, 재료선택의 자유와 존중과 배려와 창작과정에서의 구성과 변형과정은 자발성과 스스로 통제성을 발휘하도록 돕는다.

추천재료와 기법

- 재료선택의 특별한 제한은 없으나 간단하고 친근한 재료가 안정감을 느끼게 한다.
- 미술재료의 편안한 사용과 관련하여 치료계획과 과정을 이해하도록 설명하는 것은 기본적인 과정이다.
- 섭식장애에 대한 느낌과 어려움에 대한 그림은 자기탐색과 자기문제에 대해 시각화와 객관화를 돕는다.
- 자아상이나 신체상을 그리는 것은 자신의 신체이미지를 탐색하고 문제 인식을 도울 뿐 아니라 자기탐색을 구체화하도록 돕는다.
- 감각적 재료(예; 찰흙이 가진 배설의 마술적 쾌감과 관련하여)는 자기신체와 체형을 거부하는 사람에게 감정을 지각하고 자신의 신체에 대한 자각을 촉진시키는데 도움된다.
- 찢고 파괴하는 기법들은 섭식장애의 기저에 관련한 구강환상을 대체한다. 더불어 찢겨진 조각들을 모으고 화지에 어떠한 형태로 구성하는 것은 그 분열되고 조각난 환상대상을 다시 전체로 모으고 세우며 회복하는 기회가 된다.
- 지지체계를 그리는 것은 직접적인 자원을 이해하고 사용할 수 있도록 도우며 자신감을 갖게 한다.
- 현재의 갈등이나 가장 힘든 부분을 표현하는 것은 현재의 당면한 문제를 다루고 그에 대한 인식과 대안을 계획하고 대처하도록 돕는다.
- 미술치료의 진단도구들은 정서적 및 인지적 기능에 대한 정보를 수집하는데 많은 도움이 된다. 특히 인물상과 나무그림(자아상의 의미를 함축하고 있으며 방어를 낮추고 섭식문제와 관련된 억압반응을 드러나게 하므로)은 섭식문제와 관련하여 자기상에 대한 직접적이고 구체적인 잠재적 정보를 제공해준다.
- 마무리 단계에서 그동안의 작품을 되돌아보는 것은 과정과 치료적 변화에 대한 탐색

과 섭식문제와 내적욕구의 관계를 파악하고, 미래를 대처하는 지속적인 자기능력에 대한 확신과 자기존중을 강화한다.

치료사가 갖추어야할 자세와 지침

- 섭식문제의 전반적인 이해를 기초로 대상의 발병 시기와 경과, 심각성, 주된 증상, 가족관계, 특정어려움 등에 대해 반드시 사전에 확인되어야 한다.
- 섭식장애를 가진 아동청소년의 경우 그들이 가진 대부분의 심리적 사회적 요인은 의료적 문제와 관련되어 있으므로, 일차적으로 신체증상에 대한 의료적 처치를 받도록 지지해야 한다.
- 유사한 증상을 가지고 있어도 발달수준과 연령과 욕구에 따라 치료접근은 다르게 접근되어야 한다.
- 반드시 가족교육 및 가족치료를 고려한다.
- 섭식장애는 단일치료보다는 팀접근이 효과적이며 반드시 치료팀과 의사소통함으로써 최선의 치료과정이 되도록 협력한다.
- 모든 치료에서 그렇지만 특히 치료대상과 함께 치료의 모든 과정에 대한 단계별 계획을 세우고 과정을 평가하며 기본적으로 인지행동접근이 포함된다.
- 치료목표는 고정적이지 않으며 과정에 따라 융통성 있게 조절되어야 한다.

미술치료의 목적과 효과성

- 일차적으로는 외부로부터 오는 비난에 대한 감정반응과 내적욕구와 문제를 토해내는 장으로 사용될 수 있다.
- 치료목표는 감정을 다루고 신체상과 자기정체성에 영향을 미치는 역기능적 관계의 역동과 통제문제 및 개인의 잠재력을 회복하도록 돕는 것이다.
- 미술은 섭식장애에 대한 염려를 표현하는 자연스러운 방법이자 기술이다.
- 미술표현은 현재의 발달수준과 극복하고자 하는 마음과 준비정도에 기초한다.
- 친근감 있고 놀이적 매체를 사용하는 접근은 상징화를 촉진하고 왜곡사고와 행동의 마술적 유아적인 섭식문제의 반복성에서 벗어나 안전하게 의사소통하도록 경계와

위로가 된다.

- 미술의 창작과정은 섭식문제의 무의식적 심리증상에 접근하게 하며, 결과물은 치료팀과 양육자 및 돕는 이들 사이에서 협조하고 치료방향을 모으는 통로이자 다리를 창조하게 한다.
- 미술은 섭식장애와 관련된 내적 경험에 대한 지속적인 정보를 제공해 준다.
- 구체적인 처치와 대안으로서 미술의 효과성 뿐 아니라 실제적인 기술을 보여주고 연습하게 한다.
- 입원상황의 경우 창작의 경험은 병실공간에서 벗어나 일상의 경험을 지속시켜준다.
- 지지적인 미술과정은 부적합한 대처와 실수를 수용하고 받아들이며 그것을 다루기 위한 능력을 향상시킨다.
- 창작과정은 예측 가능한 섭식문제를 표현하기도 하고 대처할 수 있는 기술 또한 강화하므로 섭식장애의 재발을 예방한다.
- 소수의 집단경험은 섭식장애의 특유한 증상에 함축된 극단적 사고와 인지왜곡의 사실이 자연스럽게 유도되고, 서로 다른 단계에 있는 구성원들에 의해 확인되고 도전받으며 직면하게 한다. 그러므로 집단경험은 섭식문제에 대한 현실검증의 강력한 경험이 되며 회복을 위한 더욱 적합한 기능들을 학습하게 한다.

9. 미술표현에서 발견되는 특성

섭식장애 증상의 보편적인 그림특성은 미술의 구성요소와 창작행동을 통해 예측할 수 있다. 그들은 신체왜곡과 자존감부재를 드러내는 이미지로서 극히 좁은 공간만을 사용하거나 최소부분의 표현적 심상만을 사용하며 많은 경우에서 선의 흐름도 약하게 표현한다. 집단작업에서도 협동작업이 쉽지 않고 자기영역을 벗어나지 않으려는 조심성을 나타내는 특성을 보이기도 한다. 또 다른 표현적 특성은 고착된 행동을 통해 자신과 가족 또는 주변사람을 통제하고자 하는 욕구가 있으므로 그것의 반응으로 신체를 묶는 것으로 표현하거나 지배적인 권력자와 무력한 반응대상을 만들어 심상을 표현하기도 한다(청소년임상미술치료방법론, 2007, p.239).

[그림 11-1] 뚱뚱보의 기생충출산

식욕부진증 진단을 받은 23세 여성의 자화상이다.

"그림 11-1"을 그린 이 여성은 2세경에 부모의 이혼으로 시설에 맡겨진 이후 부모를 만난적이 없으며, 청소년후기에 들어서면서는 50kg 미만의 체중을 가졌음에도 늘 자신이 뚱뚱하다고 믿어 왔고, 최근에는 자신의 신체에 대한 왜곡이 더욱 심해지면서 정신심리치료에 의뢰되었다. 자신의 몸에는 기생충이 자라고 있고 중성의 괴물이 그 기생충 알을 내 몸에 넣은 뱀신을 죽여서 자신을 구했다고 표현했다. 그녀가 창작한 심상의 묘사는 식욕부진증의 동일시된 망상이미지로서 자신의 신체에 대한 분노를 대체하고 있고, 초기의 애착문제와 분리개별화의 실패를 식욕부진증으로 전환한 양가적 심리특성을 나타내고 있는 것일 수 있다.

[그림 11-2] 우리가족

19세 여아의 가족화이다.

"그림 11-2"는 학교거부와 함께 드러나기 시작한 식욕부진증을 친구들에게 폭력적으로 음식물을 먹이는 특정 징후로 나타내기 시작하면서 정신과 치료를 받게 된 청소년의 가족화이다. 후기 청소년기를 향해 겪고 있는 자신의 미래계획과 분리개별화의 페르소나문제의 상징이미지로서 자기 안에 또 하나의 자기를 그려내고 죽음, 비밀장소에 가둠, 앙상한 뼈, 희생, 사랑으로 표현하여 "우리가족"이라고 썼다가 다시 지우기를 반복하였다. 가족을 통제하고 묶어 갇힌 고통을 그대로 표현하고 있다. 자기로 이미지화한 사람의 머리에 엮어진 붉은 쇠사슬과 인물 속에 또 하나의 인물이 연결되어 있는 것을 유의해서 살펴볼 필요가 있다.

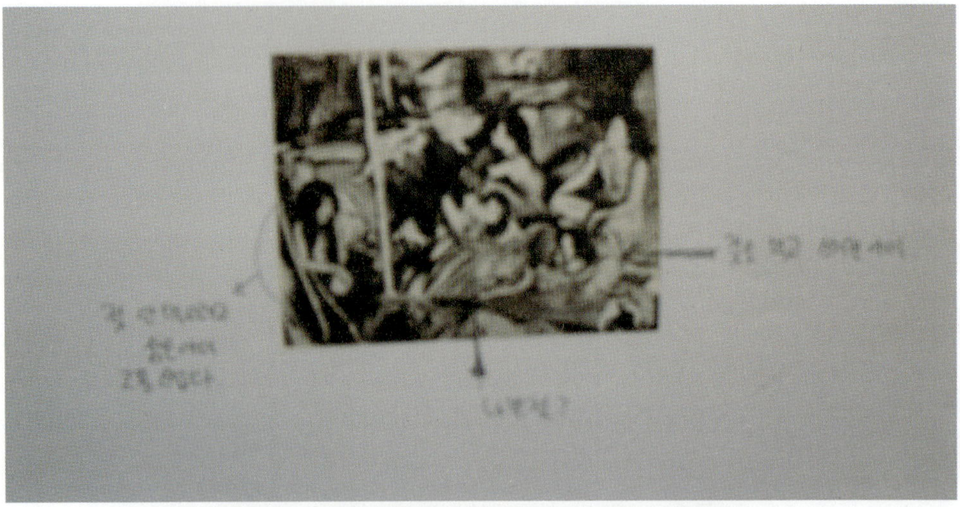

[그림 11-3] 위험한 젖을 먹고 쓰러진 아이

음식을 거부하여 의뢰된 20세 여아의 꿈 표현이다.

그림을 그린 후 한동안 생각 속에 빠져있던 청소년은 위험한 젖을 먹고 쓰러진 이 아이는 곧 죽고 말 것이다(그림 11-3)라고 설명했다. 위험과 양육을 느끼게 하는 젖이 이 청소년에게 의미하는 바를 탐색할 필요가 있다.

[그림 11-4] 송편을 만들었다.

과식욕증 청소년이 치료중기에 표현한 그림이다.

"그림 11-4"는 과식욕증을 보이는 청소년들의 가장 흔한 특성으로 섭취와 배설을 상징화한 이미지이다. 치료중반시기에 그려진 이 그림에 등장한 변기속의 나비, TV, 음식, 시계 등의 상징에서 이 청소년의 노력과 그림 작업을 통한 카타르시스를 엿볼 수 있다.

[그림 11-5] 이제는 벗어나자

과식욕증 여성의 자유화이다.

"그림 11-5"는 과식욕증 진단을 받고 위기개입으로 정신과 입원치료를 받고 있던 후기 청소년기 여성이 치료 후반에 그린 자유화이다. "외부의 시선과 두려움에서 벗어나고 있는 탄생과정"이라고 설명한 내용과 배설의 무덤에서 빠져나오는 이미지에서 이 여성의 변형적 과정을 엿볼 수 있다.

제 12 장

성격장애의 이상심리와 중재지침

인격장애(personality disorders)라고도 불리는 이 장애는 일반적인 일상생활을 유지하는 사람들의 보편적인 수준을 벗어난 편향된 상태로서, 경직되고 비적응적인 사회적 응상의 심각한 장애를 일으키며 개인에 따라서는 주관적인 고통을 수반하는 경우를 말한다. 이러한 사람의 성격문제는 깊이 체질화되어 있어서 융통성이 없고 관계 맺지 못하고 이해하고 배려하는 마음이 없기 때문에 관계를 악화시키는 악순환을 반복하게 된다. 이 장애에 대한 DSM-5의 구분은 DSM-IV와 마찬가지로 크게 세 가지(A군, B군, C군)로 분류한다. A군성격장애에는 편집적, 분열성, 분열형의 성격장애, B군성격장애에서는 반사회성, 연극성, 경계선, 자기애성 성격장애, C군성격장애에서는 강박성, 의존성, 회피성 성격장애를 포함한다. 성격장애가 청소년기에 시작되므로 소아질환으로 명시하지는 않으므로 아동청소년 정신건강에 초점을 둔 이 책에서 성격장애에 대한 내용을 다루는 것이 다소 갈등이 있었다. 그러나 나의 임상에서 성격장애의 특성을 보이는 아동청소년들이 흔히 있었으며 그들이 성장하면서 장애진단을 받는 경우가 대부분이어서 조기치료접근을 하지 못하는 부모와 아이들이 늘 안타까웠다. 그러한 맥락에서 보면 성격장애에 대한 이해는 미술치료사들에게 배제할 수 없는 중요한 내용이며 조기발견과 심리치료에서 도울 수 있는 방향을 제시해 줄 수 있으리라는 기대로 이 내용을 첨부한다.

1. 성격장애 원인의 이론적 근거

정신 역동적 관점

초기역동심리학자들의 성격장애에 대한 종합적인 주장은 초기대상관계경험의 실패로 이상성격을 초래한다고 본다. 후기학자들의 성격병리 이해는 경험적 관계에 초점을 두며 모든 성격병리는 억압된 나쁜대상에 대한 애착이라는 관점으로 설명하고 있다. 여기에서는 프로이트와 페어베언관점에서 성격장애병리의 역동을 살펴보고 구체적인 하위병리의 요인에 대해서 다시 장애 유형별로 이해를 돕기로 하겠다.

프로이트관점에서 성격장애의 역동

성격은 일상생활에서 드러나는 개인의 정서와 행동의 전체적인 경향이라고 정의할 수 있으며 성격형성에 대한 이해는 학자마다 다르다. 프로이트에 의하면 인격의 특성은 정신성적발달단계에서의 리비도가 어떠한 단계에서 고착되어 가느냐에 따라 결정된다고 본다. 예를 들면 구강기에 고착된 경우는 수동적이고 의존적이며 과도하게 먹거나 물질남용 및 의존적 성격을 형성하며, 항문기에 고착되면 세심하고 인색하며 지나치게 완고하고 엄격한 성격특성이 형성된다고 하였다. 즉 공격성이나 의존성 혹은 우울감은 구강기의 장애로서 리비도가 구강기로 퇴행하거나 고착된 상태이고, 강박적인 성격이나 강박장애는 항문기로 퇴행하거나 고착된 상태이며, 반사회적 행동과 성도착은 남근기로의 퇴행 또는 고착상태로 보았다. 그러나 가장 중요한 성격장애의 요인은 초자아로서, 어린시절 양육경험을 통해 초자아와 본능사이의 조화로운 경험이 있었는지와 관련한 자아의 조절능력에 달려있다.

페어베언관점에서 성격장애의 역동

최초의 정신병리 이론을 제시한 페어베언(Fairbairn, 1940, 1943)은 성격장애 관련한 모든 병리에 대해서 초기의존단계의 발달실패로 보고 개인의 내면에 존재하는 나쁜대상의 질과 나쁜대상에 대한 동일시수준 및 자기보호를 위해 사용되는 방어의 정도 등 세가지조건에 의해 결정된다고 보았다. 페어베언은 기본적인 정신병리에 대한 방어로서 네 가지 증후군(공포, 강박, 편집, 히스테리)을 제시하였는데 즉, 공포증적인 성격은 함입대상의 외재화로 인한 증상으로 나쁜대상의 축출에 따른 불안방어로 보았고, 강박증적 성격은 대상이 내재화된 상태에서 축출과 보유에 대한 갈등의 결과로 보았다. 편집적 성격은 만족대상이 내재화하고 나쁜대상을 외재화하여 내부의 좋음이 외부의 박해대상에 의해 위협받는 상태이며, 신경증적 성격은 반대로 거절대상을 내재화하고 좋은 대상은 외재화하여 내부에 나쁜대상이 있고 외부에는 좋은대상이 있다고 느낌으로서 외부대상에 집착하는 경향을 보인다. 따라서 그러한 맥락에서 볼 때 성격장애는 대상에 대한 불안으로부터 오는 약함과 갈망이 어떠한 수준으로 정신내면에 표상화되는지에 따르며, 통합되지 못하고 억압된 나쁜대상에 대한 애착과 관련한 반복강박에 의해 성격장애를 일으키는 일반적인 특성이 된다.

유전학과 생물학적 관점

성격장애에 대해서는 유전적 요인이 많이 연구되고 있으며 특히 쌍둥이연구에 주목해 왔다. A군에서 특히 정신분열형 성격장애의 경우 가족 내에 정신분열증이 많으며 B군에서도 가족 중에 반사회적성격이나 알코올중독이 많고, 특히 경계선성격장애에서 신체화장애와 관련이 높다는 보고가 있다. C군에서도 강박성향이 일란성쌍둥이가 이란성쌍둥이에서보다 더 높게 나타나고 우울과도 관련이 높으며 회피성성격장애에서는 불안성향이 높은 것으로 알려져 있다(최신정신의학, 1995, p.288; 신경정신과학, 1988, p.528 참조).

기질도 성격장애와 매우 밀접한 것으로 제시되고 있다. 어린 시절에 두려움이 많았던 개인은 회피성성격장애를 가질 수 있으며 신경학적 증후가 있었던 경우에는 반사회적 또는 경계선적 성격장애가 나타나기 쉽다. 충동성향은 테스토스테론(testosterone, 스테로이드인 안드로겐의 대표적인 남성호르몬)의 증가와 관련이 있으며 분열성성격장애의 경우는 MAO(monoamine oxidase; 아드레날린, 도파민, 세로토닌 등의 아민을 산화적으로 탈 아미노 시켜 알데히드로 만드는 효소로서, 구리를 함유하는 피리독살(pyridoxal)효소인 것으로 밝혀져 있고, 뇌, 간, 위, 심근(心筋)등에 특히 많이 존재하며 세포내에서는 과립분획(顆粒分劃)에 위치하고 있다)기능이 낮고 부드러운 안구추적운동의 장애가 있다고 한다. 뇌에서 분비되는, 엔도르핀(endorphin, 호르몬 또는 신경전달물질(神經傳達物質)로서, 진통작용을 하는 호르몬으로 알려져 있음)의 증가는 냉담하고 수동적인 성격과 관련이 있으며, 경계선성격장애에서는 세로토닌(serotonin, 뇌의 시상하부 중추에 존재하는 신경전달물질로 기능하는 화학물질 중 하나로서, 혈액이 응고할 때 혈소판으로부터 혈청 속으로 방출되는 혈관 수축작용을 하는 물질이다. 뇌・내장조직・혈소판(血小板)・비만세포에 들어 있으며, 5-하이드록시트립타민이라고도 한다. 세로토닌은 기분을 조절할 뿐만 아니라, 식욕, 수면, 근수축과 관련한 많은 기능에 관여하며 또한 사고기능과 관련하기도 하는데 기억력과 학습에 영향을 미치며, 혈소판에 저장되어 지혈과 혈액응고 반응에 관여한다. 따라서 세로토닌이 부족하면 우울, 불안 등이 생기며 국소적으로 세로토닌이 증가하면 식욕이 떨어지게 되고, 감소할 경우에는 반대 현상이 나타난다)대사가 저하될 때 자살 및 공격성이 나타난다(최신정신의학, 1995 참조).

DSM-5의 성격장애분류와 임상적 특성비교

분류		임상적 특성	발병연령	유발요인	사회적 관계	수면문제 및 동반장애	정신생리증상
A군	**편집성** (Paranoid)	불신과 의심, 적대적 태도 및 보복행동, 타인에 대해 전반적인 불신, 타인의 동기를 부정적으로 해석, 과잉긴장, 질투, 소송, 종교집착, 한번 품은 원한은 절대 풀지 못하고 부당하다는 생각을 계속 찾아냄	청소년기, 성인초기	반복된 양육문제와 애정결핍, 기본적인 신뢰결여, 경직된 아버지와 거절적인 어머니의 양육환경, 유전소인,	관계맺기 어려움, 적대적관계, 대인관계에서 냉담, 타인불신 및 의심으로 관계유지 어려움	때때로 잠을 못 이룸, 주요우울장애, 광장공포증, 강박장애 발병위험이 높음.	위축, 두려움, 불안, 분노, 예민성, 화, 웃지않고 굳은 얼굴표정, 공격적
	분열성 (Schizoid)	혼자 있고 세상과 거리를 둠, 제한된 감정표현 양상, 반복적인 사회적 유리, 분노나 기쁨의 강한 감정표현이 없음	청소년기, 성인초기	기본적인 신뢰결여, 부모로부터의 거부, 부정적 자기개념	관계맺는 능력 결함, 대인관계 무관심, 사회적 위축, 사회적 고립, 순간적인 자기표현 및 고통감정은 인지, 겉으로는 무관심하나 내면은 예민성 및 창조적요소있음	망상장애와 정신분열증의 전구기로 나타나기도 함, 주요우울이 발병하기도 함	예민성, 분노표현안됨, 소극적 반응, 조용함, 수줍음, 순종적, 공상
	분열형 (Schizotypal)	인지적 및 지각적 왜곡, 행동의 괴이한 양상, 관계능력 감퇴	성인초기	유전요인, 어린시절 불안정한 애착관계, 가족분위기 냉담하고 정서적 교류 제한	대인관계 기피, 갑자기 친분관계 불편감 느낌, 대인관계 불안, 원만하지 못한 또래관계, 빈약한 관계, 고립	일부는 정신병적 장애로 진행, 아동청소년기는 학습부진 및 외톨이로 따돌림의 대상이 됨, 주요우울장애를 동반하기도함	우울, 불안, 과민성, 관계사고, 마술적 의식, 중얼거림, 사회공포, 기이한 환상

(계속)

분류		임상적 특성	발병연령	유발요인	사회적 관계	수면문제 및 동반장애	정신생리증상
B군	**반사회성** (Antisocial)	타인권리 무시 및 침해, 법과 윤리무시, 반복적인 거짓말, 만성적인 비도덕성, 타인 조종하는 무자비한 성인으로 성장	아동기, 성인초기	유전성, 지배적인 양육환경, 이득을 위한 욕구가 아니라 복수심이 행동의 원인임	대인관계에서 권리 침해, 이득을 취할 수 있는 경우에만 한정됨, 이기적 관계	불안장애, 우울장애, 물질사용장애, 신체증상장애, 도박장애, 기타 충동조절장애를 동반하기도함	폭력성, 충동성, 공격적, 잦은 폭력, 사기성, 피상적
	경계성 (Borderline)	자아상 및 정동 불안정, 충동적 양상, 자해 및 자살위험, 거절과 상실 및 환경적 상황에 민감하고 심각한 정동반응과 인지 및 자아상에 영향 받음, 유기에 대한 불안으로 비현실적인 요구	성인초기, 중년기로 갈수록 호전	충격적인 외상경험, 학대 및 성적학대경험, 분리개별화 갈등에 고착, 분리, 부인, 투사적동일시 사용, 부정적 믿음, 개인의 취약성	강렬하고 좌절감을 주는 대인관계형성, 극단적이고 불안정한 대인관계, 반복적이고 파괴적인 대인관계, 대인관계보다는 중간대상에서 안정감 얻음	우울장애, 양극성장애, 물질사용 장애, 섭식장애, 외상후스트레스장애, ADHD를 흔히 동반할 수 있다.	충동성, 강한 공포감, 부적절한 끊임없는 분노, 작은 일에도 격노와 공황, 극단적인 심리적 불안정, 흑백논리사고
	연극성 (Histrionic)	과도하고 극적인 감정표현과 관심을 끌려는 행동양상, 자기과시	청소년기	오이디푸스갈등에 기인, 애착결함	빠른 친밀관계를 형성하나 쉽게 싫증냄, 관계에서 인정받지 못함, 모든 관계에서 관심 끌려는 행동, 피상적 관계, 동성친구관계에서 쉽게 악화됨, 과장된 대인관계 양상 및 유혹적	신체장애, 전환장애, 주요 우울장애를 흔히 동반함	의존성, 우울, 화, 충동적인 흥분과 쉽게 흥분이 사라짐, 주관적고통
	자기애성 (Narcissistic)	자신만의 세계 중심, 과대한 자기상 추구, 강한 인정욕구, 열등의식, 숭배욕구, 감정이입 부족, 허세, 실패에 대한 인정부재 및 분노, 이상적 공상에 몰두, 특권의식	청소년기	과잉보호 양육, 미모에 대한 가족의 과대적 경향	공감능력 결여로 관계유지 어려움, 자기중심적 대인관계	신경성 식욕부진, 물질사용 장애와 관련됨	무시, 분노, 우울, 위축감, 열등감 및 무가치감으로 고통

(계속)

분류		임상적 특성	발병연령	유발요인	사회적 관계	수면문제 및 동반 장애	정신생리증상
C군	**회피성** (Avoidant)	부정적 외부평가에 민감, 부적절감	전구증상이 아동기에 출현, 청소년기 및 성인초기에 발병	사회화에 대한 기질성, 소심한 개인의 취약성	대인관계 회피, 사회적관계 억제, 의존적관계 및 밀착관계, 타인의 평가에 민감, 관계회피, 심한 경우 은둔생활, 무조건적 관계에서 유지가능	양극성장애, 우울장애, 불안장애를 동반할 수 있음	불안, 극도의 예민성, 두려움, 부끄러움, 경직되고 부적응적, 당황하고 얼굴붉힘
	의존성 (Dependent)	강한 돌봄에 대한 기대욕구, 복종적이고 매달리는 행동양상, 의존과 독립의 흑백논리 사고	아동청소년기	과잉보호, 어린시절 자발적 행동에 처벌적 경험	지나친 의존관계, 극소수의 사회적관계, 책임전가, 도움주는 소수와의 관계	우울장애, 불안장애, 적응장애 위험도가 높음	유기관련 두려움, 불쾌감, 공포, 우울, 불안
	강박성 (Obsessive–Compulsive)	완벽주의, 지나치게 조절에 집착, 자신의 실수에 가혹한 비판, 타협거부, 정돈, 인내심, 완고함, 우유부단, 수직관계, 비현실적노력, 인색한 감정표현, 결단력 제한	청소년기	엄격한 배변훈련 관련 항문기 갈등	통제적 대인관계에 집착하므로 관계 박탈, 관계보다는 일의 성과에 집중, 형식적인 대인관계	불안장애 동반 가능성이 높음	현저한 기능부전과 고통감, 주변을 통제할 수 없을 때 혼란스러워함

A군 성격장애

A군 성격장애(Cluster A Personality Disorders)는 사회적으로 고립되고 이상하고 특이한 또는 괴상하고 기이한 경향성을 보이는 경우이며, 위의 표에서 제시되었듯이 편집성성격장애, 분열성성격장애, 분열형성격장애 등 세 집단으로 되어 있으며 유사성이 있으면서도 각각의 특성적인 증상과 장애를 나타내고 있다.

2. 편집성 성격장애

일반적으로 이 장애는 타인의 행동을 계획된 요구나 위협으로 보고 지속적인 의심과 불신을 갖는 경우이다. 이 장애집단에 속한 사람들은 주로 고집쟁이, 부정적인 행위, 배우자에 대한 병적 질투심, 소송을 좋아하는 괴상한 성격의 소유자들이다.

임상적 핵심증상

타인의 행동에 대해 지나치게 과민하고, 의도적으로 자기를 위협하는 행동으로 해석하고, 늘 자신을 괴롭히고 착취하고 해하려 한다고 의심한다. 어떤 특정 상황에서는 의심이 적응에 도움이 되는 경우도 있으며 자신의 생각이 현실과 다르다는 것을 알 때는 일반적으로 의심이 사라진다. 대부분의 편집성 성격장애를 가진 사람들은 의심하는 태도가 특징이므로 어떠한 상황에서도 경계하고 이유 없는 의심과 질투가 심하고 늘 긴장되며 냉담하고 자만심을 보이며 유머감각의 부재 등 제한된 정서반응을 보인다. 새로운 환경에 접하면 상황전체를 보지 못하고 자신의 견해에만 집착하고 파고 들므로 적응하지 못한다. 행동에 자연스러움이 없으며 자기만 생각하고 자신의 객관적이고 합리적이며 이지적인 면을 자랑하나 부드러움과 정서적인 인간미가 없다.

이러한 특성들로 인해 때로는 야심 있고 유능하고 냉철한 사람으로 보이기도 하나, 타인을 믿지 못하기 때문에 어떤 일이든 혼자 처리하려는 경향과 주변인을 조종하고 지배하려는 욕구가 강하며 이기적이고 자존심이 강하며 권력에 집착하고 강자에 대해 적대적인 반면에 약자를 경멸한다. 이들은 대인관계나 적응이 어려울 수 있으며 광신적인 종교에 집착하거나, 정치집단에 가담하고, 독재자들 중에 의외로 편집적 성격장애를 가진 사람들이 많다. DSM-5의 진단기준(APA, 2013)은 다음과 같다.

1. 타인의 동기를 악의가 있는 것으로 해석하고, 관계에서 불신과 의심이 전반적이며, 증상은 성인초기에 시작하고, 여러 상황에서 다음 중 4가지(또는 그 이상)에 해당되어야 한다.
   (1) 충분한 근거없이, 다른 사람이 자신을 관찰하고 해를 끼치고 기만한다고 의심한다.
   (2) 친구들이나 동료들의 배려나 신뢰에 대해 근거 없는 의심에 사로잡혀 있다.
   (3) 어떠한 정보가 자신에게 나쁘게 이용될 것이라는 잘못된 두려움 때문에 다른 사람에게 비밀을 털어놓기를 꺼린다.
   (4) 타인의 악의 없는 말이나 사건에 대해 자신의 품위를 떨어뜨리거나 위협적인 의미가 있다고 해석한다.
   (5) 지속적으로 원한을 품는다(즉 모욕감을 느끼거나, 상처받거나, 경멸하는 것을 용서하지 못함).
   (6) 다른 사람에게는 분명하지 않은 자신의 성격이나 평판에 대해 공격적으로 지각하고 즉시 화를 내고 반격한다.
   (7) 정당한 이유없이 애인이나 배우자의 정절에 대해 반복적으로 의심한다.
2. 정신분열증, 정신병적 양상을 동반한 양극성장애 또는 우울장애, 다른 정신병적 장애의 경과 중 발생한 것은 이 장애에 포함되지 않으며, 다른 의학적 상태의 생리적 효과로 인한 것이어야 한다.

주의; 진단기준이 정신분열증의 발병에 앞서 만족했다면 "병전"을 추가해야 한다(예; "편집성 성격장애〈병전〉").

주요원인

편집성 성격장애는 어린 시절 부모의 불합리한 분노에 억눌려 성장하면서 자신과 부모를 동일시함으로써 그 분노를 타인에게 투사한 결과로 나타나며, 정신분석에서는 이를 항문기적 성격으로 연결하고 있다. 미술치료사가 편집적 성격장애에 개입한다면 편집-분열에 대한 역동적 특성을 이해하는 것은 필수적이다. 편집분열은 분열이 중심적인 방어기제로서 동일대상에 대한 사랑과 증오를 함께 느끼게 되면 이는 반드시 서로 분리된다. 통합하려는 어떠한 움직임도 증오가 사랑을 압도하며 파괴시킬 것이라는 공포로부터 발생한 견디기 힘든 불안을 일으키게 된다. 편집적 성격장애는 투사와 투사적동일시가 중심적인 방어기제이다. 투사를 통해 내적인 위협을 외부위협으로 대치시키며, 투사적동일시를 사용함으로써 거기서 한 단계 더 진행하게 하여 외부의 위협에 고도의 병적인 방식으로 자신과 주변인을 결합시켜 방어한다. 타인을 방어해야 하는 필요성은 편집증의 핵심에 낮은 자존감이 있기 때문이다. 따라서 그들의 내면은 열등하고 무능함을 느끼고 있으며 이들이 보이는 우월감은 자신의 열등함을 방어하기위한 보상적 방어로 이해할 수 있다.

인지적 맥락에서는 편집적 성격장애의 행동적 특징을 그들이 지닌 독특한 신념과 사고과정에 초점을 둔다. 외부의 사람들에 대해 악하고 기회만 있으면 공격하고 그래서 경계하고 긴장해야만 피해를 보지 않는다는 신념을 가지고 있어서, 늘 타인의 행동에 부정적인 측면을 선택적으로 발견하고 부당한 대우를 받을 것에 대한 두려움으로 진정한 관계를 맺지 못한다.

예후 및 치료

연구들에 의하면 편집적 성격장애는 평생 동안 지속된다는 보고가 있으며 정신분열증의 전조현상으로 나타난다고도 한다. 또 다른 견해는 성숙에 따라서 혹은 스트레스가 줄어들면서 편집성의 경향이 반동형성과 도덕적 관심 및 이타주의적 관심을 갖는 방향으로 완화되기도 한다. 편집적 성격장애를 가진 집단의 리더는 구성원들을 불신하며 감시하고 그 자리를 물러나지 않으려 하는데 주로 여성보다는 남성에게 더 많다.

치료는 불안이나 의심이 심할 때는 항불안제나 소량의 항정신증 약물을 사용할 수 있으며, 이에 대한 경험적 연구는 제한적이나 개인정신 심리치료가 의미 있으며, 의심이 많은 특성 때문에 집단치료는 부적합하다. 우선되어야 하는 치료자의 역할은 신뢰관계를 구축하는 것이므로, 무엇보다 지지적이고 인내하며 귀기울이고 개방적이며 솔직하고 존중하는 자세로 임해야 한다. 이 장애를 가진 사람의 핵심문제는 타인에 대한 신뢰감의 결여와 인간관계를 유지하지 못하는데 있으므로 일관성 있고 중립적인 치료자의 자세가 더욱 요구된다. 심층적인 분석치료는 오히려 불신감을 조장할 수 있으므로 유의하고, 망상적 비난에도 부드럽게 자존심을 손상시키지 않는 범위 내에서 다루어야하며, 치료자가 무기력해지는 인상을 주어서는 안 된다. 지나친 관심 또한 그 동기를 의심받을 수 있으므로 지양해야 한다. 충분한 신뢰가 형성되면 문제를 객관적으로 볼 수 있도록 오해에 대한 다른 가능한 설명을 시도해 볼 수 있으며, 문제의 근본적인 원인이 자신에게 있음을 자각하고 대처방법을 찾도록 안내할 수 있다.

3. 분열성 성격장애

이 장애의 기본양상은 일생동안 사회적관계로부터 위축되어 있을 수 있으며 관계형성 능력과 적절히 반응하는 능력에 심각한 장애가 있다. 분열형장애에서 보이는 언어, 행동, 사고의 괴이한 면은 없으나, 유사하게 빈약한 정서를 가지며 냉담하고 고립되고 지나치게 내성적이며 백일몽에 몰두하고 관계의 기회가 주어져도 상대방에 무관심하다. 분열성이 있는 사람의 내면세계는 외부로 보이는 모습과는 상당히 다른 모습일 수 있으며 실제로 상당한 모순을 가지고 있다. 겉으로는 초연하고 자기만족이 있으며 무관심하고 지나치게 도덕적으로 보이는 반면, 내적으로는 지나치게 예민하고 날카롭고 경계하고 있으며 정서적으로 궁핍함을 지니고 있다. 그러한 양극적인 특성이 의식적 성향과 무의식적 경향을 나타내고 있다기보다는 자기가 미처 통합되지 못한 서로 다른 자기표상으로 분열되고 깨어짐을 나타내는 것이다. 분열성장애는 편집성장애와 같이 자존심의 수준에 반비례하여 빈도가 증가되는 과대자기의 환상을 가지고 있으며 자신의 환상에 대해 심각한 수치심을 느끼고 자신이 안전하다고 느끼는 대상관계를 유지하기까지는 누구에게도 그 환상에 대해 이야기하지 않으려 한다.

임상적 핵심증상

가장 두드러지는 주요증상은 사회적 관계능력의 결함이며 냉담하고 무관심하며 타인의 일에 관여하지 않으려 한다. 사회적 관계형성이 없거나 적으며 혼자 즐기는 취미를 가지거나 정서적으로 멍하고 적절하지 못하다. 공격성이나 적대감을 표현하지 못하는 경우가 많고 목표에 대해서도 막연하며 결단력이 없고 자기도취적이다. 이성교제가 드물며 수동적인 교제를 할 수 있다. 직업적 기능장애를 보이며 특히 대인관계에서 더욱 두드러지나 혼자 하는 일에서는 상당한 성공을 이루는 경우가 있다. 이들이 혼자 있는 것은 불신이나 의심과 같은 편집증과는 관련이 없으며 실제로 혼자 있고 싶기 때문이며 이성에도 관심이 없어서 독신으로 생활하는 경우가 많다. 분열성 성격장애의 DSM-5 진단기준(APA, 2013)은 다음과 같다.

1. 다양한 형태의 사회적 관계로부터 반복적으로 유리되고, 대인관계형성에 무관하고 정서적 경험과 표현범위가 전반적으로 한정되어 있으며, 이러한 양상이 성인기초기에 시작하여 여러 상황에서 나타나고, 다음 4가지 이상의 항목에 해당되어야 한다.
   (1) 가족관계를 포함하여 친밀관계를 원하지 않으며 즐거워하지도 않는다.
   (2) 거의 항상 언제나 혼자 활동하는 것을 선택한다.
   (3) 타인과의 성적경험에 아무런 흥미나 관심이 없다.
   (4) 거의 모든 활동에서 즐거움을 갖지 못하며, 만약 있더라도 소수의 활동에서만 즐거움을 얻는다.
   (5) 가족을 제외하고는 절친한 친구가 없으며 있더라도 단 한명정도이다.
   (6) 타인의 칭찬이나 비난에 무관심하다.
   (7) 정서적으로 냉담하고 무관심하며 둔감한 감정반응을 보인다.
2. 단 정신분열증, 정신병적 양상을 동반한 양극성장애 또는 우울장애, 다른 정신병적 장애 혹은 자폐스펙트럼장애의 경과 중 발생한 것은 분열성성격장애로 진단하지 않으며, 다른 의학적 상태의 생리적 효과로 인한 것이 아니다.

주의; 진단기준이 정신분열증의 발병에 앞서 만족했다면 "병전"을 추가해야 한다.

주요원인

어린시절 대상관계와 가족상호작용 방식 및 문화적인 요소가 요인이라는 보고가 있다. 이 장애를 가진 사람들의 어린 시절을 보면 외롭고 냉담하고 감정교류가 없었던 것을 볼 수 있다. 분열성성격장애를 가진 사람이 적절한 사회적 관계를 못한다는 표현은 그 자체가 근본적으로 자기가 분열되었다는 것을 의미하며, 그 결과가 주체성을 흐리고 따라서 자기가 누구인지 불분명하며 사고와 감정 및 소망과 충동의 심각한 갈등에 의해 고통을 느끼는 사람들이다. 발달상으로는 초기관계형성 시기에의 고착 결과이다.

분열성성격장애에 대한 인지이론의 관점은 이들의 사고결함과 관련이 있다고 보고 부정적 자기개념과 대인관계 회피와 관련한 사고가 장애의 특성을 초래한다고 본다. 이들의 생각은 모호하고 환경에 대한 정확한 지각에 어려움이 있으며 지능수준과 무관하게 언어와 운동능력이 느리고(Wolff, 2000) 타인의 정서에 반응할 수 없는 어려움을 나타낸다고 한다.

예후 및 치료

오랜 시기동안 장애를 지속하나 반드시 일생동안 계속되는 장애라고는 볼 수 없으며 개인의 환경에 따라 다를 수 있다. 유병률에 대한 정확한 보고는 없으나 여자보다 남자가 더 심각한 경향이 있으며 가족이나 친척 중에 이 장애가 있는 경우 발병할 가능성이 더 높다.

스스로 치료에 오는 경우는 흔치 않으며 치료를 원하는 경우는 우울과 같은 2차적인 증상 때문이다. 간혹 가족이나 주변인의 권유로 치료에 들어오지만 치료적 관계를 유지하기란 쉽지 않으며, 경우에 따라서는 흔한 사례는 아니지만 정신심리치료에 좋은 반응을 보이는 경우도 있다. 이 장애의 치료목표는 사회적 고립을 극복하고 사회적 상황에 적응하도록 돕는 것이다. 사회적응을 위한 집단치료는 처음에는 어려울 수 있으나 시간이 흐름에 따라 집단이 의미있는 경험을 하게되며 사회적 접촉을 제공하므로 치료효과를 기대할 수 있다. 치료에 동기가 있는 사람에게는 행동치료도 도움되며 쉬운 단계로부터 시작하여 점차 어려운 단계로 확장해갈 필요가 있다.

4. 분열형 성격장애

정신분열증(schizophrenia)처럼 심하지는 않지만 사고, 언어, 행동이 다른 사람들의 눈에 괴이하거나 이상하게 보인다. 사고내용의 장애로는 마술적 사고, 관계망상, 피해사고를 보이며, 감각장애로는 반복되는 착각, 이인증, 비현실감이 있으며, 언어는 심한 괴이성을 보이지만 지리멸렬하거나 연상분리는 없다. 사회적 관계에서 격리되고 대인관계에 장애가 되는 정서의 제한성과 부적합성이 특징이며 정신분열증과는 다소 공통성이 있으나 정신병적이 아닌 경한 경우에 해당된다. 이 장애는 대인관계에 심한 어려움을 나타낼 뿐 아니라 경미한 정신분열증적 증상을 동반하므로 정신분열 스펙트럼 장애의 한 유형으로 분류되고 있다. 이 장애를 가진 경우 심한 스트레스에 노출되면 일시적인 정신증을 나타내기도 하며 분열성, 편집성, 회피성, 경계선적 장애의 요소를 함께 지니는 경우가 흔히 있다.

임상적 핵심증상

사고와 대화에 장애가 있고 언어표현이 괴이하고 지엽적이며 막연하고 지나치게 정교하거나 우회적이다. 친밀관계를 맺지 못하며 사회적으로 고립되어 있다. 그럼에도 직접적인 정신병적 에피소드를 나타내지는 않으며 분열성 성격장애와 정신분열증의 경계영역에 해당된다. 이들 가운데에는 미신이나 유사종교에 몰두되거나 자신이 초능력을 가진 자라는 과대사고에 집착하여 문화권에 따라서는 점성가나 광신자의 역할을 하기도 한다. DSM-5의 진단기준(APA, 2013)은 다음과 같다.

1. 친분관계를 급작스럽게 불편해하고 그럴 능력이 감퇴되거나 또는 인지 및 지각의 왜곡, 행동의 괴이성으로 구별되는 사회적 및 대인관계 결함이 광범위한 형태로 나타난다. 이 장애는 대개 성인기 초기에 시작하며 다음의 상황에서 5개 이상의 항목에 해당되어야 진단내릴 수 있다.
   (1) 관계망상과 유사한 사고(심한 망상적인 관계망상은 제외).
   (2) 행동에 영향을 미치는 문화권의 기준에 맞지 않는 이상한 믿음이나 마술적 사고

(예; 미신, 천리안, 텔레파시, 육감 등에 대한 믿음, 타인이 자신의 느낌을 알 수 있다고 하는 경우, 아동청소년의 경우는 기괴한 공상이나 생각에 집착)

(3) 신체적 착각을 포함한 이상한 지각경험

(4) 괴이한 사고와 언어(모호하고, 우회적, 은유적, 과장적이며 지나치게 자세한 묘사 또는 상동증적 사고와 언어)

(5) 의심이나 편집증적인 사고

(6) 부적절하고 제한된 정동

(7) 괴이하고 엉뚱하거나 특이한 행동이나 외모

(8) 직계가족이외에는 친밀관계를 맺는 사람이 없다

(9) 과도한 사회적 불안(친해져도 불안이 감소하지 않으며 자신에 대한 부정적인 판단보다는 편집증적인 공포와 관계되어 있는 불안)

2. 정신분열증, 정신병적 양상을 동반한 양극성장애 또는 우울장애, 다른 정신병적 장애 혹은 자폐스펙트럼장애의 경과 중 발생한 것은 여기에 포함시키지 않는다.

주의; 진단기준이 정신분열증의 발병에 앞서 만족했다면 "병전"을 추가해야 한다.

주요원인

유전학적 자료는 제한적이나 가족이나 친척 중에 만성 정신분열증 환자가 있는 경우에 분열형 성격장애 유병률이 더 높다는 보고가 있다. 이 장애를 가진 사람들의 많은 경우에서 어린 시절에 부모자녀관계가 소원하고 부모로부터의 무관심과 부적절한 양육환경이었다는 사례가 나의 임상상황에서도 흔히 발견된다. 실재로 정신병적 양상과 같은 정신분열형 증상이 가족갈등과 부모의 심리적 장애와 관련되어 있다는 것이 밝혀졌으며(Millon & Grossman, 2007; Asarnow et al., 1991), 정신분열증에서처럼 주의력과 단기암기 결함이 분열형 성격장애 발병에 기여한다는 것도 밝혀졌다(Bollini & Walker, 2007). 또한 도파민 신경전달물질의 과 활성화, 뇌실확장, 측두엽의 축소와 회백질 손실 등과 같은 정신분열증에서 발견된 동일한 생물학적 요인(Coccaro & Siever, 2009; Bollini & Walker, 2007; Ronald J. Comer, 2011)들과 관련짓기도 한다(이상심리학 원론, 2013, p.402).

예후 및 치료

발생빈도는 남녀차이가 없으며 일반 인구에 비해 그 가족 중에 장애가 있을 경우 더 흔하고 유전적 소인이 관여하는 것으로 추정된다.

B군 성격장애

두 번째 집단인 B군 성격장애에는 반사회성, 연극성, 자기애성, 경계선 등의 성격장애를 포함하며, 이러한 장애를 가진 사람들은 매우 극적인 행동과 변덕스러운 정서로 적절하고 만족스러운 관계를 맺지 못하는 경향이 있다.

5. 반사회성 성격장애

사회적응의 여러 측면에서 지속적이고 만성적으로 비도덕적, 충동적, 비이성적, 반사회적 또는 범죄적 행동, 죄의식 없는 행동, 타인을 해하는 행동을 나타내는 이상성격으로, 사회적 규범이나 법을 지키지 않으며 무책임한 행동을 반복함으로써 사회적응이 어려운 경우를 말한다.

임상적 핵심증상

표면적으로는 영특하고 언어사용도 합리적이지만 성실성이 결여되고 자기중심적이며 자기애적이고 반복적인 사회행동의 동기가 모호하다. 대인관계를 형성하지 못하며, 때로는 타인을 위하는 것 같지만 정서적 관계를 갖지 못하는 경우가 대부분이다. 청소년 비행, 무단결석, 거짓말을 반복하고 무책임하며, 무모하고, 타인조종, 약물남용, 성문란, 불안한 상황에서도 불안이나 우울을 나타내지 않으며, 자살위협은 있으나 자살기도는 흔치 않다. DSM-5의 진단기준(APA, 2013)은 다음과 같다.

1. 15세 이후에 나타나며 다음 중 3가지(또는 그 이상)항목에 해당되어야 한다.
   (1) 법으로 정한 사회적 규범을 지키지 않으며 구속당할 이유가 되는 행동을 반복한

다.

(2) 자신의 이득을 위해 반복적인 거짓말을 하고 가짜이름을 사용하고 사기행동을 한다.

(3) 충동적이고 미리 계획을 세우지 못한다.

(4) 신체적 싸움이나 폭력 등이 반복됨으로써 나타나는 불안정성 및 공격성을 보인다.

(5) 자신이나 타인의 안전성을 무시하고 부주의한 행동을 한다.

(6) 꾸준하고 지속적인 직업 활동을 수행하지 못하거나 의무를 이행하지 못함으로써 나타나는 지속적인 무책임성이 반복된다.

(7) 타인을 해하거나 학대하거나 훔치는 일에 양심의 가책을 느끼지 않거나 책임성이 결여된다.

2. 최소 18세 이상이어야 한다.
3. 15세 이전에 품행장애가 시작된 증거가 있다.
4. 반사회적 행동은 정신분열증이나 양극성장애의 경과 중에만 발생되지는 않는다.

주요원인

정신역동관점에서는 이 장애가 유아기 부모의 애정결핍과 관련이 있다고 본다. 특히 출생 후 1년 동안은 관계이론에서 가장 중요시하는 시기로서 이 시기에 경험되는 부모상실은 기본적인 신뢰가 형성되지 못하고 내재화의 심한 손상을 초래한다. 그로인해 초자아발달에 결함이 생기고 도덕성을 형성할 수 없게되며, 거짓말하고, 자신의 행동에 책임지지 않으려하며, 폭력적이고 반사회적인 방법으로 관계를 맺으려는 시도를 하며 그러한 결과는 반사회적 경향성으로 드러나게 된다. 타인과의 의미있는 관계를 형성할 수 없게 하는 이러한 특성들은, 장애를 가진 개인으로 하여금 지루하고 공허하게 하고 자신의 감정을 공격적으로 다루게 하며 따라서 타인을 조정하고 지배하고자 한다. 이들의 타인조종에 대한 일차적인 동기는 다른 사람을 파괴하고 모욕하고 지배하고자 하는 욕구이다(Person, 1986). 반사회성 성격장애를 가진 사람에게서 특히 두드러지는 방어는 분열이다. 연속성의 관계를 유지하지 못하게 하는 지속행동들의 단절은 과거행동의 부인(denial)이라는 형태로 나타냄으로써 자기문제를 인정하지 않는다. 그러므로 이들을 치료하는 것은 쉬운 일이 아닐 수 있다.

인지적 관점에서는 살아남기 위한 자기보호에 대한 신념체계의 독특성과 관련하여 설명하고 있다. 즉 반사회성 성격장애를 가진 사람들은 자기가 먼저 공격하지 않으면 상대방이 자신을 공격할 것이고 남을 제압할 수 있는 힘만이 자기가 원하는 것을 얻을 수 있는 최선의 방법이라는 신념을 가지고 있다고 본다(Beck & Freeman, 1990). 유전적 영향을 중요시한 Robins(1981)에 의하면 알코올중독 부모를 가진 경우 또는 방임적인 환경에서 성장한 경우 반사회적 성격장애가 되기 쉽다. 과잉행동이나 신경학적 이상 등의 기질성도 이 장애와 관련이 있다고 보며 대뇌피질의 각성수준의 저하 또는 억제기능을 하는 불안수준의 저하 등도 충동적 감각추구 행동의 원인이라는 가설이 있다.

예후 및 치료

이 장애는 아동기 또는 초기청소년기부터 시작되며 증상은 15세 이전에 이미 나타나 청소년기와 초기성인기에 절정에 도달한다. 20세가 넘으면서 반사회적 행동은 감소하거나 성인기에 들어서면서 우울증이나 건강염려증을 동반하는 경우가 있다. 대부분의 많은 경우는 40세가 넘으면 흔히 자연 호전되나 결혼문제, 물질남용, 충동성, 금전적 신용상의 실패 등은 지속적일 수 있다.

치료방법에 대한 공통적인 견해는 없으나 장기치료가 필요하며 행동치료가 도움 된다는 보고가 많이 있다. 어떠한 치료방법을 선택하든 장기간 보호 및 입원치료로부터 시작하는 것이 필요하며 한계설정을 통해 자기파괴적 행동을 통제할 필요가 있다. 이들의 특성상 친밀관계를 통해 가져야 할 자기책임을 두려워하므로 도피 욕구를 수용해서는 안 된다. 집단치료가 도움되며 집단을 통해 책임능력을 키우는데 치료목표를 둘 수 있으며 비전형 항정신병약물을 사용하기도 한다. 반사회성 성격장애 관련하여 치료자가 숙지해야할 지침들과 반사회성문제에 대한 접근방법은 "발달적 접근과 특성별 지침서-아동청소년의 정신건강중재를 위한(2014), pp.160-168"에서 소개하고 있으므로 참조하기 바란다.

6. 자기애성 성격장애

모든 인간은 자기애적인 욕구를 가지며 어느 정도 수준의 자기애는 지극히 정상적이며 오히려 삶에 에너지를 주는 중요한 필요요소로서 건강함을 의미한다. 따라서 건강한 자기애가 병적인 자기애성 성격장애로 바뀌는 시점을 판별하는 것은 쉽지만은 않다. 청소년들의 경우 자기중심성이라는 발달적 특성과 관련하여 지하철이나 공중환경에서 아무 때나 거울을 들여다보며 머리를 매만지는 등의 행동들은 흔히 볼 수 있는 광경이다. 이러한 청소년기 아이들의 태도를 장애라고 볼 수 없듯이 성인이 보기에 지나친 행동이면서 청소년기의 건강한 자기애적 행동이 있을 수 있다는 점이 자기애적 장애 구분을 모호하게 한다. 그럼에도 개인의 자기애적 행동이 장애라고 진단내리기까지는 다른 행동들에 대해 관찰되어야 하며 특히 자기애성 성격장애의 중요한 진단기준 중의 하나인 대인관계를 평가함으로써 가능해진다.

자기애성 성격장애를 가진 사람은 대인관계 갈등을 처리함에 있어서 타인의 기분을 전혀 고려하지 않으며 자기욕구에 의해서만 관계가 가까워지거나 멀어지고, 타인을 자기와 유사한 욕구를 가진 하나의 인격체로 보지 않으므로 자존심을 유지하기 위한 아무런 의미를 두지 않는 것이 특성이다. 이러한 특성과 관련하여 이 장애에는 자신의 재능과 성취도, 중요성의 정도나 독특성에 대해 과대적인 느낌이 있다. 비현실적으로 자기를 과대평가하며 자기중심적이며 타인의 비판에 매우 민감하게 반응하나 감정이입은 결핍되어 있어서 대인관계에서 심한 갈등과 부적응을 초래한다.

임상적 핵심증상

오로지 자기만을 생각하고 무한한 성공욕에 차 있으며 주변인의 관심을 끌려고 애쓰며 조금이라도 자존심을 상하는 일이 있으면 좌절하고 열등감과 모욕감을 느끼면서 우울상태에 빠지며 견디기 힘들어한다. 대인관계에서 배려할 줄 모르며 상대방의 감정이나 생각은 아랑곳없이 자신의 기분만을 생각하여 공격하고 또는 상대를 지나치게 높이 평가하거나 경멸하는 태도 사이에서 방황하고 내면의 충실함보다는 표면적으로 나타나는 모습을 더 중요시한다. 원하는 목표를 달성해도 만족하지 못하고 더 잘하지 못한 것에 대해 실망하며, 타인의 비판이나 실패를 경험할 경우 쉽게 무관심하고 타인에게 분노하여 모독하고, 스스로는 열등의식, 수치감, 허무감에 사로잡히는 등 비현실적인 평가로 자기모욕감을 유발하게 된다.

자기애성 성격장애는 경계선 성격장애와 반사회성 성격장애가 겹쳐있을 때가 있으며 우울상태에 있는 시간이 많다. 타인과의 경쟁적인 상태에 사로잡히기도 하고 자기실패와 무책임성을 합리화하며 거짓말로 핑계대기도 하고 관심을 끌기위해 끝없이 자기감정을 속여야하며 비현실적인 욕구를 내려놓지 못하므로, 대인관계는 늘 어려움을 겪게 된다. DSM-5의 진단기준(APA, 2013)은 다음과 같다.

공상과 행동의 과대성, 숭배요구, 감정이입의 부족 등이 광범위한 양상으로 여러 상황에서 나타나며, 청소년기에 시작되며, 다음 중 5가지(또는 그 이상)에 해당되어야 한다.

1. 자신의 중요성에 대한 과대한 느낌을 가진다(예; 성취와 능력에 대해 과장하고, 적절한 성취 없이 특별대우 받기를 기대).
2. 무한한 성공, 권력, 명석함, 아름다움, 이상적인 사랑과 같은 공상에 몰두한다.
3. 자신의 문제는 특별하고 특이해서 다른 특별한 높은 지위의 사람(또는 기관)만이 그것을 이해할 수 있으며 또는 관련해야 한다는 믿음을 가지고 있다.
4. 과도한 숭배를 요구한다.
5. 특별한 자격이 있는 것 같은 느낌을 가진다(즉, 특별히 호의적인 대우을 받기원하고, 자신의 기대에 대해 자동적으로 순응하기를 불합리하게 기대한다).
6. 대인관계에서 착취적이다(즉, 자신의 목적을 위해 타인이용).
7. 감정이입의 결여: 타인의 느낌이나 요구를 인식하거나 확인하려하지 않는다.
8. 다른 사람을 자주 부러워하거나 다른 사람이 자신을 시기하고 있다고 믿는다.
9. 오만하고 건방진 행동이나 태도를 보인다.

주요원인

자기애성 성격장애에 대한 정신역동적 관점의 원인적 이해에서는 코헛(Kohut)과 컨버그(Kernberg)의 이해 사이에 차이가 있다. 코헛(1971, 1977, 1984)의 관점에서 보면 이 장애를 가진 사람의 핵심문제는 부모의 공감실패와 관련이 있다고 본다. 초기경험에서 부모의 반응실패가 부모를 이상화할 만큼 가치 있는 모델로 경험되지 못하여 거울전이 및 이상화전이를 형성하려는 경향을 보이게 된다. 컨버그(1970, 1974, 1984)는 코헛과는 다르게 더 원시적이고 과대망상적인 입원중인 임상대상에 대해 주로 기술하였는데, 이 장애를 가진 사람은 어린시절에 대상과의 상호작용에서 형성된 이상적인 자기상과 대상의 상이 그리고 실제적인 대상의 혼합물로서 이 혼합은 결국 대상상을 파괴적으로 평가절하시키고 만다. 즉 이러한 장애를 가진 사람은 외적대상인 타인에 대해서 뿐 아니라 이 대상의 내적 상에 대한 자신의 의존을 부인하기 위해 스스로를 자신의 이상화된 상과 동일시하게 되며, 그와 동시에 스스로 자기상의 수용할 수 없는 부분을 부인하고 다른 사람에게 투사하게 된다. 결국은 자기를 특별히 대해주는 헌신적인 대상과 자기를 혼합하여 특별한 존재로 인정받는 자기로 생각하게 하며 그러한 비현실적인 융합과정을 거쳐 과대망상적인 자기상을 형성하게 하는 자기애성 성격장애로 발전하게 된다.

인지 행동적 관점에서는 자기애성 성격장애의 비현실적이고 부적응적인 행동을 유발하게 하는 독특한 신념과 사고과정에 초점을 두고 설명하고 있다. 즉 초기발달시기에 부모나 가족으로부터 지나치게 긍정적으로 대우받았거나 지나치게 부정적으로 대우받았던 경험에 의해 자신이 특별하다거나 무가치하다는 자기애적 신념을 구성하게 된다. 그로 인해 자신의 신념에 부응하는 긍정적인 자기상을 강화하고, 또는 반면에 자기신념에 상처가 되는 부정적인 평가나 정보에 대해서는 무시하거나 왜곡하게 된다. 그러한 과정을 거쳐 개인의 자기애적 신념은 더욱 강화되고 점차 성격장애로 발전하게 된다.

예후 및 치료

자기애성 성격장애를 가진 사람은 자신의 취약점을 인지할 수 없으며 타인에 대한 자신의 행동을 평가할 수도 없고 타인의 피드백도 받아들이기 어려우므로 치료하기가 가장 어려운 성격패턴 중의 하나이다.

코헛의 관점에서 보면 치료는 상처받기 쉬운 자기애적 감정을 잘 받아주고 이해하는 태도와 공감이 치료의 가장 중요한 요소이다. 반면에 컨버그 관점의 입장에서는 치료 초기부터 과대성과 그에 따른 비적응적인 면을 직접적으로 해석해주고 직면시키는 것이 필요하다. 약물치료는 기분변화가 심한 경우에는 리튬을 사용하기도 하며 우울증이 동반하는 경우에는 항우울제 등이 사용된다. 인지행동접근에서는 자기애적 성격장애의 특성인 과대한 자기상에 대한 인식과 대처, 타인의 평가에 대한 예민한 자기감정을 인식하고 적절한 관심과 조절능력을 유도하며, 타인의 생각과 정서에 공감능력을 향상하여 자기중심적인 착취행동을 수정하도록 돕는데 초점을 둔다.

7. 연극성 성격장애

과거에는 히스테리성 성격장애라고도 불리웠던 연극성장애(Histrionic Personality Disorder)는 지극히 감정적이고 끊임없이 타인으로부터 주목받는 관심의 대상이기를 추구한다. 따라서 이들의 주된 특성은 늘 무대 위에 서 있는 것처럼 연극적인 행동을 하며 관심받기 위해 지나친 노력과 에너지를 소모하고, 자기 주장적이고, 자기 과시적이며, 과도한 감정표현을 한다. 그러나 실제로는 의존적이며 무능하며 지속적이고 깊은 인간관계를 맺지 못하고 정서적으로 늘 불안정하며 갈등이 심하여 결과적으로 사회적부적응을 나타내게 된다. 이들의 대부분은 거절에 대한 두려움을 가지므로 만족감을 느끼지 못하는 사소한 상황에서도 과도하게 반응하고, 불만족상황에서는 자살연극을 꾸며 상대방을 조종하기도 한다.

임상적 핵심증상

주의를 끌기위한 행동이 심하고 사고와 느낌을 과장하는데, 감정표현은 원하는 목표를 성취하기 위해 사용하는 도구이며 원치 않는 현실을 피하기 위한 수단일 뿐 감정자체는 피상적이다. 그러므로 쉽게 사귀기는 하지만 피상적이고 불성실해서 가까운 관계를 지속하지는 못하며 작은 자극에도 쉽게 흥분하고 화를 내며 기뻐하는 변덕스럽고 미성숙한 성격의 소유자이다. 논리적인 것 보다는 감정적으로 일을 처리하고 대인관계에서

상대방의 의사를 자기 환상에 따라 멋대로 해석한다. 한번 사귀게 되면 상대방의 의사는 아랑곳하지 않고 자기 요구만을 들어주기 바라며 그 요구가 충족되지 않으면 곧 실망하고 그 사람을 원망하며, 이성 관계에서도 퇴락적인 망상으로 끌고 가려는 소설같은 사람이다.

연극성 성격장애를 가진 사람은 작은 환경의 변화나 불만에도 쉽게 흥분하고 쉽게 우울에 빠진다. 이들은 일상생활의 상식이나 논리적이고 지적인 능력이 부족하며 반짝이는 영감이 강해서 예술적인 일에 재능을 발휘하기도 한다. 유행에 민감하고, 타인을 쉽게 믿고, 확신이 없으면서 유명인을 따르며, 쉽게 대상이 바뀌고, 이인증, 신체화 증상을 일으키며, 심한 자극에 직면하게 되면 일과성 착각과 망상을 일으키기도 한다. 이 장애는 남자에게는 흔치않으며 만약에 있다면 동성애와 밀접한 관련이 있을 수 있다. DSM-5진단기준(APA, 2013)은 다음과 같다.

과도한 감정과 주의를 끄는 광범위한 형태로 여러 상황에서 나타나며, 성인기 초기에 시작되며, 다음 중 5가지(또는 그 이상)로 나타난다.

1. 자신이 관심의 중심에 있지 않으면 불편해진다.
2. 타인과의 관계행동이 자주 외모나 행동에서 부적절하게 성적, 유혹적 또는 자극적인 것으로 특징지어진다.
3. 감정이 빠른 속도로 변하고 피상적으로 표현된다.
4. 타인의 관심을 자신에게 집중시키기 위해 지속적으로 외모를 사용한다.
5. 지나치게 인상적이고 세밀함이 결여된 형태의 언어를 사용한다.
6. 자기를 극화시키고 과장된 감정의 표현을 보인다.
7. 피 암시적, 즉 타인의 상황에 의해 쉽게 영향을 받는다.
8. 실제보다도 더 가까운 관계로 생각한다.

주요원인

확실한 원인은 밝혀지지 않았지만 다양한 원인이 작용할 것이다. 대부분의 정신역동이론가들은, 초기발달에서 건강한 부모자녀관계 경험이 부재한 경우로 보고 부모로부터 버려짐에 대한 두려움과 상실을 방어하기 위해 극적인 행동으로 누군가가 자기를 도와야하는 위기상황을 만들어내는 것을 학습한 결과라고 본다. 따라서 정신분석에서는 연극성 성격장애를 초기발달의 오이디푸스콤플렉스와 관련시키고 있다. 이 장애를 가진 사람은 해리와 억압방어기제를 주로 사용하며, 대상관계에 매달리고 피학적이며 편집적인 양상을 특징으로 하는 보다 원시적인 양자관계의 수준에 고착되어 있는 경우가 많다. 연극성 성격장애를 가진 여성의 경우를 정신분석적 관점에서 보면, 구강기의 상대적인 모성박탈과 오이디푸스기의 부적절한 경험이 성적주체성을 형성하지 못한 결과(Blacker & Tupin, 1997)로서 구강기와 오이디푸스기 두 발달단계의 결함으로 초래된 장애라고 본다. 이 장애의 배경에는 어머니로부터의 양육결핍을 만족시키기기 위해 연극적인 제스처를 사용해야 하는 의존욕구가 내재하며, 성장해감에 따라 그 욕구의 대상인 아버지의 꼬마숙녀로 남기위해 자신의 성을 억압해야 한다는 것을 알게 되는 과정이 있다. 이러한 성적억압과 관련한 원시적인 욕구는 이후 유방과 남근을 동일시하여 난잡한 성생활로 이어지는 경우가 있으나, 이것은 결국 남근을 자신의 무의식 속에서 그리워하는 어머니의 유방을 대신한 대체물로만 보기 때문이다. 그러나 그 또한 만족을 충족시켜 줄 수 없으므로 끊임없이 관심을 찾아 헤매야하고 욕구만족을 위해 조정하며 과도하게 집착하는 연극성 성격장애를 갖게 된다.

인지적 관점에서는 본질의 결여와 극도의 암시성에 대해 설명하며 연극성 성격장애를 가진 사람의 삶은 늘 자기가 초점화 되어있고 감정적이므로 상대적으로 외부세계에 대해 아는 것이 작아질 수 밖에 없다고 본다. 결국 학습과 기억의 부재로 전체적인 통합적 이해가 불가능하기 때문에 매사를 자신의 생각에 반응시킬 수 밖에 없으며, 자기를 돌보기 위해서는 자신의 욕구를 받아줄 대상이 필요하므로 의존대상을 찾기 위해 과도한 반응을 사용하고 연극을 하여 관심을 자기에게 집중시켜야 한다.

예후 및 치료

나이가 들어감에 따라 증상은 다소 감소할 수 있으나, 자신의 생각과 감각에 반응하므로 개인에 따라서는 법규를 위반하거나, 약물남용, 성문란에 빠지는 경우가 있다. 여성에게 더 흔하고 남자의 경우는 동성애와 관련이 깊다는 보고가 있다.

다른 성격장애와 다르게 연극성 성격장애를 가진 사람들은 스스로 치료를 요구하는 경우가 많으나 이 장애의 특성인 요구와 감정폭발 및 유혹 등으로 인해 치료는 쉽지 않다. 또한 치료자를 기쁘게 하기위한 거짓 증언들이 많아 치료자의 객관성과 분명한 치료경계에 대한 유지를 필요로 하며, 이 장애를 가진 사람들의 많은 경우가 자신의 진정한 느낌을 알지 못하므로 내적인 느낌을 명료하게 해 주는 것이 필요하다. 치료방법은 개인치료와 집단치료가 도움되며, 인지접근의 치료(Beck & Freeman, 1990)에서는 장애를 가진 사람으로 하여금 자신이 무기력하다는 비합리적인 믿음을 바꾸고 합리적인 사고방식을 가지고 문제를 해결하도록 돕는다. 증상에 따라 약물치료를 병행할 수 있으며, 대인관계에서의 과민성 또는 우울증을 동반할 경우 항우울제를 사용하기도 한다.

8. 경계성 성격장애

정서, 행동, 대인관계, 자기에 대한 평가나 느낌의 불안정성과 불안전한 자기상과 주체성의 혼란으로 모든 면에서 일률적인 표상 없이 변화가 심하고 충동성을 보이는 이상성격을 경계성 성격장애(Borderline Personality Disorder)라고 지칭한다. 이 장애는 정신분열성 성격장애와 연극성 성격장애와 공존하기도 하고 사회에 대한 반감, 비관적 견해를 갖는 경우가 많으며, 의존성과 자기확신 사이에서 방황하고 충동적이고 기분에 따라 행동하는 감정 상태를 보이기도 한다. 사회적 활동이나 학교생활 적응에 실패하는 경우가 많으며 때로는 예능계에 공헌하기도 한다. 보편적으로 경계선 성격장애에 경조증은 없으나 18세 이하의 정체성장애와 비슷한 임상증상을 보일 수 있다.

임상적 핵심증상

경계선 성격장애의 가장 특성적인 증상은 극단적으로 불안한 심리상태이다. 이 장애를 가진 사람은 항상 위기상태에 있는 것처럼 보이며, 위기상태에서 참기 어려운 분노감을 나타내고 매사에 타인에게 책임을 전가하며 기분변화가 심하고 만성적인 공허감과 권태감을 호소하기도 한다. 대인관계는 지나친 기대로 원망하고 분리되어나가는 양극단의 표상이 반복되는 특징을 보인다. 행동은 늘 폭발적이며 예측할 수 없는 자해를 하고, 기분은 변동이 심해서 일반적인 상황에서도 우울과 분노를 왔다 갔다 하고 자제력이 결여되어 있다. 자기를 찾고 싶어 하고 성적주체성과 가치관 및 인생의 목표를 찾고자 노력하나 주체성확립이 어렵고 늘 혼란스럽다. 고립된 생활을 하다가도 관계를 유지하려 노력하기도 하는 과정을 반복하며 만성적인 허무감에 빠진다. DSM-5의 진단기준(APA, 2013)은 다음과 같다.

경계성 성격장애로 진단내리기 위해서는 대인관계, 자아상 및 정동의 불안정성과 현저한 충동성이 광범위한 형태로 여러 상황에서 나타나고, 성인기 초기에 시작되며, 다음 5가지 이상의 항목을 충족시켜야 한다.

1. 실제적으로 또는 상상적인 버림받음을 피하기 위해 필사적인 노력을 한다(주의; (5)의 기준에 해당하는 자살행동이나 자해행동은 포함하지 않음).
2. 과대이상화와 평가절하의 극단 사이를 반복하는 불안정하고 경렬한 대인관계양상이 있다.
3. 정체성혼돈; 자아상이나 자기지각의 불안정성이 현저히 심하고 지속적이다.
4. 자신을 손상시킬 수 있는 충동성이 적어도 2가지 이상의 영역에서 나타난다(예; 낭비, 물질남용, 성관계, 부주의한 운전, 폭식, 도벽)
5. 반복적인 자살행동, 자살제스처, 자살위협 또는 자해행동
6. 현저한 기분변화로 인한 불안정한 정서(예; 간헐적인 심한 불쾌감과 과민성 불안 등이 흔히 몇 시간 지속되지만 며칠 동안 지속되는 경우는 흔치않음)
7. 만성적인 공허감
8. 부적절하고 심한 분노감정을 느끼거나 분노조절이 어렵다(예; 자주 울화통을 터뜨리거나 늘 화를 내거나 잦은 신체적 싸움)
9. 스트레스와 관련된 피해사고 또는 심한 해리증상을 일시적으로 나타낸다.

주요원인

컨버그(Kernberg, 1975, 1966)는 이 장애의 원인과 발병과정을 말러(Mahler, 1975)의 발달모형에 연관시켜, 초기 발달과정인 공생단계에서 어머니와 가졌던 병적인 대상관계가 내재화됨으로써 원시적인 방어기제가 지속되고 정체성 혼란과 대인관계를 극단적으로 분리시키고 왜곡하게 된 것이 원인이라고 보았다. 또한 대상표상과 자기표상의 부정적 내재화에는 환경적인 요인도 있지만 본래부터 개인이 가지고 있는 과도한 구강공격성이 있음을 강조했다. 말러와 매트슨(Masterson, 1975)은 대상과의 상호작용과정인 분리개별화에 초점을 두고 초기발달시기의 잘못된 분리가 성장 후에도 분리에 대한 취약성을 나타내게 된다고 한다. 반면에 코헛의 영향을 받은 아들러(Adler, 1985)는 갈등모델보다는 결핍모델에 토대를 두고 지속적이지 못하고 신뢰할 수 없는 양육이 수용하고 만족시키는 내적대상의 발달을 방해하며, 따라서 양육의 함입물이 없기 때문에 외부대상으로부터 자기대상의 기능을 추구하는 상태가 경계선 성격장애라고 이해했다.

컨버그의 타고난 구강공격성에 대한 지지는 신경생물학적 및 유전적 연구의 결과이다. 생물학적 기질에 환경의 스트레스가 기여하며 감정적이고 충동적인 성격특성이 가족으로부터 전달된다는 보고들이 있다. 즉 이 장애는 일차가족에 많고 충동적이고 공격적인 사람들은 뇌의 세로토닌 활동이 낮은 생물학적 비정상과 관련이 있다(Norra et al., 2003). 인지적 관점(Beck & Freeman, 1990)에서는 독특하고 왜곡된 믿음과 관련하여 외부 세상에 대한 부정적인 믿음, 무력하고 나약한 자기인지로 인한 불안, 타인으로부터 환영받지 못하고 거부되는 자기불신에 의한 두려움 등의 왜곡된 믿음이 경계선 성격장애를 가져온다고 본다. 부정적으로 지각된 신념과 인지오류를 통해 이들은 외부로부터 오는 사건과 상황들을 왜곡 해석하여 받아들이고, 어떠한 상황에서 행동을 결정할 때도 흑백논리의 사고를 사용하므로 심리상태는 늘 극단의 양쪽을 오르내리는 감정변화와 극단적인 행동을 선택하게 된다.

예후 및 치료

장기적인 추적조사는 알려지지 않았으나 40세가 넘는 사람에게 이 장애진단이 붙어지는 경우는 드물고, 성별분포나 가족력에 대해 명확히 확인된 바는 없지만 여자에게서 비교적 더 흔한 장애로 알려져 있다.

이 장애의 가장 일반적인 치료방법은 개인 심리치료이며 치료의 초점은 자아를 강화시켜 불안을 견디고 충동을 조절하도록 함으로써 분열된 자기와 대상표상을 통합하는 것이다. 즉 일관적이고 수용적이며 만족을 주는 함입물을 확고하게 강화시켜 중요한 타인과의 이별을 견딜 수 있게 하는 것이다. 이것을 위해서는 단시간에 성취할 수 있는 지름길은 없으며, 장애를 가진 사람의 내적 대상세계가 변화되지 않고서는 불가능하므로 오랜 시간 지속적이고 일관적인 안정된 치료관계가 유지되어야 한다.

C군 성격장애

세 번째 집단인 C군에 해당하는 강박성, 회피성, 의존성 등의 성격장애는 불안하고 근심이 많고 무서워하는 특성적인 경향을 보인다.

9. 강박성 성격장애

감정적으로 억제되며, 매사에 규칙을 강조하고, 고집스럽고, 완고하며, 완벽주의적인 반면에 우유부단하고, 융통성이 없는 특성에 집착되어 있어서 전체적인 양상을 볼 능력이 결여된 이상성격을 강박성격장애(Obsessive-Compulsive Personality Disorder)라고 한다. 이러한 양상은 대개 성인기 초기에 시작되며 여러 상황에서 나타날 수 있다. 강박성 성격장애는 강박장애와 감별이 필요하다. 강박장애는 성격장애에서 볼 수 있는 인격특성과는 달리 어떠한 특정 사고가 자신의 의지에 반하여 지속적으로 반복되거나 그 어떤 행동을 반복하지 않으면 불안해 지는 특성이 있다. 강박장애를 가진 사람은 의지와 무관한 반복행동과 불안 증상으로 인해 학교생활이나 사회적 활동에 심각한 장애를 초래하나, 강박성 성격장애는 자신의 인격특성 때문에 고통을 느끼는 경우는 없으며 강박장애에 비해 사회적으로나 학교 및 직업적 적응에 심각한 장애를 초래하지는 않는다. 합병증(정신의학, 1981, p.251참조)으로는 강박장애, 건강염려증, 주요우울증

등이 있고 심근경색증으로 발전하는 경우도 있다.

임상적 핵심증상

기본적인 특성은 정돈, 인내심, 완고함, 우유부단, 감정표현의 인색함이다. 이들은 따뜻하고 부드러움을 표현하는 능력이 제한되어 있으며 모든 일에 합리적이고 형식적이어서 타인에게 거리감을 주게 된다. 이들에게는 서로 주고받는 상호작용의 모습이 거의 없으며 모든 일상이 일정한 틀에 맞게 유지되고 있는지에 신경을 쓰는데 시간을 낭비하느라 전체에 관심가질 여유가 없다.

대인관계는 수평적인 것 보다는 지배와 복종의 수직관계를 유지하고 관계의 기쁨과는 무관하게 일 자체에만 집중한다. 모든 일에 실수를 용납하지 못하며 실수를 하게 될까에 대한 두려움이 있으므로 오히려 우유부단하고 결단력을 내리지 못하며, 스스로의 자기비판에 대한 비현실적인 노력을 하며, 지나치게 양심적이고 윤리적이며, 자기무능감에 사로잡혀 우울해하기도 한다. 강박성 성격장애의 DSM-5 진단기준(APA, 2013)은 다음과 같다.

융통성, 개방성, 효율성을 희생시키더라도 정돈, 완벽, 정신적 통제 및 대인관계의 통제에 지나치게 집착하는 광범위한 양상이 여러 상황에서 나타난다. 이 장애는 청소년기에 시작되며, 다음의 4가지(또는 그 이상) 항목에 해당되어야 한다.

1. 내용의 세부사항, 규칙, 목록, 순서, 조직, 혹은 계획에 집착되어 있어 일의 중요한 부분을 놓치게 된다.
2. 완벽성 때문에 과제완수를 방해 받는다(예; 자신의 완벽한 기준에 만족하지 못하여 계획을 완수하지 못한다).
3. 여가활동이나 친구관계를 무시하고 오로지 일과 생산적인 것에만 몰두한다(몰두하는 일은 분명한 경제적 필요성에 의한 것이 아님).
4. 지나치게 양심적이고 소심하며 고지식하며 매사에 융통성이 없다(문화적 또는 종교적 배경에 의해 설명되지 않음).
5. 낡고 가치 없는 또는 정서적으로 의미 없는 물건을 버리지 못한다.

6. 자신이 일하는 방식에 그대로 따르지 않으면 타인에게 일을 위임하거나 함께 일하지 않으려 한다.
7. 자신과 타인에게 돈을 쓰는데 인색하다; 돈을 미래의 재난에 대한 대비로 인식한다.
8. 경직되고 완고함을 보인다.

주요원인

강박성 성격장애의 원인에 대한 정신분석 관점은 오이디푸스기의 거세불안으로부터 항문기의 비교적 안전한 상태로까지의 퇴행된 결과로 생각하였다(Freud, 1908, 1959; Abraham, 1921, 1942; Jones, 1948). 프로이트에 의하면 항문기에 해당하는 2~4세경에 대소변훈련과정에서 아이의 욕구와 부모의 요구 사이에 일어나는 갈등이 제대로 해결되지 않을 때 강박성 성격장애가 싹트게 된다고 한다. 주로 사용되는 방어기제는 분리, 지식화, 반동형성, 취소 및 전치이다. 예를 들면 이 장애의 특성인 강박적 규칙성은 항문부근의 더러움과 배변에 의한 파생물에 관여하고 싶은 내적소망에 대해 반동형성을 작동시킨 것이라고 볼 수 있으며, 이들의 완고함은 공격성을 표출하기 어려움과 대소변가리기 훈련에서 대상과의 힘겨루기 표출의 결과라고 볼 수 있다.

최근의 연구들에서는 항문기 변화의 측면을 넘어서 대인관계적 요소에 초점을 두고 강박적 성격장애를 가진 사람들이 심각한 자기의심 때문에 고통을 받으며 그 원인은 초기아동기대상관계에서 충분히 사랑을 받지 못했기 때문이라고 본다. 다른 측면에서는 실제의 부모가 냉담함과 관련하여, 부모로부터 인정받지 못한 아이들은 일반적인 아동에 비해 더 많은 사랑과 인정을 필요로 할 수 있으며 채워지지 않는 의존성과 분노를 가지고 있다고 본다. 의식적으로 받아들일 수 없는 의존과 분노를 발견하게 되면 그 감정을 숨기기 위해 즉각적으로 반동형성과 분리와 같은 방어기제를 사용하여 자기감정을 방어하게 된다.

인지적 관점에서는 강박성 성격장애의 근원에 대해서는 설명하고 있지 않지만 비합리적인 독특한 신념체계가 강박적 성격장애를 지속시킨다고 본다. 벡과 프리먼(Beck & Freeman, 1990)에 의하면, 이 장애를 가진 사람은 구체적이고 명확한 절차가 없으면 아무것도 할 수 없다는 경직성과 완벽주의와 모든 것에는 옳고 그름이 있다는 흑백논리와 잠재적인 실수나 오류를 실패의 결과로 보는 과장된 인지가 강한 두려움을 자극받게 한다. 그러므로 실제 상황에서의 중요한 일을 과소평가하거나 중요하지 않은 사소한 일에 과도하게 집착하는 등의 전반적인 판단에 어려움을 겪게 되는 경향이 있다고 한다.

예후 및 치료

경과나 예후는 분명하지 않으며 발생빈도에서 요인은 없으나 남자에게 더 많고 가족적 경향을 나타낸다. 청소년의 경우는 성장해가면서 변화가 일어날 수 있으며 어떤 경우에는 정신분열증, 강박장애, 정신신체장애, 우울증 등으로 발전하기도 한다(최신정신의학, 1995, p.304).

강박성 성격장애를 가진 사람은 일반적으로 자신이 무언가 잘못되었다고 믿지 않기 때문에 불안이나 우울로 심한 고통을 느끼지 않을 경우는 치료를 받으려하지 않는다. 치료방법은 비지시적인 정신심리치료가 효과적일 수 있으며 인지치료도 도움이 될 수 있다. 장기간 치료가 필요할 수 있으며 치료의 초점은 현재의 감정적 느낌에 맞추고 분리나 전치방어기제를 명백하게 밝히는데 역점을 둘 필요가 있으며, 인지치료와 집단치료는 조종하고 완벽주의적 경향성을 감소시키는데 도움이 된다. 인지치료에서는 장애를 가진 사람의 이분법적인 사고와 완벽성 및 우유부단함 그리고 인색함과 만성적인 걱정을 변화시키는데 초점을 둔다. 약물치료로는 항우울제나 세로토닌 재흡수 차단제 등이 사용되기도 하나 효과성은 충분히 밝혀지지 않았다.

10. 의존성 성격장애

어느 정도의 의존성은 모든 사람이 다 가지고 있으며 자기 자신을 유지하고 자존심을 조절하기 위해 인정과 공감과 존경의 다양한 자기대상 기능을 요구하고 있는 것이 보편성이다. 그러나 자신의 삶에서 스스로 노력하지 않고 타인의 도움과 보살핌만을 의지하며 자신감이 지나치게 결핍되어 혼자 있을 때 심각한 괴로움을 느낀다면 이는 일반성을 벗어난 이상성격으로서 의존성성격장애(Dependent Personality Disorder)라고 한다. 이 장애의 특징은 프로이트의 구강기적 성격에서 묘사된 의존성, 비판적, 성 공포증, 자기의심, 수동성, 피 암시성, 인내심의 결여 등의 특징을 모두 보여주는 성격이다. 의존성 성격장애는 스스로 결정할 수 없으며 복종적이고 언제나 자기를 돌보아주지 않으면 기능할 수 없는 병적인 상태이며, 연극성 성격장애가 능동적인 의존성을 가진 반면에 이 장애는 수동적인 의존성과 관련된다고 볼 수 있다.

경계성 성격장애와 유사성이 있으나 분리에 대한 반응은 똑같지 않다. 예를 들면 경계성 성격장애를 가진 사람은 분리에 대한 반응을 공황으로 반응하고 충동적인 자기파괴행동을 하는 반면에, 의존성 성격장애를 가진 사람은 유기되는 것을 두려워하므로 중요한 대상에게 매달리고 그 대상이 눈앞에 보이지 않으면 상실감을 느끼는 특성이 있다. 그러한 맥락에서 의존성 성격장애는 경계성 성격장애처럼 자기파괴성에 대한 유전적 또는 체질적 소인을 가지고 있지 않으며, 경계성 성격장애에 비해 대상항상성이 더 많이 발달되어있다고 볼 수 있다.

임상적 핵심증상

의존성 성격장애의 핵심적인 특징은 의존과 복종이며 이들은 늘 타인의 도움과 보살핌을 필요로 하며 자신의 삶에서 타인에게 책임을 전가하는 특성이 있다. 자신의 공격적인 감정을 표현하는데 두려움을 가지고 있으며 책임을 회피하고 어쩔 수 없이 책임져야하는 상황에서는 매우 불안해한다. 사소한 일도 스스로 결정하지 못하며 도와주는 자와의 관계가 깨어질까봐 두려워하기 때문에 상대방의 주장을 따르고 자기욕구는 억제한다. 대인관계는 자기를 도와주는 몇몇 사람들과만 관계하며 불안장애와 우울증이 흔히 공존할 수 있다. DSM-5 진단기준(APA, 2013)은 다음과 같다.

돌봄 욕구에 대한 광범하고 지나친 욕구가 복종적이고 매달리는 행동과 분리불안을 초래하며 이것은 여러 상황에서 나타나고, 청년기에 시작되며, 다음의 5가지(또는 그 이상)의 항목을 충족시켜야 한다.

1. 타인으로부터의 많은 충고와 확신 없이는 일상적인 일도 판단내리기 어렵다.

2. 삶의 중요한 부분에서도 타인이 책임져줄 것을 요구하고 떠맡긴다.
3. 지지와 칭찬을 잃는 것에 대한 두려움 때문에 반대의견을 타인에게 말하기 어렵다.

주의; 보복에 대한 현실적인 공포는 포함하지 않는다.

4. 스스로 자기 일을 혼자 시작하거나 수행하기 어렵다(동기나 에너지 결핍보다는 판단이나 능력에 대한 자신감 결여 때문임)
5. 타인의 돌봄과 지지를 받기위해 아무리 불쾌한 일이라도 무슨 일이든 다 하고자 한다.
6. 혼자서는 스스로 자기를 돌볼 수 없다는 심한 공포 때문에 두려움과 절망감을 느낀다.
7. 친밀관계가 끝나면, 자신을 돌보아주고 지지해줄 대상을 급하게 찾는다.
8. 스스로 자기를 돌봐야 하는 상황에 혼자 남겨지는 것에 대한 두려움에 비현실적으로 집착한다.

주요원인

대부분의 많은 의존성 성격장애를 가진 사람들의 어린 시절은 어떠한 일을 독립적으로 하려할 때 부모가 어떤 식으로든 교묘한 방법으로 처벌하는 분위기에서 성장해왔거나, 또는 자율적인 아동의 행동이 부모와의 밀착관계에 방해가 될 수 있다는 것을 주입시키고 매사에 지나치게 부모가 개입한 경우일 수 있다. 즉 과보호와 통제적인 환경에서 만성화된 의존과 관련이 있으며 또는 어린 시절부터 병약한 아동이었을 경우 과보호될 가능성이 높고 그로인해 만성적인 과보호와 의존성의 상호관계가 의존성성격을 형성하게 했을 수 있다.

초기정신분석학적 관점에서는 의존성 성격장애 문제가 구강기동안의 장애라고 보나, 의존성 성격장애를 가진 사람들의 모든 발달과정에서 보면, 구강기뿐만이 아니라 각 단계마다에서 의존을 강화하는 부모의 양육양상이 이 장애를 가진 사람들에게서 더 쉽게 발견되는 것을 볼 수 있다. 표현은 적고 통제가 더 많은 양육환경은 아동으로 하여금 성장 후 타인에게 복종하면서 동시에 타인과의 거리를 두는 태도에는 단순하지만은 않은 의미가 내포되어 있다. 즉 분리 독립에 대한 두려움으로 매달리는 행위에는 공격성이 내재해 있다. 그러한 매달림의 행위에는 동시에 표현되는 자기를 돌보지 않은 대상에 대한 적대감에 대처된 방어로서 일종의 타협이라고도 볼 수 있으며, 의존행위는 과거 외상경험의 재현을 피하고자하는 내적욕구이자 최선의 방법으로 선택된 것이라고 볼 수 있다.

인지적 관점(Beck & Freeman, 1990)에서는 이 장애를 초래하는 독특한 두 가지 신념체계와 관련이 있다고 본다. 즉 "나는 이 세상을 헤쳐 나가기에 근본적으로 무력하고 부적절한 사람이다", "나는 혼자서 이 세상에 대처해 나갈 수 없으므로 나를 보호해줄 사람이 필요하다"라는 기본적인 신념을 가지고 있다. 이러한 흑백논리의 신념은 의존성을 부추기며 스스로의 권리나 주장을 포기하여 독립하려는 노력을 저해한다. 행동주의 입장(Bornstein, 2007)에서는, 의존성 성격장애를 가진 사람의 부모는 무의식적으로 자신의 자녀가 자기에게 매달리고 복종하도록 행동을 강화하고 동시에 독립적인 행동에는 사랑을 철회하는 식으로 처벌하므로, 그 자녀는 성장하면서 자동적으로 의존적인 성격을 형성할 수밖에 없게 된다고 한다. 다른 측면에서는 부모자신의 의존행동이 자녀에게 모델이 되어 의존욕구를 자극하고 반복학습하고 모방하게 하여 의존성을 강화하고 심한 경우 장애를 나타내게 된다고 한다.

예후 및 치료

명확하게 알려져 있지는 않지만 이 장애를 가진 사람의 대부분은 학교적응이나 사회적 관계 및 직업에 지장이 많으며, 타인에 의해 이용당하기 쉽고, 의존대상이 상실되면 주요우울장애로 발전할 위험성이 더 높다.

일반적이고 효과적인 치료는 개인 정신심리치료라고 알려져 있다. 이 장애를 가진 대부분의 사람은 자신의 행복감에 대한 모든 책임을 치료자에게 전가하는 특성을 보이므로, 치료의 초점은 자신에 대한 책임을 자기가 스스로 감당하도록 돕는 것이다. 이를 위해서는 개인이 가지고 있는 상실과 독립에 대한 불안에 직면하도록 도와야 하며, 이때 독립을 두려워하는 내면의 원인을 탐색해가면서 치료자에 대한 의존적인 전이현상을 해석해주는 것도 도움이 된다. 동시에 의존대상에서의 독립에 대한 불안이 아무리 미숙하다해도 가볍게 취급하거나 무시하지 않아야 하며 인정하고 존중하는 태도로 대해야한다. 부모의 과보호와 지배적인 행동이 의존증상을 강화하므로 경우에 따라서는 가족치료나 집단치료를 적용할 수 있으며 또는 부모와 분리하여 치료를 하기도 한다.

인지행동치료에서는 행동적 접근과 인지적 개입을 결합하여 치료목표를 독립보다는 자율성에 초점을 두고 장애를 가진 사람이 스스로 자신의 삶을 통제하도록 돕는다. 행동적 개입에서는 스스로 자신의 생각을 표현할 수 있도록 자기주장훈련이나 의사소통 훈련을 사용할 수 있으며, 인지적 개입에서는 자신의 무능감에 도전하여 자기신뢰와 자기효능감을 증진시킬 수 있도록 돕는다. 우울이나 불안을 동반하는 경우에는 항우울제나 항불안제 등의 약물을 사용하기도 한다.

11. 회피성 성격장애

확고한 보장이 없는 한 대인관계나 사회적 관계를 가지지 못하는 이상성격을 회피성 성격장애(Avoidant Personality Disorder)라고 하며, 이들은 타인과의 친밀관계를 강하게 원하나 타인의 거절과 배척에 대해 극도로 예민하여 적절한 관계를 지속하지 못하는 점이 특징이고 자존감이 매우 낮다. 적극적으로 관계형성을 원하는 이러한 회피성 성격장애의 특성은 의존성 성격장애와 유사하며 혼자 있기를 좋아하는 분열성 성격장애와는 달리 대인관계에 관심이 많다. 반면에 거절에 대한 두려움 때문에 거절당할 수 있는 기회나 상황을 만들지 않으려 노력할 뿐만 아니라 자신이 수용될 기회 또한 사전에 제한하므로 결과적으로 이들의 생활은 위축되고 제한될 수 밖에 없게 된다. 합병증으로는 사회공포증이 있으며 비교적 여성에게 더 흔하고 청년기에 시작된다.

임상적 핵심증상

이 장애를 가진 사람은 타인이 자기를 거부할지 모른다는 생각에 집착되어 있으므로 자기를 싫어한다는 느낌이 들면 모욕감을 느끼고 관계나 사회참여의 기회를 차단한다. 소수의 친구가 있을 수 있으나 이해관계가 없는 무조건적인 관계여야 유지가 가능하다. 또한 이들은 자신이 대인관계에 문제가 있다는 사실을 느끼기 때문에 그 개인은 고통스럽고 자존심이 상하기 쉬우며 심한 경우 은둔생활을 할 수 있으며, 이러한 특성들에 의해 개인은 우울, 불안, 타인에 대한 분노, 회피성 공포를 나타낼 수 있다. 회피성 성격장애로 진단 내리기 위한 DSM-5의 진단기준(APA, 2013)은 다음과 같다.

사회적관계의 억제, 부적절감, 그리고 부정적 평가에 대한 예민함이 광범위한 양상으로 여러상황에서 나타나고, 이 장애는 청년기에 나타나며, 다음의 4가지(또는 그 이상)의 항목을 충족시켜야 한다.

1. 비난이나 거절 및 인정받지 못하게 될 것에 대한 두려움으로 중요한 관계나 사회적 활동을 피한다.
2. 상대방이 자신을 좋아한다는 확신이 없이는 관계를 피한다.
3. 수치감이나 조롱거리가 될 것에 대한 두려움 때문에 대인관계를 친밀한 범위내로 한정한다.
4. 사회적 상황에서 비난을 받거나 거절되는 것에 지나치게 집착한다.
5. 부적절감 때문에 새로운 대인관계상황에서 위축되며 사전에 관계를 제한한다.
6. 자기스스로를 사회적으로 무능하고 매력이 없고 열등한 사람이라고 단정한다.
7. 당황하는 모습을 타인에게 보이게 될까봐 새로운 일에 관여하지 않으려하며 피할 수 없는 경우 마지못해 한다.

주요원인

회피성 성격장애를 가진 사람은 사회화과정에서 초기외상과 조건화된 두려움 그리고 좌절이 있고 기질적으로 스트레스상황을 피하려는 체질적 소인을 가지고 있는 경향이 있다는 보고들이 있다. 타고난 기질은 전체인격의 구조를 이루는 기초가 되는데 그 기질이 성격으로 형성되기까지는 환경의 영향과 밀접한 관련이 있다. 이 장애가 가지는 부절절감에 대한 자기인식과 거절에 대한 두려움 등의 특성들은 자기보호를 위한 방어로 등장하게 되며 이러한 특성들에 대해서는 내재된 불안을 이해함으로써 장애가 나타나는 원인적 이해가 가능해 질 것이다.

정신분석적 관점에서는 회피성 성격장애를 수치심에 초점을 두고 설명한다. 프로이트는 배변훈련기와 관련된 수치심에서 근거를 찾으며, 말러는 생후 8개월 정도에 나타나는 "낯선이 불안에 대한 불안"과 함께 발생한다고 본다. 이러한 발달적 시기에 부모 대상의 반응이 비난과 꾸중으로 이어진다면 이를 내재화함으로써 생겨나는 감정이 회피성성격장애로 발전하게 하는 요인이 될 수 있다고 본다. 이러한 경험들이 개인에게 문제가 되는 한 어떠한 집단상황이나 누군가와의 관계 속에서 노출되면 발달단계에서 내재화된 경험이 재 활성화되어 수치감을 동원하게 된다. 그러한 경험들은 자기만족을 충족시키지 못하므로 스스로를 불충분한 사람이라고 평가절하하는 것과 관련이 되며, 결국 그러한 상황들을 피해야 한다고 느끼게 되는 반복적인 결과로 회피적 성격이 나타나게 된다.

인지적 관점에서는 비난과 거부의 환경에서 내재화된 아동기경험에 초점을 두며, 그러한 아동기경험은 타인으로부터 자신이 거부될 것이라는 자기상에 대한 부정적 신념이 회피성 성격장애를 갖게 한다고 본다. 행동주의 관점에서는 이러한 장애를 가진 사람이 실패를 반복하게 됨으로써 지속적인 회피를 시도하게 되고 사회적 상황을 피한 결과로 사회기술에 결함을 보이게 되며 결과적으로 부적응적인 성격장애를 초래하게 된다고 본다.

예후 및 치료

보호적인 환경이 제공된다면 대개는 정상적인 기능을 회복해갈 수 있다는 것이 전반적인 보고이다. 그러나 돕는 사람들의 의지가 없어지면 다시 우울해지고 분노감과 불안에 휩싸이게 되므로 지속적인 사회참여가 어려울 수 있으며 대인관계가 요구되는 일을 지속하기가 쉽지 않다.

회피성 성격장애를 가진 사람의 특성상 정신심리치료의 성패는 치료적 동맹관계 형성이 핵심이다. 이 장애를 가진 사람의 대다수는 치료자가 제공하는 친절의 진실성에 대해서도 의심하고 거부하고 두려워할 수 있으므로, 치료자는 특히 그들의 거절과 무시에 대한 민감성을 반드시 염두에 두고 존중의 자세로 면담을 진행해야 한다. 지지하는 치료자의 공감적 자세가 그들의 낮아진 자존감을 회복시키고 대인관계에 자신감을 얻을 수 있도록 도울 수 있다. 정신분석적 치료에서는 장애를 가진 사람의 무의식적 갈등을 인식하고 해소하도록 돕는 반면에, 인지치료에서는 부정적 신념과 사고를 변화시켜 긍정적 자기상을 회복하도록 돕는다. 행동치료에서는 자기주장훈련 또는 사회기술훈련에 초점을 두며 불안증상이나 수치감 등을 호전시키기 위해 사회적 접촉을 점진적으로 늘려가는 체계적둔감법을 사용할 수 있다. 인지행동 또는 집단치료에서는 사회적 상호작용을 연습할 기회를 제공하고자 하며, 과도한 불안이나 우울이 공존할 경우에는 증상을 감소시키기 위해 항불안제나 항우울제를 단기간 사용하기도 한다.

12. 성격장애 경향을 보이는 청소년의 중재지침과 미술치료

앞에서도 설명되었지만 이 장애가 대부분 청소년기에 발병하기 시작하므로 소아기 질환에서는 배제되고 성인기 질환으로 명시되고 있다. 그러나 이미 아동기에 성격의 특성이 나타나고 청소년기에 이미 발병하여 치료를 받는 아이들이 있으며, 나의 임상에서도 아동청소년기에 증상을 보이다가 청소년중후기에 들어서면서 적극적인 증상이 드러나고 진단을 받는 경우가 흔히 있어서 이 장애에 대한 이해를 배제할 수 없었다. 특히 미술치료는 이 아이들에게 예방과 치료를 동시에 제공해주는 유일한 놀이적 접근이라는 점에서 의미 있다. 따라서 성격장애에 대한 미술치료는 다양한 관점에서 적용될 수 있으며 분열증(조현병)과 기분장애 및 기타 정신장애에 대한 접근과 유사성이 있다. 그러므로 여기에서는 다른 장에서 제시한 미술치료의 매체사용과 도구 및 효과성과 치료자의 자세 등에 대한 내용을 제시하지 않았으므로 증상의 유형에 따라 앞의 관련내용을 참조하기 바란다.

참고문헌

김용식 역(1998). 마음의 증상과 징후. 중앙문화사.

대한신경정신과학회편(1998). 신경정신과학. 하나의학사.

박원명외 역(2014). 정신의학적진단의 핵심, 시그마프레스

박원명 외(2014). 양극성장애. 시그마프레스.

민성길 외(1987). 최신정신의학. 일조각.

오경자 외 역(2013). 이상심리학 개론. 시그마프레스.

옥금자(2005, 2007). 청소년임상미술치료방법론. 하나의학사.

옥금자(2007). 미술치료 평가기법의 이론과 실제. 하나의학사.

옥금자(2009). 표현예술치료로 만나는 정신건강 이야기. 시그마프레스.

옥금자(2010). 아동청소년이상심리와 학교미술치료. 한국 학교미술심리상담연구소.

옥금자(2013). 학교미술치료 지침서-아동청소년 치료의 평가기법과 임상준비를 위한. 시그마프레스.

옥금자(2013). 미술치료의 발달적 심리학적 매체선택과 적용. 하나의학사.

옥금자(2014). 발달적 특성과 특성별 지침서-미술치료사의 아동청소년 정신건강중재를 위한. 시그마프레스.

옥금자(2015). 미술치료프로그램 매뉴얼-아동청소년의 부적응예방을 위한. 시그마프레스.

옥금자, 엄윤숙 역(2015). 의료미술치료의 실제. 하나의학사.

옥금자, 이미경 역(2016). 아동청소년의 트라우마에 대한 창의적 인지접근 미술치료. 하나의학사.

이정균(1981). 정신의학. 일조각.

이정태, 채영래 역(1996). 역동정신의학. 하나의학사.

이재훈 역(2004). 대상관계이론과 정신병리학. 한국심리치료연구소.

조수철 외(2014). 생물소아정신의학. 시그마프레스.

홍강의 외(2014). 소아정신의학. 학지사.

Abraham, B. S., & Geschwind, D. H. (2008). Advances in autism genetics: On the threshold of a new neurobiology. *Nature Reviews Genetics, 9*(5), 341–355. doi:10. 1038/nrg2346

Alschuler, R. H., & Hattwick, L. W. (1947). Painting and Personality: a *study of young children,* Chicago: University of Chicago Press.

American Association on Intellectual and Developmental Disabilities [AAIDD]. (2010). *Intellectual disability: Definition, classification, and systems of supports* (11th ed.). Washington, DC: Author.

American Psychiatric Association[APA]. (2013). *Diagnostic and Statistical Manual of Mental Disorder* (5th ed.). Arlington VA: American Psychiatric Association.

American Psychiatric Association[APA]. (1994). *Diagnostic and Statistical Manual of Mental Disorder* (4th ed.). Washington, DC: American Psychiatric Association.

Anderson, J. (1990). Attention deficit disorder in New Zealand. In K. Conners, M. Kinsboune, & M. M. V. Munich (Eds.), *Attention dehicit hyperactivity disorder (ADHD)* (pp. 163–170). Munchen: Medizin Verlag GmbH.

Anderson, S., & Romanczyk, R. (1999). Early intervention for young children with autism: Continuum-based behavioral models. *Journal of the Association for the Severely Handicapped, 24, 162–173.*

Barkley, R. A. (1990). *Attention-Deficit Hyperactivity Disorder: A Handbook for Diagnosis and Treatment.* New York, The Guilford Press.

Biederman, J., Mick, E., Faraone, S. V., & Burback, M. (2001). Patterns of remission and symptom decline in conduct disorder: A four-year prosperctive study of an ADHD sample. *J. Amer. Acad. Child A Adol. Psydhiat.,* 40(3), 290–298.

Biederman, J., Spencer, T., & Wilens, T. (2004). Evidence-based pharmacotherapy for attention-deficit hyperactivity desorder. *Inter. J. Neuropsychopharmacol., 7,* 77-97.

Biederman, J., Spencer, T., & Wilens, T. (2004). Evidence-based pharmacotherapy for attention-deficit hyperactivity desorder. In D. J. Stein, B. Lerer, & S. Stahl, *Evidencer-based psychopharmacology* (pp. 255-289). New York: Cambridge University Press.

Beck, A. T. (1976). *Cognitive therapy and emotional disorders,* New York: International University Press.

Beck, A. T., & Emery, G. (1985). *Anxiety disorders and phobias: A Cognitive perspective.* New York: Basic Book.

Beck, A. T., & Freeman, A. (1990). *Cognitive therapy of personality disorders.* New York: Guilford.

Beck, A. T. (1993). Cognitive therapy: past, present, and future. *Journal of Consulting and Clinical Psychology, 61,* 194-198.

Behar, L., Stringfield, S. (1974). A behavior rating scale for the preschool child. *Developmental Psychologe,* 10, 601-610

Bellak, L., Abrams, D. M. (1997). *The T.A.T., the C.A.T., and the S.A.T. in clinical use.* Boston: ALLYN and BACON.

Betts, D. J. (2003). Developing Projective drawing test: Experiences with the Face Stimulus Assessment(FSA). *Art Therapy: Journal of the American Art Therapy Association.*

Betts, D. J. (2010). *Developing Projective drawing test:* Experiences with the Face Stimulus Assessment(FSA).

Bowlby, J. (1969). *Attachment.* Attachment and Loss, Vol. 1. London: Penguin Books.

Bowlby, J. (1973). *Separation: Anxiety & Anger.* Attachment and Loss, Vol. 2. London: Penguin Books.

Bornstein, M. H., Davidson, L., Keyes, C. L. M., & Moore, K. A. (2013). Well-being: Positive devlopment across the life course. New York: Lawrence Erlbaum.

Brooke, S. L. (1996). *Tools of the Trade: A therapist's guide to art therapy assessments* Springfield, IL: Charles C Thomas Publishers.

Bruch, H. (1973). Eating disorder: Obesity, *anorexia nervosa and the person within.* New York: Basic Books.

Bruch, H. (1987). The changing picture of an illness: Anorexia nervosa. In J. L. Sacksteder, D. P. Schwartz, & Y. Akabane (Eds.), *Attachment and the therapeutic process.* Madison, CT: International Universities Press.

Burke, J. D., Loeber, R., & Birmaher, B. (2002). Oppositional defiant disorder and conduct disorder: A review of the past 10 years, part II. *Journal of the American Academy of Child and Adolescent Psychiatry, 41,* 1275–1293.

Burns, R. C., Kaufman, S. H. (1970). *Kinetic Family Drawings(K–F–D) Research and Application.* New York: runner/ Mazel.

Cohen, J. A., Bukstein, O., Walter, H., Benson, S. R., Chrisman, A., Farchione, T. R. et al. (2010). Practice parameter for the assessment and treatment of children and adolescents with posttraumatic stress disorder. *Journal of the American Academy of child & Adolescent Psychiatry, 49*(4), 414–430.

Cohen, J. A., & Mannarino, A. P. (2009). Posttaumatic stress disorder. In M. K. Dulcan (Ed.), *Dulcan's textbook of child and Adolescent Psychiatry*(pp. 339–348). Washington, DC: American Psychiatric Publishing.

Cramer, P. (1987). *The development of defense mechanism. Journal of Personality,* 55, 597–614.

Erikson, E. H. (1959). *Identity and the life cycle.* New York: international Universities Press.

Erikson, E. H. (1963). *Childhood and society* (2nd ed.). New York: W. W. Norton. (Original work published 1950)

Erikson, E. H. (1968). *Identity, youth, and crisis.* New York: W. W. Norton.

Fairburn, C. G., Cooper Z., & Shafran, R. (2003). Cognitive behavior therapy for eating disorders: A "trasdiagnostic" theory and treatment. Behaviour Research and Therapy, 41, 509–528.

Freud, S. (1937). The Ego and Mechanisms of Defense, New York: International University Press.

Freud, S. (1953). The interpretation of dreams. In J. Strachey (Ed. & Trans), *Standard edition of the complete psychological works of Sigmond Freud, Vol 4.* London: Hogarth Press.

Freud, S. (1963). Introductory Iectures on the psychoanalysis (1916–1917). In J. Strachey (Ed. & Trans.). *Standard edition of the complete psychological works of Sigmond Freud*(Vol. 15 and 16). London: Hogarth Press.

Freud, S. (1966). Three essays on the theory of sexuality. In J. Strachey (Ed. & Trans), *Standard edition of the complete psychological works of Sigmond Freud,* Vol 7. London: Hogarth Press.

Gardner, H. (2000). *Intelligence reframed: Multiple Intelligence for the 21st century.* New York: Basic Books.

Garralda, M. E., & Chalder, T. (2005). *Chronic fatigue syndrome in childhood.* Journal of child Psychology and Psychiatry, 46, 1143–1151.

Garralda, M. E. (2011). Unexplained physical complaints. *pediatric Clinics of North America, 58*(4), 803–813.

Goodman, R., & Stevenson, J. (1989). A twin study of hyperactivity: 2. The aetiological role of genes, family relationships, and perinatal adversity. *Journal of Child Psychology and Psychiatry.*

Gold, M. W. (1980). An alternative definition of mental retardation. In M. W.Gold(Ed.), *"Did I say that?" Articles and commentary on the Try Another Way System.* Champaign, IL: Research Press.

Goldenberg, I., & Goldenberg, H. (2008). Family therapy. In R. J. Corsini & D. Wedding (Eds.), *Current psychotherapies (8th ed.). Belmont, CA:* Thomson Brooks/Cole.

Goodman, R., & Stevenson, J. (1989). A twin study of hyperactivity: 2. The aetiological role of genes, family relationships, and perinatal adversity. *Journal of Child Psychology and Psychiatry.*

Greene, R. W., Biederman, J., Zerwas, S., Monuteaux, M. C., Goring, C., & Faraone, S. V. (2002). Psychiatric comorbidity, family dysfunction, and social impairment in referred youth with oppositional defiant disorder. *The American*

Journal of Psychiatry, 159, 1214–1224.

Greenspan, S., & Driscoll, J. (1997). Dead manual walking? Why the 1992 AAMR definition needs redoing. *Education and Training in Mental Retardation and Developmental Disabilities, 32, 179–190.*

Harris, D. B. (1963). *Children's drawings as measures of intellectual maturity. A revision and extension of the Goodenough Draw-A-Man Test.* New York: Harcourt, Brace and World.

Hart, D. H. (1986). The sentence completion techniques. In H. M. Knoff(Ed). *The assessment of child and adolescent personality.* New York: Gulford Press.

Kanner, L. (1943). Autistic disturbance of affective contact, *Nevous Child, 2,* 217–250.

Kaufman, A. S. (1975). Factor analysis of the WISC-R at eleven ages between 6.5 and 15.5 years. *Journal of Consulting and Clinical Psychology,* 43, 135–147.

Kaufman, A. S. (1979). *Intelligent testing with the WISC-R.* John Wiley & Sons.

Kaufman, A. S. (1990). *Assessing adolescent and adult Intelligence.* Boston: Allyn & Bacon. 173.

Kaufman, B., Wohl, A. (1992). *Casualities of childhood a developmental perspective in sexual abuse using projective drawings.* New York: Brunner/Mazel.

Kanner, L. (1943). Autistic disturbance of affective contact, *Nevous Child, 2,* 217–250.

Knoff, H. M., Prout, H, T. (1985). *Kinetic Drawing System for Family and School: A Handbook.* Los Angeles, CA: Western Psychological Services.

Koch, C. (1952). *The Tree Test. Beme:* Hans Huber.

Kohut, H. (1971). *The Analysis of the Self,* New York: International University press.

Kohut, H. (1977). *The Restoration of the Self,* New York: International University press.

Koppitz, E. M. (1968). *Psychological evaluation of children's human figure drawing.* New York: Grune & Stratton.

Landgarten, H. B. (1993). *Magazine Photo Collage.* New York: Brunner/ Mazel

Publishers.

Levick, M. F. (1983). *They could not talk and so they drew. Springfield,* IL: Charles C Thomas.

Levick, M. F. (1983). Resistance: Developmental image of ego defenses manifestations of adaptive and maladaptive defenses in children drawings. *Dissertation Abstracts International,* 42(10).

Lowenfeld, V. (1947). *Creative and mental growth.* New York: NY: Macmillan.

Lewis, M. (1996). *Child and Adolescent Psychiatry– comprehensive textbook* (2nd ed.). Baltimore: Wiliams & Wilkins.

Lewis, M. (2007). A comprehensive of textbook of child & *adolescent psychiatry* (4th ed.). Baltimore: Williams & Wilkins.

Malchiodi, C. A. (2013). *Art therapy and healing care.* New York: Guilford Press

Martin, A., & Volkmar, F. R. (2007). *Lewis's child and adolescent psychiatry: A comprehensive textbook* (4th ed.). Baltimore: Lippincott Williams & Wilkins.

Mather, N., & Wendling, B. J. (2010). *Essentials of dyslexia assessment and intervention.* Hoboken, NJ: Wiley & Sons.

Mercer, J. R. (1973a). *Labeling the mentally retarded.* Berkeley: University of California Press.

Mercer, J. . (1973b). The myth of 3% prevalence. In G. Tarjan, R. K. Eyman, & C. E. Meyers (Eds.), Sociobehavioral studies in mental retardation: *Monographs of the American Association on Mental Deficiency, 1, 1–8. Washington, DC: AmeRican Association on Mental Deficiency.*

Minuchin, S., Rosman, B., & Baker, I. (1978). *Psychosomatic families: Anorexia nervosa in context.* cambridge, MA: Harvard University Press.

Murray, H. A. (1943). Thematic Apperception Test manual. In L. E. Abet, L. Bellak *Projective psychology,* New York: Grove Press, Inc.

Nigg, J., Silk K., Westen, E., Lohr, N., Gold, L., Goodrich, S., Ogata, S. (1991). Object representation in the early memories of sexuality abused borderline patients *American journal of Psychiatry,* 148, 864–869.

Owens, R. E. (2010). *Language disorders: A functional approch to assessment and intervention* (5th ed.). Boston: Pearson Education.

Paul, R. (2007a). *Disorders of communication: Lewis's Child and adolescent psychiatry:* A comprehensive textbook (4th ed.). Philadelphia: Lippincott Williams & Wilkins.

Peterson, L. W., Hardin, M. E. (1997). Children in Distress : A Guide for Screening Children's Art.

Piaget, J. (1951/1972). Mastery play. In *Play, dreams and imitation in childhood.* London: Routledge & Kegan Paul.

Piaget, J.(1974). *The original of intelligence in children* (M. Cook Trans). New York: International Universities Press. (original work published in 1936)

Piaget, J., & Inhelder, B. (1969). *The Psychology of the child,* New York: Basic Books.

Plessen, K. J. (2013). Tic disorders and Tourette's syndrome. European Child and *Adolescent Psychiatry, 22,* S55–S60.

Power, M. A., Richter, S., & Ackard, D. (2012). Characteristics of persons with an eating disorder and type 1 diabetes and psychological comparisons with persons with an eating disorder and no diabetes. *International Journal of Eating Disorders, 45,* 252–256.

Robins, L. N. (1981). Epidemiological approaches to natural history research. *Journal of the American Academy of Child Psychiatry, 20,* 566–580.

Ryan, N. D. (2013). Severe irritability in youths: Disruptive mood dysregulation disorder and associated brain circuit changes. *American Journal of Psychiatry, 170,* 1093–1096

Rotter, J. B., Rafferty, J. E., Schachtitz, E. (1965). Validation of the Rotter Incomplete Sentence Test. In B. I. Murstein (Ed). *Handbook of projective techniques.* New York: Basic Books.

Sacks, J. M., Levy, S. (1950). The Sentence Completion Test. In L. E. Abet, L, Bellak *Projective psychology,* New York: Grove Press, Inc.

Sato, S. (1998). Collage therapy and analysis of production process in collage work *shinrigaku kenkyu. The Japanese Journal of psychology,* 69(4), 287–294.

Sato, S. (1999). analysis of the structure in the material pictures of the collage work *shinrigaku kenkyu. The Japanese Journal of psychology,* 70(2), 120–127.

Sato, S. (2002). Collage work characteristics and personality. shinrigaku kenkyu. The Japanese Journal of psychology, 72(2), 192–196.

Sattler, J. M. (1982). Assesment of children's intelligence and special abillities(2nd ed.). Boston : Allyn & Bacon.

Sullivan, H. S. (1953). Interpersonal theory of psychiatry. N. Y: Norton.

Takata, Y. (2002). Supporting a nurse teaching in a school infirmary using collage Therapy. *Psychiatry and Clinical Neurosciences,* 56(4), 371–379.

Tallmadge, J., & Barkley, R. A. (1983). The interactions of hyperactive and normal boys with their mothers and fathers. *Journal of Child Psychology and Psychiatry.*

Thomas, C. R. (2010). Oppositional defiant disorder and conduct disorder. In M. K. Dulcan (Ed.). Dulcan's textbook of child and adolescent psychiatry (pp. 223–240). Washington, DC: American Psychiatric Publishing.

Turnbull, A. P., & Turnbull, H. R., (1990). Families, Professionals, & exceptionality: A special partnership. NJ: Merrill/Prentice Hall.

Watson, J. B. (1930). *Behaviorism.* New York: Norton.

Wagner, K. D. (2001). Generalized anxiety disorder in children and adolescents. *Pediatric Clinics of North America, 24,* 139–153.

Westen, D. (1991). Clinical assessment of object relation using T. A. T. *journal of personality assessment, 56,* 127–138.

Wiener, J. M., & Dulcan, M. K. (Eds.). (2004). *Textbook of child and Adolescent Psychiatry* (3rd ed.). Washington, DC, London: American Psychiatric Publishing.

William, Y., & Patrick, S. (2008). Post–traumtic stress disorder. In M. Rutter (Ed.), Rutter's child and Adolescent Psychiatry (5th ed., pp. 686–697). Oxford: Blackwell.

Wing JK, Cooper JE & Sartorius N. (1974). *The Measurement and Classification of Psychiatric Symptoms: An Instruction Manual for the PSE and Category Program.* Cambridge: Cambridge University Press.

Word Health Organization [WHO]. (1992). *ICD-10 classifications of mental and behavioural disorder: Clinical descriptions and diagnostic guidelines.* *Geneva:* World Health Organization.

찾아보기

– 한글 –

(ㅅ)

(ㅇ)

(ㅈ)

(ㅊ)

(ㅋ)

(ㅌ)

(ㅍ)

(ㅎ)

– 영어 –

(E)

(F)

(G)

(T)

(V)

(W)

저자 약력

옥 금 자

임상사회사업학석사, 상담학박사, 철학박사
간호사로서 그리고 임상사회사업가로서 일반병원과 정신병원에서 수년간 일하고, 이후 15년 이상
한양대학원과 명지대학원 및 광주대학교에서 겸임교수로 있었다. 현재는 예술심리치료사와 정신건강상담사들을
훈련하고 있고 한국표현예술심리치료협회 수련감독자와 미국 Lighthouse Counseling Center 수련감독자,
사)마음등대-한국학교미술치료연구회 대표, 미국 Cumberland University 협력교수로서,
미국 Lighthouse Counseling Center(North Carolina 소재)와 연계기관으로 옥금자정신건강연구소를 운영하고 있다.
주요 임상대상은 정신건강 및 정신장애를 가진 대상이며 개별치료와 부부 및 가족치료를 집중적으로 하고 있다.
임상자격증은 정신보건전문요원, 정신건강 상담전문가, 예술심리치료전문가, 가족상담사,
대상관계정신분석치료사이다.

저서와 역서

- 청소년임상미술치료방법론(하나의학사, 2005)
- 미술치료평가방법의 이론과 실제(하나의학사, 2005)
- 집단미술치료 방법론 Ⅰ - 이론과 기법(하나의학사, 2006)
- 집단미술치료 방법론 Ⅱ - 임상적 실제(하나의학사, 2007)
- 모든 연령의 아동을 위한 미술치료-치료사들을 위한 요리책(하나의학사, 2010, 역서)
- 미술치료의 발달적 심리학적 매체선택과 적용(하나의학사, 2013)
- 의료미술치료의 실제(하나의학사, 2015, 공역)
- 아동청소년의 트라우마 극복을 위한 인지적 접근 미술치료(하나의학사, 2016, 공역)
- 이상심리 미술치료 지침서(하나의학사, 2016)
- 집단미술치료 방법론 Ⅰ - 이론과 기법 · 개정판(하나의학사, 2016)
- 집단미술치료 방법론 II - 임상적 실제 · 개정판(하나의학사, 2016)
- 표현예술치료로 만나는 정신건강이야기(시그마프레스, 2009)
- KSATI 학교미술치료지침서 1편-학교미술치료의 실제(시그마프레스, 2008)
- KSATI 학교미술치료지침서 2편-위기의 아동청소년을 위한 학교미술치료지침서(시그마프레스, 2010)
- KSATI 학교미술치료지침서 3편-학교미술치료지침서-아동청소년치료의 평가방법과 임상준비를 위한(시그마프레스, 2013)
- KSATI 학교미술치료지침서 4편-발달적 접근과 특성별 지침서-미술치료사의 아동청소년정신건강을 위한(시그마프레스, 2014)
- KSATI 학교미술치료지침서 5편-미술치료 프로그램 매뉴얼-아동청소년의 부적응예방을 위한(시그마프레스, 2015)
- 학교표현예술치료-임상감독과 프로그램 개발가이드(시그마프레스, 2007, 역서)

이 외에 10여 편이상의 논문과 10권 이상의 미술치료 및 정신의료관련 자료집을 발간하였다.

이상심리 미술치료 지침서

초판인쇄일	2016년 8월 10일
초판발행일	2016년 8월 17일
지 은 이	옥 금 자
펴 낸 이	오 무 근
펴 낸 곳	도서출판 하나의학사
출판신고	제25100-2013-000061호(1988. 4. 1)
주 소	서울시 서대문구 거북골로 7-7 (홍은동) 하나빌딩 1층
전화번호	02)730-2555, 2556
팩 스	02)730-2557
홈페이지	www.hanampc.co.kr
이 메 일	hanampc1@naver.com

정가 25,000원

ISBN 979-11-85696-33-1 93180